Als die Oldtimer flogen

Dr. Günter Schmitt

Als die Oldtimer flogen

Die Geschichte
des Flugplatzes Berlin-Johannisthal

2., durchgesehene Auflage

transpress VEB Verlag für Verkehrswesen Berlin 1987

Schmitt, Günter:
Als die Oldtimer flogen : d. Geschichte
d. Flugplatzes Berlin-Johannisthal. –
2., durchges. Aufl.
Berlin: Transpress, 1987. – 224 S.:
320 Bilder.

ISBN 3-344-00129-9

2., durchgesehene Auflage 1987

VLN 162-925/144/87/P 89/86
Printed in the German Democratic Republic
Lichtsatz: INTERDRUCK Graphischer Großbetrieb Leipzig – III/18/97
Druck und buchbinderische Verarbeitung: Leipziger Volkszeitung
LSV 3879
566 002 9
03600

Inhalt

Vorwort

Das Fliegenwollen ist Jahrtausende alt, das Fliegenkönnen begann im 20. Jahrhundert mit den ersten Motorflügen in der Menschheitsgeschichte. Hatten Generationen davon geträumt, den Vögeln gleich sich in die Lüfte zu erheben und zu fliegen, so haben ein paar Jahrzehnte dem Menschen genügt, das Fliegen zur Vollkommenheit zu entwickeln. Kein Vogel fliegt so hoch, so weit, so schnell, so kunstvoll – wie es der Mensch vermag. Die Schöpferkraft des Menschen hat flugtechnische und fliegerische Präzision in einem historisch nahezu unglaublich kurzen Zeitraum zustande gebracht. Der Mensch hat es gelernt, auch in der Luft die Naturgesetze zu beherrschen.

Was heute zum Lebensalltag gehört, war noch vor wenigen Jahrzehnten eine Sensation. Flugapparat, Aviatiker, Flugplatz, Flugwoche, Johannisthal – waren damals Signalwörter, die Hunderttausende von Menschen geradezu elektrisierten und in Bewegung brachten.

Damals – das war, als die Oldtimer flogen, die Urahnen der heutigen Flugzeuge mit ihren starken und zuverlässigen Motoren, Turbinen und Strahltriebwerken. Dieses Damals war in Deutschland vor allem der Flugplatz Johannisthal, von dem deshalb in diesem Buch hauptsächlich die Rede ist, denn der Flugplatz Johannisthal war der erste reguläre Flugplatz in der deutschen Motorfluggeschichte und gilt als die «Wiege» des deutschen Motorfluges. Er entwickelte sich sehr rasch zum bedeutendsten deutschen Zentrum des Motorfluges, war sogar eine längere Zeit der modernste europäische Motorflugplatz.

Aber Johannisthal wurde auch die bedeutendste Ballungsstätte der deutschen Flugzeugrüstung im ersten Weltkrieg.

Von alledem wird hier zu sprechen sein in der Geschichte des Flugplatzes Johannisthal bei Berlin, die sich auf den Zeitraum bis nach dem ersten Weltkrieg konzentriert, aber auch eine Übersicht bis zur Zeit nach dem zweiten Weltkrieg vermittelt.

Es gibt mehrere Gesichtspunkte, denen diese Darstellung der Anfänge des Motorfluges in Deutschland seine Entstehung verdankt. Erstens haben forschende Gespräche mit mehr als sechzig Johannisthaler und Adlershofer Bürgern, die den ehemaligen Flugplatz Johannisthal erlebt haben, die selbst oder deren Angehörige dort arbeiteten, die über aufschlußreiche Do-

kumentationen aus jener Zeit verfügen und deshalb Erinnerungen sowohl schildern, als auch belegen konnten, zu der Erkenntnis geführt, daß mancherlei Sachverhalte, die mit diesem einstigen Flugplatz zusammenhängen, für die interessierte Öffentlichkeit bislang noch nicht erschlossen worden sind. Zweitens haben umfangreiche Literaturanalysen und Vergleichsarbeiten ergeben, daß in der bisherigen Luftfahrtliteratur das Leben und die Ereignisse auf diesem damaligen Flugplatz meist einseitig, an Oberflächenerscheinungen festhaltend, unvollständig dargestellt und interpretiert worden sind. Drittens hat sich erwiesen, daß das Phänomen «Flugplatz Johannisthal» nicht allein aus ortsgeschichtlicher und luftfahrthistorischer Sicht betrachtet werden kann. Revolutionäre Ideen machten um die Johannisthaler und Adlershofer Arbeiter keinen Bogen.

Die Darstellung schildert die Entwicklung des Motorfluges, soweit sie zur Entstehung des Johannisthaler Flugplatzes führte, sich auf diesem Flugplatz vollzog oder von ihm ausging. Daher wird die Entwicklung des Motorfluges im damaligen Deutschland oder in anderen Ländern in dem Umfang berührt, wie sie in erkennbarer Weise mit Johannisthal zusammenhängt.

Seit jener Zeit sind viele ereignisreiche Jahrzehnte mit zwei vernichtenden Weltkriegen vergangen, wodurch nur noch wenige Originalfotos erhalten geblieben sind. Jedoch konnten vielfältige Bildreproduktionen aus Zeitungen, Zeitschriften und anderen zeitgeschichtlichen Publikationen sowie von urschriftlichen Dokumenten, einige davon mit Einmaligkeitswert, für die sachbezogene Illustration erschlossen werden. Dadurch wurde es möglich, die luftfahrtgeschichtliche Entwicklungszeit zu veranschaulichen, in der die Oldtimer flogen.

Berlin auf den Beinen

Die Berliner galten schon immer als sehr aufgeschlossen, wenn es etwas Besonderes zu sehen gab, etwas, das neu für sie war. Dann strömten sie in Massen herbei, denn bei solchem Ereignis wollten sie unbedingt dabei sein. Das war bereits im Jahre 1788 so, als der Franzose Jean Pierre Blanchard den Berlinern die Kunst des Fliegens mit dem Ballon vorführte.

Man schrieb den 27. September. Als Startgelände war der alte Exerzierplatz im Tiergarten vor dem Brandenburger Tor ausgewählt worden. «Der ganze Exercierplatz im Thiergarten», so hieß es in einem zeitgenössischen Bericht, «war mit den königlichen Jagdnetzen umstellt ..., und die Eingangsbillette wurden zu 2 Thaler und 1 Thaler, die entfernteren Plätze zu 8 Gr. verkauft.» Blanchard soll auf diese Weise an diesem Tage «12 000 Thaler eingenommen» haben.

Die Berliner Bürger waren rechtzeitig von ihrer Obrigkeit ermahnt worden, «nicht durch unartiges Geschrey und anderen Unfug auch durch Verletzung und Besteigung der Bäume oder Verderbung der Felder sich sträflich zu betragen, da er ansonst ohne Ansehen der Person arretiert und empfindlich bestraft werden solle». Doch während der Vorbereitungen zum Ballonaufstieg wurde die Lawine der Schaulustigen immer gewaltiger, so daß man die Dragonerschwadron, die zur Absperrung des Startplatzes herbeikommandiert war, durch zweitausend Uniformierte verstärken und auch einen «Chirurgen nebst Gesellen und viel Verbindzeuch» herbeiholen mußte, um das Schlimmste zu verhüten.

Nach Stunden war es endlich so weit: Der große bunte Ballon blähte sich und richtete sich auf, unter Zuschauerbeifall bestieg Blanchard mit zwei Doggen den Ballonkorb. Sandsäcke, die den Ballon beschwerten, wurden abgenommen, der Ballon stieg immer höher. Plötzlich stürzt ein Gegenstand herab, überschlägt sich mehrmals, dann öffnet sich ein Fallschirm und trägt einen Korb herab. Darin befinden sich – die beiden Doggen.

Doch nun kommt Bewegung in die Menge. Reiter und Gespanne jagen davon, Blanchard nach, der in oberen Luftströmungen mit seinem Ballon fortfliegt. Bis in die Nähe von Buchholz geht die Verfolgung, dort landet der Ballonfahrer. Im Triumphzug wird er nach Berlin zurückgebracht und von der Zuschauermenge, die erstmals einen Menschen fliegen sah, begeistert gefeiert.

Dies aber war glattweg gar nichts gegen die Ereignisse in Berlin in der Nacht vom 10. zum 11. Juni des Jahres 1911, rund 120 Jahre nach der Vorführung Blanchards.

Zu dieser Zeit gehörte es bereits zur Gewohnheit vieler Berliner, nach Johannisthal hinauszufahren und auf dem dortigen Flugplatz den Kapriolen der Aviatiker zuzuschauen. Die Johannisthaler Flugwochen waren für Tausende und Zehntausende zu erwarteten sportlichen Höhepunkten geworden. So auch diesmal wieder. Vom 4. Juni bis zum 11. Juni hatte eine «Nationale Flugwoche» stattgefunden. Das Besondere dieser Flugwoche, im Vergleich zu vorangegangenen, bestand darin, daß der letzte Tag zugleich der Starttag für eine fast vierwöchige Motorflugveranstaltung werden sollte, die es bis dahin noch nicht gegeben hatte: «Deutscher Rundflug» über eine Gesamtstrecke von 1 854 Kilometern in 13 Etappen und mit Flugveranstaltungen an mehreren Etappenorten.

Wenn berücksichtigt wird, daß der Motorflug damals noch in den Kinderschuhen steckte, war dies ein ungewöhnlich kühnes Vorhaben, das in der «B. Z. am Mittag», einem Berliner Massenblatt des großbürgerlichen Ullstein-Verlages, entsprechend angekündigt und vorauskommentiert wurde. Dieser Verlag hatte für den Rundflug einen «B. Z.-Preis der Lüfte» in Höhe von 100 000 Mark ausgesetzt. Das war fast ein Fünftel des Gesamtbetrages sämtlicher Preise, die für diesen Rundflug zur Verfügung standen – und zwar als Streckenpreise des Veranstalters, Lokalpreise für Etappenziele und Flugpreise für Vorführungen an Etappenorten.

Der Direktor des Johannisthaler Flugplatzes hatte damit gerechnet, daß etwa 100 000 Zuschauer zum Start dieses großen Rundfluges kommen würden, der am 11. Juni früh um fünf Uhr stattfinden sollte. Diese Zeit war für den Startbeginn gewählt worden, weil in den frühen Morgenstunden, wie die Erfahrungen ergeben hatten, mit ruhiger Luftbewegung auf dem Flugplatz zu rechnen war. Damals war das noch eine wichtige Voraussetzung für den störungsfreien Startverlauf der «fliegenden Kisten». Der Flugplatzdirektor telefonierte also mit der Verkehrsdirektion der Berliner Vorortbahn, um für die Zeit vor und nach dem Start eine dichtere Zugfolge zu erreichen, als sie sonst üblich war. Aber man lachte ihn aus. Mitten in der Schlafenszeit sollten 100 000 Menschen von Berlin in den Vorort Johannisthal fahren wollen, nur um «früh um Fünfe» einigen Flugzeugstarts zuzusehen? Nach langem Palaver und vielem Hin- und Hergerede wurden wenigstens ein paar Zusatzzüge versprochen.

Und dann kam die Nacht vor dem Start zum «Deutschen Rundflug». Je weiter sie voranrückte, desto lebhafter wurde es auf den Berliner Straßen. Noch bevor der Bahnverkehr einsetzte, er begann beispielsweise ab Bahnhof Friedrichstraße um 2.43 Uhr morgens, fuhren Pferde- und Autodroschken aller Art in immer dichter werdenden Karawanen in Richtung Johannisthal – besetzt mit den ersten Frühaufstehern sowie mit Besuchern von Theatern, Konzerten und Vergnügungsstätten, die gar nicht erst nach Hause gingen. Auf den Bahnhöfen der Vorortstrecke kam es zu Tumulten, denn dort drängten sich zunächst Hunderte, dann Tausende, schließlich Zehntausende. Noch vor drei Uhr waren an den eilig eröffneten Bahnhofskassen sämtliche verfügbaren Fahrkarten ausverkauft – die Schalter mußten schließen. Dichte Menschenmassen durchbrachen die Sperren und füllten die Bahnsteige. Züge konnten nur im Schrittempo ein- und ausfahren, und noch bevor sie hielten, waren sie mit Menschentrauben behängt. Die Bahnhofsvorsteher hatten längst die Übersicht verloren. Die rasch alarmierte und verstärkte Bahnpolizei war völlig hilflos. Die «Vossische Zeitung» schrieb darüber: «Zu sehr erregten Szenen kam es auf ... den Stadtbahnhöfen. Das Publikum, das die Bahnsteige überflutete, stürmte die Züge, erkletterte die Wagendächer, stieg in die Gepäckwagen und machte zum Teil auf den Trittbrettern stehend die Fahrt nach Johannisthal mit. In den Kupees standen und saßen, ja lagen in den Gepäcknetzen und unter den Bänken 30 bis 36 Personen. Zahlreiche Frauen und Mädchen wurden ohnmächtig und mußten auf den Zwischenstationen aus den Zügen herausgebracht werden. Trotz dieser schwierigen Fahrt waren die Fahrgäste in vorzüglicher Laune ... Viel Heiterkeit erregte die Beförderung einer Militärkapelle auf der Eisenbahn. Das Musikkorps mußte punkt 5 Uhr seinen Dienst auf dem Flugplatz antreten, sah aber keine Möglichkeit mitzukommen. Der ‹Pauker› rettete jedoch die Situation. Im Augenblick schwang er sich auf das vordere Drehgestell der Maschine und nahm mit seinem umfangreichen Instrument vor dem Schornstein zwischen den Puffern Platz. Sein Beispiel wirkte zündend. Im nächsten Augenblick hatte die gesamte Kapelle die Lokomotive erklommen und konnte so rechtzeitig den Einzug in Johannisthal halten.»

Und am Bahnhof Niederschöneweide-Johannisthal (heute: Bahnhof Schöneweide) angekommen, wälzte sich die Menschenmenge teils auf den Bahnsteig, teils gleich die Böschungen hinunter, riß Zäune ein, drängte zum Flugplatz – und traf schon gleich am Bahnhof wieder auf einen nicht übersehbaren Menschenstrom, der zu Fuß aus dem 18 Kilometer entfernten Berlin kam und kein Ende zu haben schien.
Kurz nach drei Uhr war keine Berliner Auto- oder Pferdedroschke mehr frei. Allein der Autoverkehr war, laut «Vossische Zeitung», so gewaltig, «daß es in Johannisthal infolge der mangelhaften polizeilichen Vorkehrungen zu langwierigen Verkehrsstörungen kam ... Die Zahl der auf dem Flugplatz haltenden Automobile dürfte etwa 1500 betragen haben.».

Der Ort Johannisthal und das Gelände um den Flugplatz glichen einem Inferno. Sämtliche

3
Rückstau der Zuschauermassen in den Abendstunden vor dem Bahnhof Niederschöneweide-Johannisthal

1
Die Programmheft-Titelseite für den mit Spannung erwarteten «Deutschen Rundflug»

2
In den frühen Morgenstunden des 11. Juni 1911: Berliner stürmen die Vorortbahn zur Fahrt nach Johannisthal

Zuschauerplätze innerhalb der Flugplatzumzäunung waren noch vor der anberaumten Startzeit ausverkauft. Damals verfügte der Flugplatz über knapp 6500 Sitzplätze und abgeteilte Flächen für rund 100000 Stehplätze. Nach Zeitungsberichten jener Tage sollen sich aber 250000 bis 300000 Besucher auf den Flugplatz gedrängt haben. Weitere 300000 Berliner hatten keinen Einlaß mehr gefunden. An einigen Stellen zerbarst der Bretterzaun, der den Flugplatz umgab, unter dem Andrang.

Hunderte von berittenen Polizisten mußten aus Berlin angefordert werden und die «Durchbruchstellen» abriegeln. Auf den Dächern der umliegenden Häuser standen die Menschen, und auf den Straßen lagerten sie. Dort, wo von den Lehrbuben der Johannisthaler Milchhändler und Bäcker frische Milch vor die Tür gestellt und Brötchen in Beuteln an die Türklinken gehängt wurden – für die Kundschaft mit einem Abonnement auf diese tägliche Frühstückslieferung, und für die Pensionsgäste –, da wurden Milch und Brötchen sogleich auf offener Straße von den Berlinern verspeist, denn auch sie hatten ja noch nicht gefrühstückt. Und Geschäftsleute, die angesichts dieser hungrigen Menge in den Straßen reaktionsschnell aus ihren Betten sprangen und ihre Läden öffneten, die noch einmal eine große Ladung Brötchen buken und danach wieder eine, oder die rasch Würstchen herstellten für schnell errichtete provisorische Verkaufsstände – sie alle gaben innerhalb weniger Stunden auf, als Backstuben und Fleischereien und Lebensmittelhandlungen völlig leergefegt waren. In der ganzen Umgebung mußten sehr bald auch die Restaurants und Cafés vor dem Ansturm schließen.

Erst am Spätnachmittag und in den Abendstunden begann der große Rückstrom. Und viele, die in den Verkehrsmitteln wieder keinen Platz fanden und entweder nicht mehr die Kraft oder keine Lust zum Fußmarsch nach Berlin hatten, verbrachten die Nacht «bei Mutter Grün», womit auf Berlinisch gemeint ist, daß sie im Freien im nahen Wald der Königsheide campierten und übernachteten. Erst am folgenden Morgen war der ganze Spuk vorbei. Ein leerer Flugplatz und eine verwüstete Umgebung blieben zurück.

Es muß wirklich ganz verrückt zugegangen sein. Rund 600000 Luftfahrtinteressierte hatten seit Tagesanbruch ein totales Verkehrschaos verursacht, den Johannisthaler Flugplatz in weitem Umkreis belagert und den Ort Johannisthal, der zu jener Zeit nur etwa 4000 Einwohner zählte, wie ein Unwetter heimgesucht. Und alles, weil sie fünfundzwanzig Aviatiker zum bis dahin sensationellsten Fliegerabenteuer starten sehen wollten, von denen allerdings nur fünfzehn am Start erschienen waren. Das war einst Johannisthal! War das Johannisthal?

Der erste deutsche Motorflugplatz entsteht

In der systematisierenden Motorfluggeschichte wird zwischen ersten Motorflugzeugprojekten, ersten gebauten Motorflugzeugen, ersten Motorflugversuchen und ersten Motorflügen unterschieden. Darüber, wem der erste Motorflug gelang, befanden sich widersprüchliche Angaben und Belege in luftfahrtgeschichtlicher Literatur.
Beispielsweise soll der französische Ingenieur Clément Ader am 9. Oktober 1890 im Park zu Armainvilliers mit einem «Fledermaus»-Motorflugzeugmuster 50 Meter weit geflogen sein und ein Jahr später an gleicher Stelle eine Flugweite von 100 Metern erreicht haben. Am 12. Oktober 1897 soll er in Sartory etwa 1 500 Meter weit geflogen und an gleicher Stelle, am 14. Oktober 1897, soll das Flugzeug zerschellt sein, woraufhin die Versuche eingestellt wurden (nach Hoernes, H.). Eine andere Quelle hingegen besagt, Ader sei am 14. Oktober 1897 «nach authentischen Berichten» auf einer Strecke von 250 bis 300 Metern in kaum merklicher Höhe geflogen (nach Supf, P.). Eine dritte Literaturquelle besagt, daß Ader am 12. und 14. Oktober 1897 sein Flugzeug einer Kommission des französischen Kriegsministeriums ohne Erfolg vorgeführt und nach der Feststellung dieser Kommission «nur kurze Hopser» gemacht habe. Es wird nachgewiesen, daß die

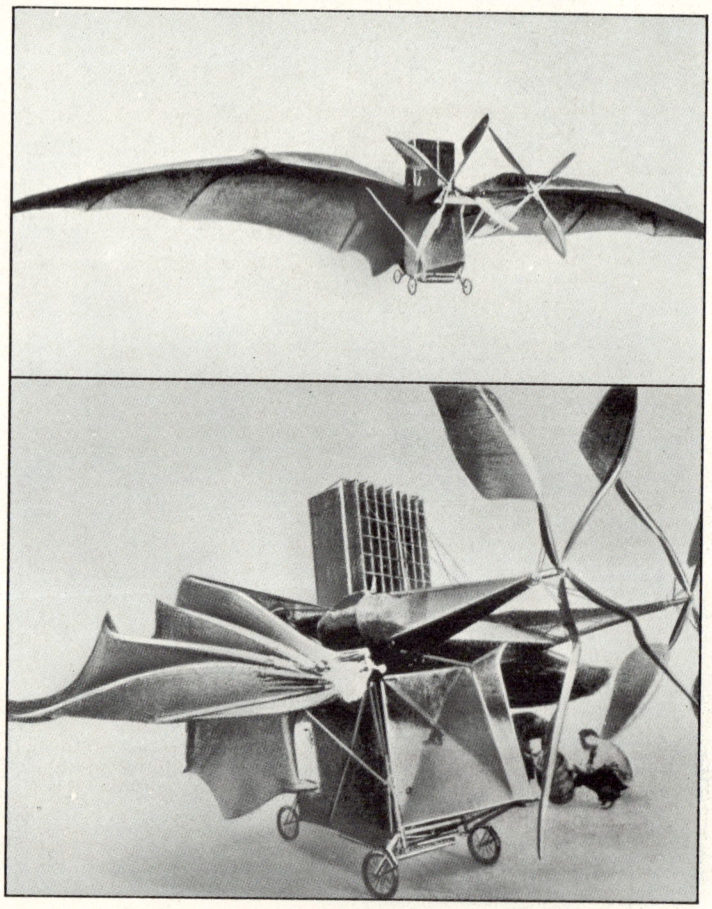

4
Mit diesem Fledermaus-Motorflugapparat, dessen Flügel zusammengeklappt werden konnten (unten), sollen dem französischen Ingenieur Clément Ader nach überlieferten, aber einander widersprechenden Nachrichten im Jahre 1897 erste Flüge gelungen sein. Es soll sich um eine Entwicklung im Geheimauftrag des französischen Kriegsministeriums gehandelt haben

5
Von Luftfahrthistorikern weitestgehend unbestritten: Der erste Motorflug gelang Orville Wright am 17. Dezember 1903 bei Kitty Hawk

Fledermauskonstruktion wegen ihrer Unstabilität überhaupt nicht flugfähig war (nach Wissmann, G.). Ähnliche unterschiedliche Darstellungen, Belege und Interpretationen gibt es zu Flugversuchen der Deutschen Karl Jatho und Gustav Weisskopf (der in seiner Jugendzeit nach den USA auswanderte) sowie den Bemühungen anderer Konstrukteure.
Viele haben mit großem Zeit- und Geldaufwand und mit bewundernswertem Einsatz versucht, das Motorflugproblem zu lösen. Um die Jahrhundertwende begann dann der Durchbruch – erst zögernd noch und oft belächelt, gelegentlich auch verspottet, aber immerhin: Der Mensch begann, sich mit Flugapparaten, die von einem Motor angetrieben wurden, von ebener Erde abzuheben (im Unterschied zu Gleitfliegern, die von Hügeln starteten, um vom Boden loszukommen), ein Stück zu fliegen und unversehrt wieder zu landen. Noch nicht weit flogen die ersten, auch noch nicht hoch. Oft mußten Zeugen des Flugversuches auf dem Bauch im Grase liegen, um feststellen zu können, ob der Flugapparat, der da vor ihnen vorüberkam, noch rollte oder schon schwebte. Aber es waren Anfänge des Motorfluges, wichtige Schritte vom Fliegenwollen zum Fliegenkönnen.
Die ersten, denen solche Flüge gelangen – und dazu findet sich in sorgfältigen luftfahrthistorischen Darstellungen kaum Widerspruch – waren die beiden amerikanischen Mechaniker Orville und Wilbur Wright. Am 17. Dezember 1903 startet Orville Wright in den Sanddünen von Kitty Hawk an der amerikanischen Ostküste von der auf gerader Ebene aufgebauten Startschiene und fliegt. Nur zwölf Sekunden, eine Weite von 53 Metern bei einer Flughöhe von höchstens drei Metern – aber ein regelrechter Motorflug. Die von den Brüdern Wright konstruierte Flugmaschine mit einem 12-PS-Motor hatte «mit einem Menschen sich selbst durch ihre eigene Kraft in freiem Flug in die Luft erhoben», war «in waagerechter Bahn vorwärts geflogen und schließlich gelandet ..., ohne zum Wrack zu werden», schrieb Orville Wright später über dieses Ereignis.
Und hier, mit diesem erfolgreichen Wright-Motorflug, beginnt auch die Geschichte des Flugplatzes Johannisthal bei Berlin.

6
Orville Wright,
geboren am 19. August 1871 in Dayton (Mitte)

7
Wilbur Wright,
geboren am 16. April 1867 in Henry County (rechts)

Von Kitty Hawk bis Pont-Long

Nach dem ersten Erfolg, den fünf Zuschauer erlebt hatten, standen die Wrights noch miteinander im Gespräch, als ein Sturm aufkam, den Flugapparat packte und zerschmetterte.
Im Frühjahr 1904 bauten die Wrights ein neues Flugzeug; diesmal hatten sie sich dafür ein einsames Gelände bei Dayton im Staate Ohio ausgesucht. Nachdem sie fertig sind und das Flugzeug erprobt haben, wollen sie es eingeladenen Pressevertretern vorführen. Doch, wie das manchmal im Leben so ist, die Presse trifft ein, der Flug soll beginnen – da springt der Motor nicht an. Die Presseleute

werden auf den folgenden Tag vertröstet. Am zweiten Tag macht der Motor mit, aber es kommen nur einige «Hopser» von höchstens 20 Metern Weite zustande. Die amerikanische Presse fühlt sich getäuscht und fällt über die Wrights her. Der «New York Herald» fragt öffentlich: «Sind sie Lügner oder Flieger?» Die Schlagzeile «Sind sie fliegende oder lügende Brüder?» findet sich wenig später auch in europäischen Zeitungen.
Die Brüder Wright arbeiten verbissen weiter. Im gleichen Jahr testen sie ihren Flugapparat bei 105 Flügen und verbessern ihn. Sie lernen, den Kurvenflug zu beherrschen. Der erste Kreisflug gelingt ihnen am 20. September 1905. Dies war ein überaus wichtiger Schritt zur Beherrschung der Flugkunst. Zwei Wochen später, am 5. Oktober 1905, durchfliegen sie eine 39 Kilometer lange Strecke in 38 Minuten. Doch dann brechen die beiden ihre Flüge vorläufig ab. In immer größerer Anzahl waren Neugierige zu ihrem Fluggelände gekommen, nicht nur, um Flüge zu sehen, sondern auch, um den Flugapparat von allen Seiten zu betrachten und zu fotografieren. Die Brüder Wright fürchteten um ihr «Fluggeheimnis», bevor sie noch imstande wären, es kommerziell zu verwerten. Sie bieten ihre Patente mehreren Regierungen für Kriegszwecke zum Kauf an. Gegen Ende des Jahres 1905 gelangt ein Angebot ins französische Kriegsministerium: Eine Million Francs! Das französische Kriegsministerium macht daraufhin einen Gegenvorschlag: 600 000 Francs. Die Wrights lehnen ab, verkaufen aber kurze Zeit später die Rechte zum Nachbau und Verkauf ihres Flugzeugmusters für 500 000 Francs an eine französische Kapitalgesellschaft, und zwar mit einer Beteili-

8
Modelldarstellung des Wrightschen Startprinzips. Der Flugapparat hatte kein Räderfahrwerk, sondern Gleitkufen. Durch ein Fallgewicht, das an einem Seil über Umlenkrollen als Zugkraft wirkte, wurde der Start von der hölzernen Startschiene unterstützt

9
Die Aviatiker in Frankreich hatten die Herausforderung der Wright-Brüder angenommen. Am 13. September 1906 gelang Santos-Dumont bei Paris ein Flug mit diesem ungewöhnlichen Apparat (oben). Nach heutigen Konstruktionsvorstellungen war dies ein rückwärtsfliegendes Flugzeug, denn die Flugrichtung (im Bild) war rechts!

10
Wilbur Wright auf dem Truppenübungsplatz von Avours bei Le Mans in Frankreich (unten). Am 21. September 1908 übertraf er alle bislang eingetragenen französischen Weltrekordleistungen

gungsklausel. Auch das Preußische Kriegsministerium erhält im April 1906 ein Angebot der Brüder Wright. Es wird abgelehnt.

Die ehrgeizigen französischen Aviatiker hatten die Flugversuche der Brüder Wright als Herausforderung angenommen. Die Luftfahrt hatte in Frankreich bereits Tradition. Die Bemühungen zur Eroberung der Luft hatten dort seit dem erfolgreichen Aufstieg des Montgolfier'schen Heißluftballons nicht mehr aufgehört. So kam es am 14. Oktober 1905 in Paris zur Gründung der «Féderation Aeronautique Internationale» (FAI), die sich das Ziel setzte, zur Förderung der Luftfahrt und des Flugsportes in der Welt beizutragen.

In den Jahren 1907 und 1908 stellten französische Flugzeugführer eine Reihe von Rekorden auf, die in die Weltrekordlisten der FAI eingetragen wurden:

26. Oktober 1907
Henry Farman mit einem Voisin-Flugapparat, Geschwindigkeitsrekord über einer geraden Strecke:
41,292 km/h

13. Januar 1908
Henry Farman mit einem Voisin-Flugapparat, Streckenrekord auf einem geschlossenen Kurs:
1,000 km

21. März 1908
Henry Farman mit einem Voisin-Flugapparat, Streckenrekord
2,004 km

11. April 1908
Leon Delagrange mit einem Voisin-Flugapparat, Streckenrekord
3,925 km

30. Mai 1908
Leon Delagrange mit einem Voisin-Flugapparat, Streckenrekord
12,750 km

16. September 1908
Leon Delagrange mit einem Voisin-Flugapparat, Streckenrekord
24, 125 km

Am 1. Juni 1908 kam Wilbur Wright nach Frankreich, die damalige Hochburg des europäischen Motorfluges. Auf dem Rennplatz von Hunaudières bei Le Mans baute er seinen Flugapparat zusammen und absolvierte ein intensives Programm fliegerischen Trainings. Bald genügte die Rennbahn den Anforderungen nicht mehr, er zog mit seinem Apparat auf den Truppenübungsplatz von Avours um. Dann, am 21. September 1908, greift er die Weltrekordmarken an und zeigt der staunenden Öffentlichkeit, was fliegen heißt. Er erhöht

– den Streckenrekord auf 66,6 km,
– den Dauerrekord auf 1 Stunde, 31 Minuten, $25^4/_5$ Sekunden,
– den Geschwindigkeitsrekord auf 60 km/h.

Mit einem Schlag hatte er alle französischen Flieger degradiert. Am 8. Dezember 1908 stellte er mit 115 Metern einen Höhenweltrekord auf. Am letzten Tag des Jahres, am 31. Dezember 1908, schraubte er mit einem Flug den Streckenrekord auf 124,7 km und den Dauerrekord auf 2 Stunden, 43 Minuten und $24^4/_5$ Sekunden. Die Sensation war perfekt. Das Gerede von den «lügenden Brüdern» verstummte endgültig. Die Presse pries Wilbur Wright nun als den «König der Flieger».

Am 2. Januar 1909 verlegte Wilbur Wright sein Lager nach Südfrankreich, in die Heide von Pont-Long bei Pau am Fuße der Pyrenäen. Dort gründete er die erste Fliegerschule der Welt. Gemeinsam mit seinem Bruder Orville, der mit ihrer Schwester Katharina Wright aus den USA hierher kam, bildete er seine ersten Schüler aus: Comte de Lambert, Lucas Gerardville, Paul Tissandier. Hier besuchten die Wrights der König Eduard von England, König Alfons von Spanien und der König von Italien.

Wieder nahmen die Franzosen die Herausforderung der Brüder Wright an. Nicht nur die Piloten, auch die Industrie begann sich zu regen. Neue Flugzeugwerke und Flugfelder entstanden, die Flugmotorenindustrie entwickelte sich, Fliegerschulen wurden eingerichtet in Buc, Châlons-sur-Marne, St. Lyr, Villa Coubley, Issy-les-Moulineaux, Juvisy, Mourmelon le Grand, Pau, Bétheny bei Reims ... Am 25. Juli 1909 erregte der Franzose Louis Blériot großes Aufsehen, als er zwischen Baraquas bei Calais und Dover in 38 Minuten den Ärmelkanal überflog. Noch im selben Jahr brachten französische Flugzeugführer sämtliche Weltrekorde wieder in ihren Besitz. Alle Flugbegeisterten zog es nach Frankreich, denn dort wurden die Maßstäbe gesetzt.

Ein Gelände wird gesucht

Hatten aber die Flüge Wilbur Wrights nur die

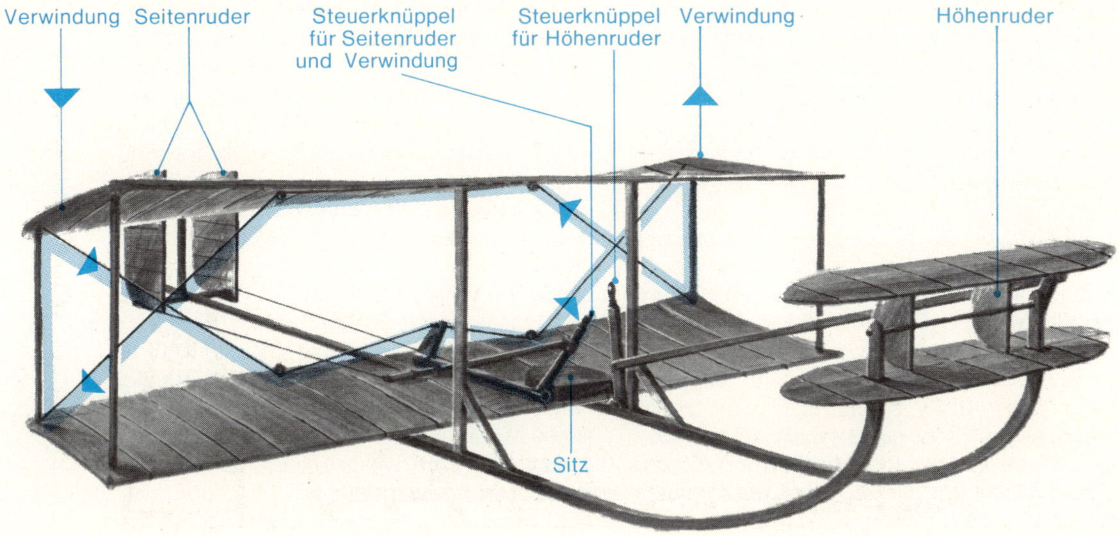

11
Die von den Wrights entwickelte sogenannte Verwindung, mit der sie die Querstabilität ihres Flugapparates beeinflussen konnten, wodurch ihnen seit September 1905 Kurven- und Kreisflüge gelangen

Franzosen in Bewegung gebracht? Keineswegs, denn ganz Europa horchte auf. In den industriell entwickelten Ländern begann eine rege Geschäftigkeit. Die Wrightsche Lektion hatte einigen ihren flugzeugtechnischen Entwicklungsrückstand klargemacht und alle, die vom Fliegen träumten, ermuntert. Dennoch war es in Deutschland schwierig, Förderer der Flugzeugentwicklung zu finden, denn hier war die Luftfahrt zu jener Zeit vorrangig auf den Bau von Luftschiffen orientiert, vor allem von Zeppelin-Luftschiffen. Das Flugzeug wurde von der Großindustrie und von den führenden Militärs unterschätzt. Wegen seines technischen Entwicklungsrückstandes gegenüber dem relativ fortgeschrittenen Luftschiffbau wurde dem Flugzeug vorläufig keine Chance eingeräumt. Zu jener Zeit war noch nirgendwo in Deutschland ein flugfähiges Motorflugzeug gebaut und vorgeführt worden, Zeppelin-Luftschiffe hingegen sorgten seit einiger Zeit mit ihren Überlandfahrten für Schlagzeilen.
Doch ging es nicht allein um vorsichtige und abwartende Zurückhaltung der deutschen Großbourgeoisie, sondern für die militärische Führung auch um die grundlegende Konzeption der künftigen Luftkriegsführung. Wie bereits erwähnt, hatte das Preußische Kriegsministerium im April 1906 ein Angebot der Brüder Wright zum Ankauf ihres patentierten Flugapparates erhalten. Dem Angebot lagen vom amerikanischen Aeroklub beglaubigte Leistungsdaten bei: Tragfähigkeit – ein Mensch und Brennstoff; Reichweite – 100 englische Meilen (161 km); Geschwindigkeit – mehr als 20 englische Meilen je Stunde (32,2 km/h). Dieses Schreiben wurde der Inspektion der Verkehrstruppen zur Begutachtung übergeben. Doch dort war man gerade mit dem Bau eines Versuchsluftschiffes beschäftigt. So formulierte der Inspekteur die Ansicht, daß die Luftüberlegenheit gegenüber Frankreich mit Luftschiffen rascher als mit Flugzeugen hergestellt werden könne. Der Flugmaschine wurde in diesem Gutachten jede militärische Verwendbarkeit abgesprochen.
Auch Graf Ferdinand Adolf August Heinrich von Zeppelin, der angesichts erkennbarer Kriegsvorbereitungen im Range eines Generalleutnants seinen Abschied aus dem Staatsdienst genommen hatte und sich auf seinem Gut am Bodensee mit dem Bau lenkbarer Luftschiffe beschäftigte, um damit rechtzeitig ins Rüstungsgeschäft zu kommen, dieser Graf mußte dank seiner einflußreichen Beziehungen von dem Angebot der Wrights erfahren haben. Denn im Mai 1906, einen Monat, nachdem das Schreiben der Brüder Wright im Kriegsministerium eingetroffen war, bot er dem Preußischen Kriegsministerium sein Luftschiff LZ 3 und seine gesamte weitere Luftschiffproduktion zum Kauf an. Diesem Angebot fügte er eine vertrauliche «Studie über den Wirkungskreis von Motorluftschiffen» bei, in der er hervorhob und damit die militärische Bedeutungslosigkeit der Flugzeuge deutlich machte: «Zwei bis drei solcher Luftschiffe vermöchten z. B. unmittelbar nach erfolgter Kriegserklärung ... Beunruhigung durch ganz Frankreich zu verbreiten... Die französische Mobilmachung müßte empfindlich erschwert werden, wenn durch in ununterbrochener Folge sich ablösende Luftschiffe in planmäßiger Weise der Bahnbetrieb gestört und allerhand Materialschaden angerichtet würde.»
Diese Studie Zeppelins und das Gutachten des Inspekteurs der Verkehrstruppen, in dem das Flugzeug als bedeutungslos bezeichnet wurde, gelangten fast zu gleicher Zeit auf den Tisch des Preußischen Kriegsministers. Sie stimmten überein und beeinflußten nicht nur die Ablehnung des Wrightschen Angebots, sondern auch die Grundhaltung des Kriegsministeriums sowie des Großkapitals gegenüber der Flugzeugentwicklung in den folgenden Jahren. Jene Angehörige in Militärkreisen, die frühzeitig die Vorteile kleiner und wendiger Flugzeuge gegenüber den großen und trägen Luftschiffen erkannten, blieben in der Minderheit und ohne Einfluß. Jedenfalls in Deutschland. Das Bemühen, die deutsche Flugzeugentwicklung voranzubringen, blieb privaten Initiativen vorbehalten.
Die finanzstarke deutsche Großindustrie, soweit die Luftfahrt für sie überhaupt von kommerziellem Interesse war, hielt sich in bezug auf eigene Aktivitäten im Flugzeugbau weiterhin zurück. Für sie wurde das Geschäft mit dem Flugzeug erst in späteren Jahren attraktiv, dann nämlich, als es bereits Rüstungsgeschäft war und die Großproduktion von Flugzeugen hohe Gewinne brachte. Der einzige, der sich zeitig, wenn auch nicht uneigennützig, zu einer fördernden Geste bereit fand, war der Mannheimer Großindustrielle Dr. Karl Lanz. Er, der ab 1910 in Gemeinschaft mit Professor Johann Schütte den Bau von starren Luftschiffen begann, überwies dem «Berliner Verein für Luftschiffahrt» 50 000 Mark, von denen 10 000 Mark für die Unterstützung deutscher Flugtechniker und 40 000 Mark für einen «Lanz-Preis der Lüfte» bestimmt waren. Die Ausschreibung dieses Preises, die mit dem 15. April 1908 datiert ist, bestimmte, daß nur solche Flugzeuge an der Bewerbung teilnehmen durften, die von einem Deutschen konstruiert und in allen Teilen in Deutschland hergestellt waren sowie von einem Deutschen geführt wurden.
Ein wichtiges Ereignis zur Anregung und Sammlung fördernder Bemühungen war die erste «Internationale Luftschiffahrt-Ausstellung» (ILA). Sie sollte in München stattfinden, jedoch fand das Vorhaben bei den bayrischen Ratsherren so wenig Verständnis und der Münchner Magistrat bereitete so erhebliche Schwierigkeiten, daß man sich im November 1908 entschloß, die ILA in Frankfurt am Main vorzubereiten. Die Ausstellung sollte vom 10. Juli bis 10. Oktober 1909 in der neuen Frankfurter Festhalle stattfinden. Der Ort erwies sich als günstig, denn in der Nähe der Ausstellungshalle lag ein freies Gelände, das zeitweilig gemietet und für eine «Aviatische Woche» genutzt werden konnte. Es reichte an bewohnte Gebiete der Stadt heran und war vom Frankfurter Hauptbahnhof in wenigen Minuten zu erreichen. Das versprach einen großen Besucherzuspruch. Die Flugwoche wurde für die Zeit vom 3. bis 10. Oktober geplant und sollte den glanzvollen Abschluß der ILA bilden, denn neben Luft-

12
Plakat der ILA,
«Internationale Luftschiffahrt-Ausstellung»,
vom 10. Juli bis 17. Oktober 1909

schiffahrten und Ballonaufstiegen sollten zum ersten Mal in Deutschland Flugwettbewerbe mit Gleit- und Motorflugzeugen stattfinden. Das Ziel der ILA bestand in einer Bestandsaufnahme des Entwicklungs- und Leistungsstandes der Luftfahrt und der Luftfahrttechnik. Es sollten kapitalanlagebereite Unternehmer und finanzierungswillige Förderer des Flugzeugbaus, des Flugmotorenbaus und der Fliegerei interessiert und gewonnen werden.

Zu gleicher Zeit, da die ILA vorbereitet wurde, gab es verschiedene Bemühungen zur Schaffung eines deutschen Flugplatzes. Zwar hatten schon auf verschiedenen Geländen Flugversuche stattgefunden (beispielsweise Karl Jatho im August und November 1903 in der Vahrenwalder Heide, nördlich von Hannover; der Däne Ellehammer im Juni 1908 auf einem Feld bei Kiel), aber einen regulären Flugplatz mit Flugzeughallen und -werkstätten sowie abgesperrten Flächen für das Rollen, den Start und die Landung von Flugzeugen, ein speziell für die Belange der Fliegerei hergerichtetes und dauerhaft reserviertes Gelände gab es zu jener Zeit in Deutschland noch nicht. Wie aber sollten sich der Flugzeugbau und der Motorflug entwikkeln und über das Niveau von kurzen Hopsern hinausgelangen, wenn nicht endlich ein Anfang gemacht wurde und ein Zentrum entstand, wo ungestört gebaut und probiert, auch anderen gelegentlich etwas abgeguckt werden konnte?

Das war ein allgemeines Problem; es galt auch für Frankreich. Dort gab es zwar verschiedene Flugfelder, aber auch sie waren keineswegs als ständige Flugplätze eingerichtet und organisiert, sondern sie befanden sich auf Exerzierplätzen, an deren Rand einige Flugzeugschuppen errichtet worden waren. Lediglich das Flugfeld von Bétheny bei Reims wurde zum Flugplatz ausgebaut, etwa zur gleichen Zeit, als auch der erste deutsche Motorflugplatz entstehen sollte.

Während bei Reims die Bauarbeiten begannen, wurde in Deutschland noch nach einem geeigneten Gelände gesucht. An das Tempelhofer Feld war gedacht worden, den großen Exerzierplatz bei Berlin. Aber dieses Gelände gab die Militärverwaltung nicht als Fluggelände frei. Ab und zu eine Flugvorführung, das ginge schon, wenn sich kein anderes Gelände dafür fand. Aber als ständiger Standort für Konstrukteure, mit Flugzeugschuppen am Rande des Exerzierfeldes, wie es in Frankreich üblich war – das kam gar nicht in Frage.

Also blieb, da weder Militär noch Verwaltung großer Städte ein entsprechendes Gelände bereitstellen wollten, nur übrig, eine Aktiengesellschaft zu gründen, die ein entsprechendes Terrain pachtete oder kaufte, es zum Flugplatz ausbaute und ihn als kommerzielles Unternehmen betrieb. Das schwierigste von allem aber war, das geeignete Gelände zu finden. Wenn ein Flugplatz gewinnbringend werden sollte, dann mußte er in der Nähe einer Großstadt liegen. Denn die Zuschauer sollten das Geld bringen. Eintrittsgeld. Dazu mußte der Flugplatz mit öffentlichen Verkehrsmitteln bequem zu erreichen sein. Zudem war die Großstadtnähe deshalb von erheblicher Bedeutung, weil diese zugleich Industrienähe bedeutete, denn auf dem Flugplatz sollten sich Flugzeugwerkstätten ansiedeln, und diese würden nicht nur verschiedenes Material, sondern vor allem auch qualifizierte Facharbeiter brauchen.

Außerdem waren, was Beschaffenheit und Größe betraf, bestimmte Bedingungen zu berücksichtigen. Französische Erfahrungen der damaligen Zeit besagten, daß ein Flugplatz folgenden Mindestanforderungen genügen müßte:

- Der Boden für die Startbahn durfte keine Hindernisse enthalten, er mußte also eine ununterbrochene, ebene, möglichst horizontale Fläche sein.
- Als zweckmäßige Größe für das Flugplatzgelände galt ein Areal von mindestens zwei Kilometern Länge und etwa gleicher Breite.

13
Auf der ILA ausgestellt: Sechsdecker-Variante als Konstruktionsvorschlag für einen Motorflugapparat

Dabei wurde die Erfahrung berücksichtigt, daß sich die damaligen Flugapparate beim Start meist längere Zeit auf flachem Boden fortbewegten, bevor sie vom Boden abhoben. Bei Anfängern konnte diese Startanlaufstrecke mitunter mehr als einen Kilometer betragen.

Unbebaute Flächen von dieser Beschaffenheit waren aber in Deutschland in der Nähe großer Städte entweder nur als Exerzierplätze anzutreffen, oder sie befanden sich im Besitz von Terrain-Aktiengesellschaften, die jedes Stück Land nur zu außerordentlich hohen Preisen verkauften. Hingegen waren sich die Initiatoren für das Anlegen eines deutschen Flugplatzes darüber einig, daß sein Ausbau möglichst geringe Kapitalinvestitionen erfordern sollte. Also wurde, da sich die Bemühungen immer mehr auf Berlin konzentrierten, zunächst die Nutzung bereits vorhandener Sportanlagen angestrebt.

Die Initiatoren waren Kapitän zur See Eduard von Pustau, Luftfahrtpublizist und Schriftführer des «Vereins Deutscher Flugtechniker», Major Georg von Tschudi, ehemaliger Luftschiffer und Mitglied der Flugzeugabteilung des «Deutschen Luftschiffer-Verbandes», sowie Arthur Müller, juristischer Berater des «Deutschen Luftschiffer-Verbandes» und Unternehmer für Holzbauten.

Man versuchte zunächst, sich mit den Besitzern der Berliner Pferderennbahnen in Berlin-Grunewald und Berlin-Karlshorst zu einigen. Dort, am Rande der Rennbahnen, würden sich einige Flugzeugschuppen und kleine Werkstätten einrichten lassen. Die Rennbahngelände erschienen auch für den Start und die Landung der damaligen Flugzeuge ausreichend. Und auf Besucherandrang waren die Rennplätze mit ihren Eintrittskassen und Zuschauertribünen ohnehin eingerichtet. Man brauchte also nur wenig zu investieren, und die Einnahmen würde man mit den Rennplatzbesitzern teilen. Aber eine Einigung kam nicht zustande, weil die Aktionäre der Rennbahnanlagen eine Beeinträchtigung des Trainings und der Rennen durch den Lärm der Flugzeugmotoren befürchteten. Wohl zu recht.

Ein Wald muß weichen

Da fand der Unternehmer Arthur Müller einen Ausweg. Zunächst traf er hinreichende Vorbereitungen, damit aus den erforderlich werdenden Bauarbeiten möglichst viel Geld in seine eigene Tasche floß. Im Spätherbst des Jahres 1908 erschien in der Zeitschrift «Die Bank» folgende Notiz: «Arthur Müller, Land- und Industriebauten Akt.-Ges., Kapital 1 Mill. Mk, ist aus der G. m. b. H. Arthur Müller in Berlin entstanden ...» Zugleich verhandelte er mit der Verwaltung des preußischen Forstbesitzes über einen Pachtvertrag für ein Waldgelände südlich neben der Berliner Vorortbahnstrecke zwischen Johannisthal und Adlershof. An einem Wintertag des Jahres 1908, als von Tschudi, der zu jener Zeit bereits den Direktorposten für die ILA in Frankfurt am Main übernommen hatte und dorthin übergesiedelt war, gerade wieder in Berlin weilte, lud ihn, wie er später in seinen Erinnerungen schrieb, «Herr Arthur Müller ein, mit ihm nach einem Gelände zu fahren, das er entdeckt hatte. Er verschwieg den Ort. Wir fuhren am Baumschulenweg vorbei, durch Niederschöneweide und bogen am Bahnhof Adlershof rechts ab. Da wußte und sagte ich: ‹Aha, Sie meinen das Gelände zwischen Adlershof und Johannisthal›. Das kannte ich schon lange gut, war ich doch dort oft in dem Kiefernwald und einem kleinen Eichenschälwald spazieren geritten, als ich in Treptow wohnte. ‹Wie groß muß der Platz sein?› fragte Herr Müller. Er war erstaunt, als ich das ganze Gelände von Adlershof bis Johannisthal – fast zwei Kilometer Länge – für erforderlich erklärte ... Dieser Wintertag war der eigentliche Gründungstag des Flugplatzes.»

Gemeinsam veranlaßten Müller und von Tschudi dank ihrer Verbindungen zu einflußreichen Militärs, die leitende Funktionen im «Deutschen Luftschiffer-Verband», der höchsten deutschen Luftsportbehörde, bekleideten, den Einsatz von Soldaten beim Flugplatzbau. Arthur Müller gründete mit interessierten Finanziers die «Deutsche Flugplatzgesellschaft» und wurde ihr Direktor. In dieser Eigenschaft schloß er mit der Verwaltung des preußischen Forstbesitzes den schon vorbereiteten Pachtvertrag über ein 300 Hektar großes Waldgebiet zwischen den Gemarkungen Johannisthal und Adlershof ab und kaufte von der Ortsverwaltung Johannisthals noch eine angrenzende Fläche dazu, auf der Anlieger seit Jahren Kartoffeln und Gemüse angepflanzt hatten.

Noch in den Dezembertagen begann eine in der Nähe stationierte Eisenbahnpioniereinheit auf Befehl des Preußischen Kriegsministeriums mit der Rodung des Kiefern- und Eichenbestandes sowie mit der Einebnung der Fläche, einschließlich des Gemüselandes, für das Müller die bestehenden Pachtverträge gekündigt hatte. Die einzigen Kosten, die der Flugplatzgesellschaft zunächst für die Herrichtung des Platzes entstanden, waren die für ein täglich warmes Mittagessen für die eingesetzten Soldaten, das aus einer Feldküche verabreicht wurde.

Nach der Bezahlung der Pachtsumme an die Verwaltung des preußischen Forstbesitzes verfügte die Flugplatzgesellschaft noch über ein Kapital von 200 000 Mark. Für diese Summe erteilte sich Müller selbst – genauer: der Direktor der «Deutschen Flugplatzgesellschaft» Arthur Müller dem Direktor der «Arthur Müller Land- und Industriebauten AG.» – umfangreiche Aufträge zum eiligen Ausbau des Flugplatzes. Es entstanden Holzschuppen als Flugzeughallen und Werkstätten, Zuschauerabsperrungen und Kassenhäuschen wurden gebaut und ein drei Meter hoher Bretterzaun von gewaltiger Länge errichtet, der den ganzen Flugplatz umschloß und die Schaulustigen an die Eintrittskassen führen sollte. Zufahrtsstraßen wurden angelegt, Licht- und Kraftleitungen verlegt, Telefonleitungen gezogen, das Rollgelände einigermaßen planiert und mit Wendemasten (sogenannten Pylonen) sowie einem Zielrichterhäuschen an der Startlinie versehen. Bei diesen Bauten waren Hinweise berücksichtigt worden, die Kapitän von Pustau, Oberstleutnant Hermann W. L. Moedebeck und Rechtsanwalt Eschenbach, Syndikus des «Deutschen Luftschiffer-Verbandes», von ihren Reisen zu Studien von Fluggeländen in Mittel- und Südfrankreich, England und Norditalien mitbrachten.

Trotz aller Eile wurde der Flugplatz Johannisthal nicht der erste in Europa. Die Franzosen waren schneller, auch schneller als die Organisatoren der ILA, die, wie schon erwähnt, die erste Flugwoche der Welt vom 3. bis 10. Oktober 1909 veranstalten wollten. Diese welterste Flugwoche fand vom 22. bis 29. August 1909 in Frankreich statt. Mit der «Großen Flugwoche der Champagne» wurde der erste europäische Flugplatz von Bétheny bei Reims eröffnet und seiner Bestimmung übergeben (die bisher bekannten luftfahrtliterarischen Belege berechtigen zumindest zu der Annahme, daß Bétheny der erste reguläre Flugplatz der Welt war). Von Pustau, von Tschudi, Moedebeck und Eschenbach reisten dorthin. Was sie sahen, wurde für sie zu einer kompletten Überraschung. Die rechteckig angelegte Flugbahn – an den Ecken durch Pylone markiert, die zu umfliegen waren – hatte zwischen Start und Ziel eine Länge von zehn Kilometern. Die Straße zwischen Neufchâtel und Reims, die am Flugplatz vorbeiführte, wurde durch eine neuangelegte Straße gekreuzt, die von der Eisenbahnstation direkt zu den Zuschauerplätzen führte. Ein großer Automobilparkplatz war eingerichtet, Abstellplätze für Zweiräder vorhanden. Neben den Zuschauerrängen waren die Flugzeughangars errichtet und überhaupt war einiges getan worden, um den Flugplatzaufenthalt für zahlende Besucher möglichst anziehend zu gestalten. Ein Restaurant war vorhanden und ein Büfett, Garderobenaufbewahrung, Zigarren- und Blumenkioske, eine öffentliche Poststation, Frisiersalon, Schuhputzraum.

Und dann die Flugwoche: 36 Flugmaschinen erschienen am Start, davon 24 Zweidecker

14
Plakat der weltersten Flugwoche vom 22. bis 29. August 1909 in Bétheny bei Reims in Frankreich

15
Zuschauer vor den Flugzeugschuppen am «alten Startplatz» (rechtes Bild) zur Johannisthaler Eröffnungsflugwoche im September 1909

und 12 Eindecker. Die Elite der Flieger war vertreten: die Franzosen Henry Farman, Hubert Latham, Louis Blériot, Paul Tissandier, de Lambert, Louis Paulhan, der Amerikaner Glenn Curtiss. Der Zuschauerandrang übertraf alle Erwartungen. An einzelnen Tagen wurden bis zu 200000 zahlende Zuschauer gezählt. Was es zu sehen gab, war bis dahin einmalig. Ständig war Betrieb auf dem Flugplatz, oft befanden sich mehrere Flugzeuge gleichzeitig in der Luft. Viele neue Rekorde wurden aufgestellt.

Auf Grund der Erfahrungen dieser Flugwoche legte die internationale Flugsportföderation FAI folgende sieben Konkurrenzen fest, in denen künftige Flugzeugwettbewerbe ausgetragen werden sollten: Schnelligkeit, Langsamkeit, Entfernung, Dauer, Höhe, Manövrierfähigkeit, Flüge mit mehreren Passagieren.

Der deutschen Beobachtergruppe, von denen jeder mit etlichen zehntausend Mark an der «Deutschen Flugplatzgesellschaft» und damit sowohl an der Finanzierung des Johannisthaler Flugplatzbaus als auch an den erwarteten Flugplatzeinnahmen beteiligt war, gingen bei Reims mehrere Lichter auf.

Erstens wurde klar, daß man für Zuschauermassen mehr tun mußte, als Stehplatzflächen einzurichten und diese zur Rollfläche hin abzusperren. Deshalb wurden in wenigen Wochen in Johannisthal noch einige Einrichtungen nachträglich hergerichtet, darunter ein Postamt und Zuschauertribünen mit Sitzplätzen. (Diese eiligen Nachholearbeiten zwischen den Reimser Flugtagen im August und der Inbetriebnahme des Flugplatzes Johannisthal im September des Jahres 1909 haben in mehreren späteren luftfahrtgeschichtlichen Arbeiten zu der falschen Darstellung geführt, daß der ganze Flugplatz Johannisthal in ein paar Wochen aus dem Boden gezaubert worden sei, was selbstverständlich ganz und gar unmöglich war. Tatsächlich betrug die Bauzeit rund zehn Monate.)

Zweitens wurde deutlich, daß die Inbetriebnahme des Johannisthaler Flugplatzes nicht sang- und klanglos vonstatten gehen konnte. Bei Reims war demonstriert worden, wie erfolgreich – auch finanziell gesehen – es sein kann, wenn eine derartige Heimstätte des Motorfluges mit einer Flugwoche eröffnet und dieses Gelände auf solche Weise eindrucksvoll in die breite Öffentlichkeit eingeführt wird. In bezug darauf aber standen die Initiatoren und Mitfinanziers des Flugplatzes Johannisthal vor einem beträchtlichen Problem, weil es zu jener Zeit noch keinen einzigen deutschen Flugzeugführer gab, der imstande gewesen wäre, auch nur annähernd zuschauerwirksame Flüge auszuführen. Zwar hatte die Stiftung des «Lanz-Preises der Lüfte» im Jahre 1908 einige Konstrukteure angespornt, aber eine geeignete deutsche Flugzeugkonstruktion, und nur eine solche durfte sich um diesen Preis bewerben, war noch nicht vorhanden. Lediglich Hans Grade und Hermann Dorner, die mit den von Dr. Karl Lanz an den «Berliner Verein für Luftschiffahrt» speziell für die Förderung deutscher Flugzeugtechniker überwiesenen 10000 Mark unterstützt wurden, hatten erste Flugversuche zustande gebracht. Aber das war noch nichts, was als Attraktion einer Flugwoche gelten konnte. Also kamen nur ausländische Flieger in Betracht, vor allem französische. Diese aber waren bereits für die Flugwoche der ILA vom 3. bis 10. Oktober in Frankfurt am Main verpflichtet worden.

Drittens mußten, wenn namhafte Flieger gewonnen werden sollten, auch Flugpreise in lohnender Höhe ausgesetzt werden. Aber die «Deutsche Flugplatzgesellschaft» war zunächst einmal der Pleite nahe, als der Ausbau des Flugplatzes Johannisthal abgeschlossen war. Die finanziellen Mittel waren verbraucht.

Skandale um die Flugplatzeröffnung

Da entschlossen sich die Aktionäre der «Deutschen Flugplatzgesellschaft» zu einer energischen Lösung. Es wurden angesichts der erschöpften Finanzen rasch Einnahmen gebraucht. Man konnte nicht länger warten, bis deutsche Flugzeuge vorführungsreif waren. Daher warb man die bedeutendsten französischen Piloten, die bereits für die ILA-Flugwoche in Frankfurt am Main rüsteten, für Johannisthal ab und verpflichtete einige weitere ausländische Flieger. Den erfolgreichsten Franzosen der Flugwoche bei Reims wurde von vornherein eine Bezahlung für die Teilnahme in Johannisthal zugesichert (beispielsweise Blériot die Summe von 50000 Francs). Darüber hinaus wurden den Teilnehmern beträchtliche Flugpreise in Aussicht gestellt – in einer Höhe von insgesamt 150000 Mark, die als Kredit aufgenommen wurden und die man aus den Einnahmen der Flugwoche leicht zurückzuzahlen hoffte. Der Direktor der ILA, von Tschudi, der in Johannisthal investiert hatte, gab dazu seinen Segen, obwohl er dadurch beträchtlichen Ärger auf sich lud und erhebliche Aufregung entstand, denn wegen der Abwerbung der französischen Piloten mußten die Motorflugvorführungen der ILA um eine Woche verschoben werden. Unter diesen Umständen klang es sehr beherrscht und zurückhaltend, als in der abschließenden «Denkschrift der ersten Internationalen Luftschiffahrt-Ausstellung (ILA) zu Frankfurt am Main 1909» erklärt wurde: «Programmgemäß sollte am 10. Oktober die Ausstellung geschlossen werden. ... der Umstand, daß die Verhältnisse es notwendig gemacht haben, die aviatische Woche auf den 3. bis 10. Oktober zu legen, es aber untauglich gewesen wäre, keinen Ersatz für ausfallende Tage der Fliegerwoche eintreten zu lassen, veranlaßten den Vorstand, die Ausstellung bis zum 17. Oktober zu verlängern.»

Auf diese Weise wurde es geschafft: Die erste deutsche und weltzweite Flugwoche fand auf dem Flugplatz Johannisthal bei Berlin statt – als «Internationale Flugwoche» vom 26. September bis 3. Oktober 1909.

Schon etliche Tage zuvor begann in den

Schuppen und Hallen auf dem neuentstandenen Flugplatz rege Geschäftigkeit. Pferdebespannte Transportwagen trafen ein, Werkbänke und Flugzeugteile wurden abgeladen, Monteure richteten sich ein. Eine kleine Flugsportstadt am Südostrand Berlins begann sich zu regen. Bedeutende ausländische Flugzeugführer jener Jahre erschienen: die Franzosen Louis Blériot, Henry Farman, Henry Rougier, Leblanc und Molon, der Belgier de Caters, der Schweizer Dufour, die Chilenen José Sanchez-Beza und Emilio Edwards. Ihre Flugzeuge wurden aufgerüstet, verspannt und zum Start vorbereitet. Als einziger Deutscher war Hermann Dorner mit seinem Flugapparat gekommen.

De Caters eröffnete am 26. September 1909 mit seinem Voisin-Flugapparat die Flugwoche. Der Apparat hatte die Form von mehreren geräumigen Kammern, die durch Stangen zusammengehalten wurden (die Berliner gaben diesem Flugzeug den Spitznamen «Stube, Kammer und Küche»). Aber de Caters kommt nicht weit, am ersten Wendeturm muß er schon wieder landen. Dann steigt Blériot mit seinem kleinen, wendigen Eindecker auf und umrundet ohne Schwierigkeiten die Pylone. Dafür beanspruchte er 20000 Mark! Nach ihm fliegt Farman mit seinem Doppeldecker zwei Platzrunden ganz dicht über dem Boden dahin. «Trüffelsucher» wurden solche Tiefflieger fortan von den Berlinern genannt. Und danach sorgt Leblanc für den ersten Bruch (damals übliche Bezeichnung für eine Flugzeugbeschädigung im Start- oder Landevorgang) in der Johannisthaler Flugplatzgeschichte, weil er beim Ausleiten einer Kurve mit der Tragfläche den Boden berührt und sein Flugzeug dadurch allzu heftig aufsetzt.

Am zweiten Tag sind die Leistungen schon besser, die Flüge höher und länger. Farman fliegt 20 Kilometer in acht Flugplatzrunden und erfüllt damit die Bedingungen des ausgeschriebenen Geschwindigkeitspreises. Für die Sensation des zweiten Tages sorgt aber ein anderer Franzose: Hubert Latham. Auf dem nahegelegenen Tempelhofer Exerzierplatz der Berliner Garnison zeigten seit dem 4. September 1909 Orville Wright, seit dem 23. September Hubert Latham begeisternde Schauflüge. Am 27. September startet Latham dort um 15.40 Uhr zum letzten Mal, steigt auf eine Höhe von etwa 70 Metern und fliegt

16
Mit seinem Voisin-Flugapparat vollführte der belgische Baron de Caters am 26. September 1909 den ersten Motorflugstart in der Geschichte des Flugplatzes Johannisthal. «Stube, Kammer und Küche» tauften die Berliner dieses Flugzeug

17
Der zweite Starter in Johannisthal war der Franzose Louis Blériot (unten)

18
Tiefflug Henry Farmans am ersten Tag der Eröffnungsflugwoche (rechts unten)

über den Ort Britz nach Johannisthal. Dort landet er kurz vor 16 Uhr – mitten in die Flugvorführungen der Eröffnungsflugwoche hinein. Für die zehn Kilometer lange Strecke hatte er 14 Minuten und 31 Sekunden benötigt. Das war ein aufsehenerregendes Ereignis, denn es war der erste Überlandflug über deutschem Gebiet. Begeistert wurde der kühne Flieger in Johannisthal empfangen. Doch gab es ein unerwartetes Nachspiel, denn derartige Überlandflüge waren noch in keinerlei deutschen Polizeivorschriften geregelt. Daher wurde der Flug als beispielloser Leichtsinn geahndet. Latham erhielt von der Berliner Polizeibehörde ein Strafmandat in Höhe von 150 Mark wegen «groben Unfugs». Latham sorgte übrigens für den zweiten Johannisthaler «Bruch». Am 29. September stieß sein Flugzeug in der Abenddämmerung in voller Fahrt gegen einen Baumstamm und wurde erheblich beschädigt. Doch der Pilot blieb unversehrt.

Die ausländischen Flieger trugen nach und nach die ausgesetzten Preise ab. Vor allem zwischen Latham und Rougier hatte sich ein Duell entwickelt. Rougier hatte anderthalb Stunden lang in unentwegten Flugplatzrunden 77 Kilometer zurückgelegt. Latham überbot diese Leistung, indem er eine Stunde und 27 Minuten die Pylone umkurvte und es auf eine Strecke von 82,5 Kilometer brachte. Das wiederum ließ Rougier nicht ruhen. Er drehte innerhalb der Flugplatzumzäunung Runde um Runde, zwei Stunden und 41 Minuten lang, brachte es auf eine Flugstrecke von 120 Kilometern und gewann damit den Dauerpreis in Höhe von 40000 Mark. Außerdem holte er sich den Höhenpreis und – als erfolgreichster Pilot der Johannisthaler Eröffnungsflugwoche – den «Pokal von Berlin». Der einzige deutsche Teilnehmer, Hermann Dorner, vermochte nur einige kleine Sprünge mit seinem Flugzeug zu zeigen.

Die Eröffnungsflugwoche war auch mit Mißtönen verbunden. War es schon ein Skandal gewesen, daß die Johannisthaler Flugplatzorganisatoren die ILA-Flugwoche in Frankfurt am Main in Gefahr gebracht und deren Verlegung erzwungen hatten, entwickelte sich auch zwischen den Veranstaltern der Johannisthaler Flugwoche und einigen ausländischen Fliegern ein regelrechter Streit. Die Vereinbarungen mit französischen Fliegern über die Erlangung der in Aussicht ge-

19
Der französische Flieger Hubert Latham flog am 27. September 1909 von Tempelhof nach Johannisthal.
Für diesen ersten Überlandflug über deutschem Gebiet erhielt er von der Polizei ein Strafmandat

20
Flugzeug des Franzosen Henry Rougier, er holte sich als erfolgreichster Aviatiker der Eröffnungsflugwoche den «Pokal von Berlin» (rechts oben)

21
Der erste Dorner-Eindecker, mit dem seinem Erbauer im Jahre 1909 nur kurze Sprünge gelangen

stellten Flugpreise waren nicht eindeutig gewesen und führten dazu, daß Blériots Start am ersten Tag der «Internationalen Flugwoche» sein einziger blieb. Obwohl er für fünf Tage verpflichtet worden war, reiste er am dritten Tag plötzlich ab. Leblanc, sein ehemaliger Schüler, reiste aus Sympathie gleich mit. Die Auswirkungen dieser unerquicklichen Differenzen führten zu gerichtlichen Auseinandersetzungen und waren so nachhaltig, daß sich an den Johannisthaler Flugwochen der folgenden Jahre kein Franzose mehr beteiligte.
Die Johannisthaler Eröffnungsflugwoche wurde zudem, entgegen den Erwartungen ihrer Veranstalter, ein finanzieller Mißerfolg, denn die Anzahl der Zuschauer, die gekommen waren, blieb relativ gering. Die Eintrittsgelder deckten nicht annähernd die gezahlten Flugpreise und anderweitige finanzielle Verpflichtungen aus dieser Veranstaltung. Die «Deutsche Flugplatzgesellschaft» war verschuldet. Der Flugplatz Johannisthal stand kurz nach seiner Eröffnung vor dem Ruin. Trotzdem entwickelte sich das Leben auf dem Flugplatz. Johannisthal hörte auf, ein verträumter Kurort im Südosten Berlins zu sein. Allerdings fand das Flugplatzleben zunächst noch am Boden statt, denn nachdem die Eröffnungsflugwoche vorüber war, gab es in der Luft vorläufig nichts zu sehen. Die ausländischen Flieger waren wieder fort, deutsche gab es immer noch nicht.
Die Tageseinnahmen an den Eintrittskassen waren kaum der Rede wert. Daher bemühte sich die Flugplatzgesellschaft, allen voran ihr Direktor Arthur Müller, fieberhaft um einen Ausweg. Dazu gehörte das Bemühen, alles, was fliegerisch sehenswert war, unbedingt nach Johannisthal zu holen, dies in der Presse zu publizieren und damit zahlende Zuschauer zu interessieren. Das war auch der Grund, weshalb der Flugpionier Hans Grade seinen Flug zur Erlangung des «Lanz-Preises der Lüfte» in Johannisthal ausführen mußte, obwohl die Preisausschreibung einen bestimmten Ort für die Bewerbung nicht zwingend vorsah. Im § 2 war lediglich die geforderte Leistung beschrieben, die ein deutscher Flieger mit deutscher Flugkonstruktion aus deutschem Material vollbringen mußte: «Das Flugschiff muß von der 100 m langen Startlinie zwei 1000 m voneinander entfernte Marken umfliegen, davon die zweite Marke im entgegengesetzten Drehsinn wie die erste, und dann zur Startlinie, welche gleichzeitig Ziellinie ist, zurückkehren. Eine Landung ist nicht erforderlich; es genügt, wenn die Ziellinie durchflogen wird. Die Startlinie liegt parallel zur Verbindungslinie der Marken und 500 m davon entfernt.»
Der Bewerber mußte also eine Acht fliegen und mit deren Schleifen zwei Markierungen umrunden, die 1000 Meter weit voneinander lagen. Start und (mögliche) Landung hatten in der Mitte dieser Distanz zu erfolgen. Aber – der Johannisthaler Flugplatz hatte im Jahre 1909 keine 1000 m weit auseinanderliegenden Wendemarken. Wenn es der Johannisthaler Flugplatzgesellschaft, wie gleich zu sehen sein wird, dennoch gelang zu erzwingen, daß sich Hans Grade in Johannisthal um den ausgesetzten Preis bewarb, so wird damit der Einfluß der Flugplatzaktionäre belegt. Sie bewirkten einen Vorstandsbeschluß des «Berliner Vereins für Luftschiffahrt», dem sich Grade beugen mußte.

Die Gewinner der «Lanz-Preise der Lüfte»

Der Mannheimer Großindustrielle Dr. Karl Lanz hatte zunächst 40000 Mark, nach dem Erfolg Hans Grades weitere fünf Preise ausgesetzt, die sämtlich im Jahre 1910 erflogen wurden:

Preis:	*erflogen von/am:*
7000 Mark	*Adolf Behrend/20. April 1910*
3000 Mark	*Hermann Dorner/11. Juli 1910*
2000 Mark	*Emil Jeannin/6. August 1910*
1500 Mark	*Fritz Heidenreich/15. Oktober 1910*
1000 Mark	*Raymund H. Eyring/13. Dezember 1910*

22
Mit diesem Programm-Zettel, in hoher Auflage auf den Berliner Straßen verteilt, wurde Hans Grades Flug in Johannisthal um den «Lanz-Preis der Lüfte» angekündigt

Programm.

Hans Grade

fliegt um den

Lanz-Preis der Lüfte in Höhe von 40000 Mark

auf dem

Flugplatz Johannisthal-Adlershof

Sonnabend, den 30. und Sonntag, den 31. Oktober 1909.

Grades Triumph in Johannisthal

Hans Grade hatte nach seinem Ingenieurstudium zunächst eine kleine Motorenwerkstatt errichtet und gründete im Herbst 1905 in Magdeburg die «Grade-Motorenwerke». Er baute Motorräder, die bei Rennen bis zu 150 km/h erreichten. An einigen Rennen nahm er selbst teil und gewann mehrere Preise. In Magdeburg begann er im Jahre 1907 mit dem Bau eines Dreideckers, der nach fast einjähriger Bauzeit fertiggestellt war. Der Flugapparat hatte ein geringes Gewicht; er war aus Bambusstangen und Leinwand hergestellt. Auch den luftgekühlten Sechszylindermotor mit seiner Leistung von 36 PS hatte er unter Berücksichtigung seiner Erfahrungen aus dem Bau von Motorrädern selbst geschaffen. Im September 1908 begann Hans Grade die Erprobung auf dem Exerzierplatz der Magdeburger Garnison. Nach ersten vorsichtigen Versuchen, mit denen er allmählich die Beherrschung seines Dreideckers erlangte, gelang ihm am 2. November 1908 ein Flug von 60 Metern Weite in einer Höhe von acht Metern.

Im August 1909 übersiedelte Grade mit seiner Werkstatt, die er inzwischen in einem Schuppen auf dem Krakauer Anger bei Magdeburg eingerichtet hatte, nach Bork. Doch verfolgen wir seinen mühevollen Weg bis zu seinem Triumph in Johannisthal (genauer: auf dem Flugplatz Johannisthal-Adlershof, wie er im Jahre 1909 noch offiziell hieß) anhand von Zeitungsberichten des Jahres 1909:

«Vossische Zeitung», 18. August 1909:
«Die Berliner werden voraussichtlich ... Gelegenheit haben, einen deutschen Flieger im Fluge zu beobachten. Der erste deutsche Flieger, dem tatsächlich schon Flüge mit einem Flugapparat gelungen sind, nämlich der Ingenieur Grade in Magdeburg, ist im Begriff, nach dem Flugfeld Mars am Bahnhof Bork (Wetzlarer Bahn hinter Beelitz) überzusiedeln. Er bringt zwei Apparate mit, und zwar den Dreidecker, mit welchem er schon seit fast einem Jahre erfolgreiche Flugversuche gemacht hat, sowie ferner einen Eindecker, der gestern, Donnerstag, in Magdeburg zum ersten Male in Betrieb genommen werden sollte.»

«Tägliche Rundschau», 31. August 1909:
«Ingenieur Grade, der, wie berichtet, seit einigen Tagen auf dem Flugfeld ‹Mars› am Bahnhof Bork weilt, hat seinen neuen Eindecker montiert und seinen Schuppen fast fertiggestellt ... Am gestrigen Sonntag gelangen dem Flieger bereits mehrere Flüge von 300 bis 400 Meter Länge und etwa 2 Meter Höhe. Die nächsten Tage werden sicher eine weitere Steigerung seines Könnens ergeben, so daß von jetzt ab Zuschauer in beschränkter Anzahl zugelassen werden sollen.
Bis die Einrichtungen für eine größere Anzahl von Zuschauern getroffen sind, ist der Eintrittspreis an der Kasse auf 4 Mark festgesetzt, während im Vorverkauf Karten zu 3 Mark ausgegeben werden. Vorverkaufskarten können an den Fernbahnhöfen der Stadtbahn und am Potsdamer Bahnhof gelöst werden, und zwar in den auf diesen Bahnhöfen gelegenen Zigarrenhandlungen. Die Versuche finden bei günstigem Wetter täglich statt. Abends von 6 Uhr ab pflegt auf dem Fluggelände stets völlige Windstille zu herrschen. Für die Besucher kommen hauptsäch-

23
Dieser Dreidecker wurde von Hans Grade gebaut, damit gelang am 2. November 1908 ein Flug von 60 Metern Weite

lich folgende Züge in Betracht: 1. Stadtbahn-Fernzug ab Alexanderplatz 1.38 Uhr ...»

«Berliner Lokalanzeiger», 11. September 1909:
«Auf dem Flugfeld ‹Mars› am Bahnhof Bork hat heute früh der Aviatiker Grade drei Flüge ausgeführt, die ihn in erster Linie für den 40000-Mark-Preis qualifizieren, der von dem Großindustriellen Lanz in Mannheim dem Berliner Verein für Luftschiffahrt zur Verfügung gestellt ist. Grade flog dreimal über das ganze Feld und zurück, das ist ein Oval von je etwa 2 bis 2 1/2 Kilometern Umfang. Die Kurven gelangen sehr gut bei einem Durchmesser von 250 bis 300 Metern. Dabei stellte er den Dauerrekord für eine deutsche Flugmaschine mit 2 Minuten 6 Sekunden auf. Die Bedingungen für den Lanz-Preis sind kaum schwieriger als die von Grade heute vollbrachten Leistungen.»

«Berliner Lokalanzeiger», 26. September 1909 (das war der erste Tag der Johannisthaler Eröffnungswoche):
«Am gestrigen Sonnabend wollte sich der deutsche Flugtechniker Ingenieur Grade auf dem Flugfeld ‹Mars› bei Bork um den Lanz-Preis in der Höhe von 40000 Mark bewerben ... Leider ist es Grade zunächst noch nicht gelungen, den Preis zu gewinnen, da sein Apparat infolge eines Propellerdefekts aus der Höhe abstürzte, zum Glück, ohne daß der Erfinder verletzt wurde ... Etwa fünfhundert Personen hatten sich gestern trotz des leichten Regens auf dem Flugfeld ‹Mars› eingefunden ...»

«Der Montag», 11. Oktober 1909:
«Der Ingenieur Grade hat heute nachmittag auf dem Flugfeld ‹Mars› am Bahnhof Bork den ersten größeren Flug wieder ausgeführt. Er flog 6 1/2 Runden, zirka 13 Kilometer, und war 11 Minuten 12 Sekunden in der Luft. Das ist die vierfache Entfernung des Lanz-Preises. Da der Berliner Verein für Luftschiffahrt dem Wunsche Grades, den Lanz-Preis in Bork bestreiten zu dürfen, nicht nachkommen will, sondern den Flugplatz Johannisthal vorgesehen hat, wird Grade am nächsten Sonntag in Bork vor Unparteiischen den vom Lanz-Preis vorgeschriebenen Weg fliegen ...»

«Vossische Zeitung», 18. Oktober 1909:
«‹Grade, der Sieger des Lanz-Preises›, so könnte man eigentlich schreiben, wenn es der Berliner Verein für Luftschiffahrt nicht anders beschlossen hätte. Alle Bedingungen, die für den Lanz-Preis vorgeschrieben sind, hat ... Ingenieur Hans Grade bei seinen gestrigen Schauflügen, die er vor ungefähr zweitausend Zuschauern auf dem Flugfeld ‹Mars› ... unternahm, völlig erfüllt, nur die eine nicht, daß dieser Flug auf dem Flugfeld der Flugplatzgesellschaft in Adlershof-Johannisthal vor sich gehen soll. Man weiß nicht recht, warum der Berliner Verein für Luftschiffahrt so hartnäckig gerade auf dieser – angeblich nachträglichen – Bedingung besteht. Wird doch von glaubwürdiger Seite versichert, daß Geheimrat Busley, der Vorsitzende des Berliner Vereins, gegen ein Ausfahren des Lanz-Preises auf dem Flugfeld ‹Mars› ... nichts einzuwenden gehabt hätte. Übrigens konnten verschiedene Herren des Berliner Vereins für Luftschiffahrt – wir sahen unter anderen Direktor Müller – sich überzeugen, daß Grades Flug den Bedingungen des Lanz-Preises vollauf genügt.»

«Berliner Lokalanzeiger», 23. Oktober 1909:
«Auf dem Flugplatz Johannisthal-Adlershof ist gestern der Eindecker Grades eingetroffen und in dem für ihn bestimmten Schuppen untergebracht worden ... Wie wir erfahren, wird sich Grade am Sonntag, dem 31. d. M., offiziell um den Lanz-Preis ... bewerben.»

«Vossische Zeitung», 30. Oktober 1909:
«Da für heute und morgen ein großer Besuch auf dem Flugplatz Johannisthal-Adlershof zu erwarten ist, so hat die Eisenbahndirektion die entsprechenden Vorkehrungen getroffen. Das Eintrittsgeld hat der Flugplatz sehr niedrig gestellt. Die Plätze kosten je nach Lage 50 Pfennige, Sonntags sogar nur 30 Pfennige – 1 Mark und 2 Mark.»

«Berliner Lokalanzeiger», 31. Oktober 1909:
«Bei trübem, aber warmem Herbstwetter versammelte sich gestern nachmittag auf dem

weiten Flugfelde von Johannisthal eine große Menschenmenge, unter ihr die bekanntesten Persönlichkeiten der deutschen flugtechnischen Welt. Man bemerkte unter anderem Major v. Parseval, ... Dr. Huth, Dorner, viele Mitglieder des Berliner Vereins für Luftschiffahrt und des Vereins deutscher Flugtechniker. Der Start verzögerte sich etwas, da die Sportkommission, bestehend aus den Herren Geheimrat Busley, Professor Süring, Krell und Krause, erst im Schuppen die Flugmaschine prüfte, ob sie den Bedingungen des Lanz-Preises entspreche. Nachdem die Prüfung, der auch der Stifter des Preises, Dr.-Ing. Karl Lanz, beiwohnte, ergeben hatte, daß alle Teile des Apparates aus deutschem Material hergestellt sind, schritt Grade zum Start. Schon nach kurzem Anlauf überflog Grade die 100-Meter-Startlinie in etwa 3 Meter Höhe, erhob sich bis auf 10 Meter und steuerte auf den ersten Wendepfahl los, den er in schöner Manier rundete. Der Wind wehte in etwa 3-Meter-Sekundengeschwindigkeit. Nachdem auch der zweite Wendepfosten glatt umflogen war, im entgegengesetzten Drehungssinn zum ersten, flog Grade durch das Ziel. Er beschrieb noch eine große Schleife und landete dann fast vor der Tür des Schuppens. Jubelnd umdrängten ihn seine Kameraden vom Verein deutscher Flugtechniker und schmückten den glücklichen Gewinner ... unter stürmischem Beifall mit einem riesigen Lorbeerkranz. Die reine Zeit für den Lanz-Preis betrug 2 Minuten 43 Sekunden ... Der Apparat wurde in den Schuppen gebracht, wohin sich auch der Stifter des Preises, die Sportkommission und Grade begaben. Nachdem die Sportkommission die Erklärung abgegeben hatte, daß die vorgeschriebenen Bedingungen des Preises erfüllt seien, überreichte Dr. Lanz ... dem erfolgreichen Flugtechniker einen Scheck über 40 000 Mark.»

Mit diesem Flug, den die Aktionäre der Flugplatzgesellschaft wegen der Eintrittsgelder für Johannisthal erzwungen hatten, trug sich Hans Grade als erster deutscher Flieger-Konstrukteur bleibend in die deutsche Motorfluggeschichte und in die Johannisthaler Flugplatzgeschichte ein. Hans Grade eroberte die Herzen Tausender von Berlinern buchstäblich im Fluge. Zu ihrer Freude und angespornt durch ihre Begeisterung führte er an jenem Wochenende mehrere Flüge bis zu fast sieben Minuten Dauer und bis zu einer Höhe von 30 Metern aus. Das hatte vor ihm auf einer deutschen Flugzeugkonstruktion noch kein Flieger geschafft.

Grade variierte den Leichtbau-Eindecker

Im Sommer 1909 übersiedelte Hans Grade von Magdeburg zum Flugfeld «Mars» in Bork in der Mark (heute: Borkheide) und setzte dort ab dem 17. August 1909 seine Flugversuche fort, die zum Lanzpreis-Erfolg führten. Seit dem Jahre 1910 bildete er in Bork Flugzeugführer aus und variierte seinen Leichtbau-Eindecker, von dem schließlich 13 Modifikationen existierten. Grade schrieb später: «Ich bin von jeher ein Apostel der Einfachheit gewesen. Einfach zu konstruieren, mit möglichst wenig Maschinenelementen unter Anwendung gleichartiger Teile, ist eine Kunst. Eine Kunst, die ich jahrelang geübt habe. Anfangs infolge Mangel an Mitteln, später aus Überzeugung von den Vorteilen der Einfachheit. Diese Konstruktionsgrundsätze sind für meine Bestrebungen stets maßgebend gewesen.»
Wegen ihrer einfachen Konstruktion waren die Grade-Eindecker mit geringem Kostenaufwand zu bauen, leicht zu transportieren und zu warten. Mehrere seiner ehemaligen Flugschüler kauften einen dieser Eindecker und unterhielten damit eine eigene kleine Fliegerschule.

24
Mit dieser Konstruktion
erflog Hans Grade
in Johannisthal den «Lanz-Preis der Lüfte»
(Seite 24, oben)

25
Grades Flugzeug
mit dem 24-PS-Motor in Bork
(Seite 24, unten)

26
Grade in seinem Eindecker mit dem
seine Konstruktionsweise kennzeichnenden
Hängesitz unter den Tragflächen und dem
einem Schürhaken ähnlichen Steuerknüppel

27
Vorführungsflug Grades auf dem Flugfeld
bei Bork im Oktober 1909

Dunkle Geschäfte hinter dem Flugplatzzaun

In dieser Zeit, als die ersten der auf dem Flugplatz Johannisthal errichteten Flugzeugschuppen ihre Pächter fanden, entwickelte der Direktor der «Deutschen Flugplatzgesellschaft», Arthur Müller, umfangreiche Aktivitäten zur Rettung des Flugplatzunternehmens. Er suchte Aktionäre mit Geld, mit viel Geld. Er fand sie auch. Den potentiellen Geldgebern legte er in seiner Eigenschaft als Direktor der Flugplatzgesellschaft dar, daß es notwendig sei, das bislang vom preußischen Forstfiskus gepachtete Gelände nunmehr zu kaufen und dazu eine Terrain-Aktiengesellschaft zu gründen. In einem Aufsatz, den die bereits erwähnte Zeitschrift «Die Bank» zu diesen Vorgängen veröffentlichte, heißt es dazu: «In dem Exposé, das Herr Arthur Müller ... verfaßt hat, wird ausgeführt, daß weite industrielle Kreise, die auf dem Gebiet der Luftschiffahrt und der Aviatik tätig sind, an die Flugplatzgesellschaft mit der Frage herangetreten seien, ob sie sich mit ihren Fabrikanlagen direkt an der Flugbahn ansiedeln könnten. Da es sich hierbei um kostspielige Bauten und maschinelle Einrichtungen handle, so sei es ... erwünscht, diese Anlagen nicht nur auf Pachtland, also provisorisch, sondern auf eigenem Gebiet ... errichten zu können. Die Möglichkeit der kaufweisen Abgabe von Gelände habe bis dahin nicht vorgelegen.»

Es ging Arthur Müller also darum, das Gelände durch Ankauf in den Besitz einer zu gründenden Terrain-Aktiengesellschaft zu bringen, die dann Grund und Boden mit Eigengewinn an Flugzeugfabrikanten stückweise weiterverkaufte oder verpachtete. Die Flugplatzgesellschaft sollte bestehen bleiben und sich wie bisher der Veranstaltung von Flugwochen widmen. Die Gewinne der Flugplatzgesellschaft würden also aus den Einnahmen der Flugveranstaltungen entstehen, die der Terrain-Aktiengesellschaft hingegen aus Bodenverkauf und -pacht. Das erschien einleuchtend, doch mußten die zu gewinnenden Aktionäre davon überzeugt werden, daß sich dieses Grundstücksgeschäft lohnen würde, denn die Summen, die Arthur Müller von ihnen haben wollte, waren nicht gering.

Deshalb legte Müller neben seinem Exposé ein Gutachten vor, verfaßt von Baurat Jaffé, einem «beeideten Sachverständigen». Dieses Gutachten kam nach einer umfangreichen und detaillierten Wertberechnung zu dem Resultat, daß das in Frage kommende Gelände einen Wert von genau 57,7 Millionen Mark repräsentiere. Welche Rolle bei dieser Wertberechnung die reine Spekulation spielte, zeigt jene Stelle des Gutachtens, die sich auf den Teil des Geländes bezieht, der um das Flugfeld herum als Industrieland zur Ansiedlung von Flugzeugfabriken vorgesehen war. Es heißt dort: «Das Industrieland und der eigentliche innere Flugplatz stehen in einer Wechselwirkung, insofern als die größten Fabriken des In- und Auslandes darauf angewiesen sind, sich beizeiten Terrains für die Errichtung von Fabrikgebäuden, Fahrzeugschuppen usw. zu sichern. Auch mit staatlicher Unterstützung bereitet sich eine kolos-

sale Entwicklung des Platzes vor, welche zunächst kaum zu übersehen ist, jedenfalls aber eine große sein wird.»
Das Flugplatzgelände wurde also im Spätherbst des Jahres 1909 zum Objekt umfangreicher Kapitalspekulation. Die vorgebrachten Argumente überzeugten. Man beschloß die Gründung der «Terrain-Aktiengesellschaft am Flugplatz Johannisthal-Adlershof», deren Leitung – als Direktor dieser Gesellschaft – Arthur Müller übernahm. Als Gründungskapital wurden 4 1/2 Millionen Mark eingezahlt, davon unter anderem eine Million in bar von dem Erbprinzen und der Erbprinzessin von Meiningen.
Die erste Handlung der neuen Aktiengesellschaft bestand darin, daß ihr Direktor Arthur Müller die inzwischen recht bedeutenden Schulden der «Deutschen Flugplatzgesellschaft» (Direktor: Arthur Müller) übernahm, die Flugplatzgesellschaft damit wieder schuldenfrei machte und vor dem Konkurs bewahrte. Ein Teil dieses Geldes floß in seine eigene Tasche, denn er rettete auf diese Weise auch seine eigenen Aktienanteile an der verschuldeten Flugplatzgesellschaft, die bei einem Konkurs unwiederbringlich verloren gewesen wären. Im übrigen bezahlte er aber nicht alle diese übernommenen Schulden in bar, sondern er entschädigte die Gläubiger der Flugplatzgesellschaft mit Aktien der Terraingesellschaft. Die Gläubiger hatten damit ihr Geld noch nicht wieder in den Händen, sondern lediglich neue Aktien.
Den Aktionären der Terraingesellschaft begründete Arthur Müller diesen Schritt der Schuldenübernahme mit dem Hinweis, daß das ganze Unternehmen der Terraingesellschaft von dem Fortbestand der eigentlichen Flugplatzgesellschaft abhinge, und daß im Falle ihres Konkurses der gesamte Plan nicht realisierbar wäre.
«Auf dem geschilderten Wege», so heißt es in dem erwähnten Aufsatz, «war also ein größerer Teil des in bar eingezahlten Kapitals der neuen Aktiengesellschaft in den Besitz des Herrn Müller gelangt.» Doch nun folgt, was mit einem weiteren großen Teil des verfügbaren Barkapitals der neugebildeten Terraingesellschaft geschah:
Arthur Müller hatte sich, als er in seiner Eigenschaft als Direktor der «Deutschen Flugplatzgesellschaft» mit dem Forstfiskus den Pachtvertrag für das Gelände zwischen Johannisthal und Adlershof abschloß, ein persönliches Vorkaufsrecht auf das 300 Hektar große Forstgelände einräumen lassen. Damit war die Maßgabeklausel verbunden, daß im Falle eines Kaufs bei einer Baranzahlung von 500 000 Mark der Gesamtkaufpreis 21 Millionen Mark betragen und der Restkaufbetrag von $20^1/_2$ Millionen Mark für den Zeitraum von zehn Jahren zinslos stehen bleiben solle (also als Schulden ohne Zinslast). Erst nach Ablauf dieser Zeit sollte eine Verzinsung mit $3^1/_2$ Prozent erfolgen.
Dieses persönliche Vorkaufsrecht, für das er keinen einzigen Pfennig gezahlt hatte, verkaufte er nun der neuen Terraingesellschaft und erhielt dafür Gratisaktien in Höhe von 2,2 Millionen Mark.
Der Aufsatz in der Zeitschrift des deutschen Finanz- und Bankwesens kam deshalb nicht umhin, im Hinblick auf diese Manipulationen einige ungewöhnlich aufschlußreiche Feststellungen zu treffen: «Zum Schutze des deutschen Grundbesitzes ist kürzlich ein Verband ins Leben gerufen worden.» Dort «begegnet man ... Leuten, die für eine Organisation zum Schutze des Grundbesitzes etwa so qualifiziert sind, wie ein Schnapsfabrikant für die Mitgliedschaft eines Vereins zur Bekämpfung des Alkoholgenusses ... So gehört dem Präsidium des neuen Verbandes u. a. der Vertreter einer Terraingesellschaft an, deren Gründungsgeschichte typisch genannt werden kann für die besondere Art von Moral, die im Parzellierungsgewerbe vielfach herrscht. Es handelt sich um Direktor Arthur Müller von der Terraingesellschaft am Flugplatz Johannisthal.»

Nachdem Arthur Müller diese dunklen Geschäfte abgewickelt hatte, bildete er die «Flug- und Sportplatz G. m. b. H. Berlin-Johannisthal» und löste dafür die «Deutsche Flugplatzgesellschaft» auf. Den Direktorposten der Flugplatzgesellschaft mit neuem Namen übergab er mit Wirkung vom 1. Januar 1910 an Georg von Tschudi.

Zwei Jahre später, bis zum Ende des Jahres 1911, waren im damaligen Deutschland die folgenden Motorflugplätze vorhanden:
Berlin-Johannisthal / Teltow bei Berlin / Hennigsdorf bei Berlin / Schulzendorf bei Berlin / Döberitz bei Spandau / Bork in der Mark / München-Puchheim / München-Oberwiesenfeld / Rebstock bei Frankfurt (Main) / Habsheim bei Mülhausen im Elsaß / Straßburg im Elsaß (heute: Strasbourg) / Darmstadt, Truppenübungsplatz / Kronshagen bei Kiel / Sportplatz Kiel / Hamburg-Fuhlsbüttel / Schneverdingen / Leipzig-Lindenthal / Dresden-Mügeln / Weimar / Breslau (heute: Wrocław).

Aus einer Werbeschrift der Johannisthaler Flugplatzgesellschaft im Jahre 1912

«Nachdem die Möglichkeit des Fliegens ohne Verwendung von Gasballonen endlich gegeben war, war es ein unabweisliches Bedürfnis, Plätze einzurichten, auf denen unter möglichst geringer Gefahr für den Flieger und unter Vermeidung von Gefahren für Zuschauer die der neuen Fliegekunst Beflissenen sich vom Boden erheben, ihre ersten Versuche vornehmen und vor allen Dingen wieder landen können. Solange nicht die Möglichkeit gegeben ist, sich ohne Anlauf senkrecht vom Boden zu erheben und in der entsprechenden Weise wieder zu landen, ist es eine Grundbedingung zum Fliegen, auf möglichst glatter Fläche dem Flugzeug eine große Geschwindigkeit in waagerechter Richtung geben zu können. Aus dieser Forderung wird ohne weiteres ersichtlich, mit welchen Gefahren es verknüpft sein würde, wenn jeder ungeübte Flieger an beliebiger, von ihm gewählter Stelle seine Uebungen vornehmen würde.»

28a und b
Zwei Kapitalgesellschaften gingen noch im Jahre 1909 aus der «Deutschen Flugplatzgesellschaft» hervor

Johannisthal wird modernster europäischer Flugplatz

Die Flugplatzgesellschaft, von Schulden befreit, mit neuem Firmennamen versehen, durch einige neue Aktionäre verstärkt und finanziell wieder beweglich geworden, ging nun daran, den Flugplatz umzubauen und zu modernisieren. Das erwies sich nicht nur für die großen Flugveranstaltungen als notwendig, die jetzt regelmäßig stattfinden sollten, sondern auch für den Flugbetrieb, den die ersten Fliegerschulen auf dem Flugplatz entwickelten. Vor allem aber mußten die Flugplatzeinrichtungen zuschauerfreundlicher werden – denn gerade hierbei hatte man, wie die Eröffnungsflugwoche offenbart hatte, beim Ausbau erhebliche Fehler gemacht. Georg von Tschudi schrieb dazu in späteren Erinnerungen: Der Flugplatz «mußte nun erheblich verändert werden. Man hatte die Tribünen des ersten Platzes an der von beiden Bahnhöfen (Johannisthal und Adlershof) entferntesten Stelle errichtet, so daß die Besucher des besten Zuschauerplatzes erst um den halben Flugplatz auf meist sehr staubigem Wege herumgehen mußten. Gerade das auf der Johannisthal nächstgelegenen Seite befindliche Waldstück war noch nicht gerodet, also unbenutzbar. Seine Rodung und die Verlegung der ersten Tribüne und des tribünenartigen Hauptrestaurants in die Nähe des dem Bahnhof Johannisthal zunächstgelegenen Eingangs war zwingende Notwendigkeit ...» (Wenn von Tschudi vom Bahnhof Johannisthal spricht, so meint er den damaligen Bahnhof Niederschöneweide-Johannisthal, heute Bahnhof Schöneweide; d. Verf.).

Um den Verlauf der baulichen Entwicklung und seiner zunehmenden modernen Einrichtungen verfolgen zu können, ist es zweckmäßig, die ersten wesentlichen Ausbaustufen zu betrachten und zu vergleichen.

Als das Gelände unter der Bezeichnung «Flugplatz Johannisthal-Adlershof» im Jahre 1909 in Betrieb genommen wurde, war er wie in Bild 31 gezeigt eingerichtet.

Den Flugplatz umgab ein etwa 7 km langer und 3 m hoher Bretterzaun. Zum Flugplatzgelände konnten die Zuschauer durch vier Eingänge gelangen.

Dem Bahnhof Niederschöneweide-Johannisthal am nächsten gelegen – und von dort zu Fuß in acht bis zehn Minuten zu erreichen – lag in der Nordecke des Platzes der Eingang A, genau an jener Stelle, wo die heutige Engelhardstraße und die Waldstraße mit dem Segelfliegerdamm zusammentreffen. Von dort waren zu Fuß die Stehplätze zu erreichen.

29
Flugplatzdirektor ab 1. Januar 1910: Georg von Tschudi

In der Ostecke des Flugplatzes, an der Rudower Chaussee, dem Bahnhof Adlershof am nächsten gelegen, befand sich der Eingang B. Auch von dort waren nur Stehplätze erreichbar.

Der Eingang C befand sich an jener Stelle, wo heute die Stubenrauchstraße mit der Straße am Flugplatz zusammentrifft, also an der Westecke des Flugplatzes. Von hier war auf kürzeste Entfernung die stufenartig angelegte Sitztribüne («Hügeltribüne») zu erreichen. Von dort aus konnte man bis in die Nähe des Startplatzes und der dort – am Südwestteil des Flugplatzes – aufgestellten Flugzeugschuppen «promenieren», um die Startvorbereitungen der Aviatiker aus der Nähe zu beobachten.

Schließlich gab es noch einen vierten Eingang, der eigentlich eine Ein*fahrt* war – den Eingang D. Dieser war nur für Fahrzeuge vorgesehen und führte auf den gleich hinter der Einfahrt gelegenen «Platz für besetzte Automobile», das heißt, die Insassen konnten in ihren Autos sitzenbleiben und das Geschehen auf dem Flugfeld beobachten. Sie konnten aber auch ins Restaurant gehen oder sich auf die überdachte «Große Tribüne» setzen. Dort befanden sie sich unmittelbar neben dem Startplatz und den Flugzeugschuppen.

Gelegentlich ist in luftfahrtgeschichtlichen Arbeiten vergangener Jahre zu lesen, der Flugplatz sei *nicht* als Geschäftsunternehmen angelegt und eingerichtet worden. Verständlich erscheint es, daß diese Ansicht vor allem von der Flugplatzgesellschaft in Informationsheften verbreitet wurde, um den Eindruck ihrer völligen Uneigennützigkeit zu erwecken. Was die *Anlage* des Flugplatzes betrifft, so kann durch den Charakter und die Ziele der beteiligten Kapitalgesellschaften – von denen schon die Rede war – diese Behauptung bereits als widerlegt angesehen

30
Herbst 1909:
Die Lage des Flugplatzes im Südosten Berlins
zwischen den Bahnhöfen Niederschöneweide – Johannisthal und Adlershof – Alt-Glienicke

Einem zeitgenössischen Orientierungsplan zur Verkehrslage des Flugplatzes Johannisthal waren u. a. die folgenden Angaben zu entnehmen:

1) Umsteigebereich zwischen Hochbahnhof Oranienstraße und Görlitzer Bahnhof:
   «12 Min. Fahrzeit bis Niederschöneweide–Johannisthal;
   15 Min. bis Adlershof–Alt-Glienicke»
2) Umsteigebereich zwischen Hochbahnhof Warschauer Brücke und Bahnhof Warschauer Straße:
   «Anschlußstation an Hoch- und Untergrundbahn»
3) Bahnhof Stralau-Rummelsburg (heute: Ostkreuz):
   «Umsteigestation von Stadt-, Ring- und Straßenbahn nach Niederschöneweide–Johannisthal»
4) Empfehlung für die damaligen Kraftfahrer:
   «Beste Zufahrt für Autos:
   Plan-Ufer–Maybach-Ufer–Lohmühlenstraße–Köpenicker Landstraße»

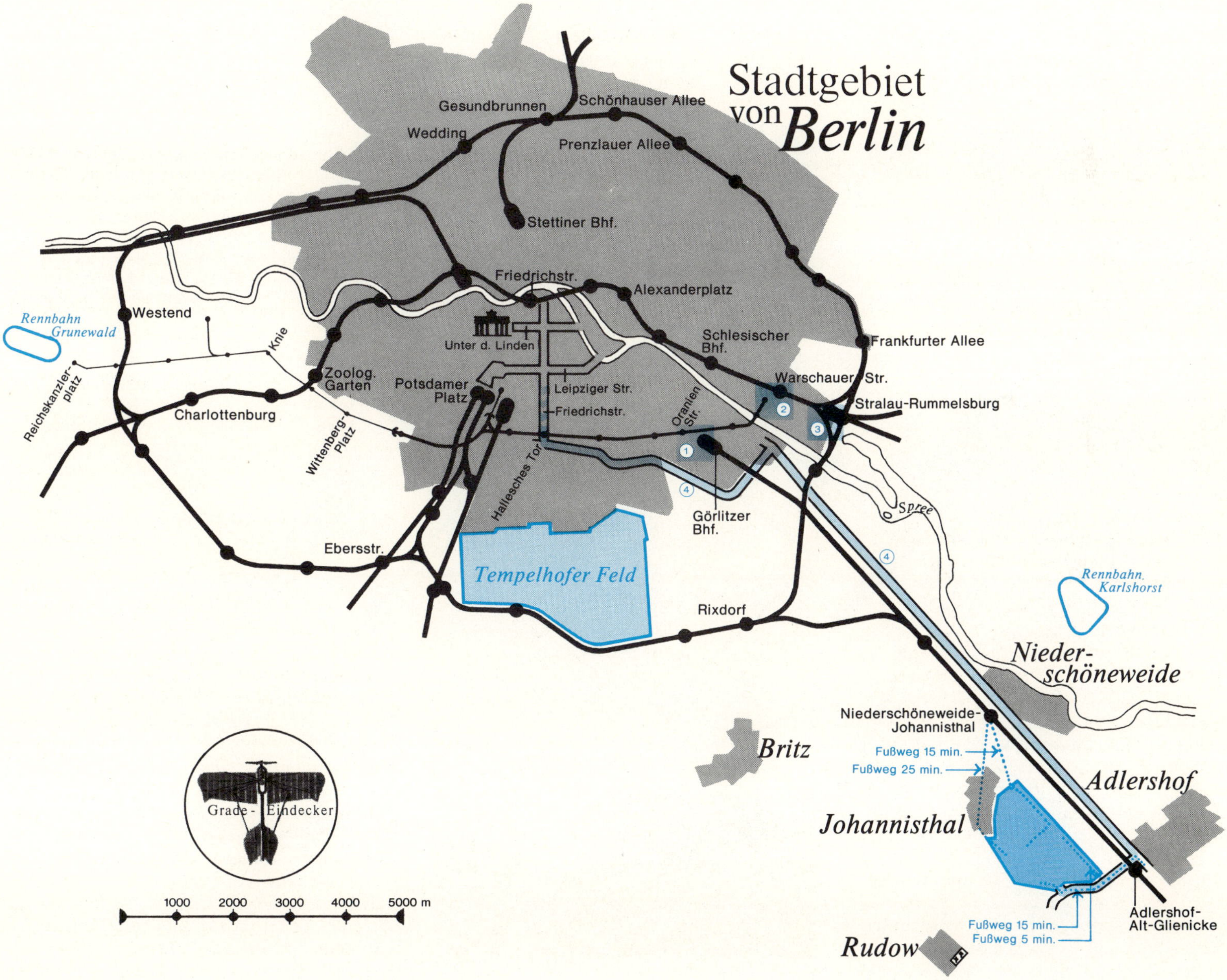

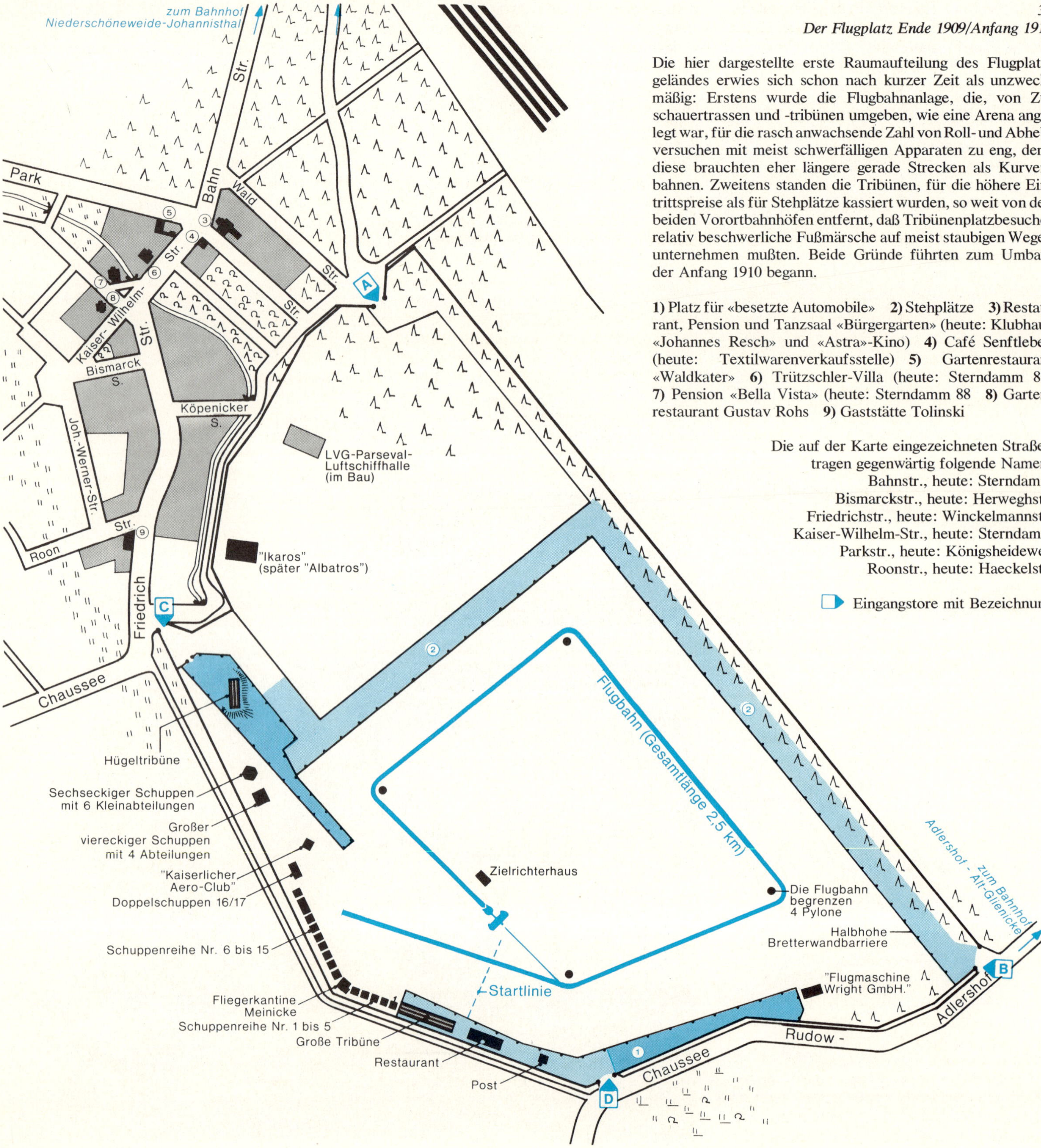

31
Der Flugplatz Ende 1909/Anfang 1910

Die hier dargestellte erste Raumaufteilung des Flugplatzgeländes erwies sich schon nach kurzer Zeit als unzweckmäßig: Erstens wurde die Flugbahnanlage, die, von Zuschauertrassen und -tribünen umgeben, wie eine Arena angelegt war, für die rasch anwachsende Zahl von Roll- und Abhebversuchen mit meist schwerfälligen Apparaten zu eng, denn diese brauchten eher längere gerade Strecken als Kurvenbahnen. Zweitens standen die Tribünen, für die höhere Eintrittspreise als für Stehplätze kassiert wurden, so weit von den beiden Vorortbahnhöfen entfernt, daß Tribünenplatzbesucher relativ beschwerliche Fußmärsche auf meist staubigen Wegen unternehmen mußten. Beide Gründe führten zum Umbau, der Anfang 1910 begann.

1) Platz für «besetzte Automobile» **2)** Stehplätze **3)** Restaurant, Pension und Tanzsaal «Bürgergarten» (heute: Klubhaus «Johannes Resch» und «Astra»-Kino) **4)** Café Senftleben (heute: Textilwarenverkaufsstelle) **5)** Gartenrestaurant «Waldkater» **6)** Trützschler-Villa (heute: Sterndamm 82) **7)** Pension «Bella Vista» (heute: Sterndamm 88 **8)** Gartenrestaurant Gustav Rohs **9)** Gaststätte Tolinski

Die auf der Karte eingezeichneten Straßen tragen gegenwärtig folgende Namen:
Bahnstr., heute: Sterndamm
Bismarckstr., heute: Herweghstr.
Friedrichstr., heute: Winckelmannstr.
Kaiser-Wilhelm-Str., heute: Sterndamm
Parkstr., heute: Königsheideweg
Roonstr., heute: Haeckelstr.

Eingangstore mit Bezeichnung

werden. Mit der *Einrichtung* des Flugplatzes verhält es sich nicht anders. Es gab drei Klassen von Eintrittsgebühren.

Dritte Klasse: die Eingänge A und B für Stehplätze ohne jeglichen Zuschauerservice, nicht einmal mit einer Möglichkeit, sich an heißen Sonnentagen zu erfrischen, aber in der Nähe der Flugbahn.

Zweite Klasse: der Eingang C zu einer Tribüne und der Möglichkeit, innerhalb einer zungenartig in Richtung zur Startlinie vorgezogenen Stehplatzanlage die Vorbereitungen auf dem Startplatz zu beobachten – ansonsten aber ohne weiteren Zuschauerservice. Für diese Gruppe von Zuschauern, die mehr bezahlten als Stehplatzbesucher, aber einen nicht minder weiten Fußweg vom Bahnhof hatten, war im Jahre 1909 eine Schmalspurbahn projektiert worden, die vom Bahnhof Niederschöneweide-Johannisthal zum Eingang C führen sollte. Diese Bahn wurde aber nicht gebaut.

Erste Klasse: die Möglichkeit, vom Auto aus direkt an der Flugbahn zuzuschauen; das Postamt zu benutzen; sich in das Flugplatzrestaurant zu setzen, mit dem Blick direkt auf die Startlinie und über die ganze Flugbahn; sich auf die Haupttribüne zu begeben und dort den Fliegern so nahe zu sein, daß man ihre Gespräche hören oder Gespräche mit ihnen führen konnte.

Die Privilegierten aber besaßen einen Ausweis des «Kaiserlichen Aero-Clubs», dessen Clubgebäude mitten auf dem Startplatz stand. Von hier aus konnte man, ohne auf Absperrungen zu treffen, bis an die Flugmaschinen und die Flieger herantreten oder sich zu ihnen in die Fliegerkantine setzen, die zwischen den Flugzeugschuppen stand. Es versteht sich, daß Mitglieder dieses Aero-Clubs freien Eintritt hatten.

Die Flugbahn verlief entgegen dem Uhrzeigersinn um ein unregelmäßiges Viereck. Die längste Gerade hatte eine Länge von 800 m, die kürzeste betrug 500 m. Die Flugbahn war insgesamt 2,5 km lang (Dieses Viereck hatte der Franzose Henry Rougier bei der Eröffnungsflugwoche 2 Stunden und 41 Minuten lang 48 Mal umkurvt und dabei 120 km zurückgelegt, womit er sich den 40 000-Mark-Dauerflugpreis holte). Die Ecken waren durch Pylone markiert. Nahe der Startlinie stand ein Sportrichterhäuschen für Preisrichter und Mitglieder von Sportkommissionen.

In diesem Bauzustand übernahm von Tschudi zum Beginn des Jahres 1910 die Leitung des Flugplatzes. Zunächst wurde der «Flugplatz Johannisthal-Adlershof» in «Flugplatz Johannisthal» umbenannt. Das hatte einen sehr triftigen Grund: Der Fahrtarif vom Görlitzer Bahnhof bis zum Bahnhof Niederschöneweide-Johannisthal betrug 10 Pfennige, der bis zur nächsten Bahnstation Adlershof–Alt-Glienicke 20 Pfennige. Folglich wurde der einstige Eingang A nunmehr zum Haupteingang, und alle Zuschauereinrichtungen wurden auf der Johannisthaler Seite konzentriert (Bild 33).

Das Restaurant, die Post und die «Große Tribüne» auf der Südseite wurden abgerissen, ebenso das Gebäude des «Kaiserlichen Aero-Clubs» und das Zielrichterhäuschen. Am einstigen Startplatz, der künftig «alter Startplatz» hieß, verblieben lediglich die Flugzeugschuppen 1 bis 17 (ihre Anzahl erhöhte sich bald auf 24), die Fliegerkantine zwischen den Schuppen 5 und 6, der «Große viereckige Flugzeugschuppen» mit vier Abteilungen und der sechseckige «Sternschuppen» mit sechs Abteilungen. An der Westseite verblieb die «Hügeltribüne» am Eingang C, sie war fortan die «Tribüne III». An der Nord-Nordwest-Seite (Johannisthaler Seite) wurden wieder errichtet:

- die «Tribüne I» als Haupttribüne mit überdachten Sitzplätzen für 2 344 Personen, davon drei Reihen Logenplätze für 1 064 Personen;
- das Hauptrestaurant, die Gasträume zur Flugplatzseite verglast;
- das Gebäude des «Kaiserlichen Aero-Clubs» mit eigener Dachtribüne.

Neu gebaut wurden:

- an der Westseite des Clubhauses ein Verwaltungsgebäude mit der Fernsprechanlage im oberen Stockwerk sowie der Post, dem Telegrafenbüro, einer öffentlichen Fernsprechzelle, einer Sanitätsstube und dem Flugplatzbüro im unteren Stockwerk;
- die «Tribüne II» – zwischen den Luftschiffhallen und der «Tribüne III» – ohne Überdachung mit 1 750 Sitzplätzen.

Außerdem wurde auf der Nordostseite die Stehplatzfläche neu gestaltet, wodurch sie auf einer Länge von mehreren hundert Metern für etliche zehntausend Besucher Platz bot, in deren Rücken ein Waldstreifen stand, der ihnen Schatten spenden konnte.

Die Anzahl der Eingänge wurde von vier auf elf erhöht. Der ehemalige Eingang A wurde der Eingang 1 (Haupteingang). Der ehemalige Eingang C wurde der Eingang 6. Aus dem Eingang D wurde der Eingang 7, aus dem Eingang B der Eingang 9.

Der «neue Startplatz» entstand links neben dem Haupteingang. Er bot Platz für die Aufstellung von etwa 100 Flugzeugen (Unter dem

32
Blick von der terrassenartigen Tribüne des «Kaiserlichen Aero-Clubs»

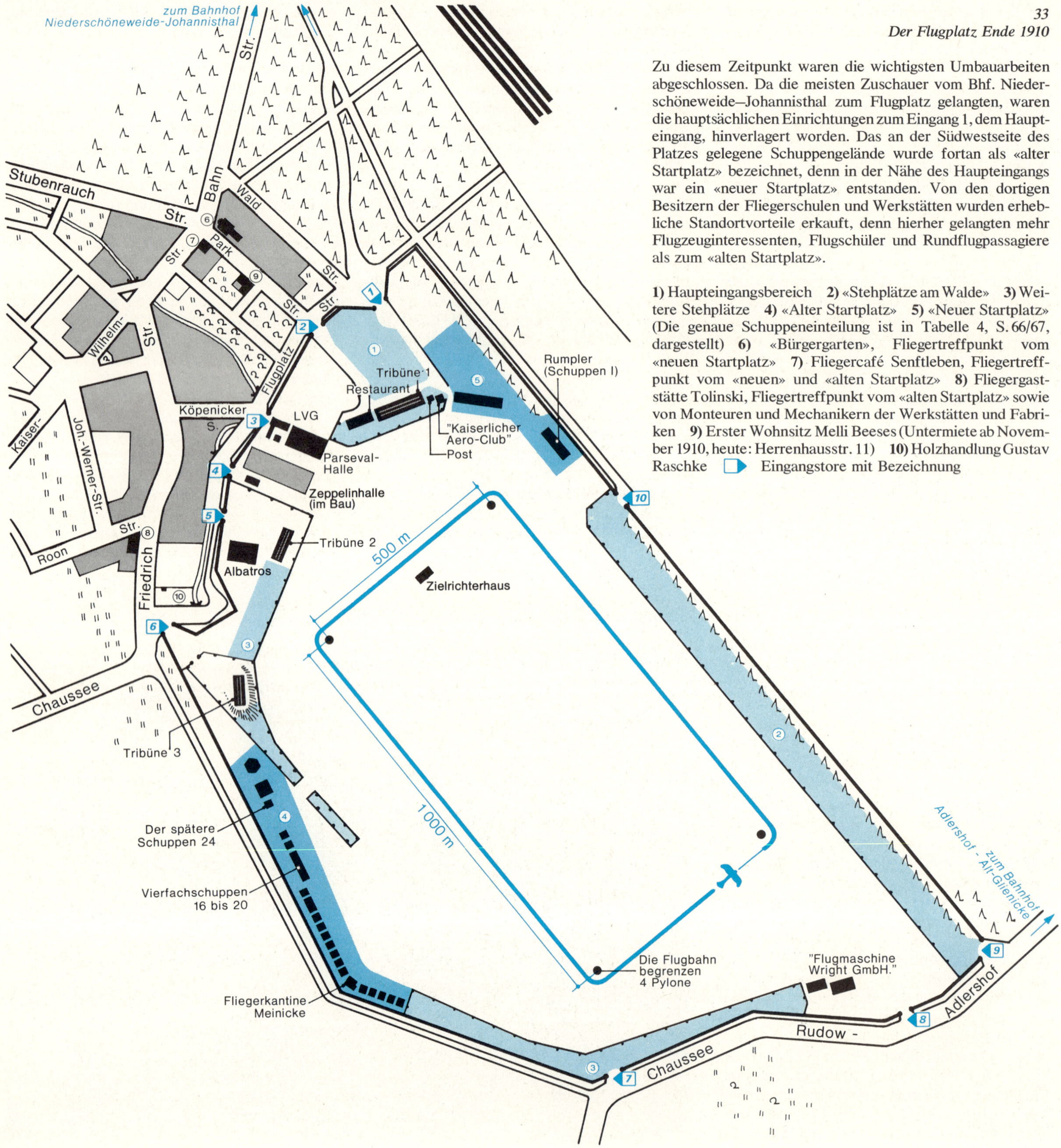

33
Der Flugplatz Ende 1910

Zu diesem Zeitpunkt waren die wichtigsten Umbauarbeiten abgeschlossen. Da die meisten Zuschauer vom Bhf. Niederschöneweide–Johannisthal zum Flugplatz gelangten, waren die hauptsächlichen Einrichtungen zum Eingang 1, dem Haupteingang, hinverlagert worden. Das an der Südwestseite des Platzes gelegene Schuppengelände wurde fortan als «alter Startplatz» bezeichnet, denn in der Nähe des Haupteingangs war ein «neuer Startplatz» entstanden. Von den dortigen Besitzern der Fliegerschulen und Werkstätten wurden erhebliche Standortvorteile erkauft, denn hierher gelangten mehr Flugzeuginteressenten, Flugschüler und Rundflugpassagiere als zum «alten Startplatz».

1) Haupteingangsbereich **2)** «Stehplätze am Walde» **3)** Weitere Stehplätze **4)** «Alter Startplatz» **5)** «Neuer Startplatz» (Die genaue Schuppeneinteilung ist in Tabelle 4, S. 66/67, dargestellt) **6)** «Bürgergarten», Fliegertreffpunkt vom «neuen Startplatz» **7)** Fliegercafé Senftleben, Fliegertreffpunkt vom «neuen» und «alten Startplatz» **8)** Fliegergaststätte Tolinski, Fliegertreffpunkt vom «alten Startplatz» sowie von Monteuren und Mechanikern der Werkstätten und Fabriken **9)** Erster Wohnsitz Melli Beeses (Untermiete ab November 1910, heute: Herrenhausstr. 11) **10)** Holzhandlung Gustav Raschke ▷ Eingangstore mit Bezeichnung

Begriff ‹Startplatz› verstand man eine Fläche, auf der Flugzeuge montiert und zum Start vorbereitet werden konnten. Von dort rollten sie zur Startfläche. Der «neue Startplatz» wurde bei Flugveranstaltungen auch als Abstellplatz für Flugzeuge genutzt. Dort wurden sie im Freien oder unter zeitweilig errichteten Zelten abgestellt). Im Verlaufe der folgenden Jahre wurden auch auf diesem Platz Schuppen und Werkstätten errichtet.

Auch der Flugplatzinnenraum unterlag Veränderungen. Die Stehplatzbahn, die zuvor das Fluggelände teilte, entfiel. Dadurch konnte die Flugbahn vergrößert und als Rechteck mit je zwei 1000-m-Seiten und 500-m-Seiten angelegt werden. Das Zielrichterhaus erhielt seinen neuen Standort vor der «Tribüne I». Später erwiesen sich die Pylone, die die Ecken der Flugbahn markierten, als hinderlich. Sie wurden im Jahre 1911 entfernt, das Zielrichterhaus wurde nochmals verlegt und dadurch das gesamte Flugfeld von Hindernissen befreit. Dazu mußte aber die gesamte Flugfeldfläche noch einmal mit Grasaussaat versehen und gewalzt werden, weil sich der lockere Boden nach dem Waldroden schon

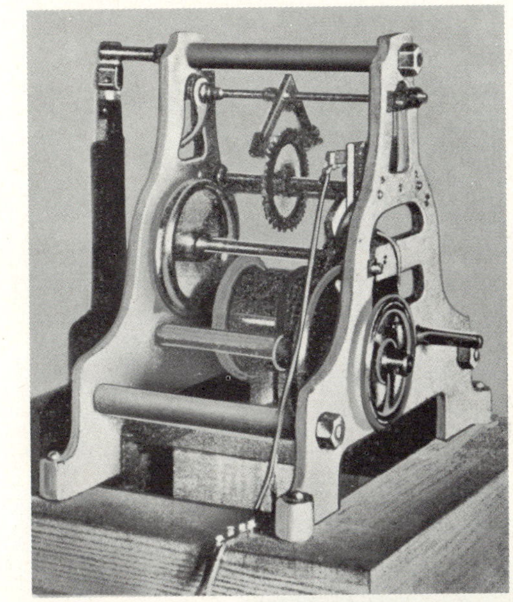

34
Schon zur Eröffnungsflugwoche im Jahre 1909 wurde in Johannisthal eine moderne Flugregistrieranlage in Betrieb genommen. Diese Uhr mit Kontaktvorrichtung markierte über einen Elektromagneten Zeitimpulse auf einem Papierband (links)

35
Im Innenraum jedes der vier Pylone wurde von einem Flugbeobachter der Vorbeiflug eines jeden Flugapparates durch Knopfdruck signalisiert (jedem Flugapparat war ein bestimmter Signalknopf zugeordnet) und gleichfalls auf dem Papierband markiert

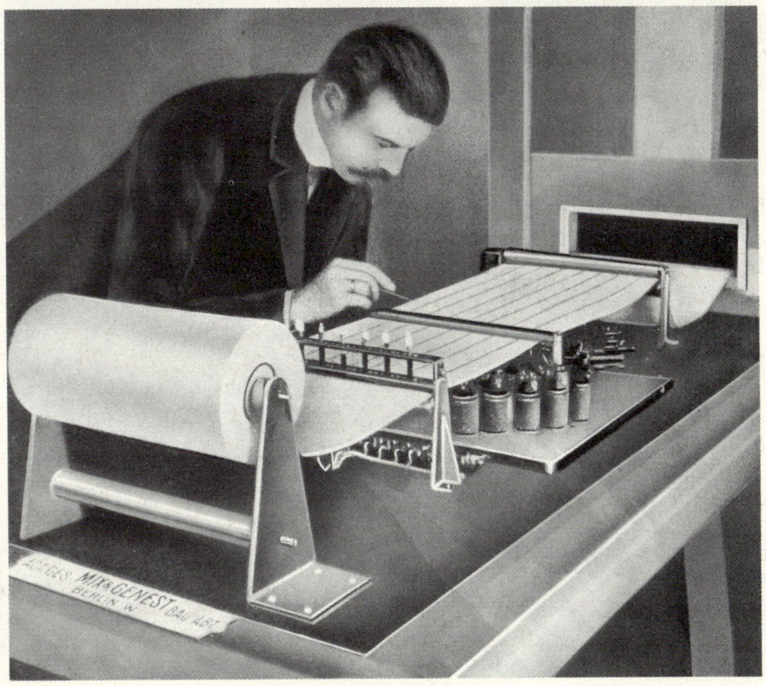

36
Der «Flugregistrierapparat» hielt die Angaben der «Uhr mit Kontaktvorrichtung» sowie die von den Beobachtern in den Pylonen ausgelösten Signalmarkierungen auf einem Papierband fest und ermöglichte auf diese Weise eine vergleichende Flugauswertung hinsichtlich der Flugstrecken (geflogene Flugplatzrunden) und der Fluggeschwindigkeiten (unten rechts)

37
Der Eingang 1 (Haupteingang) zum Flugplatz Johannisthal befand sich dort, wo heute die Engelhardstraße und die Waldstraße zusammentreffen

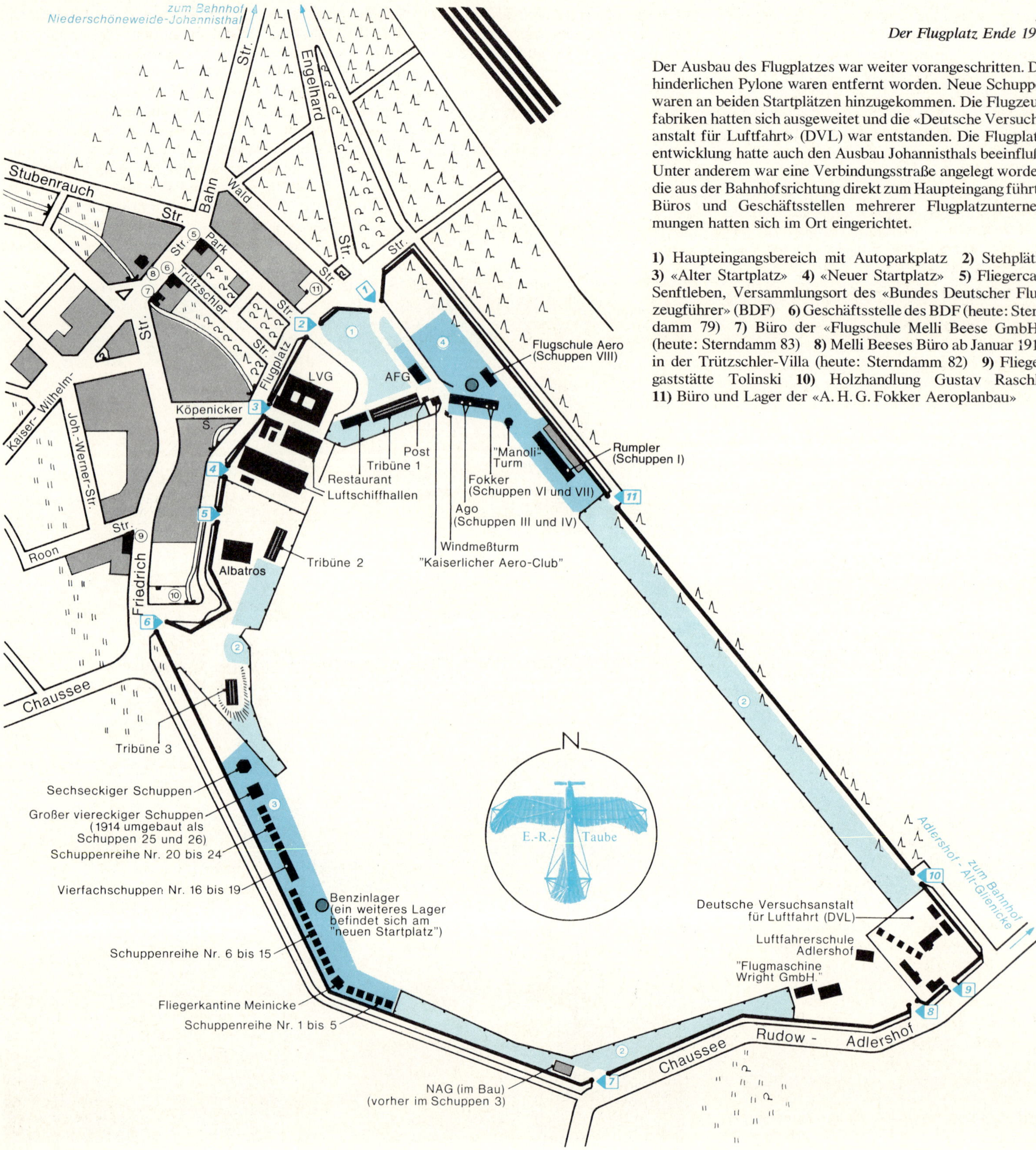

38
Der Flugplatz Ende 1912

Der Ausbau des Flugplatzes war weiter vorangeschritten. Die hinderlichen Pylone waren entfernt worden. Neue Schuppen waren an beiden Startplätzen hinzugekommen. Die Flugzeugfabriken hatten sich ausgeweitet und die «Deutsche Versuchsanstalt für Luftfahrt» (DVL) war entstanden. Die Flugplatzentwicklung hatte auch den Ausbau Johannisthals beeinflußt. Unter anderem war eine Verbindungsstraße angelegt worden, die aus der Bahnhofsrichtung direkt zum Haupteingang führte. Büros und Geschäftsstellen mehrerer Flugplatzunternehmungen hatten sich im Ort eingerichtet.

1) Haupteingangsbereich mit Autoparkplatz **2)** Stehplätze **3)** «Alter Startplatz» **4)** «Neuer Startplatz» **5)** Fliegercafé Senftleben, Versammlungsort des «Bundes Deutscher Flugzeugführer» (BDF) **6)** Geschäftsstelle des BDF (heute: Sterndamm 79) **7)** Büro der «Flugschule Melli Beese GmbH.» (heute: Sterndamm 83) **8)** Melli Beeses Büro ab Januar 1913, in der Trützschler-Villa (heute: Sterndamm 82) **9)** Fliegergaststätte Tolinski **10)** Holzhandlung Gustav Raschke **11)** Büro und Lager der «A. H. G. Fokker Aeroplanbau»

bei der Eröffnungsflugwoche im Herbst 1909 als sehr hinderlich erwiesen hatte. Die schmalen Flugzeugräder gruben sich beim Rollen so tief in den sandigen Boden, daß Anfänger oft steckenblieben und auch erfahrene Flieger nur schwer vom Boden loskamen. Das war auch der Grund dafür gewesen, daß de Caters, der mit einem Voisin-Apparat den ersten Start der Eröffnungsflugwoche wagte, nach dem Passieren der Startlinie bereits am ersten Wendeturm wieder landen mußte, weil er bis zu diesem Punkt erst eine so geringe Flughöhe erreicht hatte, daß er in der Linkskurve am Wendeturm unweigerlich mit der Tragfläche den Boden gestreift hätte.

Ausländische Fachleute begannen auf den Flugplatz Johannisthal aufmerksam zu werden. Der österreichische Luftfahrtpublizist Hermann Hoernes schrieb: «Nach einem Jahr seines Bestehens hat sich der Flugplatz sehr vorteilhaft entwickelt ... Die Tribünen sind teilweise verlegt worden und befinden sich jetzt an den geeignetsten Stellen ... mit freiestem Überblick und gegen blendendes Sonnenlicht geschützt ... Das Flugfeld selbst ist bedeutend verbessert worden, indem man dasselbe von allen natürlichen Unebenheiten befreite und glättete. Das feuchte Frühjahr hat fast den ganzen Platz mit einer Grasnarbe überzogen, so daß die Flugzeuge auf der ganzen Fläche hindernislos rollen können.»

Auch zur technischen Ausstattung hatte man sich einiges einfallen lassen. Bereits bei der Eröffnungsflugwoche war «zum ersten Male ein elektrisch betätigter Registrier-Apparat zur Anwendung gelangt, der die Flugzeiten der Flieger mit möglichster Genauigkeit auf einem Papierstreifen registrierte». Dieser Apparat, im Zielrichterhäuschen installiert, funktionierte wie folgt: «Eine Uhr mit Kontaktvorrichtung betätigt alle Sekunden und alle Minuten je einen der unter den Rändern des Papierstreifens befindlichen Elektromagneten. Infolgedessen werden an beiden Rändern des Papierstreifens fortlaufend Punkte hervorgebracht, die in ihren Abständen genau die Zeit von je einer Sekunde und einer Minute bezeichnen. Das Papierband wird auf seinem Weg an Schreibfedern vorbeigeführt ...».

Dieser Apparat war durch Erdkabel mit den Pylonen verbunden, in denen sich je ein Beobachter befand. In seiner Reichweite war ein Kasten mit Druckknöpfen installiert, deren Numerierung den Startnummern der am Flugwettbewerb beteiligten Flieger entsprach. «Sobald der Beobachter den Flieger in seinem Gesichtsfeld bemerkt, drückt er auf den zugehörigen Knopf. Im Felde des Fliegers wird auf dem Registrierapparat hierdurch ein weiterer Punkt hervorgerufen ... Beim nächsten Pylon wiederholt sich das Spiel usw. bis beim Passieren des Zieles wiederum vier Punkte gleichzeitig auf dem Papierstreifen erscheinen. Der Abstand der vier Punkte von den zuerst gegebenen vier Punkten gibt die für eine Runde verbrauchte Zeit wieder. Verbindet man die einzelnen Punkte miteinander, so entsteht eine zickzackförmige Kurve, die eine genaue Kontrolle über Zeit und Schnelligkeit des Fluges ermöglicht.»

Mit dem Beginn des Jahres 1911 wurde auf dem Flugplatz Johannisthal die Registrierung sämtlicher Flüge eingeführt. Dazu wurde für jeden der beiden Startplätze je ein Hauptflugbuch angelegt und von Startschreibern geführt. Zwei Teile des Hauptflugbuches für den «neuen Startplatz» sind erhalten geblieben, und zwar für den Zeitraum vom 8. August 1911 bis zum 27. Februar 1913. Darin sind dokumentiert: Tag, Start- und Landezeit (mit Minutengenauigkeit), Name des Flugzeugführers, Anzahl bzw. Namen mitfliegender Passagiere, Besonderheiten des Fluges (wie «Überlandflug», «Bruch», «Todesfahrt»). Diese Eintragungen wurden von der Flugplatzverwaltung monatlich und jährlich zu einer Statistik der «Flugleistungen auf dem Flugplatz Johannisthal» addiert, aus der, nach Monaten gegliedert, zu entnehmen war: die Anzahl der Tage, an denen geflogen wurde; die Anzahl der Flieger, die geflogen sind; die Gesamtzahl der von ihnen ausgeführten Flüge; die Gesamtdauer der Flüge (in Stunden und Minuten); die Anzahl der erworbenen Flugzeugführerzeugnisse; die Anzahl der Überlandflüge; die Anzahl der Flugapparate, die «nennenswerte Beschädigungen» erlitten.

Im gleichen Jahr und in den folgenden Jahren

39
Der Holzturm
mit der aufmontierten Windmeßanlage
in der Nähe
des Haupteinganges

40
Auf dem «Manoli-Turm»
an der Johannisthaler Flugplatzseite
war ein Blinkfeuer für die nächtliche
Erkennung des Flugplatzes installiert

wurde der Flugplatz um einige weitere Einrichtungen bereichert. Dazu gehörte ein Windmesser auf einem etwa 12 Meter hohen Holzturm in der Nähe des Haupteinganges mit einem großen Ziffernblatt zur Anzeige der Windgeschwindigkeit in m/s. Dazu hatte sich Direktor von Tschudi entschlossen, weil an vielen Tagen wegen hoher Windgeschwindigkeiten bis zu zehn Stunden lang nicht geflogen werden konnte. Das Publikum, das Eintrittsgeld bezahlt hatte, aber keine Flüge sah, sollte sich durch den Windmesser von der «höheren Gewalt» überzeugen können.

Ferner wurden mehrere Leuchtfeuer installiert, die bei Sonnenuntergang in Betrieb genommen wurden, um erwarteten Fliegern und Luftschiffern die Orientierung bei der Annäherung zum Flugplatz und die Landung zu ermöglichen. Ein *Blinkfeuer* befand sich neben dem «neuen Startplatz» auf einem Reklameturmbau der Zigarettenfirma «Manoli». Das Blinklicht des «Manoli-Turms» konnte in klarer Nacht aus 30 km Entfernung deutlich aus der Luft erkannt werden. Als Kennung des Flugplatzes Johannisthal war festgelegt: «ein langer Blitz, etwas Ruhe, dann ein kurzer Blitz, ein Doppelblitz und ein dreifaches Aufleuchten, dann wieder längere Ruhe usw.» Ein *Drehfeuer* wurde auf einem Gebäudeturm auf der Adlershofer Seite in der Nähe der Eingänge 8 und 9 montiert. Ein *Scheinwerfer* war an einem heute nicht mehr eindeutig bestimmbaren Standort auf einem Eisengerüst montiert und erhellte das Fluggelände für nächtliche Landungen.

Meteorologische Meßinstrumente befanden sich in einer Wettersäule am «neuen Startplatz» (dazu gehörten ein Barograph, ein Thermograph, ein Hygrograph sowie Thermometer).

Vier Benzinlager (davon drei am «alten Startplatz» mit 1000- und 2000-Liter Fassungsvermögen, eines für 1000 Liter am «neuen Startplatz») ergänzten die Ausstattung.

Derartige Einrichtungen erhöhten die Anziehungskraft des Flugplatzes auch für die ausländischen Flieger – und damit wiederum für die Zuschauer. Ein dänischer Luftfahrtpublizist urteilte im Jahre 1912: «Der Flugplatz Johannisthal hält den Vergleich mit allen ähnlichen Institutionen nicht allein aus, sondern übertrifft dieselben in manchen Dingen, so daß man ihn – alles in allem genommen – gegenwärtig wohl als den bestorganisierten Flugplatz in Europa betrachten kann.»

Zu jener Zeit stand an der Spitze der relativ finanzstark gewordenen Flugplatzgesellschaft ein Aufsichtsrat von sieben Aktionären, deren Vorsitz Graf Wilhelm von Arco führte. Er ließ die Flugplatzdirektion weiterhin in den Händen von Tschudis, der sich um zugkräftige Flugveranstaltungen und lückenlose Eintrittsgeldeinnahmen bemühte. In seinem Auftrage waren fast ständig mit Stökken bewaffnete «Zaunhüter» unterwegs, die verhindern sollten, daß der Zaun erklettert oder durch Ritzen geschaut und auf diese Weise ohne Eintrittsgebühr etwas von dem erspäht würde, was auf dem Flugplatz geschah. An manchen Flugtagen beschäftigte er Detektive, die die eingestellten Kassierer an den Eingängen zu überwachen hatten.

Unter von Tschudis Regie betrug der Eintrittspreis an Tagen ohne Flugveranstaltungen für Stehplätze 30 Pfennig, für Tribünenplätze 50 Pfennig bis 2 Mark. An Tagen mit Flugveranstaltungen kostete im Jahre 1910 ein Stehplatz 50 Pfennig (Jahreskarte 5 Mark bis 6 Mark), ein Tribünenplatz 3 Mark, ein Logenplatz auf der Haupttribüne 4 Mark bis 5 Mark (Jahreskarte 25 Mark bis 35 Mark), eine Karte zum Betreten des alten oder des neuen Startplatzes 10 Mark (Jahreskarte 75 Mark bis 100 Mark), eine Automobilkarte für die Flugplatz-Abstellfläche 20 Mark.

Karten konnten in allen Tabakwaren-Filialen der Firma «Loeser & Wolff», in den Kaufhäusern der «Wertheim GmbH.» und in der «Centrale für Fremdenverkehr», Unter den Linden, zu leicht ermäßigten Preisen im Vorverkauf erworben werden. Über die Eintrittspreise und die Schuppenmieten hinaus (die monatliche Miete für einen 15 m × 15 m großen Schuppen am «alten Startplatz» betrug 200 Mark, bei Jahresmiete 2000 Mark, für eine der sechs kleinen Abteilungen des «Sternschuppens» betrug die Monatsmiete 100 Mark, am «neuen Startplatz» betrug die Monatsmiete 400 Mark) verschaffte von Tschudi der Flugplatzgesellschaft Einnahmen durch die Vermietung von Reklameflächen auf dem Flugplatz und am Flugplatzzaun sowie durch den Verkauf von Rechten. Beispielsweise verkaufte er an den Johannisthaler Fotografen Franz Fischer, der im Hause «Bella Vista» (heute: Sterndamm 88) ein Atelier unterhielt, zeitweilig das alleinige Recht zum Fotografieren auf dem Flugplatz. Auch die Vierteljahreshefte der Flugplatzgesellschaft waren eine Einnahmequelle.

Keineswegs am Rande sei erwähnt, daß der Flugplatz seit dem Jahre 1910 eine jährliche Subvention in Höhe von 20000 Mark aus der Kasse des Preußischen Kriegsministeriums erhielt und von mehreren Luftfahrervereinen eine jährliche Pauschale, wodurch deren Mitglieder freien Zutritt zum Flugplatz hatten. Dazu gehörten der «Berliner Verein für Luftschiffahrt», der «Kaiserliche Aero-Club», der «Berliner Flugsport-Verein» und der «Reichsflug-Verein, Berlin».

41
Zaungäste spähten durch die Ritzen des Flugplatzzaunes, wenn gerade kein Zaunhüter in der Nähe war

Flugzeugwerkstätten am „alten Startplatz"

Bald nach der Eröffnungsflugwoche im Herbst 1909 waren etliche Schuppen am «alten Startplatz», an denen noch die Namen Edwards, Farman, Blériot und die der anderen Teilnehmer prangten, wieder bezogen. Zu den ersten Mietern, die hier bauen und experimentieren wollten, gehörten Bruno Hanuschke, Max Schüler, Hermann Dorner sowie Otto und Paul Timm. Überhaupt wurden die Schuppen am «alten Startplatz» die Heimstatt der «Kleinen» von Johannisthal und Zeugen ihrer Schicksale. Wenn von Johannisthaler Pionieren des Flugapparatebaus gesprochen werden kann, dann vor allem von denen in diesen Schuppen am «alten Startplatz», die Konstrukteure und Testflieger zugleich waren.

42
Bruno Hanuschke im Pilotensitz (!) seines Doppeldeckers (1910), den er nicht zum Fliegen bringen konnte

43
Hanuschke im Sitz seines im Jahre 1912 erbauten Eindeckers «Populaire II» (rechts)

Bruno Hanuschke, Fliegerschule

Bruno Hanuschke war erst 17 Jahre alt, als er in Johannisthal versuchte, sich auf eigene Füße zu stellen. Von seinem Bruder unterstützt, hatte er einen Gitterrumpf-Doppeldekker gebaut. Von Max Schüler erwarb Hanuschke einen von diesem konstruierten Motor für das Flugzeug. Aber so sehr er sich auch bemühte – er brachte den Doppeldecker nicht zum Fliegen. Mehr Glück hatte er mit einem Eindecker, den er mit einem 25-PS-Anzani-Dreizylindermotor ausrüstete. Alle seine Schuppennachbarn rissen staunend die Augen auf, so ist es aus einer Darstellung dieser Zeit überliefert, wenn er mit seiner Eigenkonstruktion «meterhoch über die Gräser hinwegjonglierte», denn es war zu

44
Hanuschke-Eindecker mit unbespanntem Stahlrohrrumpf, auf dem sein Erbauer im Oktober 1910 die Flugzeugführererlaubnis erlangte

dieser Zeit am «alten Startplatz» noch ganz und gar selten, daß dies jemand schaffte. Mit diesem selbstgebauten Eindecker mit unbespanntem Stahlrohrrumpf erflog er als 18jähriger am 8. Oktober 1910 seinen Flugzeugführerschein Nr. 35.
Während er anfangs die Brüder Timm in seine Werkstatt aufnahm, um die Schuppenmiete bezahlen zu können, gründete er später eine bescheidene Fliegerschule und bildete selbst seine Schüler aus. Im Jahre 1911 baute er einen verbesserten Eindecker «Populaire I». An dieser Maschine probierte er einen verstellbaren Metallpropeller aus, den er konstruiert hatte und der ihm beim Probelauf prompt durch das Schuppendach flog. Seinen «Populaire II»-Eindecker baute er im Jahre 1912 und einen weiteren Eindecker im Jahre 1913/14. Von diesen Konstruktionen konnte er 30 Exemplare verkaufen. Die Muster wurden in einigen Balkanländern bis zum Jahre 1918 geflogen. Hanuschke, von Anfang an dabei, wurde einer der populärsten Flieger und Konstrukteure des Flugplatzes Johannisthal, denn er schaffte es als einer der wenigen am «alten Startplatz», seine Fliegerschule bis zum Ausbruch des ersten Weltkrieges zu erhalten.

Max Schüler Aeroplan-Fabrik, Berlin

Max Schüler hatte im damaligen Chemnitz einen Eindecker gebaut und dazu einen Motor konstruiert. Damit kam er 1909 nach Johannisthal, richtete eine Flugzeugbauwerkstatt ein und nannte sie kühn «Max Schüler Aeroplan-Fabrik», begann hier auch sogleich mit dem Bau eines Doppeldeckers – der sich aber als fluguntauglich erwies. Nach diesem Mißerfolg wollte er es noch einmal mit einem Eindecker versuchen, besaß aber kein Geld mehr. Er suchte Unterstützung und fand sie bei Wolfgang Harlan. Dieser finanzierte den Schüler-Eindecker mit einem Rückzahlungstermin und der vereinbarten Auflage, bei eventueller nicht termingemäßer Rückzahlung anstelle des Geldes das Flugzeug zu übergeben. Was auch geschah. Die kleine Werkstatt Schülers mit dem großen Namen einer «Aeroplan-Fabrik» war die erste in Johannisthal, die wegen Geldmangels auf-

45
Harlan-Eindecker mit bespanntem Rumpf und Querrudern, ausgerüstet mit einem 100-PS-Argus-Motor. Dieses Flugzeug siegte beim «Rund-um-Berlin-Flug» im Herbst 1912

46 (links unten)
Karl Grulich vor dem Start zum Rekordflug mit zwei Passagieren am 22. Januar 1912, der zu einem neuen Dauerrekord von zwei Stunden und zwei Minuten führte. Dieser von Harlan im Jahre 1910 halbfertig übernommene und von Grulich fertiggebaute Schüler-Eindecker wurde ein erfolgreiches Flugzeugmuster, mit dem mehrere Passagierflugrekorde gelangen

47
Der einzige von den Brüdern Timm gebaute und im Frühjahr 1910 erfolglos erprobte Eindecker

geben mußte. Schüler blieb aber mit dem Johannisthaler Flugplatz in Verbindung, denn er unternahm dort in den folgenden Jahren mehrere erfolgreiche Rekordflüge und beteiligte sich an Flugveranstaltungen.

Harlan-Flugzeugwerke GmbH.

Harlan, der ebenfalls einen Schuppen gemietet hatte und ihm, nicht minder unternehmungsfreudig als Max Schüler, den Namen «Harlan-Flugzeugwerke GmbH.» gab, übernahm im Jahre 1910 das halbfertige Schüler-Baumuster. Sein Chefkonstrukteur Karl Grulich verbesserte es, baute es fertig – und Harlan kam relativ groß damit heraus. Dieser Harlan-Eindecker wurde ein erfolgreiches Flugzeug. Grulich erflog damit am 29. Dezember 1910 seine Flugzeugführererlaubnis Nr. 46. Bis zum Jahresende 1911 wurden mehrere Versionen dieses Musters gebaut und verkauft. Am Ende des Jahres 1913 hatten die Harlan-Werke noch drei Flugzeugschuppen, aber im Frühjahr 1914 war Harlan finanziell in der Sackgasse. Er verkaufte sein Unternehmen.

Brüder Timm, Konstrukteure

Otto und Paul Timm, die sich mit Hanuschke einen Schuppen geteilt hatten, versuchten den Blériot-Eindecker nachzubauen und rüsteten ihn mit einem Haacke-Motor aus. Aber es gelangen damit im Frühjahr 1910 nur kurze Sprünge. Was sie besaßen, hatten sie in diesen Eindecker investiert. Für weitere Versuche, eventuell mit einem anderen Motor, reichte ihr Geld nicht. Sie gaben auf.

Dorner Flugzeug GmbH.

Hermann Dorner war einer der ersten deutschen Motorflugpioniere. Im Jahre 1907 nahm er bei Berlin frühere Versuche mit einem selbstgebauten Gleiteindecker wieder auf. Der Gleiter hatte drei Räder. Im Unterschied zu Lilienthal, der von Hügeln zum Gleitflug startete, versuchte er den Schleppstart von ebener Erde und ließ sich dazu an einem langen Seil von einem galoppierenden Pferd schleppen. Dabei erreichte er Flugstrecken bis zu 80 Metern Weite und sieben Metern Höhe mit nachfolgenden glatten Landungen.

48
Dorner-Eindecker «T II» (1910) im Fluge

49
Inserat aus dem Jahre 1911 (unten)

50
«T-III-Eindecker» von Dorner, zweisitzig mit Doppelsteuerung und Druckpropeller hinter der Tragfläche, mit dem am 9. Juni 1911 Georg Schendel und sein Monteur Voß tödlich abstürzten

Er konstruierte einen luftgekühlten Vierzylindermotor mit kombiniertem Einlaß- und Auslaßventil. Der Motor wurde im Jahre 1908 von der Firma Schwager gebaut. Mit einem neuen Eindecker, den er mit dem selbstkonstruierten 18-PS-Motor ausrüstete, gelangen ihm einige Luftsprünge. Dieser Flugzeug- und Motorbau wurde finanziell vom «Berliner Verein für Luftschiffahrt» unterstützt – ebenso wie die damaligen Versuche Hans Grades.
Wie Grade, so strebte auch Dorner danach, den ausgeschriebenen «Lanz-Preis der Lüfte» zu erringen. Von seinen ersten Sprüngen ermutigt, meldete er sich zur Johannisthaler Eröffnungsflugwoche an, blieb aber dort völlig im Schatten der teilnehmenden französischen Piloten. Die Erfahrungen der Flugwoche veranlaßten ihn, in Johannisthal zu bleiben, seinen Eindecker zu verbessern und den Motor umzukonstruieren – er brachte ihn mit Wasserkühlung auf 22 PS. Mit dem Eindecker «T II», der im Jahre 1910 fertig wurde, errang er am 11. Juli 1910 den dritten «Lanz-Preis der Lüfte» in Höhe von 3000 Mark. Zwei Wochen später, am 25. Juli, erflog er damit seine Flugzeugführererlaubnis Nr. 18.
Im September 1910 gründete er im Schuppen 9 am «alten Startplatz» die «Dorner Flugzeug GmbH». Sein Flugzeug verbrannte nach einigen Flügen, als bei einem Probelauf im Schuppen ein Zylinderkopf vom Motor abriß. Unverdrossen baute er einen neuen Eindekker in mehreren Exemplaren, den Typ «T III», aber zweisitzig, mit Doppelsteuerung. Damit bildete er einige Flugschüler aus, unter ihnen den Schweizer Robert Gsell. Mit dem Muster «T III» stürzte am 9. Juni 1911 der Flugpionier Georg Schendel mit seinem Monteur Voß über Adlershof tödlich ab. Ein halbes Jahr später, im Dezember 1911, führte Robert Gsell das gleiche Muster mit einem 50-PS-Daimler-Motor der Militärverwaltung in Döberitz vor, die eine Probemaschine bestellte, aber mit einem stärkeren Motor. Dieses Flugzeug, den Militär-Eindecker mit 70-PS-Daimler-Motor – ähnlich dem «T III», jedoch Motor und Sitze mit einer Karosserie verkleidet –, lieferte Dorner im Jahre 1912. Nachbestellungen erfolgten nicht, da der Kettenantrieb vom Motor unter den Sitzen hindurch über eine Antriebswelle zum Druckpropeller hinter dem Flügel immer wieder zu Störungen und Unfällen führte. Daraufhin gab Dorner im Frühjahr 1913 den Flugzeugbau auf. Er ging als Lehrer zur «Luftfahrerschule Adlershof» und bei Kriegsbeginn in die Adlershofer «Deutsche Versuchsanstalt für Luftfahrt» (DVL). Die Dorner-Werkstatt übernahm im ersten Weltkrieg der Geschäftsführer der ehemaligen «Dorner Flugzeug GmbH.», Richard Goetze (auch die anderen Schuppen).

Emil Sohn, Konstrukteur

Emil Sohn hatte im Jahre 1909 in Johannisthal einen Schuppen bezogen und einen Doppeldecker mit Haacke-Motor konstruiert, der dem Wright-Flugapparat sehr ähnlich war. Die Versuche hatte er schon vorher auf dem Bornstedter Feld bei Potsdam begonnen, in Johannisthal setzte er sie noch einige Monate fort. Aber vor allem der Motor, an dem auch die Brüder Timm gescheitert waren, machte immer wieder Schwierigkeiten. Da Emil Sohn das Geld für einen besseren Motor nicht aufbrachte, blieb er auf der Strecke. «Fliegen tut auch ein Scheunentor, wenn nur der Motor gut ist», hat später einmal Simon Brunnhuber, Flugzeugführer der Albatros-Werke, gesagt. Viele Johannisthaler Konstrukteure scheiterten daran, daß ein guter Flugzeugmotor für sie unerschwinglich war.

Fritz Conrad, Konstrukteur

Seit dem Jahre 1909 in Johannisthal dabei war Fritz Conrad, ein Berliner Kraftfuhrunternehmer, der mit Autotransporten das Geld zusammenbrachte, das er auf dem Flugplatz in Flugzeugkonstruktionen steckte. Er baute einen Eindecker mit 35-PS-Motor, der über Kegelräder zwei seitliche Luftschrauben antrieb. Im Jahre 1910 wurde der Flugapparat fertig – aber er flog nicht. Daraufhin bestellte er bei Hanuschke eine stark vergrößerte Kopie des Blériot-Eindeckers. Dieses Flugzeug wurde ebenfalls im Jahre 1910 fertiggestellt, aber auch damit wurden keine Flüge bekannt. Später schlug sich Conrad mit einigen weiteren Konstruktionen herum, die aber alle entweder überhaupt nicht abhoben oder es nur zu kurzen Sprüngen brachten.
Es wird angenommen, daß der Fuhrunternehmer Fritz Conrad auf dem Flugplatz unter «M. Conrad» firmierte. Wenn diese Annahme

51
Eine der Sensationen des Johannisthaler Flugzeugbaus: Das welterste Doppelrumpfflugzeug, erbaut und erfolgreich geflogen im Jahre 1911 von Otto Trinks (unten)

richtig ist, dann spricht es für das Selbstvertrauen Conrads, daß er sich durch Mißerfolge nicht entmutigen ließ, aus den Erfolgen anderer Konstrukteure immer wieder neue Hoffnung schöpfte, nicht aufsteckte, jahrelang am «alten Startplatz» verblieb und dort herumbastelte. Er brauchte nicht schon nach kurzer Zeit die Segel zu streichen, da ihm sein Fuhrunternehmen die Mittel für seine kostspieligen Versuche sicherte.

Otto Trinks, Konstrukteur

Krastel & Trinks, Konstrukteure

Zu den Ersten in Johannisthal zählt auch Otto Trinks. Er hatte in Marienfelde bei Berlin die Firma «Otto Trinks & Co., Luftfahrzeugmaterial» gegründet, zog aber im Jahre 1910 am «alten Startplatz» in Johannisthal ein. Hier baute er zunächst einen Eindecker in normaler Bauart, dann die Kopie eines Farman-Doppeldeckers mit verkleidetem Bug und vorgezogenem Höhenruder, und dann, als Sensation für Johannisthal, das erste Motorflugzeug mit Doppelrumpf. Dieser Eindecker hatte einen 50-PS-Argus-Motor mit Druckschraube und bewies im Jahre 1911 gute Flugeigenschaften.

Im selben Jahr traf Trinks mit Hans Reimar Krastel zusammen. Krastel hatte sich schon im französischen Flugzeugbau in Pau umgesehen, dann in der von Dr. Paul Gans geleiteten «Bayerischen Fliegerschule» in Oberwiesenfeld bei München fliegen gelernt und auf einem Blériot-Eindecker am 22. Juni 1910 die Flugzeugführererlaubnis Nr. 12 erworben. Im Jahre 1911 konstruierte und baute er einen Hochdecker mit bootförmigem Rumpf, in den er einen 100-PS-Gnôme-Motor einbaute. Die Luftschraube über dem Flugzeugbug wurde über eine kurze Fernwelle und ein Winkelgetriebe angetrieben. Diesen Flugapparat ließ Krastel nach Johannisthal transportieren. Gemeinsam mit Trinks baute er an der Konstruktion bis zum Jahre 1912 weiter. Es ist aber kein Flug bekannt geworden.

Beide gaben schließlich den Bau von Flugzeugen auf. Krastel, der Flieger war, verdiente sich seinen weiteren Lebensunterhalt mit dem Einfliegen fremder Flugzeugkonstruktionen, bis er den Baumann-Freytag-Doppeldecker flog. Dieser Doppeldecker war von Professor Alexander Baumann aus Stuttgart konstruiert und von der Firma Emil Freytag gebaut worden. Es war ein Flugapparat, dessen Tragflächen an den Unterseiten große runde Öffnungen in der Bespannung aufwiesen, durch die der Luftstrom im Fluge eindringen und die Oberseiten der Bespannung aufwölben sollte. Diese konstruktive Eigenart trug dem Doppeldecker den Namen «Fliegender Schweizer Käse» ein. Krastel stürzte mit diesem Flugapparat im Jahre 1913 über dem Flugplatz Johannisthal tödlich ab.

52
Der verbesserte Heitmann-Eindecker (1909) hatte einen dreieckigen unbespannten Rumpf, auf dem hinter dem Sitz der Motorkühler stand; damit gelangen nur kurze Sprünge

Telchow, Konstrukteur

Zu den ersten unermüdlichen wie erfolglosen Flugapparatebauern, die in Johannisthal experimentierten, gehörte auch ein Konstrukteur namens Telchow. Über ihn konnte lediglich in Erfahrung gebracht werden, daß er einen Apparat gebaut hatte, der sich zwar nicht zum Fliegen eignete, aber vorzüglich auf dem Flugplatz rollte. Da Telchow, so ist es überliefert, ein wackerer Zecher gewesen sein soll, nutzte er diese Eignung seiner Konstruktion auf eine besonders bemerkenswerte Weise. Er fuhr damit täglich zur Fliegerkantine am «alten Startplatz» und lud dort seinen Getränkebedarf ein. Dies hat seinem «Flugzeug» den Namen «Brauereiwagen mit Erker» eingebracht, wobei mit «Erker» offenbar die geräumige Bugspitze gemeint war.

Heinrich Heitmann, Konstrukteur

Nur wenige Monate hat es Heinrich Heitmann in Johannisthal ausgehalten. Seit dem Jahre 1908 hatte er sich damit befaßt, selbstgebaute Gleiteindecker in Flugversuchen zu erproben. Dann baute er sein erstes Motorflugzeug, einen Eindecker mit einem Flächen- und Rumpfgerüst aus Bambus, um das Gewicht des Flugapparates möglichst gering zu halten. Als er von der bevorstehenden Eröffnung des Flugplatzes Johannisthal erfuhr, sicherte er sich einen Mietschuppen und zog mit seinem Eindecker auf den Flugplatz, um ihn dort zu erproben. Da nur kleine Sprünge gelangen, baute er sogleich ein zweites Muster, aber auch damit gelang kein Flug.

Da er für weitere Versuche keine Geldgeber fand und sich nicht auf eigene Mittel stützen konnte, zog er in seine Heimatstadt Hamburg zurück. Dort muß er offenbar finanzierungsbereite Teilhaber gefunden haben, denn er gründete im Jahre 1910 in Altona die «Bauanstalt für Aviatik», die im Jahre 1911 in «Atelier- und Konstruktionswerkstätten» umbenannt wurde. Bis 1912 baute er sechs weitere Eindecker-Muster, die auch geflogen sind.

Theodor Lawrenz, Konstrukteur

Seit dem Jahre 1910 war Theodor Lawrenz auf dem «alten Schuppenplatz» (wahrscheinlich in einer Abteilung des «Sternschuppens») zu finden. Er gehörte zu denen, die sich ein Flugzeug bauten und damit das Fliegen erlernten. Im Jahre 1911 baute er einen taubenähnlichen Eindecker auf einem Vierradfahrgestell mit zwei hintereinander gelagerten Achsen, die weit genug auseinandergestellt waren, um zu erreichen, daß das Flugzeug waagerecht auf dem Boden stand. Im Jahre 1913 kam ein weiterer Eindecker gleicher Bauart mit 100-PS-Argus-Motor und üblichem Fahrgestell (mit Spornrad) hinzu. Obwohl er schon seit Jahren flog, erwarb er dann doch am 2. Januar 1914 die Flugzeugführererlaubnis Nr. 638, weil er sonst als Flieger keine Anstellung mehr gefunden hätte. Daraufhin wurde er in der «Fliegerschule Direktor Rathjen» am «neuen Startplatz» eingestellt.

53
Der von Fritzsche entworfene, bei Rumpler gebaute und von Carl Loew erprobte Tandem-«Dreiflächner» hatte drei hintereinander angeordnete Tragflächenpaare und war flugunfähig

54
Charles Boutard vor dem Start auf dem mit einem 100-PS-Argus-Motor ausgestatteten Renneindecker seines Landsmannes Gabriel Poulain – wenige Minuten später verunglückte er mit diesem Flugzeug an der Rudower Chaussee

Siegfried Schütz, Konstrukteur

Bereits im Jahre 1908 hatte Siegfried Schütz einen Flugapparat zum Patent angemeldet. Er hatte auch selbst versucht, seine Idee zu verwirklichen und baute im Jahre 1910 in Johannisthal einen Eindecker mit vorn liegendem Höhenruder und 50-PS-Argus-Motor. Flugversuche brachten aber keinen Erfolg. Danach gab er den Flugzeugbau auf.

Carl Loew, Konstrukteur

Als einer der ersten Johannisthaler gilt auch Carl Loew. Der «Kieler Verkehrsverein», beeindruckt von den Erfolgen der Wrights und mehrerer französischer Flieger, schrieb für den 28. Juni 1908 einen Flugtag aus. Mehrere Bewerber für die ausgeschriebenen Preise sagten ihre Teilnahme zu, aber nur einer erschien, der Däne Ellehammer. Mit seinem selbstgebauten Apparat erreichte er eine Flugweite von 47 Metern und eine Flughöhe von zwei Metern. Dies war ein recht mageres Resultat, gemessen an den Leistungen, die zu jener Zeit bereits in Frankreich erreicht wurden, aber immerhin – es war der erste deutsche Flugtag. Der Däne war der erste, der über deutschem Boden ein Motorfluggerät nachweisbar zum Fliegen brachte, als einziger Teilnehmer erhielt er auch den ersten Preis. Aber beteiligen wollte sich auch Oberleutnant zur See Fritzsche. Deshalb hatte er bei Edmund Rumpler (von dem noch die Rede sein wird) ein Flugzeug nach eigenem Entwurf in Auftrag gegeben, das sich aber – es war eine Konstruktion mit drei hintereinander angeordneten Tragflächen – als nicht flugfähig erwies.
Wenige Wochen vor dem Kieler Flugtag kam Fritzsche bei einem Automobilunfall ums Leben. Sein Bruder übertrug die weitere Entwicklungsarbeit am «Dreiflächner» dem Marineingenieur Carl Loew. Dieser stellte allerlei Versuche damit an, zog im Herbst 1909 schließlich nach Johannisthal und beschädigte den Apparat im Startversuch. Am 29. Oktober 1909 meldete der «Berliner Lokal-Anzeiger»: «Der Dreiflächner Loews, der vor kurzem beschädigt wurde, ist wieder hergestellt.» Aber alle Mühe war vergebens, auch Loew brachte den Apparat nicht in die Luft. Er trug mit seinen Erprobungen lediglich zum vielfältigen Bild der in Johannisthal versammelten Flugzeugkonstruktionen bei. Die Versuche wurden ergebnislos abgebrochen.
Loew blieb auf dem Flugplatz, lernte in den Albatros-Werken fliegen und erwarb am 10. März 1911 die Flugzeugführererlaubnis Nr. 73.

Gabriel Poulain, Konstrukteur

Auch einige ausländische Flugzeugkonstrukteure hatten sich im Herbst 1909 am «alten Startplatz» eingerichtet. Einer von ihnen war der Franzose Gabriel Poulain, ein damals weltbekannter Radrennfahrer. Er führte das autogene Schweißen für den Bau der Rumpf-Stahlrohrrahmen seiner Flugzeuge in Johannisthal ein. Im Jahre 1910 übernahm Bruno Hanuschke die Technologie, Flugzeugrümpfe, die unbespannt blieben, aus autogen geschweißten Stahlrohrrahmen herzustellen. Er hatte das – was damals üblich war und den Nutzen des «alten Startplatzes» für die dort werkelnden und bastelnden und experimentierenden Flugzeugkonstrukteure ausmachte – von Poulain abgeguckt. Daher ist die in einigen Darstellungen anzutreffende Behauptung unkorrekt, Bruno Hanuschke und sein Bruder Willi seien mit dieser Bauart «ihrer Zeit weit vorausgeeilt». Diese Bauart wurde bald auch von anderen am «alten Startplatz» gepflegt, vorausgesetzt, sie besaßen einen Motor, der das durch Stahlrohr relativ schwere Flugzeug auch in die Luft trug. Anderenfalls mußten sie bei Holzlatten- oder Bambusrahmen bleiben.
Poulain erwarb auf seinem ersten selbstgebauten Eindecker am 15. Juli 1910 die Flugzeugführererlaubnis Nr. 14. Später holte er seinen Landsmann und Sportkameraden, den ehemaligen Straßenradweltmeister Charles Boutard, nach Johannisthal. Gemeinsam bauten sie im Jahre 1910 einen verbesserten Eindecker und rüsteten ihn mit einem 100-PS-Argus-Motor aus. Nagelneu war das Flugzeug, das aus dem Poulain-Schuppen herausgerollt wurde. Der starke Motor – eine Sensation. Alle, die gerade am «alten Startplatz» zu tun hatten, liefen zusammen und

bestaunten den neuen Apparat. Boutard sollte ihn Anfang 1911 einfliegen.
Das Wetter ist diesig, aber die beiden Franzosen wollen wissen, was das Flugzeug leistet. Der Motor wird angeworfen, springt sofort an. Zwei Monteure halten das Flugzeug an seinem hinteren Ende, stemmen sich in den Boden, um es zu halten. Ihre Arbeitsjacken knattern im Luftstrom des immer stärker dröhnenden Motors. Dann gibt Boutard mit der Hand das Freizeichen. Mit Vollgas rast er über die Startbahn in östlicher Richtung davon. Schneller, als er es erwartet hat, denn nie zuvor führte er ein Flugzeug mit so starkem Motor, sieht er den Flugplatzzaun vor sich. Er legt das Flugzeug rasch in die Kurve, aber bei der ungewohnt hohen Geschwindigkeit wird ihr Radius größer, als er es gewöhnt ist. Er saust über den Zaun hinweg in die Bäume an der heutigen Rudower Chaussee. Das Krachen hört man bis zum «alten Startplatz». «Kleinholz», ruft jemand, dann laufen alle los, so rasch sie können. Als sie zur Unfallstelle kommen, haben vorüberkommende Radfahrer den Piloten bereits aus dem Straßengraben gezogen, wo er unter den Trümmern in der Vertiefung gelegen hatte und vor Verletzungen bewahrt geblieben war. Ein schwerer Nervenschock ist die einzige Folge. Man trägt Boutard zunächst in den nahegelegenen Schuppen der «Flugmaschine Wright GmbH.». Dort liegt er noch eine Stunde, bis endlich ein Fahrzeug herbeitelefoniert ist und ihn in eine Klinik bringt.
Poulain baut den gleichen Eindecker noch einmal und fliegt ihn selbst ein. Am 18. April 1911 erreicht er damit die vielbeachtete Geschwindigkeit von 120 km/h. Er spezialisiert sich auf den Bau der kleinen, schlanken Eindecker und bildet damit Flugschüler aus.

Die flinken Flugzeuge finden Zuspruch. Am 11. Mai des Jahres 1911 startet Poulains Schüler Hans Bockemüller zu Rollübungen. Ein 23jähriger, sportlicher Mann, Sohn eines Lehrers aus Aschersleben. Der Dunst der frühen Morgenstunde liegt noch über dem Flugfeld, als der Motor angeworfen wird. Dann rollt Bockemüller los, schneller werdend saust das Flugzeug in das neblige Grau. Der Flugschüler sieht plötzlich im Dunst, daß er auf den Flugplatzzaun zurast, zieht kräftig das Höhenruder, kommt auch über den Zaun hinweg, rast dann aber mit voller Geschwindigkeit gegen ein altes Holzhaus. Als er aus den Trümmern befreit wird, sieht man, daß ihm ein Holzpfahl die Brust eingedrückt hat.
Hans Bockemüller ist das erste Todesopfer des Johannisthaler Motorfluges. Zum ersten Mal werden auf dem Flugplatz die Fahnen auf Halbmast gesetzt.
Poulain, der die bis dahin schnellsten Flugzeuge gebaut hatte, die man in Johannisthal sah, kehrte im Jahre 1912 nach Frankreich zurück.

Jirotka, Konstrukteur

Der zweite Ausländer, der sich im Jahre 1909 in Johannisthal eingemietet hatte, war der Österreicher Jirotka, der, wie überliefert ist, zum Jahresbeginn 1910, «einen seltsamen Eindecker auf dem hartgefrorenen Boden herumhüpfen» ließ. Nach den erfolglosen Versuchen hörte man nichts mehr von ihm.

Lukacz, Konstrukteur

Der dritte Ausländer, am Anfang in Johannisthal dabei, war der Ungar Lukacz. Von ihm wurde nur bekannt, daß er einen «gewaltigen Dreidecker» gebaut habe, der aber nicht flog.

*

Flugunfähige Flugzeuge waren keineswegs nur das Ergebnis von Konstruktionsversuchen der ersten Zeit. «Kisten» verschiedener Art kamen auch in späteren Jahren zum Vorschein, wenn am «alten Startplatz» die Schuppentore fielen. Sie fielen übrigens buchstäblich, denn die meisten öffneten sich nicht wie Tore, wie wir sie heute kennen, sondern die Torklappen wurden aus ihrer oberen Befestigung gelöst und krachten dann in der Regel mit Getöse vor dem Schuppen auf den Boden.

J. Merx, Konstrukteur

J. Merx überraschte den ganzen Flugplatz im Jahre 1911 gleich auf zweifache Weise. Erstens mit seiner Fünfdecker-Konstruktion. Fünf schmale Tragflächen waren stufenartig nach hinten gestaffelt angeordnet und auf einem vierrädrigen, niedrigen Fahrgestell montiert. Dieser Apparat sah wie eine fahrbare Treppe aus und erhielt auch prompt den Spitznamen «Himmelsleiter». Zwei kettengetriebene Druckluftschrauben brachten die Konstruktion nicht einmal zum langsamen Rollen. Die zweite Überraschung war: Merx hatte die «Himmelsleiter» vor neugierigen Blicken verborgen gehalten und in seinem geschlossenen Schuppen gebaut. Als der erste Flugversuch stattfinden sollte, stellte sich heraus, daß der Apparat höher als das Tor war und deshalb nicht aus dem Schuppen herausgezogen werden konnte. An dieser Fehlkonstruktion hat Merx noch jahrelang herumgebastelt.

Joachimczyk, Konstrukteur

Eine andere aufsehenerregende Konstruktion baute Ingenieur Joachimczyk als Tandem-Eindecker. Dieser Apparat mit zwei weit auseinandergezogenen Tragflächenpaaren sollte von vier Luftschrauben angetrieben werden, die an einem länglichen, quer zum Rumpf verlaufenden kastenförmigen Gestell montiert waren. Der Flugzeugführer sollte im Rumpf auf dem Bauch liegen, und zwar mit dem Kopf in der Bugspitze. Sie war mit einigermaßen durchsichtigem Cellon bespannt. Der Apparat rollte zwar in gemäßigtem Tempo, hob aber nie vom Boden ab. Der Konstrukteur entfernte dann die Bugspitze. Das verbesserte zwar erheblich die Sicht des Piloten, hatte aber keinerlei Einfluß auf die Flugfähigkeit der Konstruktion.

Grawert, Konstrukteur

Zu den unbeirrbaren Erfindern von Flugapparaten gehörte auch der Berliner Grawert. Schon im Jahre 1908 versuchte er ein Flugzeug zu bauen. Dazu nahm er einen 8-PS-Benzinmotor, baute ihn in ein monströses kreisrundes Rohrgestell mit Bugspitze und hochgeschwungenem Schwanz, setzte das Ganze auf ein niedriges Dreiradfahrgestell, befestigte an der Motorwelle einen Propeller – und fuhr damit durch die Berliner Straßen, um Motor und Propeller zu erproben. Eine Zeitlang hörte man nichts von ihm, doch dann tauchte er im Jahre 1910 in Johannisthal auf und baute ein Flugzeug zusammen, um es zu erproben. Er nannte es «fliegendes Boot», denn es war sowohl für den Land- als auch für den Wasserstart gedacht. So mächtig wie der Bootsrumpf waren auch die Tragflächen des Doppeldeckers, deren Enden leicht nach innen eingezogen waren. Grawert gelangen damit im Jahre 1911 Rollversuche und kurze Sprünge, jedoch keine Flüge.

Neumann, Konstrukteur

Im Jahre 1913 zog Neumann, ein Bäckermeister, wie man erzählte, in die Abteilung D des «Großen viereckigen Schuppens» am «alten Startplatz» ein. Von seiner Frau und seinen Kindern unterstützt, baute er einen Eindecker. Eines Morgens war es offenbar so weit.
Jedenfalls, so ist es überliefert, «wurden die Schuppentore heruntergepfeffert», die Familie stellt ihren Frühstückstisch auf die Schuppentore und stärkt sich. Schließlich wird der fertige Eindecker aus dem Schuppen gezogen, der Bäckermeister besteigt ihn vor den bewundernden Blicken seiner Familie. Der Eindecker rollt über das Feld, gerät in eine Furche und bricht in sich zusammen. Die Bäckerfamilie trägt die Einzelteile wieder in den Schuppen zurück und arbeitet fortan fleißig am Neubau. Aber als das Flugzeug abermals fertig ist und sich Neugierige schon versammeln, um zu sehen, wie das Experiment diesmal ausgeht, da bleiben zum allgemeinen Erstaunen der anderen Mieter am «alten Startplatz» die Tore geschlossen. Tagelang. Der Grund: Der Bäckermeister hatte in der Eile zwei linke Tragflächen gebaut.
Offenbar ist auch nach der Korrektur kein Start gelungen, denn Neumann gab seinen Schuppen bald wieder auf.

Paul M. Neumann, Konstrukteur

Es gab noch einen zweiten Konstrukteur namens Neumann am «alten Startplatz», der zu den ersten gehörte, die hier einzogen. In der Konstruktionsweise von Fritzsche, die von Carl Loew weiterentwickelt wurde, hatte Paul M. Neumann einen Tandem-Eindecker

55
Die «Himmelsleiter» von Merx war fluguntauglich

56
Das «Motor-und-Propeller-Prüffahrzeug» von Grawert bei einer Testfahrt durch Berlin

mit zwei hintereinander liegenden Tragflächen entworfen und im Jahre 1909 in der «Bootswerft ‹Neptun›» in Rummelsburg in Holzbauweise anfertigen lassen. Trotz mehrmaliger Umbauten, die sich in Johannisthal bis zum Jahre 1911 hinzogen, blieben Flugversuche mit diesem Apparat gänzlich erfolglos.

*

Es käme einem Vorurteil gleich, wollte man die Bemühungen der Flieger und Konstrukteure überwiegend auf konstruktive Fehlleistungen reduzieren. Solcher Ansicht müßte entschieden widersprochen werden, denn das meiste, was hier gebaut wurde, flog auch. Das wird sofort deutlich, wenn wir nach der Überschau der ersten Jahre am «alten Startplatz» und den dort entstandenen Flugapparat-Kuriositäten einen kleinen Schritt nach vorn gehen – in das Jahr 1912. Denn von hier aus bis zum Ausbruch des ersten Weltkrieges ergeben sich am «alten Startplatz» einige weitere interessante Einblicke in die ersten Jahre des Motorfluges in Johannisthal. Dazu werden wir die Werkstätten durchgehen, soweit wir sie nicht bereits betrachtet haben, ohne eine von ihnen auszulassen. Eine Orientierungshilfe bieten die diesem Abschnitt beigefügten Tabellen 1 bis 3. Auch fortan ging es nicht ohne tragische Unfälle ab. Aber das war kein Merkmal des «alten Startplatzes», sondern eine Erscheinung, die den beginnenden Motorflug begleitete, der aus Experimentieren bestand, woraus sich immer von Neuem die Alternative ergab, daß der Flug entweder ein Erfolg oder ein Mißerfolg für den Konstrukteur wurde. Und der Mißerfolg für den Konstrukteur war nicht selten der Todessturz des Piloten.

*

In der Mieterliste finden wir zuerst die «Flugschule Melli Beese GmbH.» eingetragen. Diese Flugschule, in der auch einige Flugzeuge gebaut wurden, wollen wir hier auslassen, weil wir sie in einem späteren Abschnitt näher betrachten werden, wenn von der ersten Johannisthaler Fliegerin, Melli Beese, die Rede ist.

Neue Automobil GmbH.

Neue Automobil-Gesellschaft A. G.

Im Schuppen 3 ist die «Neue Automobil GmbH.» mit einer Motorenprüfstation eingetragen. Es war keineswegs unlogisch, daß sich hier, wenngleich nur vorübergehend, eine Automobilgesellschaft eine Motorenprüfstation oder, um den Zweck deutlicher zu machen, eine Motorenversuchsstelle einrichtete.

Seit man sich gegen Ende des 19. Jahrhunderts intensiver mit dem Flugproblem befaßte, fehlte es weder an Versuchen noch an Vorschlägen, die menschliche Muskelkraft, den Elektromotor oder die Dampfmaschine als Antrieb zu verwenden. Bald aber verbreitete sich die Erkenntnis, daß nur ein leichter und zugleich leistungsstarker Verbrennungsmotor in Betracht gezogen werden kann. Daher durften weitergehende Überlegungen nur von den Erfahrungen ausgehen, die im Automobil- und Motorradmotorenbau jener Zeit bereits vorlagen. Deshalb waren auch die ersten Flugmotoren vorwiegend nur wenig geänderte Motoren von Kraftfahrzeugen. Das wollte und sollte auch die Prüfstelle im Schuppen 3 bezwecken. Im Jahre 1913 war die «Neue Automobil-GmbH.» am «alten Startplatz» bereits wieder ausgezogen, aber – mit neuem Kapital und unter einem neuen Namen zog sie an einen anderen Standort des Flugplatzes, genau in die Südecke, am Flugplatzeingang 7. Sie lag nun nicht mehr direkt zwischen den Werkstätten am «alten Startplatz», deren Besitzern der ständige Lärm des Probelaufes von Motoren offenbar auf die Nerven gefallen war und die deshalb auf eine Verlegung gedrängt hatten. Jedenfalls stand am Eingang 7 ab Jahresbeginn 1913 eine neue Motorenprüfstation. Statt der «Neuen Automobil-GmbH.» firmierte sie jetzt unter dem Namen «Neue Automobil-Gesellschaft A.G.». Es war aber in Wirklichkeit eine Motorenprüfstation der NAG, der «Nationalen Automobilgesellschaft», einer Tochtergesellschaft der «Allgemeinen Elektrizitäts-Gesellschaft» (AEG).

Bussard-Flugzeug-Werke GmbH.

Die «Bussard-Flugzeug-Werke GmbH.» ging Anfang 1914 aus dem Verkauf der Reste der bereits vorgestellten «Harlan-Flugzeugwerke GmbH.» hervor und hatte ihre kleine Werkstatt und Fliegerschule im Schuppen 4. Aus einer Harlan-Taube, die konstruktiv verbessert wurde, entstand die Bussard-Pfeiltaube (leichte Pfeilstellung der Tragflächen) mit einem 100-PS-Daimler-Motor. Außerdem wurde hier ein leichter Sporteindecker mit einem luftgekühlten 25-PS-Dreizylinder-Motor gebaut, der im Jahre 1914 in Johannisthal noch flog, bevor die Bussard-Werkstatt im Sommer 1914 stillgelegt wurde.

57
Die Bussard-Pfeiltaube, eine von den «Bussard-Flugzeug-Werken GmbH.» verbesserte Harlan-Taube

Tabelle 1
Mieter am «alten Startplatz»,
Schuppen 1 bis 12

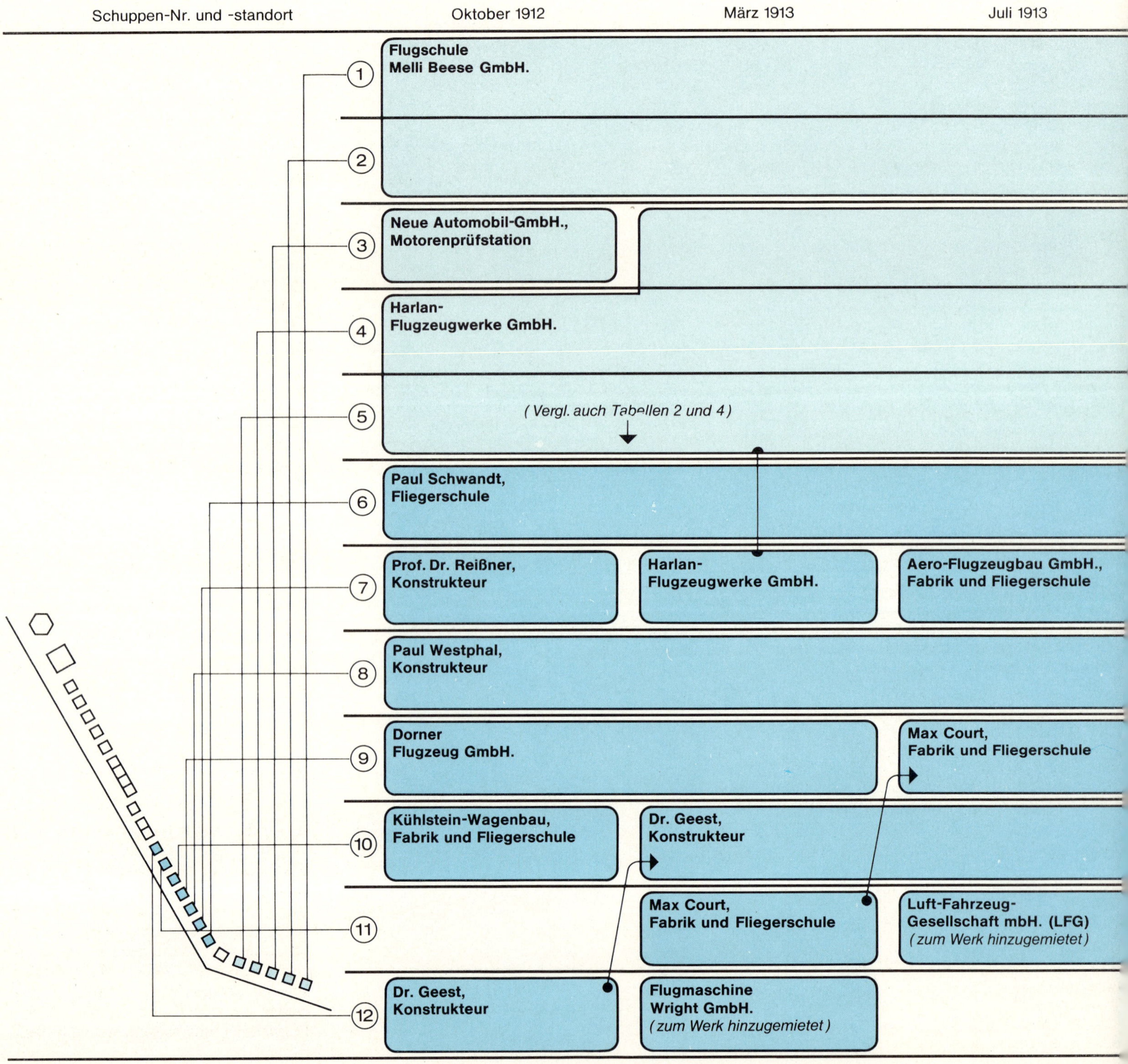

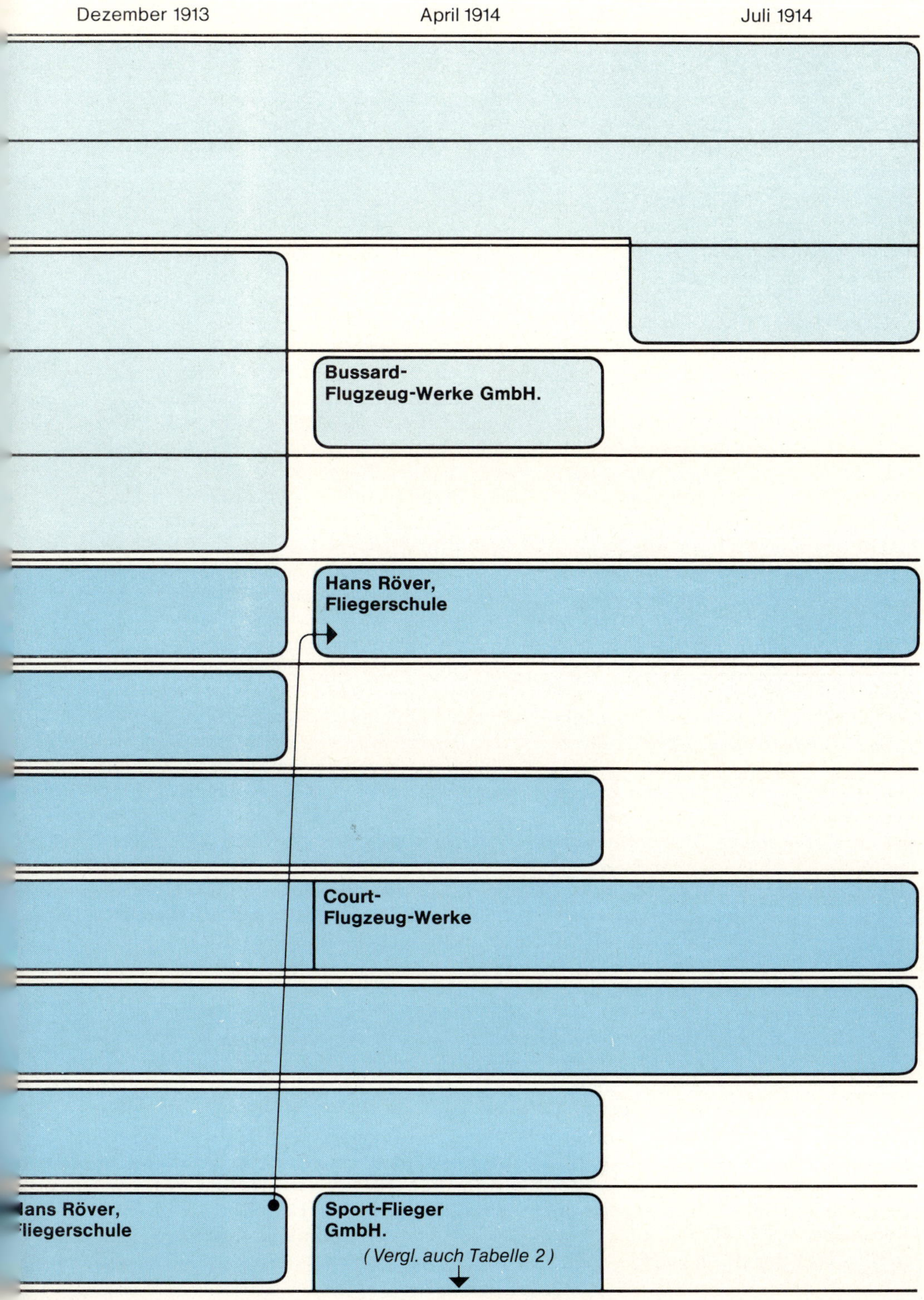

Paul Schwandt, Fliegerschule

Einen Stammplatz im Schuppen 6 hatte die «Paul Schwandt, Fliegerschule». Paul Schwandt, ein Ingenieur, lernte bei Hans Grade das Fliegen, in Bork, wo dieser mit dem Geld aus dem Lanz-Preis des Jahres 1909 und Einnahmen aus Schauflügen eine Sportflugzeugfabrik mit einer Fliegerschule eröffnet hatte. Am 20. Mai 1911 erwarb Schwandt die Flugzeugführererlaubnis Nr. 85. Zwei Wochen später nahm er bereits mit einem Grade-Eindecker (damals mit 12 000 Mark noch das billigste deutsche Flugzeug) an einer Johannisthaler Flugwoche teil und holte sich ein paar Preise in einer Gesamthöhe von rund 1 300 Mark. Auch an der folgenden Herbstflugwoche beteiligte er sich mit seinem Grade-Eindecker und erflog rund 1 500 Mark. Dann blieb er in Johannisthal, mietete seinen Schuppen und eine kleine Wohnung in der Friedrichstraße 41 (heute Winckelmannstraße), bildete Flugschüler aus, womit er sich über Wasser hielt, bis er im Jahre 1914 nach Magdeburg zog. Mit dem Flugzeugbau hat es Schwandt nie versucht. Sein Grade-Eindekker genügte ihm. Er war Flieger und blieb es, denn es langte immer nur zu relativ kleinen Flugpreisen, und Flugschülerandrang gab es in seiner kleinen Fliegerschule auch nie.

Hans Röver, Fliegerschule

Im Jahre 1914 zog in den Schuppen 6 die «Hans Röver, Fliegerschule» ein, die zuvor im Schuppen 12 ihr Quartier hatte. Es war ebenfalls ein Einmann-Betrieb. Auch Röver war Grade-Schüler und wie sein Johannisthaler Vorgänger im Schuppen 6, Paul Schwandt, gleichfalls Ingenieur. Seine Flugzeugführererlaubnis Nr. 56 hat er am 3. Februar 1911 erworben. Auch er kaufte sich einen Grade-Eindecker und nahm damit an Flugveranstaltungen teil. Bei der Johannisthaler Flugwoche im Juni 1911 belegte er sogar den zweiten Platz (Flugpreis: 3 290 Mark). Später aber merkte er, daß sein Eindecker anderen Flugzeugen beträchtlich unterlegen war. Während sein Schuppen-Vormieter dies auch bemerkt, sich aber damit begnügt und andere ausgebildet hatte, baute Röver ein eigenes Flugzeug, einen taubenähnlichen Eindecker mit rundem, zweisitzigem Sperrholzrumpf. Doch gelang ihm auch damit nicht der Vorstoß in die Gruppe der besten Flieger. So blieb er schließlich am Johannisthaler «alten Startplatz» und bildete bis zum Kriegsausbruch noch einige Flugschüler aus, bescheiden wie sein Vorgänger.

Prof. Dr. Reißner, Konstrukteur

Für den Schuppen Nr. 7 war im Jahre 1912 «Prof. Dr. Reißner, Konstrukteur» eingetragen. Hans Reißner hatte im Jahre 1909 an der Technischen Hochschule in Aachen einen Doppeldecker gebaut, mit dem er im April des gleichen Jahres einige kurze Flüge ausführte. Danach baute er seine «Wellblech-Ente», einen Eindecker nach der Entenbauart mit vorn liegendem Leitwerk und hinten befindlichen Tragflächen. Die Tragflächen waren von Professor Junkers in seiner Aachener Versuchswerkstatt aus Wellblech gebaut worden. Von dieser Ente wurden mehrere Muster hergestellt, die ersten mit unbespanntem Stahlrohrrumpf. Später wurde der Rumpf bespannt. Das Flugzeug wurde von dem Schweizer Flugzeugführer Robert Gsell eingeflogen, der auch für Reißner im Schuppen 7 als Pilot arbeitete, als die «Wellblech-Ente» in Johannisthal vorgeführt wurde. Die Ente Hans Reißners war nur für kurze Zeit in Johannisthal zu sehen. Noch bis zum Jahresende 1912 verließ sie den Flugplatz wieder.

Aero-Flugzeugbau GmbH.

Im Frühsommer 1913 hatte die «Aero-Flugzeugbau GmbH.» im Schuppen 7 eine Werkstatt und Fliegerschule eingerichtet. Hinter dieser anspruchsvollen Firmenbezeichnung verbarg sich der Dresdner Kunstmaler Hermann Reichelt. Sein Name war bereits im Herbst 1909 im Zusammenhang mit der ILA in Frankfurt (Main) bekannt geworden. Außer der Flugwoche für Motorflugzeuge hatten dort auch Gleitflugversuche stattgefunden. Reichelt hatte sich aus den Trümmern eines französischen Voisin-Flugapparates, die ihm August Euler großmütig überlassen hatte, ein Gleitflugzeug zusammengezimmert und sich damit sämtliche ersten und zweiten Preise für motorlose Flüge in einer Gesamthöhe von 3000 Mark geholt. Dadurch ermuntert, konstruierte er im Jahre 1910 in Dresden, finanziell unterstützt von der Dresdner Automobilfirma Gruhl, zwei Eindecker. Der erste Eindecker, eine einsitzige Blériot-Kopie, wurde mit einem 16-PS-Motorrad-Motor ausgerüstet, der von der Automobilfirma zur Verfügung gestellt worden war, die hoffte, über erfolgreiche Versuche Reichelts in das Flugmotorengeschäft zu kommen. Dieser Eindecker war aber nicht flugfähig. Reichelt baute sodann eine verbesserte Ausführung des Eindeckers, die mit einem 24-PS-Motor ausgestattet wurde. Aber auch damit gelangen keine Flüge. Danach ging Reichelt nach Leipzig-Lindenthal. Mit der dort im Jahre 1911 weiter verbesserten Eindeckerausführung, die mit einem 50-PS-Argus-Motor versehen wurde, gelangen kurze Flüge. Jetzt wagte er sich an seinen ersten Doppeldecker, bei dem er ebenfalls Konstruktionsteile eines bewährten Vorbildes kopierte – die Tragflächen mit dem Wright-Profil. Nach mehrmaligen Veränderungen gelangen ihm einige beachtliche Flüge, die aber an die Flugleistungen des Grade-Eindeckers, der in Leipzig-Lindenthal an der Fliegerschule des ehemaligen Grade-Schülers Oswald Kahnt geflogen wurde, nicht heranreichten. Reichelt war, was den Bau von Flugzeugen betraf, ganz und gar Pragmatiker. Da er den Grade-Eindecker, den er in Leipzig täglich vor Augen sah, mit einem Eigenbau nicht erreichen konnte, baute er drei Grade-Kopien und flog damit sehr gut.

Im Jahre 1912 kam Reichelt nach Johannisthal. Für kurze Zeit arbeitete er hier mit Melli Beese zusammen, dann, bis zum Frühjahr 1913, mit Allers senior, der auf dem «neuen Startplatz» die «Flugschule Aero» unterhielt. Dort war er als Fluglehrer tätig, obwohl er selbst noch keine Flugzeugführererlaubnis besaß. Diese, mit der Nr. 388, erwarb er erst am 26. April 1913. Er war der einzige Fluglehrer der Aero-Flugschule und mußte offenbar zu der Erkenntnis gelangt sein, daß er die Einnahmen aus der Flugschülerausbildung sinnvoller für sich selbst verbuchen könnte, als damit die Existenz von Allers senior und seiner Flugschule zu ermöglichen. Jedenfalls mietete er im Frühsommer 1913 den Schuppen 7 am «alten Startplatz» und gründete – wie schon viele vor ihm – einen Einmann-Betrieb mit einem großen Namen: die «Aero-Flugzeugbau GmbH.». Dort baute er erneut eine Kopie des Grade-Eindeckers, und zwar als Zweisitzer-Version. Die Tragflächen nahm er allerdings von einem anderen Flugzeugmuster – von der damals gern kopierten Taubenkonstruktion. Damit bildete er fortan Flugschüler aus. Schließlich kaufte er von Harlan einen Eindecker hinzu und vollbrachte damit im September 1913 mit einem aufsehenerregenden Überlandflug von Johannisthal bis in die Nähe von Paris über eine Strecke von 1025 Kilometern in einer Flugzeit von 5 Stunden und 11 Minuten eine Leistung, die bis dahin von keinem deutschen Flugzeugführer erreicht worden war. Dafür erhielt er einen ansehnlichen Preis aus Mitteln der «Nationalflugspende». Dies war kein Non-Stop-Flug und brauchte es auch nicht zu sein, weil die Bedingung für solche Flüge lautete, daß die Flugstrecke innerhalb von 24 Stunden bewältigt werden mußte. Also startete er am 7. September mit seinem Neffen Kurt Hähnel als Beobachter an Bord. (Auch das war typisch für die kleinen Betriebe der Flugzeugkonstrukteure, denn wenn der Flugbegleiter aus der Familie kam, brauchte er kaum entlohnt zu werden.) Sie flogen bis zum Fluggelände Wanne in Westfalen. Am nächsten Morgen flogen sie in aller Frühe weiter und kamen bis nach Pontault bei Varize, etwa 85 Kilometer von Paris entfernt. Damit war der deutsche Überlandflugrekord gemäß den damaligen Bedingungen in ihrem Besitz. Eine Woche später, am 16. September 1913, war Reichelts Rekord aber bereits von dem Johannisthaler Flugzeugführer Otto Stiefvatter (damals bei der «Emil Jeannin Flugzeugbau GmbH.» tätig) mit einer Überlandflugstrecke von 1150 Kilometern überboten worden. Daher rüstete Reichelt zu einem neuen Rekordflug, und zwar für den «Großen Preis der Nationalflugspende», der seit dem 15. September 1913 ausgeschrieben war. Diesmal ging es darum, den Überlandflugrekord mit einem Flug zwischen 0 Uhr und 24 Uhr *ohne* Zwischenlandung zu erringen. Für die größte Leistung, die bis zum 31. Oktober 1913 vollbracht wurde, sollte der ausgeschriebene erste Preis in Höhe von 60000 Mark vergeben werden (weitere

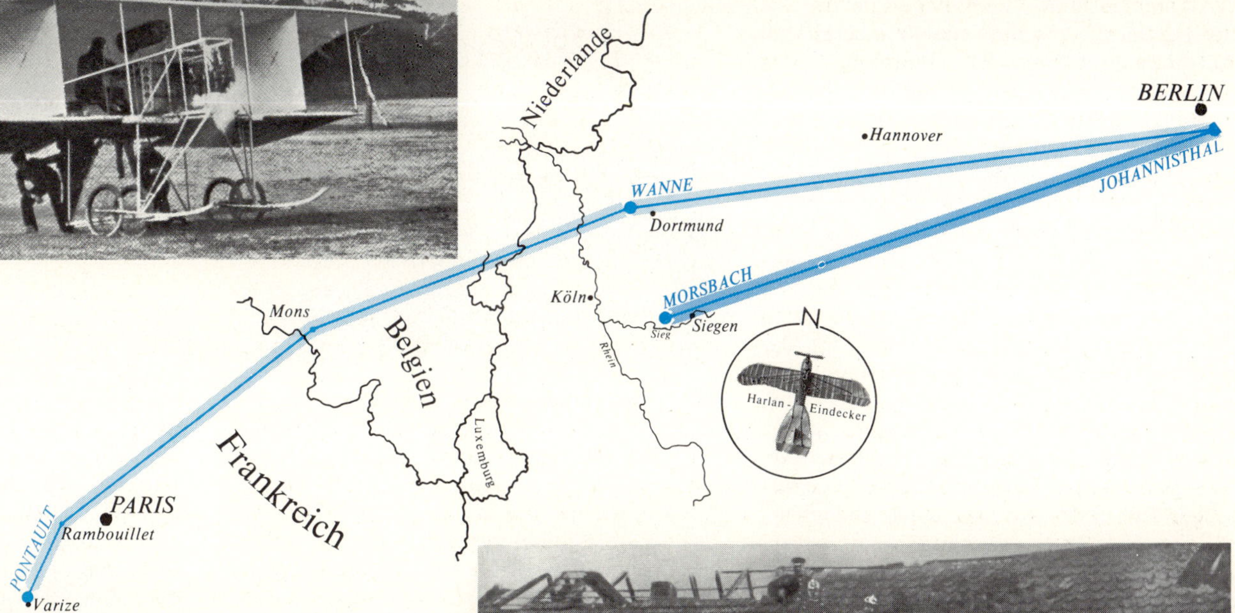

62
Die Flugrouten Hermann Reichelts und seines Neffen Kurt Hähnel

58
Die «Wellblech-Ente» von Prof. Dr. Reißner mit unbespanntem Stahlrohrrumpf war nach heutigen Konstruktionsvorstellungen ebenfalls ein umgedrehtes Flugzeug, denn das Leitwerk befand sich vorn, die Tragflächen hinten (links oben)

59
Der Reichelt-Doppeldecker (oben)

60
Reichelts Maschine am Morgen nach der nächtlichen Notlandung im Oktober 1913 auf dem zweiten Flug von Johannisthal nach Paris (rechts)

61
Der Eindecker Hermann Reichelts war eine Synthese aus dem Grade-Eindecker (Sitzanordnung und Steuerung) und der Taube (Tragflächen)

240 000 Mark waren gestaffelt für den zweiten bis sechsten Preis ausgesetzt).
Reichelt startet am 14. Oktober 1913 kurz nach Mitternacht in Johannisthal. Wieder mit seinem Neffen an Bord. Wieder in Richtung Paris, denn die Strecke kennt er schon. Wieder mit dem Harlan-Eindecker. In der Nähe des siegerländischen Morsbach, östlich von Köln, setzt plötzlich ein Zylinder seines 100-PS-Motors aus, dann noch einer. Eine Notlandung ist nicht zu umgehen – aber noch ist es Nacht. Um das Flugzeug herum – Finsternis. Reichelt vermindert die Flughöhe. In 800 Metern Höhe schaltet er die unter dem Flugzeug installierten Scheinwerfer ein. Im Niedergehen erkennt er mit Mühe einen Wald. Dann streift auch schon das Flugzeug die Baumwipfel auf einem Bergkamm, gleitet ins Tal hinab und schlägt auf das Dach eines

Bauernhauses – zum Schrecken der Bewohner, die auf diese ungewöhnliche Weise geweckt werden. Die beiden Flugzeuginsassen kommen ohne Verletzungen davon. Als der Tag anbricht, ist die Feuerwehr bereits bei Aufräumungsarbeiten. Das Flugzeug ist arg beschädigt, das Ziegeldach stellenweise abgedeckt, einige Dachsparren zerbrochen. Sonst ist nichts passiert.
Der Traum vom «Großen Preis» war ausgeträumt. Reichelt fuhr mit seinem Neffen und den Flugzeugresten per Bahn nach Johannisthal zurück. Dort baute er sein Flugzeug wieder zusammen, löste seinen Betrieb im Schuppen 7 auf und zog zurück nach Dresden. Dort liierte er sich erneut mit der Automobilfirma Gruhl und gründete zum Jahresbeginn 1914 die «Aero GmbH.». Über dem Fluggelände Kaditz bei Dresden stürzte der tapfere Flieger Hermann Reichelt am 10. April 1914 bei Flugvorführungen vor den Augen Tausender von Zuschauern tödlich ab, als sein alter Harlan-Eindecker im Kurvenflug auseinanderbrach.

Paul Westphal, Konstrukteur

Paul Westphal hatte in Johannisthal als Stammplatz den Schuppen 8 gemietet. Seit dem Jahre 1911 baute er dort, stellte im Jahre 1912 einen flugfähigen Eindecker fertig, konstruierte weiter und stellte im Jahre 1914 einen zweisitzigen Eindecker mit Taubenflächen vor, für dessen Erprobung ihm kostenlos ein 100-PS-Daimler-Motor zur Verfügung gestellt worden war. Am 3. März 1914 erreichte dieses Flugzeug mit einem Piloten und Fluggast sowie zusätzlichen 300 Kilogramm Nutzlast in knapp 8 Minuten eine Höhe von 1000 Metern und bestand damit die militärische Abnahmeprüfung. Jedoch wurde das Flugzeug von der Heeresverwaltung nicht angekauft. Westphal gab daher im Frühjahr 1914 seine Werkstatt im Schuppen 8 auf und ging als Flugzeugkonstrukteur zu den «Kondor-Flugzeugwerken» nach Essen.

Kühlstein-Wagenbau, Fabrik und Fliegerschule

Für kurze Zeit war im Schuppen 10 die Werkstatt der «Kühlstein-Wagenbau, Fabrik und Fliegerschule» untergebracht, einer damals namhaften Wagen- und Karosseriefabrik in Charlottenburg, die auch im Flugzeugbau mit Gewinn investieren wollte. Die Firma beauftragte Max Court mit der Konstruktion eines Eindeckers. Es entstand im Jahre 1911 ein Torpedo-Eindecker, der seinen Namen

wegen seines verkleideten torpedoähnlichen Holzrumpfes erhielt und als «Kühlstein-Torpedo-Eindecker» bekannt wurde. Dieses Flugzeug war zuerst mit einem 55-PS-Argus-Motor, später mit einem 100-PS-Daimler-Motor ausgestattet, der fast gänzlich vorn im Rumpf eingebaut war. Dies brachte zu jener Zeit noch erhebliche Schwierigkeiten für die Kühlung des Motors im Fluge mit sich, daher mußten verschiedene Kühleranordnungen erprobt werden, die aber nie restlos befriedigten.
Seit August des Jahres 1912 wird der Flugzeugtyp vom Kühlstein-Werkpiloten Ernst Alig geflogen. Er nimmt damit an der Johannisthaler Herbstflugwoche des Jahres 1912 teil. Aber wieder treten Schwierigkeiten mit der Motorkühlung auf. Am letzten Tag der Flugwoche gerät plötzlich der Motorvergaser in Brand, als das Flugzeug über die beiden Luftschiffhallen hinwegfliegt. Alig steuert reaktionsschnell eine scharfe Kurve, in der Absicht, sofort zu landen. Dabei bricht ein Bolzen und eine Tragfläche klappt hoch. Alig stürzt in etwa 150 Metern Höhe aus dem Flugzeug und schlägt auf der Erde auf. Sein Monteur Karl Liebau, der mitflog, wird wenig später ebenfalls tot aus den Flugzeugtrümmern hervorgezogen. Mit verkohlten Gliedmaßen.
Nach dieser Katastrophe gab der Kühlstein-Wagenbau weitere Versuche mit Flugzeugen auf und verließ Johannisthal.

Max Court, Fabrik und Fliegerschule

Court-Flugzeug-Werke

Max Court aber glaubte an seine Torpedo-Eindecker-Konstruktion. Er gründete im Schuppen 11 die «Max Court, Fabrik und Fliegerschule», die im Frühsommer des Jahres 1913 in den Schuppen 9 umzog. An dem Torpedo-Eindecker experimentierte er weiter. Am 26. September 1913 war es wieder so weit. Felix Schulz, der als kühner Pilot galt, sollte den Erstflug der neugebauten Maschine übernehmen. Was dann geschah, entnehmen wir dem Bericht eines Augenzeugen, der zu jener Zeit Schüler der Jeannin-Fliegerschule war und vom «neuen Startplatz» aus das Geschehen beobachtete: «Der Konstrukteur der Maschine, Max Court, hatte ein für damals unerhört schnittiges Flugzeug geschaffen ... Der 100-PS-Sechszylinder-Mercedes ist fast ganz von dem torpedoförmigen Rumpf verkleidet; die mit je vier Kabeln verspannten Flächen haben starke V-Form ... Auf den Flügelrippen geben rote Stoffstreifen einen lebhaften Kontrast zu dem glänzenden Flügellack: ein kilometerfressender, eleganter Apparat, der wegen seiner hohen Geschwindigkeit – die Tauben flogen meist nur 90 km/h bis 100 km/h – einen schneidigen Piloten verlangt.
Nach dem Warmlaufen des Motors rollt der Eindecker ..., gebannt verfolgen wir jede Bewegung des auf uns zu startenden Flugzeugs! Mit kräftigem Motorengebrumm nimmt die Geschwindigkeit rasch zu; schneller als jedes andere Flugzeug rollt der horizontale Rumpf an! Langsam tastend hebt sich der Apparat vom Boden, um dann in 15 m Höhe mit toller Fahrt – ich schätze sie auf weit über 150 km/h – über den Flugplatz zu rasen ..., jetzt fegt die Maschine genau über uns, wobei die Schräglage zugenommen hat. Ohne den Motor zu drosseln, immer noch in gleicher Kurvenlage, scheint die Maschine ... langsam an Höhe zu verlieren, etwa wie im Gleitflug, als ... der linke Flügel zwischen der äußeren Verspannung lautlos nach oben

63
Der Westphal-Eindecker von 1914 (Seite 50) mit Taubenflächen und 100-PS-Daimler-Motor

64
Von Max Court konstruierter Torpedo-Eindecker (links)

65
Court-Eindecker mit Taubenflächen

66
Geest-Möwe mit leicht gewölbten Tragflächen (unten)

durchbricht, was in der nächsten Sekunde auch bei der rechten Tragfläche passiert ... Mit vollaufendem Motor kracht jetzt das zerborstene Flugzeug schräg abwärts auf die Grasnarbe. Das bekannte Geräusch zersplitternden Holzes, berstender Leinwand, knallender Drähte bildet mit dem plötzlichen Verstummen des Motorgeräusches den Schlußakkord zu diesem unvergeßlich-grausigen Erlebnis. – Wie wir ... mit ausgepumpten Lungen an die Aufschlagstelle kommen, sehen wir Felix Schulz, äußerlich fast unverletzt, langgestreckt am Boden liegen, neben ihm die zersplitterte Maschine.»

Das war im Verlaufe des Jahres der zweite Absturz eines von Court konstruierten Torpedo-Eindeckers mit insgesamt drei Toten. Dies zeigt zugleich, welches unerhörte Risiko jene Flugzeugführer eingingen, die sich, um damit Geld zu verdienen, zum Einfliegen neuer Konstruktionen bereit fanden.

Max Court blieb im Schuppen 9. Er führte seine Werkstatt unter dem geänderten Firmennamen «Court-Flugzeug-Werke» bis zum Kriegsausbruch weiter. In dieser Zeit entstand ein weiteres Flugzeugmuster, das aber keine Eigenkonstruktion mehr war, sondern eine Kopie des französischen Morane-Saulnier-Eindeckers mit Tauben-Tragflächen und einem Gnôme-Motor aus Frankreich.

Dr. Geest, Konstrukteur

Im Schuppen 12, ab Frühjahr 1913 im Schuppen 10, war der Konstrukteur Dr. Waldemar Geest zu finden. Er war, wie viele andere am «alten Startplatz», ein Laienkonstrukteur. Bevor es ihn zum Flugzeugbau zog, war er Arzt in Rathenow. Seine Konstruktionen – die er wegen mangelnder eigener Fachkenntnisse immer von anderen bauen lassen mußte – waren auf den ersten Blick von allen ande-

Tabelle 2
Mieter am «alten Startplatz»,
Schuppen 13 bis 24

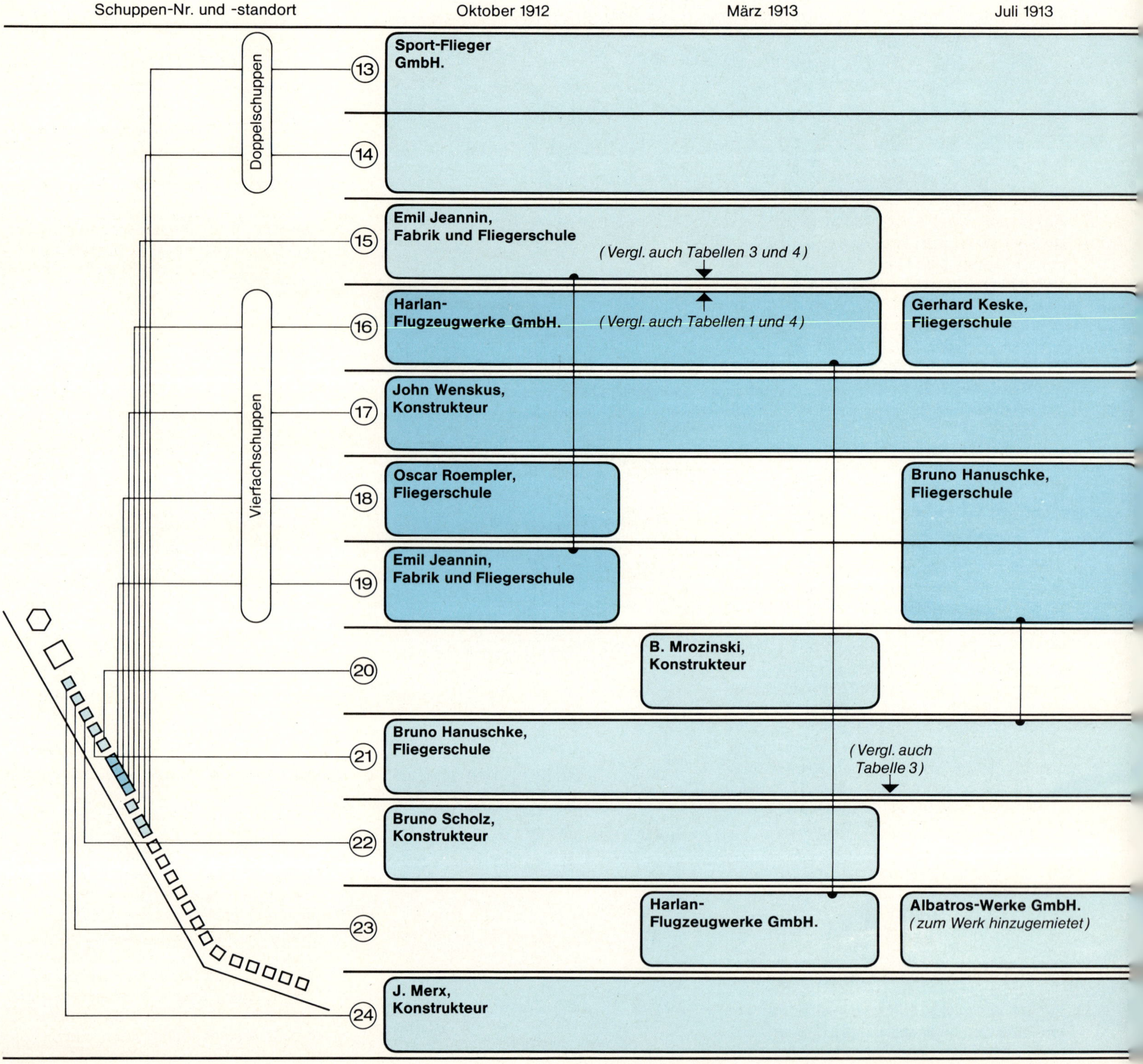

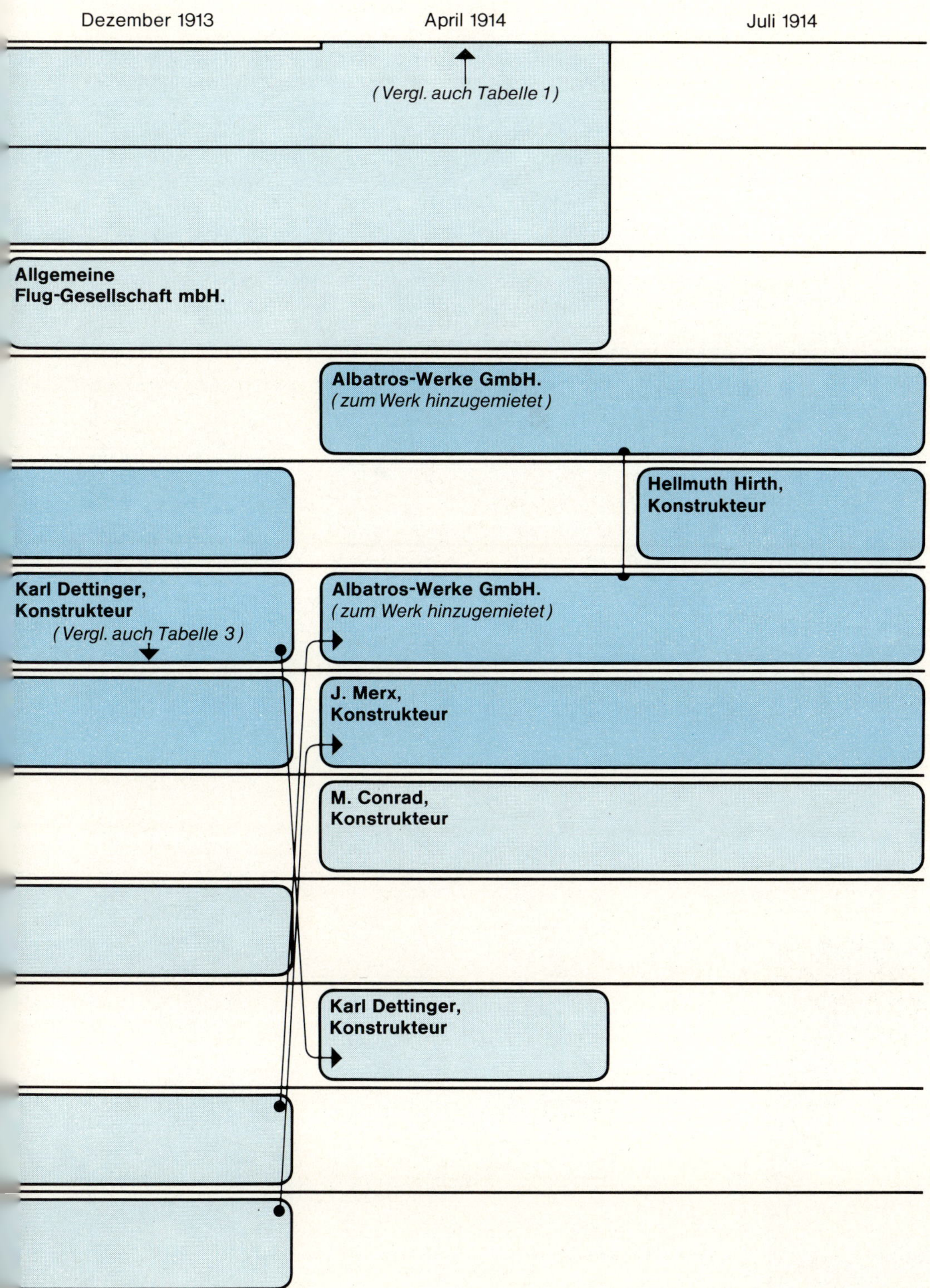

ren zu unterscheiden, denn sie hatten mehr oder weniger stark gewölbte Tragflächen, wie Möwen im Fluge. Daher wurden seine Flugzeuge als «Geest-Möwen» bekannt.
Für seinen ersten Eindecker, die «Möwe 1», hatte er die Einzelteile bei einem Stellmacher anfertigen lassen. Damit unternahm er im Jahre 1910 Flugversuche auf dem Rathenower Reitplatz, bevor er im Jahre 1911 nach Johannisthal kam und bei der «Luft-Verkehrs-Gesellschaft A.G.» (LVG) seine «Möwe 2» bauen ließ. Unter der Mitwirkung Paul Westphals verbesserte er die Möwe ständig weiter. Sie zeichnete sich, auch bei starkem Wind, durch ihre besonders ruhige Fluglage aus. Das zeigte sich besonders auffällig am ersten Tag der Johannisthaler Frühjahrsflugwoche im Jahre 1913. Es war ein sehr stürmischer Tag, an dem sich nur zwei Piloten in die Luft wagten und ohne Zwischenfälle ihre Flüge ausführten: Bruno Hanuschke mit seinem Eindecker und der damals von Dr. Geest engagierte Flugzeugführer Albert Colombo auf der «Möwe 4». Dieser «Sturmflug»-Erfolg bewirkte, daß viele Interessenten darum ersuchten, auf einer Möwe ausgebildet zu werden, denn es war nunmehr erwiesen, daß dies ein sicheres Flugzeug war. Dr. Geest konnte dadurch zeitweilig mit seinen Konstruktionen eine kleine Fliegerschule unterhalten und mit den Einnahmen aus den Fliegerschulen weitere Experimente finanzieren. Im Jahre 1913 wurde Dr. Geest als einziger Einzelkonstrukteur aus Mitteln der «Nationalflugspende» mit 35000 Mark unterstützt. Er finanzierte davon den Bau der «Möwe 6», deren Tragflächen eine Synthese der Möwen- und der Taubenkonstruktion waren. Den Bau übernahm die «Richard Goetze KG», die zu jener Zeit eine Flugzeugbauwerkstatt in Treptow, nach dem Beginn des ersten Weltkrieges eine Fabrik in Johannisthal unterhielt. Von der «Möwe 6» wurden mehrere Exemplare gebaut und von der Heeresverwaltung angekauft. Die Möwe war während des Krieges mehrere Jahre auf dem Flugplatz Johannisthal und anderenorts als Schulflugzeug für die Ausbildung von Heeres- und Marineflugschülern eingesetzt. Während des ersten Weltkrieges konstruierte Dr. Geest eine «Doppel-Möwe», das heißt einen Doppeldecker mit möwenartig leicht geschwungenen Tragflächen, und zwar als Jagdeinsitzer. Er ließ das Flugzeug im Jahre 1916 von der «Automobil & Aviatik A.G.» bauen. Doch blieb es bei diesem einen Exemplar, weil sich die Heeresverwaltung an einem Ankauf nicht interessiert zeigte, obwohl das Flugzeug bei seiner Abnahme vor

einer Heereskommission beachtenswerte Leistungen erreichte: Höhe von 3500 m in 17,5 min; Geschwindigkeit 160 km/h. Das blieb Dr. Geests letztes Motor-Flugzeug.

*

Die »Luft-Fahrzeug-Gesellschaft mbH.« (LFG), die seit dem Sommer 1913 ein Jahr lang den Schuppen 11 gemietet hatte, wollen wir hier auslassen, weil wir sie näher betrachten, wenn wir uns die Johannisthaler Flugzeugfabriken ansehen. Das Gleiche gilt für die «Flugmaschine Wright GmbH.», die im Frühjahr 1913 den Schuppen 12 zu ihrem Werk hinzugemietet hatte, und für die «Albatros-Werke GmbH.», die im Jahre 1913 für einen, im Jahre 1914 für zwei Schuppen als Mieter am «alten Startplatz» eingetragen war.

Sport-Flieger GmbH.

In den Schuppen 13 und 14 war die «Sport-Flieger GmbH.» etabliert, die Flugschüler ausbildete und angestellte Piloten als Sportflieger zu Flugsportwettbewerben schickte. Eigene Konstruktionen sind nicht bekannt geworden, aber ab 1912 übernahm die GmbH. die Alleinvertretung für den Vertrieb der Original-Etrich-Taube in Deutschland. Das hatte folgenden Grund:

Der Österreicher Igo Etrich hatte eine Flugzeugkonstruktion entwickelt, die mit einer fliegenden Taube vergleichbar war. Für die ersten konstruktiven Schritte hatte er eine Anregung des Hamburger Professors Friedrich Ahlborn aufgegriffen, die dieser in seiner Schrift «Über die Stabilität der Flugapparate» im Jahre 1897 veröffentlicht hatte. Ahlborn hatte nämlich entdeckt, daß die Natur in den Flugsamen von Planzen gleichsam Modelle geschaffen hat, die sich durch beachtliche Flugeigenschaften auszeichnen. Unter anderem wies er auf den Samen eines javanischen palmenartigen Baumes (Zanonia macrocarpa) hin und schilderte seine vorzügliche Flugstabilität. Etrich und sein Ingenieur Franz Wels fuhren zu Ahlborn, sagten ihm, daß sie versuchen wollten, nach dem Vorbild des Zanoniasamens einen Flugapparat zu bauen, nahmen ein paar Samenkörner mit und gingen ans Werk. Zuerst erprobten sie ein Modell, dann bauten sie im Jahre 1904 ein Gleitflugzeug nach der Zanoniaform und waren von der Flugstabilität dieses Apparates hellauf begeistert. Im Jahre 1906 war ein Zanonia-Gleiter mit zwölf Metern Spannweite fertig. Der Versuch, daraus ein Motorflugzeug zu entwickeln, brachte viele Mißerfolge, bis im Jahre 1910 Etrichs Werkmeister Illner immer bessere Flüge gelangen.

Der damalige Direktor der «Austro-Daimler-

67
Der Samen Zanonia macrocarpa, der zum Ausgangspunkt eines Patentstreits zwischen Ahlborn und Etrich wurde, trägt die neuere botanische Bezeichnung Macrozanonia macrocarpa. Der Samen ist eiförmig, hellbraun, etwa 3,5 cm lang und 2,5 cm breit, bis 2 mm dick, eingelagert in einen weißlich glänzenden transparenten Flügel, der an der Vorderkante breit gerundet und an den Flügelspitzen stumpf abgerundet ist. Der federleichte Flügel ist etwa 5 cm breit und bis 16 cm lang. Diese Flugsamen der tropischen Pflanze wachsen in großer Anzahl in einer 25 bis 30 cm dicken, halbkugligen, glatten, braunen Frucht. Einige Exemplare dieses Samens werden im Bereich Botanik und Arboretum des Museums für Naturkunde an der Humboldt-Universität zu Berlin in Berlin-Baumschulenweg aufbewahrt

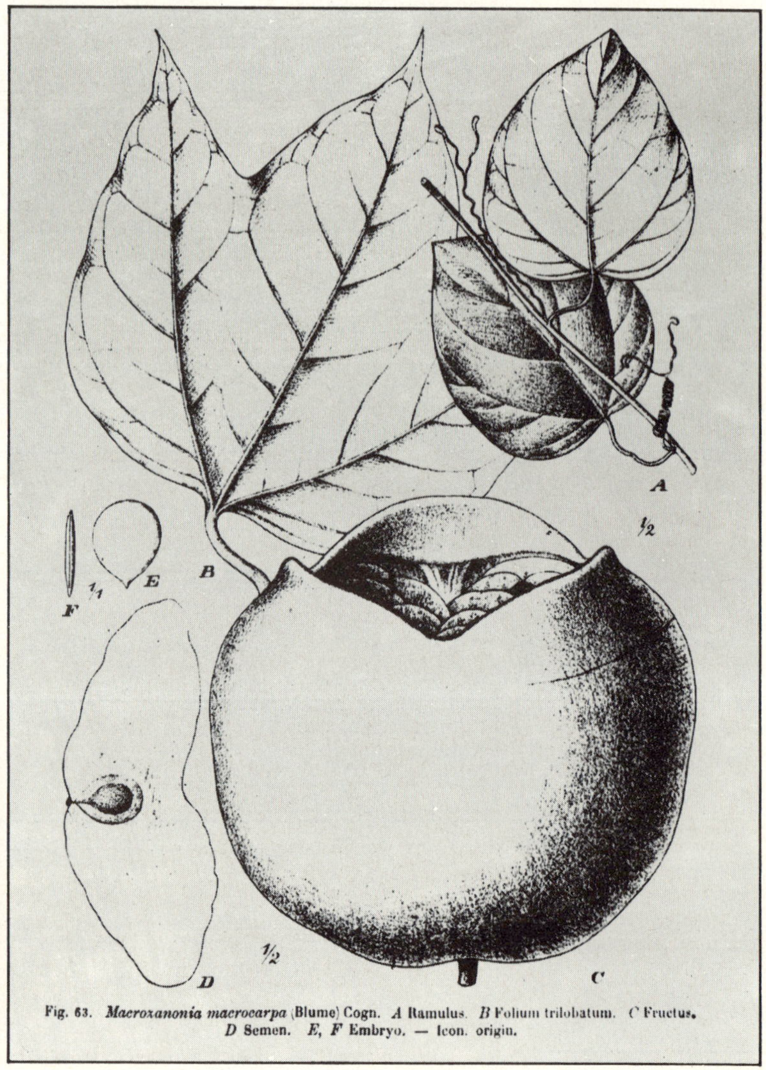

68
Der Zanonia-Samen, dessen hervorragende Flugeigenschaften Prof. Ahlborn entdeckt hatte und daraus Patentrechte an der Etrich-Taube ableitete (unten)

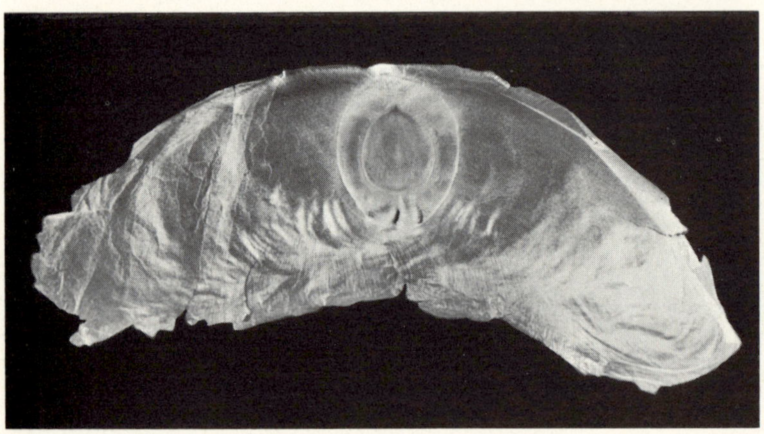

Werke» in Wiener-Neustadt, Dr.-Ing. Ferdinand Porsche, konstruierte auf Etrichs Wunsch einen 60-PS-Flugmotor, der in die inzwischen als «Taube» bekannt gewordene Konstruktion eingebaut wurde. Mit der auf diese Weise ausgerüsteten Maschine gewann Illner bei der Internationalen Flugwoche in Wiener-Neustadt fast alle Preise. Der gute Ruf der «Etrich-Taube» war damit begründet und verbreitete sich rasch.

Der erfolglose Berliner Flugzeugkonstrukteur Edmund Rumpler beeilte sich daraufhin, Etrich in Wien zu besuchen, um von ihm einen Lizenzvertrag für die Nachbaurechte in Deutschland zu erlangen. Der Vertragsabschluß kam im Jahre 1910 zustande, und Rumpler begann in Johannisthal sogleich mit dem Bau der «Etrich-Rumpler-Taube». Anfang Oktober 1910, zur «Nationalen Flugwoche», sollte das erste Muster fliegen. Diese Maschine wurde zwar rechtzeitig fertiggestellt, war aber noch nicht flugfähig, weil Rumpler, der ein so hervorragendes Flugzeug nachbauen durfte, die erste öffentliche Vorführung der Taube in der deutschen Öffentlichkeit völlig verdarb. Er war nämlich außer seiner mangelnden Eignung zur Konstruktion von Flugzeugen auch ein unfähiger Flugmotorenkonstrukteur. Und ausgerechnet in den ersten Lizenzbau der Taube hatte er einen selbstkonstruierten «Aeolus»-Motor eingebaut, der sich als sehr unzuverlässig erwies. Da wandte sich Rumpler an Etrich um Hilfe. Dieser sandte seinen Werkmeister Illner mit einer Original-Etrich-Taube nach Johannisthal, der es gerade noch schaffte, am letzten Tag der Flugwoche, am 16. Oktober 1910, die Taube vorzuführen und Rumpler, der eine Taube im Fluge lange vorher angekündigt hatte, aus einer argen Verlegenheit zu helfen. Die Vorführung Illners wurde ein herausragender Erfolg und löste helle Begeisterung für dieses Flugzeug aus. «Von Stund an», so schrieb man später über den Eindruck, den das Flugzeug hinterließ, «war die Taube der erklärte Liebling des großen Publikums, der Militärbehörden, Schüler und vieler, vieler Flieger.» Ein Ruhm, der Rumpler in der Folgezeit profitable Vorteile verschaffte.

Zunächst glaubte aber Rumpler immer noch, daß sein wassergekühlter achtzylindriger «Aeolus»-Motor ein brauchbarer Flugmotor sei. Er ging noch einmal das Risiko ein, bat Illner, noch zwei Wochen zu bleiben, und meldete die in seiner Werkstatt gebaute «Etrich-Rumpler-Taube» mit dem selbstkonstruierten Motor zum «Überlandflug Bork-Johannisthal» an, der vom 28. bis 30. Oktober 1910 stattfand. Damit organisierte er sich in seiner Kurzsichtigkeit doch noch eine Blamage, denn Illner mochte sich mühen, wie er wollte – der Motor wurde davon nicht zuverlässiger. So wurde dann in der Ergebnisliste dieses Flugwettbewerbs vermerkt: «Gemeldet, aber nicht gestartet: Karl Illner (Etrich-Rumpler-Eindecker).»

Rumpler ließ sich nun noch einmal von Etrich unterstützen. Er schickte Hellmuth Hirth im Januar 1911 nach Wiener-Neustadt und ließ ihn dort auf der Etrich-Taube zum Flugzeugführer ausbilden. Nach seiner Rückkehr erwarb Hirth am 27. März 1911 die deutsche Flugzeugführererlaubnis Nr. 79. Er avancierte zum Star der Rumpler-Werke, wo man inzwischen begonnen hatte, auf den Rumpf der Flugzeuge nur noch «E.-Rumpler-Taube» zu malen, denn nachdem Hirth ausgebildet war, hatte Rumpler davon erfahren, daß Ahlborn plötzlich auf das Patent der «Etrich-Taube» Ansprüche anmeldete, obwohl er außer dem Hinweis auf die Flugstabilität des Zanoniasamens keinen konstruktiven oder praktischen Beitrag zur Entwicklung des Flugzeuges geleistet hatte. Ahlborn betrachtete sich plötzlich als geistigen Vater dieses Flugzeugtyps und behauptete öffentlich, daß Etrich ihm seinerzeit finanzielle Beteiligung zugesagt hätte.

Zwar ist bis heute unklar geblieben, wofür Ahlborn eigentlich beteiligt werden wollte, denn daß er allgemein auf die mögliche Verwendbarkeit des Naturvorbildes ‹Zanoniasamen› für einen Gleitflugapparat hinwies – um den es sich bei der «Etrich-Taube» längst nicht mehr handelte –, ist zwar eine anerkennenswerte wissenschaftliche Leistung, aber noch keine patentrechtliche. Rumpler jedoch nahm das zum fadenscheinigen Vorwand, die Zahlung der Lizenzgebühren an Etrich kurzerhand einzustellen. Und zwar von jenem Tage an, als Etrich die Ausbildung Hellmuth Hirths erfolgreich beendet hatte. In einer späteren Veröffentlichung über die Entwicklung seiner inzwischen mächtigen Flugzeugfabrik behauptete Rumpler in der Darstellungsweise eines Außenstehenden: «Im Jahre 1910 nahm Rumpler, nachdem er durch Professor Ahlborn ebenfalls auf die vorzüglichen Flugeigenschaften hingewiesen worden war, den Bau der Rumpler-Tauben auf. Sie haben in den Rumpler-Werken die Form erhalten, in der sie einen unerhörten Siegeszug antraten. Es konnte nicht ausbleiben, daß die Firma, die nun im Besitz einer so vortrefflichen Flugzeugkonstruktion war, mit Aufträgen stark überhäuft wurde.» Er stellte also sein glänzendes Geschäft mit der Taube

69
Der nach dem Vorbild des Zanonia-Samens von Igo Etrich und seinem Ingenieur Franz Wels gebaute «Zanonia-Gleiter» mit einer Spannweite von zwölf Metern

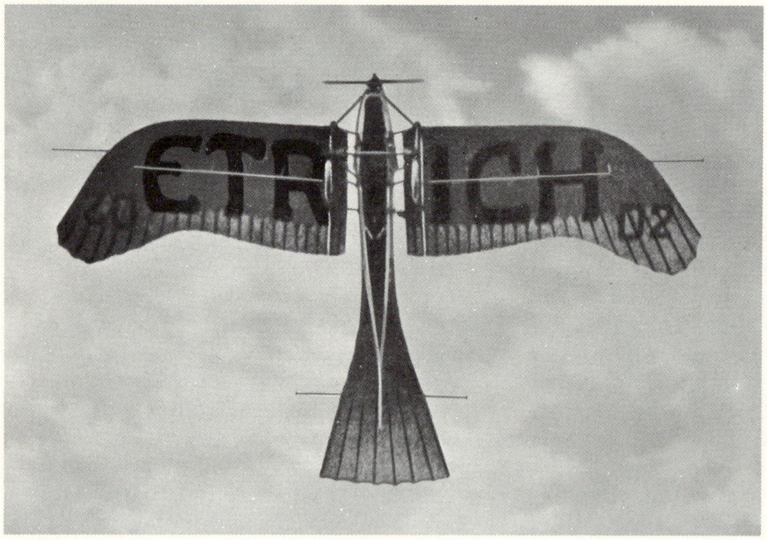

70
Drei Ansichten der «Taube», Originalkonstruktion des Österreichers Igo Etrich

71
Inserat vom Mai 1913

als Ergebnis seiner eigenen Konstruktionsleistung hin und versuchte nachträglich vergessen zu machen, daß der Erfolg ein Ergebnis seiner skrupellosen Geschäftspraktiken war.
Darüber wird bei der näheren Betrachtung der Rumpler-Werke noch mehr zu sagen sein. Hier aber muß folgendes hinzugefügt werden, um klarzumachen, wie dies alles mit der «Sport-Flieger GmbH.» am «alten Startplatz» zusammenhängt: Als Rumpler den Nachbau der «Etrich-Taube» zum Wettbewerb um den «Kathreiner-Preis» im Juni 1911 anmeldete und seinen Chefpiloten Hellmuth Hirth benannte – der den ausgesetzten Preis in Höhe von 50000 Mark auch erflog, wovon Rumpler als der Besitzer des eingesetzten Flugzeuges zwei Drittel einsteckte –, da stand auf dem Flugzeugrumpf nur noch zu lesen: «Rumpler-Taube».
Etrichs Name wurde also aus der Flugzeugbezeichnung fortgelassen, und, so schrieb Igo Etrich in einem Bericht: «Die sogenannte Rumpler-Taube war fertig! Da Rumpler nicht davon abzubringen war, meinen Namen als den des Konstrukteurs der Original-Taube zu verschweigen» und Rumpler, wie schon erwähnt, seine finanziellen Verpflichtungen aus dem abgeschlossenen Vertrag ohnehin nicht einhielt, »löste ich den Lizenzvertrag und zog

meine deutsche Patentanmeldung zurück. Da somit die Taube nicht mehr geschützt war, begannen mehrere deutsche Flugzeugfirmen meine Taube zu kopieren.»
Aber Etrich tat noch mehr. Um mit der Taube, die Rumpler baute, in Konkurrenz zu treten, übertrug er die alleinigen deutschen Vertriebsrechte für die «Original-Etrich-Taube», die er weiterhin baute und verbesserte, an eine andere Firma in Johannisthal, eben an die «Sport-Flieger GmbH.» am «alten Startplatz».
Die kleine «Sport-Flieger GmbH.» existierte zwar zunächst nicht schlecht von diesem Alleinvertriebsrecht, sie schulte auch nur noch auf «Etrich-Tauben» und schickte ihre Flugzeugführer mit diesem Flugzeugmuster in Flugwettbewerbe, aber Rumpler konnte sie das Wasser nicht abgraben. Dieser hatte nämlich recht stabile Verbindungen zu einflußreichen Militärkreisen geschaffen und konnte einen bedeutend größeren Werbeaufwand betreiben als alle vom «alten Startplatz» zusammengenommen. Im Frühsommer 1914 gab die «Sport-Flieger GmbH.» in Johannisthal auf.

*

Im Schuppen 15 war zeitweise die Werkstatt von Emil Jeannin und die der «Allgemeinen Flug-Gesellschaft mbH.» (AFG) untergebracht. Beide betrachten wir zweckmäßigerweise im nächsten Kapitel, im Zusammenhang mit dem «neuen Startplatz», wo sie ihren Hauptsitz hatten.

Gerhard Keske, Fliegerschule

Im Sommer 1913 mietete Gerhard Keske, der am 13. November 1912 in Johannisthal die Flugzeugführererlaubnis Nr. 325 erworben und sich seither vergeblich um eine Anstellung bemüht hatte, den Schuppen 16 und hängte eine Tafel aus, die besagte, daß hier nunmehr seine Fliegerschule eröffnet worden sei. Aber dieser Einmannbetrieb war eine Eintagsfliege, denn schon ein halbes Jahr später fand man ihn in der Mieterliste nicht mehr. Es kamen keine Schüler, und so waren die Ausgaben höher als die Einnahmen. Deshalb gab er den Schuppen bald wieder auf und verdingte sich, wie viele andere Flugzeugführer, die in Johannisthal oder in anderen nahegelegenen Vororten Berlins ein Zimmer gemietet hatten und Arbeit suchten, für gelegentliche Erprobungs- oder Überführungsflüge von Flugzeugen. Im Jahre 1914 fand er zeitweilig eine Anstellung als Fluglehrer in der Johannisthaler «Centrale für Aviatik».

John Wenskus, Konstrukteur

Wie viele andere am «alten Startplatz» war John Wenskus ein Einzelkonstrukteur. Er hatte den Schuppen 17 gemietet. Im Jahre 1911 begann er einen zierlichen Eindecker zu bauen, den er mit einem 35-PS-Motor eigener Konstruktion ausrüstete, dem er den Namen «Volt-Motor» gab. 1911 und 1912 gelangen damit mehrere erfolgreiche Flüge. Seinen Schuppen behielt er bis zum Ende des Jahres 1913.

Hellmuth Hirth, Konstrukteur

In den Wenskus-Schuppen zog in den letzten Monaten vor dem ersten Weltkrieg der erste Chefpilot der Rumpler-Werke und spätere Fliegerstar auf allen deutschen und vielen ausländischen Flugplätzen ein.
Hellmuth Hirth stammte aus begütertem Haus. Als er zwölf Jahre alt war, kaufte ihm sein Vater, Besitzer mehrerer Fabriken, eines der ersten Motordreiräder. Als 13jähriger erhielt er ein offenes Vierradautomobil «zum Einfahren», wie man sagte, weil man dies nicht mehr als Spielzeug bezeichnen wollte. Dann erlernte er den Mechanikerberuf. Als 17jähriger reiste er nach New York und arbeitete zuerst in der «Singer-Nähmaschinenfabrik» als Akkordarbeiter und in der Folgezeit in mehreren anderen amerikanischen Fabriken, reiste mit einem Schiff nach Westindien und Jamaica, kam nach New York zurück und fuhr Autorennen, ging auf Jagd in den Wäldern Brasiliens, übernahm schließlich die Leitung einer Chemie-Fabrik in Philadelphia, und, wie er in seinen späteren Erinnerungen schrieb, «verdiente dort sehr viel Geld». Im Jahre 1904 kehrte er zu seinen Eltern in Deutschland zurück, siedelte mit ihnen bald danach nach England über und hörte dort zum ersten Mal etwas vom Fliegen.
Hirths Vater, der sich in der Geschäftswelt auskannte, brachte ihn mit August Euler in Verbindung, als dieser gerade die Nachbaurechte des französischen Voisin-Flugapparates für Deutschland übernommen hatte und eine Flugzeugfabrik mit Fliegerschule bei Darmstadt einrichten wollte. Aber von Euler trennte sich Hirth im Herbst 1909, weil dieser, der sich auf die Flugwoche der ILA in Frankfurt (Main) vorbereitete, «alle Versuche selbst übernahm, so daß mein eigentlicher Drang und auch mein ursprünglicher Lehrzweck bei August Euler unbefriedigt blieb», wie Hirth später schrieb. Auf der ILA-Flugwoche sah er aber Blériot fliegen, der gerade von der Eröffnungsflugwoche in Johannisthal gekommen war. Da beschloß er, eigene Flugversuche zu unternehmen. Er baute in der Fabrik seines Vaters in Cannstatt eine originalgetreue Kopie des Blériot-Flugzeuges und probierte sie im Jahre 1910 mit verschiedenen Motoren aus. Doch ohne Erfolg.
Lesen wir in seinen Erinnerungen, wie es zunächst weiterging: «Bald erkannte ich jedoch, daß die ganze Sache nicht so einfach sei, und daß es mich viel Zeit und Geld kosten würde, sie selbst durchzuführen. Ich entschloß mich daher kurzer Hand, meine Versuche abzubrechen und in irgendeiner bestehenden Flugzeugfabrik als Konstrukteur oder Flieger eine Stellung anzunehmen. Ich hörte vom Etrich-Eindecker in Wiener-Neustadt, fuhr dorthin, und wie ich den Apparat zum ersten Mal in der Luft sah, gesteuert von Illner, war für mich klar, daß es bis zum damaligen Tag kein Flugzeug in der Welt gäbe, das so entwicklungsfähig wäre wie dieser Eindecker und ihm an Schönheit und Stabilität gleichkäme. Etrich sagte mir, daß er mir die Vertretung für Deutschland nicht mehr übergeben könne, da diese bereits Herr E. Rumpler in Berlin übernommen habe, ich

72
Hellmuth Hirth, der erfolgreichste und bekannteste Johannisthaler Motorflieger vor dem ersten Weltkrieg

möchte mich als Deutscher an diesen wenden. Kurze Zeit darauf war ich schon bei Herrn Rumpler, und wir wurden noch am selben Tage einig, daß ich bei ihm als Flieger eintreten sollte. Ich begab mich wieder nach Wiener-Neustadt, um Schüler Illners zu werden. Das war im Januar 1911.»
Wir wissen bereits, wie es bis zum Sommer 1912 weiterging und wie Rumpler mit Etrich verfuhr. Hirth wurde sehr rasch der populärste Flieger der Rumpler-Taube. In einem Überlandflug mit Fluggast über eine 540 Kilometer lange Strecke von München nach Johannisthal erflog er im Juli 1911 den 50000-Mark-«Kathreiner-Preis», belegte den dritten Platz beim «Schwäbischen Überlandflug» vom 10. bis 18. September 1911, erreichte mit 2475 m die größte Höhe während der Johannisthaler Herbstflugwoche vom 24. September bis 1. Oktober 1911, erzielte den ersten Platz beim «Zweiten Deutschen Zuverlässigkeitsflug am Oberrhein» vom 12. bis 21. Mai 1912, errang den ersten Platz beim «Überlandflug Berlin–Wien» vom 9. bis 12. Juni 1912, sicherte sich den zweiten Platz beim «Großen Preis von Kiel» vom 16. bis 21. Juni 1912, den vierten Platz beim Flug «Rund um Berlin» am 31. August und 1. September 1912, den ersten Platz für Zivilflieger beim «Süddeutschen Flug» vom 14. bis 20. Oktober 1912.
Die Liste seiner Erfolge ist damit längst nicht vollständig, aber sie läßt bereits erkennen, daß Hirth in jenen Jahren eine herausragende Persönlichkeit im deutschen Motorflug und – wie die Flugveranstaltungstermine deutlich machen – mit der Rumpler-Taube fast pausenlos unterwegs war. Indem er von Sieg zu Sieg eilte, war er für Rumpler in zweierlei Hinsicht nützlich. Erstens war dies die wirkungsvollste Reklame für die Rumpler-Tauben, zweitens gehörten, wie schon erwähnt, zwei Drittel der erflogenen Preise immer dem Flugzeugbesitzer – also Rumpler.
In der ersten Zeit fand Hellmuth Hirth das völlig in Ordnung und begründete das sogar in seinen Erinnerungen: «Auf allen meinen Flügen, die ich als Angestellter der Firma E. Rumpler unternahm, stellte mir die Firma Flugzeug und Monteure auf ihre Rechnung zur Verfügung. Die Gewinne wurden so verteilt, daß ich vom Bruttogewinn ein Drittel und die Firma zwei Drittel erhielt. Ich fand das damals auch durchaus gerecht, denn es ist für ein Flugzeugunternehmen immer ein großes Risiko, wenn es einem seiner Piloten eine Maschine stellt. Die Unkosten, die Reparaturen, der Transport, der Unterhalt des Fliegers, alles das ist mit großen Ausgaben verknüpft, so daß ich mit der Verteilung des Preises durchaus einverstanden war.»
Was Hirth «damals auch durchaus gerecht» fand, muß er dann aber doch schon ein knappes Jahr später anders gesehen haben. Spätestens zu diesem Zeitpunkt mußte ihm klar geworden sein, wie sehr Rumpler, der ihn von einem Luftrennen zum anderen trieb, ihn ausnutzte. Dabei war Hirth keineswegs nur Sportflieger in Wettbewerben, sondern er hatte in den Zeiten, die dazwischen lagen, in der Fliegerschule der Rumpler-Werke Flugschüler auszubilden. Jedenfalls trennte sich Hirth von Rumpler und wurde im Frühjahr 1913 Technischer Direktor der Albatros-Werke. Auf seine Anregung und unter seiner Leitung entstand dort ein schneller, taubenähnlicher Eindecker mit 100-PS-Motor, der sich bei vielen Motorflugwettbewerben bewährte und aus dem der erste Albatros-Wassereindecker von Ernst Heinkel entwikkelt wurde. Als Albatros-Flieger setzte Hirth seine fliegerischen Erfolge fort, bis er im Sommer 1914 im Schuppen 17 eine eigene Ausbildungsstätte einrichtete, in der er gemeinsam mit den Flugzeugführern Ernst Herbert Kühne und Bruno Langer künftige Militärflugzeugführer ausbildete, denn zu jener Zeit liefen längst sämtliche Flugschulen,

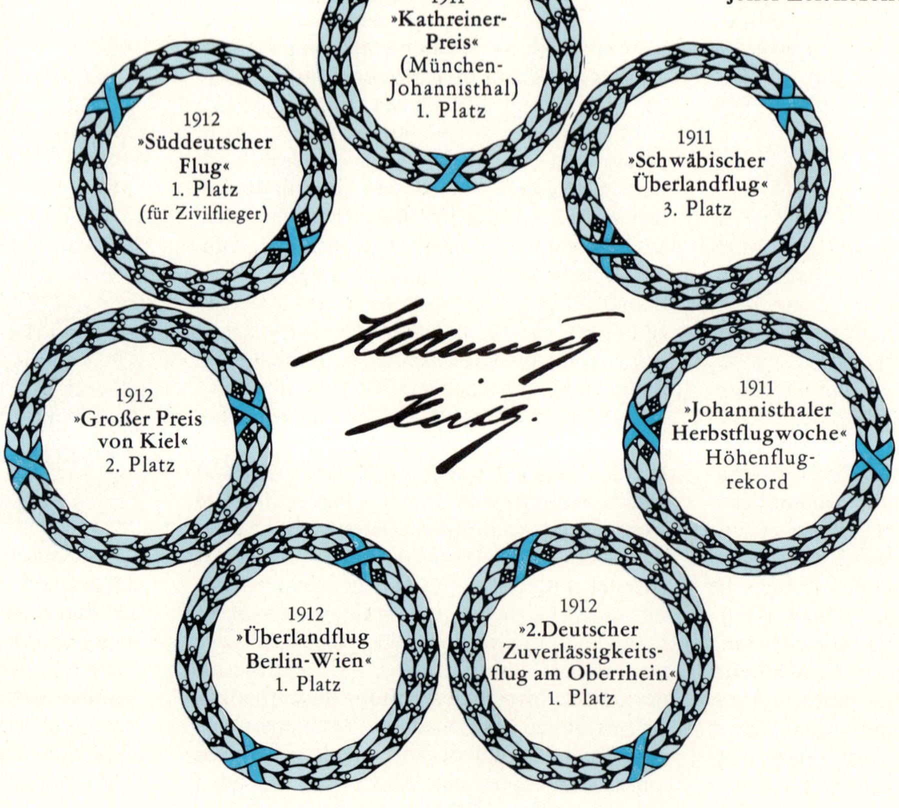

zu denen Heeresflugschüler zur Ausbildung geschickt wurden, auf Hochtouren. In diesem Schuppen ist auch noch vor Kriegsbeginn eine Flugzeugkonstruktion von Hellmuth Hirth fertiggestellt worden.

Oscar Roempler, Fliegerschule

Auf einem Hanuschke-Eindecker erwarb Oscar Roempler am 4. November 1912 die Flugzeugführererlaubnis Nr. 321. Da er aber seine Einmann-Fliegerschule im Schuppen 18 schon seit dem frühen Herbst 1912 in Betrieb genommen hatte, bedeutete das: Er bildete Flugschüler aus, ohne selbst Flugzeugführer zu sein; die damaligen Bestimmungen ließen das zu. Während er bei Hanuschke noch fliegen lernte, bildete er ein paar Schuppen weiter bereits eigene Flugschüler aus – und zwar auf einem gemieteten Hanuschke-Eindecker. Genauer gesagt: Als Flugschüler Roempler lernte er bei Hanuschke, als Besitzer der Roempler-Fliegerschule mietete er von Hanuschke einen Eindecker, als Fluglehrer Roempler schulte er andere darauf.
Am Jahresbeginn 1913 gab Roempler seinen Schuppen auf und arbeitete als Flugzeugführer bei Rumpler.

Karl Dettinger, Konstrukteur

Im Spätherbst 1913 kam der Schwabe Karl Dettinger nach Johannisthal und mietete sich erst in den Schuppen 18 und in einer kleinen Abteilung des «Sternschuppens» ein, zog dann in den Schuppen 22 um. Dettinger war kein Konstrukteur, hatte aber ein Flugzeug, einen alten Blériot-Eindecker. Er hatte auch keine Flugzeugführererlaubnis, aber er flog mit seiner alten Kiste, so oft er dazu Lust verspürte. Weder baute er im Schuppen, außer wenn an seinem Flugzeug etwas zu reparieren war, noch bildete er Flugschüler aus. Er drehte entweder mit seinem Flugzeug ein paar Platzrunden oder flog in der Gegend umher. Sonst war er im «Café Senftleben» zu finden (damals Parkstraße Ecke Kaiser-Wilhelm-Straße, heute: Textilwarenverkaufsstelle Königsheideweg, Ecke Sterndamm), wo man ihn als Witzbold kannte, der zudem über einen großen Vorrat an Zaubertricks verfügte, mit denen er zu fortgeschrittener Stunde die Flieger und die Café-Gäste unterhielt.
Niemand wußte recht, woher er gekommen war. Als er Mitte 1914 sein Reisegepäck wieder in die alte Blériot packte, seine Schuppenmiete bezahlte, winkend am «alten Startplatz» entlangrollte und davonflog, wußte niemand recht, wohin er wollte. Er war offenbar ein Weltenbummler per Flugzeug. Johannisthal war eine Station seiner Reise.

73
Die Fehlkonstruktion von Bruno Scholz, ein etwa sechs Meter hohes «Luftfahrtgestühl»

B. Mrozinski, Konstrukteur

Im Schuppen 20 baute der Einzelkonstrukteur Mrozinski im Frühjahr 1913 einen Eindecker mit 20-PS-Motor, der auf der Fahrgestellachse gelagert und über einen Kettenantrieb mit dem darüberliegenden Zugpropeller verbunden war. Die Tragflächen hatten eine starke V-Stellung. Der Rumpf war dreieckig, unbespannt und ohne Bug. Der Flugapparat hatte keine Seitenruder, er war in Holzbauweise gefertigt. Mit der Konstruktion gelangen nur einige kurze Flüge. Da Mrozinskis eigene Mittel damit erschöpft waren und er keine Geldgeber für weitere Versuche fand, gab er seinen Schuppen wieder auf.

Bruno Scholz, Konstrukteur

Über den Mieter des Schuppens 22 bis zum Frühjahr 1913 finden sich in den aufgefundenen Unterlagen über den Flugplatz Johannisthal in jener Zeit keine eindeutigen Belege. Es kann daher lediglich vermutet werden, daß er mit dem Berliner Architekten Scholz identisch ist, der im Jahre 1909/10 mit gewaltigem Arbeitsaufwand ein etwa sechs Meter hohes «Luftfahrtgestühl» schuf, das, aus heutiger Sicht, eher einem irrationalen Kunstwerk als einem Flugzeug ähnelte. Scholz hat, nachdem sich sein Apparat als völlige Fehlkonstruktion erwiesen hatte, sein Werk eigenhändig kurz und klein geschlagen. Es ist möglich, daß er im Schuppen 22 weitere Bauversuche unternommen hat, jedoch sind keine Ergebnisse bekannt geworden.

Flugmaschinen- und Motoren-GmbH.

Deutsche Flugwerft

Dr. Fritz Huth, der Gründer des «Vereins Deutscher Flugtechniker», hatte im Jahre 1909 in Johannisthal die «Flugmaschinen- und Motoren-GmbH.» zum Bau eines Doppeldeckers gegründet, den er entworfen hatte. Die GmbH. wurde bald wieder aufgelöst, aber der Doppeldecker, eine Kopie des französischen Roger-Sommer-Doppeldeckers mit großen Gleitkufen, wurde gebaut. Er wurde von

74
Einziges gebautes Muster eines taubenähnlichen Ganzmetalleindeckers der «Deutschen Flugwerft», ausgestellt auf der «Allgemeinen Luftfahrt-Ausstellung» (ALA) im April 1912

75
Huth-Taube der «Deutschen Flugwerft» mit stoffbespanntem Stahlrohrrumpf, zwei Anlaufrädern und einem kleinen Bug (rechts oben)

76
Das einzige in Johannisthal gebaute Flugzeug der «Flugzeugwerke Föhn GmbH.» (rechts)

Raymund H. Eyring eingeflogen, der auf diesem Flugapparat am 13. Dezember 1910 seine Flugzeugführererlaubnis Nr. 42 erwarb.
In der «Allgemeinen Luftfahrt-Ausstellung» (ALA), die am 3. April 1912 am Berliner Zoo eröffnet wurde, trat er mit dem Modell eines taubenähnlichen Ganzmetalleindeckers an die Öffentlichkeit. Am Ende des gleichen Jahres gründete er in Johannisthal in der Abteilung B des «Großen viereckigen Schuppens» die «Deutsche Flugwerft». Dort baute er eine Taube mit stoffbespanntem Stahlrohrrumpf, zwei Anlaufrädern und einem kleinen Bugrad. Die Taube wurde in Johannisthal eingeflogen. Nicht geflogen hingegen ist der von ihm konstruierte «Kreis-Doppeldecker», eine eigenwillige Tandem-Konstruktion. Vorn stand auf der unteren Tragfläche ein selbstkonstruierter 50-PS-Motor mit Zugluftschraube. Die vorderen Tragflächen waren sichelartig stark nach hinten und die hinteren beiden Tragflächen ebenso stark nach vorn gekrümmt, wodurch fast ringförmige Tragflächen entstanden. Die Konstruktion, die bei ihrem Erscheinen sofort den Namen «Huth-Krempe» erhielt, hob nicht vom Boden ab.
Auch ein zweites Flugzeugmuster, mit einem 50-PS-«Aeolus»-Motor von Rumpler ausgestattet, hatte keinen einzigen erfolgreichen Flugversuch.
Am 3. Dezember 1913, kurz bevor er seine Flugwerft auflöste, erwarb Dr. Fritz Huth in Johannisthal die Flugzeugführererlaubnis Nr. 615.

Flugzeugwerke Föhn GmbH.

In verschiedenen luftfahrthistorischen Arbeiten zurückliegender Jahre wurden der Johannisthaler Holzhändler Raschke und sein Partner beim Bau eines Flugzeuges, Zieske aus Niederschöneweide, als Gründer der «Flugzeugwerke Föhn» (z. B. bei Supf) oder als Erbauer des «Föhn-Eindeckers» (z. B. bei Lange) angegeben. Beides ist unrichtig. Ein Zusammenhang besteht lediglich darin, daß die Föhn-Werkstatt und Raschke & Zieske dieselbe Schuppenabteilung gemietet hatten. Und zwar nacheinander.
Die «Flugzeugwerke Föhn GmbH.» wurde im Jahre 1912 gegründet und mietete sich in die Abteilung C des «Großen viereckigen Schuppens» ein. Hinter diesem großen Fabriknamen verbargen sich zwei Konstrukteure, von denen vermutlich wenigstens einer Föhn hieß. Sie bauten einen Eindecker üblicher Bauart mit einem 50-PS-Argus-Motor. Er wurde von dem Italiener Albert Colombo eingeflogen, der sich mit diesem Flugzeug auch an der Johannisthaler Herbstflugwoche 1913 vom 28. September bis 5. Oktober beteiligte, ohne sich allerdings gegen die starke Konkurrenz behaupten und einen Preis erringen zu können. Daraufhin wurde die Föhn-Werkstatt nach Sorau verlegt.

Raschke & Zieske, Konstrukteure

Den Mut zum Versuch ohne konstruktive Richtwerte, ohne Fachbuch, ohne mehr vom Flugzeug zu wissen, als man beim Zuschauen sah, hatte auch der Johannisthaler Kaufmann Gustav Raschke. Er war Holzhändler. Seine Holzhandlung lag günstig in der Friedrichstraße (heute Winckelmannstraße), und zwar direkt gegenüber dem Eingang 6 des Flugplatzes. Ein Katzensprung war es von dort zum «alten Startplatz». Er kannte alle und alle kannten ihn. Wer Latten oder Leisten brauchte, kaufte sie in seiner Holzhandlung,

denn bequemer ging es nicht. Kleinere Holzarbeiten auf dem Flugplatz ließ man gern von ihm ausführen. Und als er sah, was manche da zusammenbastelten, und daß manches davon am Ende gar noch flog, da wollte er es auch probieren. Er suchte sich einen finanziellen Teilhaber und Interessierten, und im Herbst des Jahres 1913 zog er mit ihm in die leerstehende Abteilung C des «Großen viereckigen Schuppens» am «alten Startplatz» ein, die zuvor die Werkstatt der «Flugzeugwerke Föhn GmbH.» gewesen war. Der Fußweg betrug drei Minuten bis zu seiner Holzhandlung und knapp zehn Minuten bis zu seiner Wohnung in der damaligen Friedrichstraße.
In die Mieterliste der Flugplatzgesellschaft wurde eingetragen: «Raschke & Zieske, Konstrukteure». Hier bauten sie nun, nicht aus Holz, denn zu jener Zeit wurden die Rumpfrahmen längst aus Rohren zusammengeschweißt. Sie kauften Metallrohr in einem Durchmesser, den sie an anderen brauchbaren Flugzeugen sahen, kauften einen Motor und einen Propeller, bauten Tragflächen und bespannten sie mit Leinwand, schweißten den Rumpf zusammen – und, das muß man sich einmal vorstellen, alles auf Kisten und alten Stühlen! Aber schließlich war der Eigenbaueindecker fertig. Dann kamen Rollversuche und erste Flugversuche. Dazwischen immer wieder irgendwelche Reparaturen am Gitterrumpf. Rohrstücken, die immer wieder brachen, wurden herausgeschweißt und durch ein Stück von stärkerem Durchmesser ersetzt. So lange, bis bei Landungen nichts mehr riß. Nach einem halben Jahr war die Eigenbaukonstruktion flugtüchtig. Der Schuppen hatte seinen Zweck erfüllt, er wurde wieder freigegeben. Man hatte ein Flugzeug gebaut, Gustav Raschke hatte darauf fliegen gelernt. Als er am 29. Juni 1914 den Flugzeugführerschein Nr. 802 auf diesem Flugzeug erwarb, wies es etwa 3000 (!) Schweißstellen auf.

Hartung – Retienne, Konstrukteure

Die aus Trier stammenden Brüder Georg und Eduard Retienne haben im Herbst 1912 gemeinsam mit Hartung die Abteilung D des «Großen viereckigen Schuppens» gemietet und dort einen taubenähnlichen Eindecker mit 70-PS-Motor gebaut. Das Originelle am Retienne-Eindecker war, daß sich im einteiligen Höhenruder ein dreieckiger Durchbruch für das hindurchgeführte Seitenruder befand. Mit diesem Flugzeug wurden einige Flüge ausgeführt. Die Brüder Retienne blieben bis zum Frühjahr 1913 im Schuppen, Hartung bis zum Sommer des gleichen Jahres. Dann zog auch er aus.

77
Gustav Raschke
auf seiner Eigenbau-Konstruktion, mit der er seine Flugzeugführererlaubnis erwarb

*

Der «alte Startplatz» wurde, wie zu sehen war, nach der Eröffnungsflugwoche in Johannisthal zu einem «Hilf-dir-selbst-Zentrum» derer, die sich für das Fliegen begeisterten und selbst ihre Ideen verwirklichen wollten – vorausgesetzt, sie verfügten über die notwendigen finanziellen Mittel für die Schuppenmiete und das notwendige Material: Holzlatten, Bambus- oder Stahlrohr sowie Leinwand, Nägel, ein paar Räder, und natürlich einen Motor mit Luftschraube. Während sie bauten, blieb ihr Schuppen geschlossen, damit ihnen niemand die Idee mit den Augen wegnehmen konnte, der sie gerade Flugzeuggestalt gaben. Aber Fertigungstechniken wurden zwischen ihnen mit der gleichen Selbstverständlichkeit ausgetauscht, wie man untereinander die teuren Spezialwerkzeuge auslieh, die sich nicht jeder kaufen konnte. Das Benzin für die Erprobung dessen, was dann aus dem Schuppen gezogen wurde, mußte oft genug literweise in Flaschen gekauft werden. Dazu reichte das Geld gerade noch aus. Hier konnten sie, die konstruieren und experimentieren wollten, sich auslassen. Manche Enttäuschung hat der «alte Startplatz» auf diese Weise erlebt. Und manchen Erfolg. Wer Pech hatte, konnte des Mitgefühls der anderen sicher sein. Wer seinen Apparat ein paar Meter weit über den Boden zu einem Miniaturflug brachte, der fand bei der anschließenden «Siegesfeier» in der nahen Fliegerkantine wohlwollenden Beifall.
Die meisten dieser «Betriebe» in diesen Schuppen waren recht bescheidene Familienunternehmen, wie die Fliegerschule Bruno Hanuschke, der gemeinsam mit seinem Bruder im Schuppen bastelte, leimte und flickte, der hin und wieder an einer Flugkonkurrenz teilnahm, sich einen Tagespreis holte, dann wieder ein paar Flugschüler ausbildete. Wem es gelang, ein Flugzeug zu bauen, mit dem man fliegen konnte, der brachte sich das Fliegen gleich selbst bei und sparte so die Kosten für die Flugzeugführerausbildung, die mancher von ihnen ohnehin nicht zu bezahlen vermocht hätte.
Da die erfolgreichen Flugzeugkonstrukteure sich selbst das Fliegen lehrten, gewissermaßen ihrem Flugzeug und damit sich selbst, kam es nicht selten vor, daß der eine oder andere zuerst an Flugtagen teilnahm, Siegerpreise errang und in der Presse gefeiert wurde, bevor er überhaupt einen Flugzeugführerschein besaß.
Die Bezeichnung «Konstrukteur», mit der sie

Tabelle 3
Mieter am «alten Startplatz»,
Großer viereckiger Schuppen und Sechseckiger Schuppen
(aus dem «Großen viereckigen Schuppen» wurden Anfang 1914 durch Umbau die Schuppen 25 und 26)

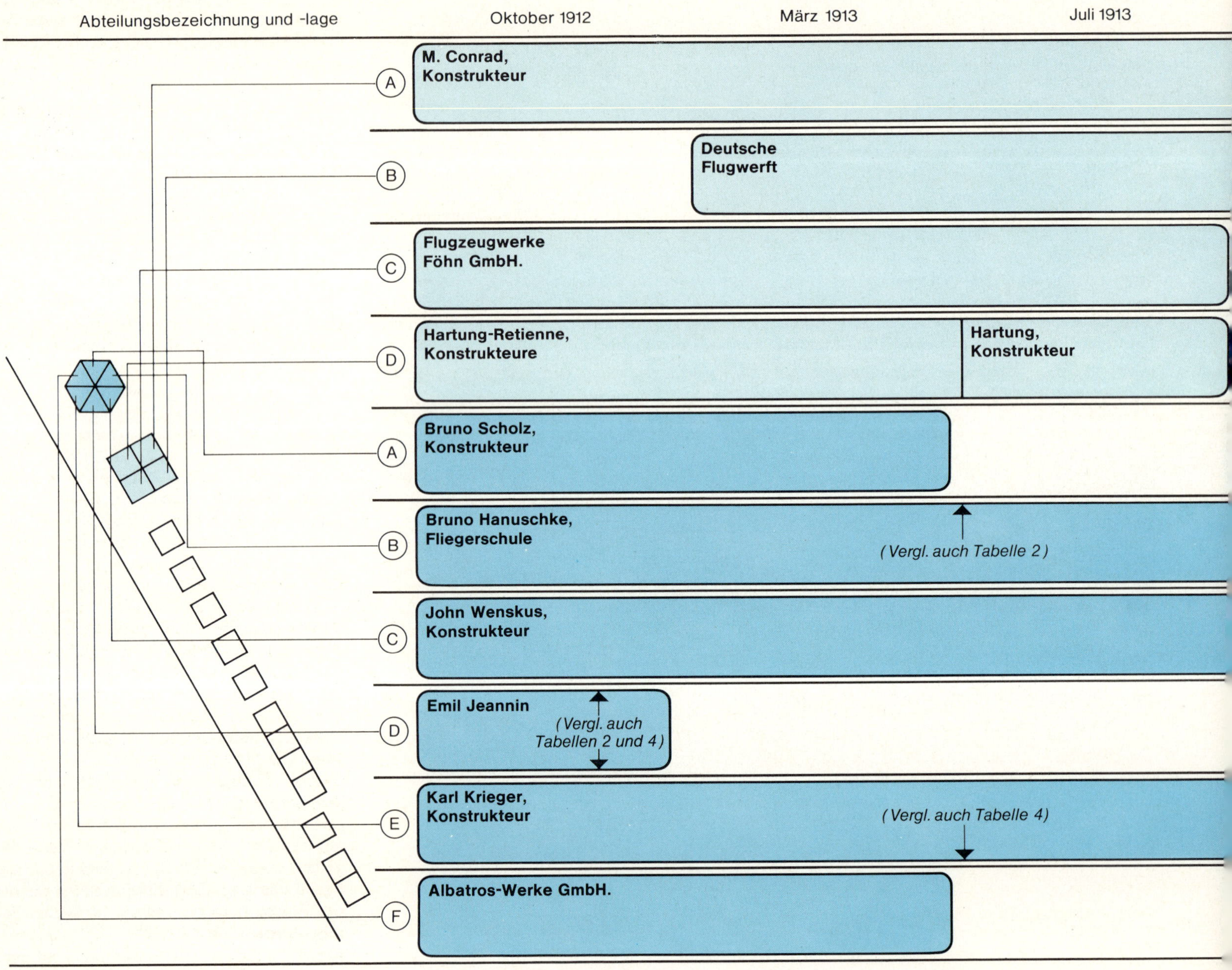

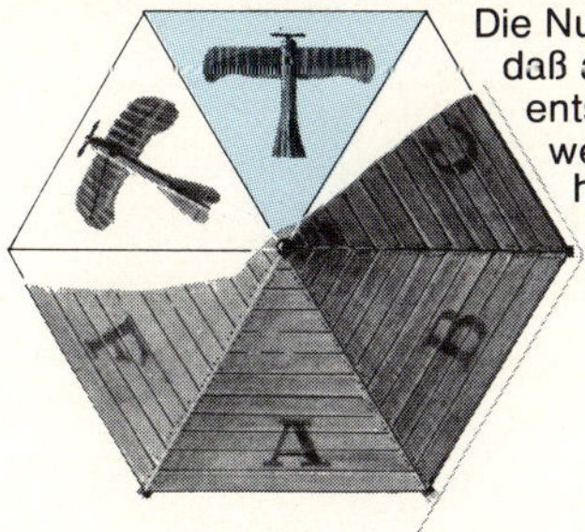

Die Nutzfläche des "Sechseckigen Sternschuppens" war so aufgeteilt, daß auf engem Raum sechs dreieckige Kleinschuppenabteilungen entstanden, die ein Flugzeug jeweils dann aufnehmen konnten, wenn es mit dem Schwanzleitwerk voran in die Schuppenabteilung hineingeschoben wurde. Offenbar waren diese kleinen Abteilungen ursprünglich nur zum Abstellen von Flugzeugen bestimmt gewesen, weniger als Flugzeugwerkstatt.

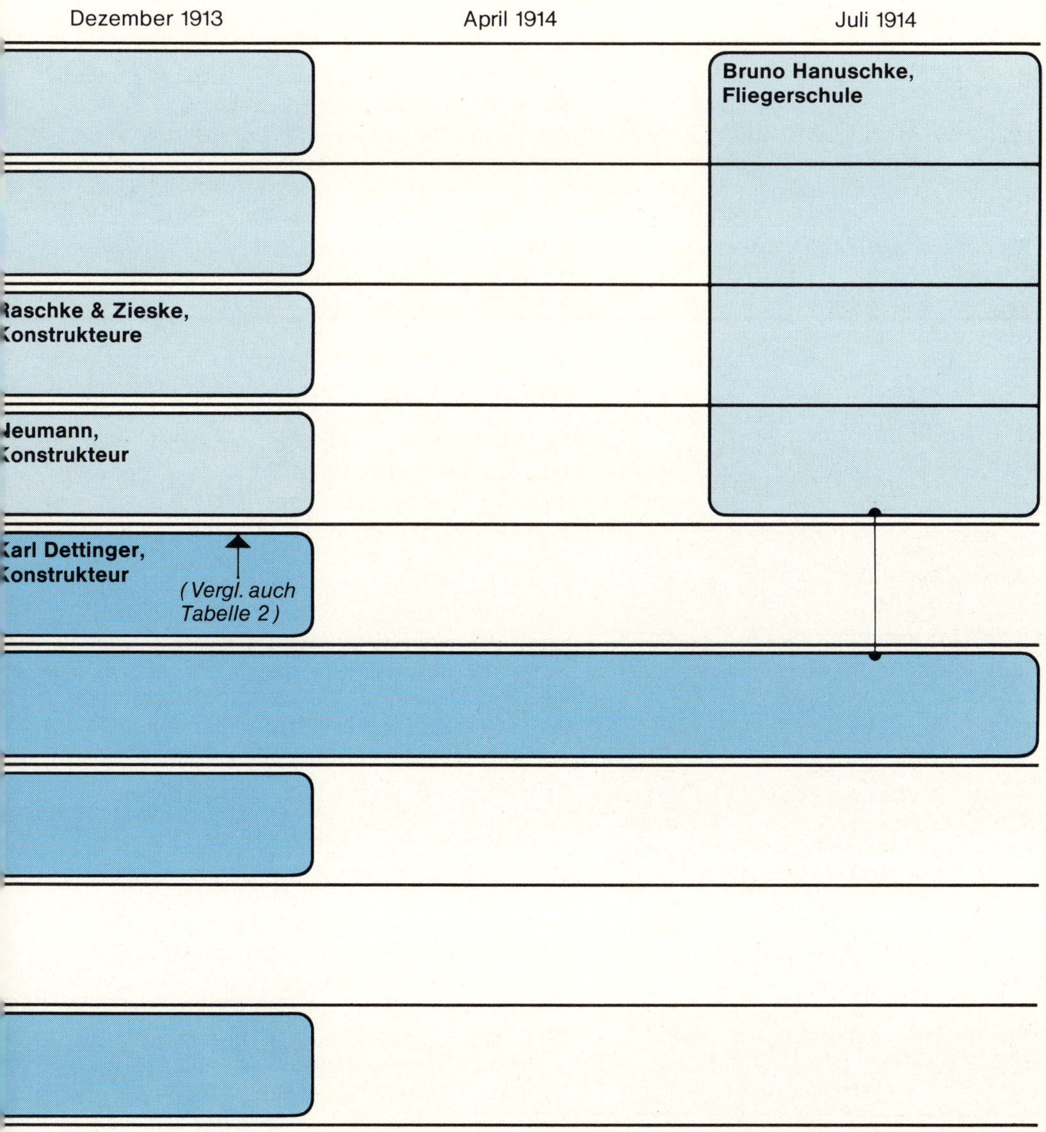

in die Mieterliste der Flugplatzgesellschaft eingetragen wurden, darf nicht allein als Berufsbezeichnung verstanden werden, sondern in vielen Fällen nur als Absichtserklärung. Sie *wollten* ein flugfähiges Flugzeug konstruieren, oder wenigstens nach Unterlagen von Flugzeugmustern – mitunter sogar von Konstruktionszeichnungen für Flugmodelle – nachbauen. Denn wirkliche Konstrukteure, mit einer Ingenieurausbildung vielleicht, waren die wenigsten. Und gerade denen gelangen mitunter nur Fehlkonstruktionen. Die meisten sogenannten Konstrukteure am «alten Startplatz» waren einfach nur besessen, willig und fleißig. Und mutig waren sie auch. Aber Kenntnisse beispielsweise über die Aerodynamik des Motorfluges hatten sie nicht die geringsten, denn es gab niemanden, der sie ihnen hätte vermitteln können, weil sie damals noch nicht in ausreichendem Maße vorhanden waren.

Es war typisch für den «alten Startplatz», daß man dort in der Regel Mieter und Konstrukteur und Facharbeiter und Testpilot und Reparaturmechaniker und Finanzier in einer Person war.

In jener Zeit entstand in Fliegerkreisen ein «Lied von der Kiste», in dem die folgenden Zeilen geradezu das Rezept waren, nach dem viele verfuhren:

> Nimm von alten Apparaten jede gute Konstruktion,
> sammle alle Leistungsdaten und such dir 'nen Kompagnon,
> dann, mit dessen Geld, schlage auf dein Zelt,
> und mit frechem Selbstvertrauen, fange Kisten an zu bauen!

Auf dem «alten Startplatz» wurden die «oldesten» Oldtimer gebaut und geflogen – sofern sie flogen. Hier entstanden die frühesten fliegenden Kisten Johannisthals.

Aber der «alte Startplatz» starb allmählich ab. Die Anzahl der Einzelkonstrukteure verringerte sich, immer mehr Schuppen blieben leer. Das Geschäft mit dem Flugzeug wurde an anderen Stellen des Flugplatzes gemacht – auf dem «neuen Startplatz» in der nördlichen Ecke des Flugplatzes, in den Werken in der Nähe des Haupteinganges, und in einigen immer mächtiger werdenden Flugzeugfabriken des Flugplatzes Johannisthal. Die in den Spalten der Tabellen 1 bis 3 zunehmenden Leerfelder zeigen, daß auf dem «alten Startplatz», wo im Herbst 1909 mit der Eröffnungsflugwoche und dem Triumph Hans Grades der Flugplatz sich zu regen begonnen hatte,

Flugzeugunternehmen am „neuen Startplatz"

Der «neue Startplatz» entstand im Jahre 1910 links vom Haupteingang in der Nordecke des Flugplatzes im Zuge der Reorganisation. Nur wenige, die hier einzogen, gehörten zu den Einzelkonstrukteuren der ersten Wochen und Monate, in denen das Flugplatzleben begann. Die meisten hatten zunächst abwartend im Hintergrund gestanden und beobachtet, wie sich die Fliegerei in Johannisthal entwickeln würde, und ob es sich lohne, hier zu investieren. Als sie dann kamen, siedelten sie sich mit Flugzeugwerken und Fliegerschulen am «neuen Startplatz» an und hatten damit einen überaus günstigen Standort gefunden, denn Besucher, die einen Rundflug bezahlen konnten oder zu Flugzeugführern ausgebildet werden wollten, kamen überwiegend durch den Haupteingang. Ebenso in- und ausländische Interessenten, die sich umsehen und ein Flugzeug kaufen oder einen Bauauftrag erteilen wollten. Und wer durch den Haupteingang kam, der stand sogleich vor dem «neuen Startplatz». Zum «alten Startplatz» gelangten die wenigsten Zahlungskräftigen.

Für die neuen Schuppen war die Monatsmiete doppelt so hoch als für die am «alten Startplatz», dafür waren sie aber größer und geräumiger. Und ihr Standort, wie gesagt, war einträglicher. Am «neuen Startplatz» existierten folgende Flugzeugunternehmen:

Karl Krieger, Konstrukteur

Einer von der sogenannten alten Garde, der zum «neuen Startplatz» übersiedelte, war Karl Krieger. Er war eine bemerkenswerte Erscheinung auf dem Flugplatz und hat seine Verbindung zum «alten Startplatz» nie verloren. Daß er zum Frühjahr 1914 in die Nordecke in den Schuppen V zog (die neuen Schuppen trugen zunächst eine römische Numerierung, im Jahre 1914 wurden sie jedoch umnumeriert, und es wurde vom «alten Startplatz» beginnend in arabischen Ziffern weitergezählt, dabei erhielt z. B. der Schuppen V die Nr. 32), hatte den Grund, daß ihm die Werkstatt, die er am «alten Startplatz» eingerichtet hatte (Abteilung E im Sternschuppen»), nicht mehr ausreichte.

Karl Krieger war Chauffeur des Kaisers und hatte auf der ILA in Frankfurt (Main) im Jahre 1909 unter dem Namen «Krie» ein Flugmodell ausgestellt. Krieger wurde auf sein Drängen hin aus dem Chauffeurdienst beurlaubt und

durfte die Werkstätten des Kaiserlichen Marstalls benutzen. Nach der Inbetriebnahme des Flugplatzes Johannisthal begann er dort eine bescheidene Werkstatt einzurichten und an einem Eindecker zu bauen. Monatelang saß er im Schuppen und sägte, hämmerte, hobelte, leimte, lötete. Von Zeit zu Zeit meldete sich ein Beauftragter des Kaiserlichen Hofes an, um sich zu informieren, wie der beurlaubte Chauffeur die Zeit verbracht habe. Dann zog sich Krieger, wie Augenzeugen berichteten, seine «goldstrotzende Livree» an, zeigte seine Konstruktion vor und erklärte, wie teuer alles sei, vor allem das Material. Die Folge war, daß ihm dann jedesmal eine kleine finanzielle Unterstützung zuteil wurde, mit der er sich «einen Eimer voll Nägel» kaufen konnte und manches Zubehör, oft auch ein reichliches warmes Mittagessen, denn fürstlich waren die kaiserlichen Zugaben nicht. Aber dem Wunsch zu fliegen, war er ganz und gar verfallen. Deshalb, so heißt es von ihm, gehörte er «zu der alten Johannisthaler Garde, die lieber hungerte und das Geld zusammenbettelte, als daß sie von ihrer Flugleidenschaft abließ».

Mehr, als ihm des Kaisers Gnade einbrachte, verdiente sich Krieger auf gefährliche Weise, indem er fremde Flugzeuge einflog. Schließlich hatte auch er im Jahre 1910 einen Eindecker fertig, mit dem ihm aber nur kurze Flüge gelangen. Ein Jahr später hatte er einen verbesserten Eindecker fertiggestellt, mit dem er fliegen lernte und am 12. September 1911 die Flugzeugführererlaubnis Nr. 113 erwarb. Er baute einen Tauben-Eindecker im Jahre 1912, einen Eindecker mit 100-PS-Benz-Motor im Jahre 1913, zog dann auf den «neuen Startplatz» und stellte hier im Jahre 1914 einen «Parasol»-Eindecker fertig, wie Hochdecker damals nach französischem Vorbild genannt wurden. Inzwischen hatte er

79
Kriegers Renneindecker aus dem Jahre 1913 (oben links)

80
Jeannins Tauben-Eindecker «J 2» (oben rechts)

81
Jeannin-Eindecker «J 1»
(Nachbau des französischen Nieuport-Typs), wurde beim Einfliegen durch eine Bruchlandung zertrümmert (links)

78
Karl Krieger,
ehemaliger Kaiser-Chauffeur, vor seinem im Jahre 1912 gebauten Eindecker (Seite 64)

sich an Flugwettbewerben beteiligt und einige Flugschüler ausgebildet. Nun konstruierte er im Jahre 1914, unterstützt von seinem Bruder Oskar, das erste Torpedoflugzeug: ein verstrebter Dreidecker auf zwei Schwimmern, ausgestattet mit einem leistungsstarken Benz-Motor und Getriebe für zwei seitliche Zugschrauben vor der mittleren Tragfläche. Für dieses «Torpedo-Lancier-Flugzeug» reichten sie die Unterlagen beim Patentamt ein. Das alarmierte das Reichsmarineamt, es ließ die Konstruktionsunterlagen und die Flugzeugbauteile beschlagnahmen.
Die Brüder Krieger strengten einen Prozeß an, den sie auch gewannen. Dem Reichsmarineamt wurde eine Schadenersatzzahlung in Höhe von 50 000 Mark auferlegt. Zur Auszahlung kam es aber wegen des Kriegsausbruches nicht mehr. Um 1915/16 wurde die Krieger-Flugzeugwerkstatt in Johannisthal stillgelegt.

Emil Jeannin,
Fabrik und Fliegerschule

Emil Jeannin Flugzeugbau GmbH.

neuen zog, war Emil Jeannin. Er brauchte kein Geld zum Weiterbauen zu erbetteln und auch nie auf ein warmes Mittagessen zu verzichten. Er wohnte auch nicht in einer Einzimmerwohnung wie Karl Krieger in der Köpenicker Straße 3 in Johannisthal (gleich hinter der ehemaligen Zeppelin-Luftschiffhalle, eine kleine Gasse, die heute noch existiert), sondern stammte aus Berlin W. Sein Bruder war Heinrich Jeannin, der Mitbesitzer der erfolgreichen «Argus-Motoren-GmbH.», deren Flugmotoren in Deutschland zu den ersten wirklich brauchbaren gehörten. Daher erschien Emil Jeannin auch stets mit einem auffallend lackierten Rennwagen auf dem Flugplatz. Übermodern und elegant gekleidet ging er nicht, sondern *schritt* er spielendtändelnd wie ein Dressman über den Flugplatz, meist von einer Schar schöner Frauen umringt, deren erklärter Liebling er war. Während er amourös beschäftigt war, versorgten Mechaniker seine Flugzeuge und verdienten die drei bis fünf Fluglehrer, die er angestellt hatte, das Geld. Er war der einzige auf dem «alten Startplatz», der sich das leisten konnte. Während an Flugtagen andere noch aufgeregt an ihrem Flugzeug herumputzten

Tabelle 4
Mieter am «neuen Startplatz»,
Schuppen I bis X

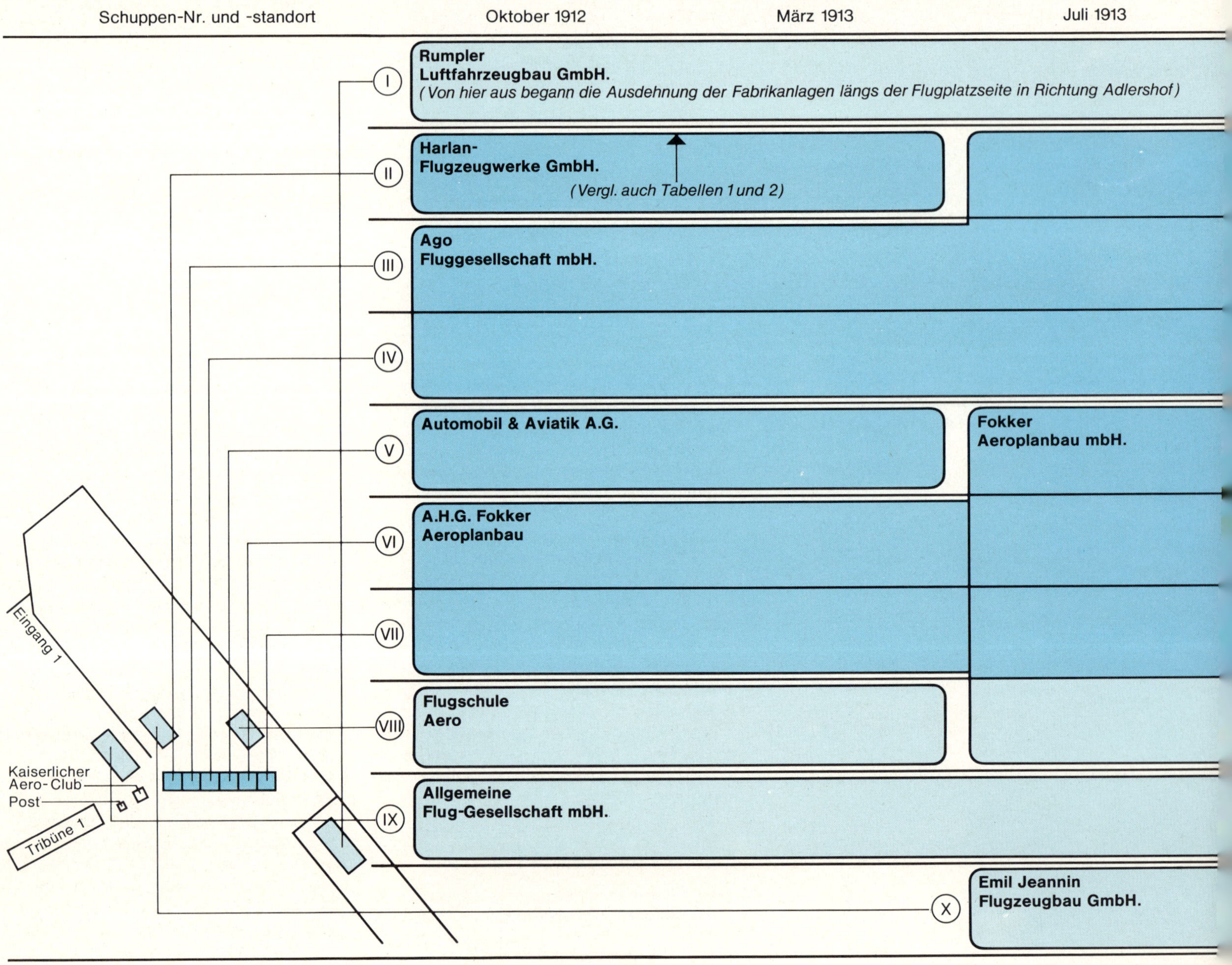

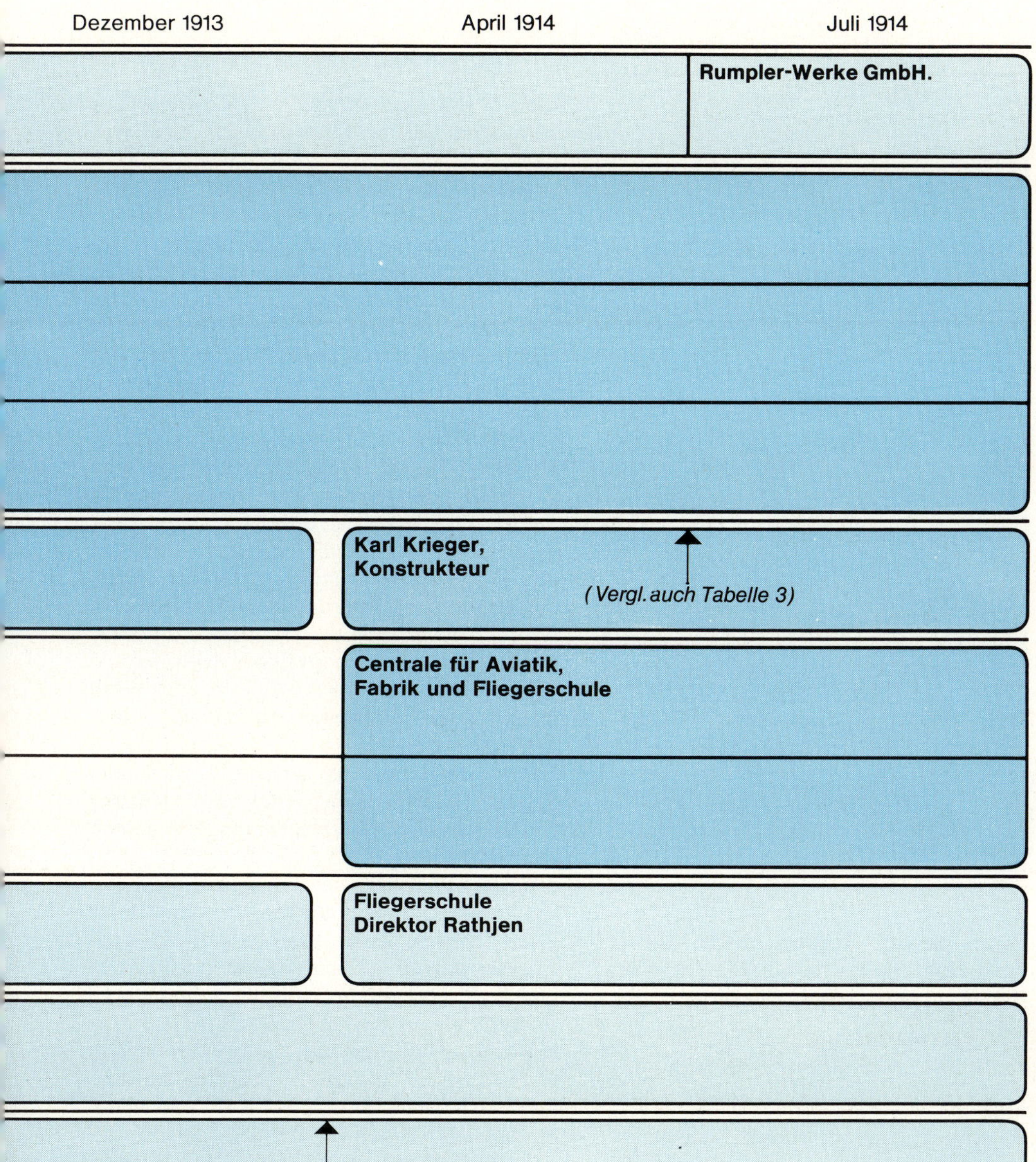

elegantesten Fliegerdreß, der auf dem Flugplatz zu sehen war, vor den Tribünen und führte sich vor. Man nannte ihn «Mimi».
Andererseits war Emil Jeannin ein hervorragender Flieger. Er hatte in namhaften französischen Fliegerschulen das Fliegen gelernt, zuletzt bei Farman in Mourmelon. Das war zu einer Zeit, als es noch keine deutsche Fliegerschule gab. Seit dem Jahre 1910 hatte er seinen Standort am «alten Startplatz», bis er im Frühsommer 1913 zum «neuen Startplatz» umzog. Bis zu diesem Umzug hatte Jeannin beträchtliche Flugpreise erkämpft, die sein hohes fliegerisches Können unter Beweis stellten, insbesondere, wenn man berücksichtigt, daß die Preise stets gegen die starke Konkurrenz anderer leistungsfähiger Piloten erflogen wurden. Tabelle 5 nennt einige Beispiele.
In Jeannins Werkstätten auf dem «alten Startplatz» entstanden in den Jahren 1911 und 1912 der Eindecker J-1, den der Schweizer Pilot Robert Gsell beim Einfliegen durch eine Bruchlandung zertrümmerte, der Tauben-Eindecker J-2 (in verschiedenen Varianten gebaut), ein Renn-Eindecker mit

82
Jeannin-Geschäftsbriefkopf (Ausschnitt)

EMIL JEANNIN
FLUGZEUGBAU G. m. b. H.
JOHANNISTHAL - BERLIN
Neuer Startplatz, Flugzeughalle
Fernspr.: Oberschöneweide 420—429
Bankkonto: Commerz- u. Disconto-bank Depositenkasse MN. Schöneberg,
:: :: Viktoria-Louise-Platz 1 :: ::
FLUGUNTERRICHT

Tabelle 5
Flugpreise, die Emil Jeannin 1910/11 gewann (Beispiele)

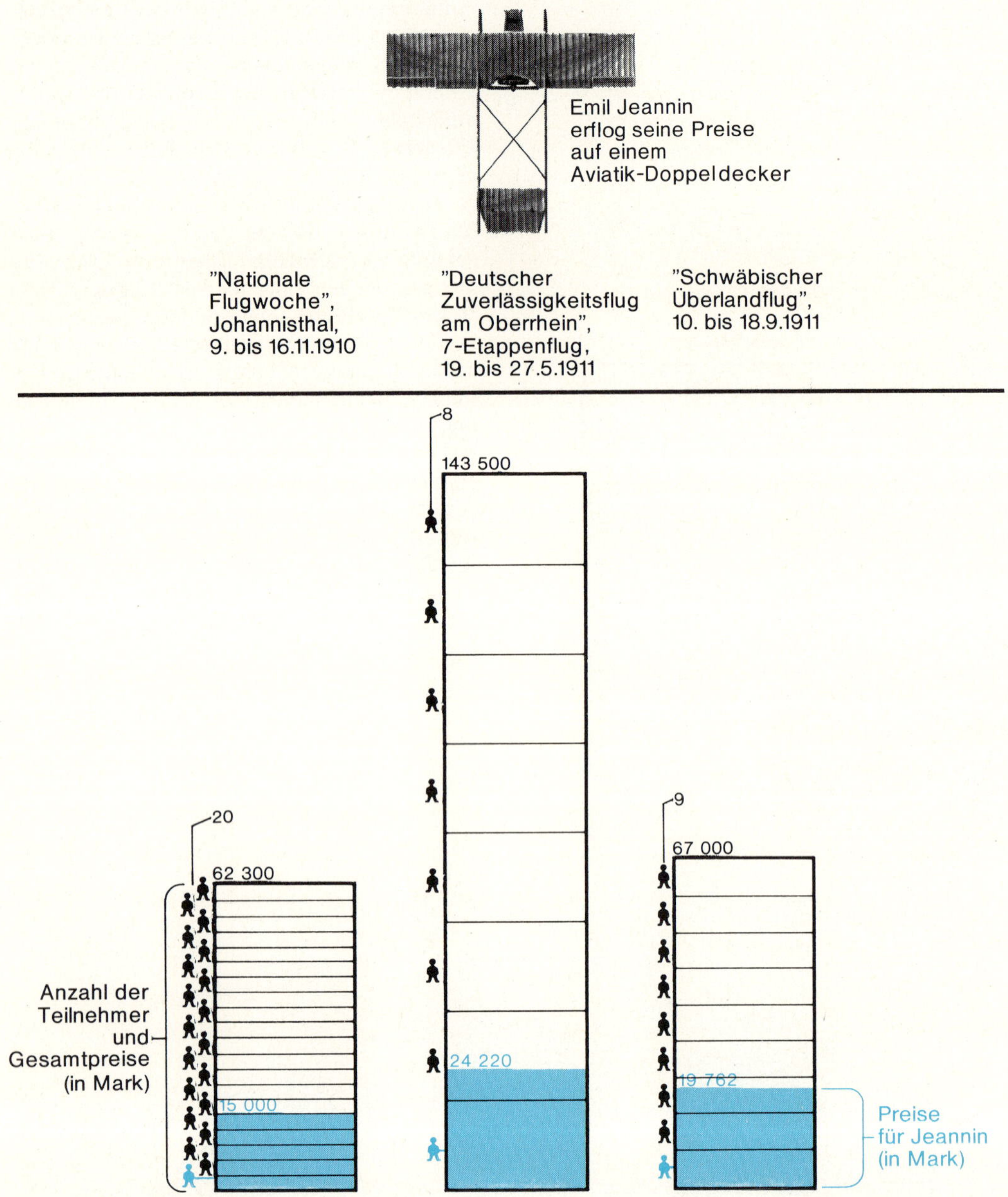

100-PS-Argus-Motor, vier Anlaufrädern und Vierblattluftschraube.
In seinem Betrieb auf dem «neuen Startplatz», der von «Emil Jeannin, Fabrik und Fliegerschule» in «Emil Jeannin Flugzeugbau GmbH.» umbenannt war, entstand eine Stahl-Taube, die in den Jahren 1913 und 1914 in verschiedenen Ausführungen gebaut wurde und auch als Aufklärungsflugzeug im ersten Kriegsjahr 1914/15 zum Einsatz kam. Im Jahre 1915 wurde der Jeannin-Flugzeugbau eingestellt. Seinen Betrieb übernahm die «National-Flugzeug-Werke GmbH.» (NFW) als Johannisthaler Filiale des Leipziger Hauptwerkes.

*

Die anderen Mieter am «neuen Startplatz» hatten sich von vornherein hier eingemietet, ohne den Umweg über den «alten Startplatz».

Edmund Rumpler, der als erster einzog und den Schuppen I übernahm, wollen wir im folgenden Abschnitt näher betrachten, wenn es um die großen Flugzeugfabriken in Johannisthal geht.
Auf die Betrachtung der «Harlan-Werke GmbH.», die zeitweilig den Schuppen II belegt hatten, können wir verzichten, denn den unternehmungslustigen Wolfgang Harlan haben wir bereits am «alten Startplatz» kennengelernt. Die zeitweilige Ausdehnung seiner Werkstätten auf den «neuen Startplatz» war im Frühjahr 1913 zu Ende.

Ago Fluggesellschaft mbH.

Ago Flugzeugwerke GmbH.

Die Werkbezeichnung «Ago» steht für «Aviatiker Gustav Otto». Gustav Otto verfügte über reiche finanzielle Mittel, denn er war der Sohn von Nikolaus August Otto, dem Erfinder des Verbrennungsmotors. Im Jahre 1909 hatte Gustav Otto die «Münchener Flugmaschinenwerke» gegründet und aus Frankreich drei Blériot-Eindecker mit Anzani-Motor gekauft. Bald stellte er in seinem Werk eigene Flugmotoren (Ago-Motoren) her und bildete das Münchner Werk in die «Otto-Flugzeugwerke und Maschinenfabrik GmbH.» um. Als Tochtergesellschaft dieser Fabrik gründete er im Jahre 1912 auf dem Flugplatz Johannisthal in den Schuppen III und IV am «neuen Startplatz» die «Ago Fluggesellschaft mbH.», die ein Jahr später von den «Harlan-Flugzeugwerken GmbH.» auch den Schuppen II übernahm und nun ihre drei nebeneinanderliegenden Schuppen zu einer zusammenhängenden großen Werkhalle ausbaute. Noch im gleichen Jahr wurde das Werk in die «Ago Flugzeugwerke GmbH.» umgebildet.
Zur gleichen Zeit, im Jahre 1913, gründete Gustav Otto mit finanzieller Unterstützung der Bayerischen Regierung gemeinsam mit den Brüdern Eversbusch die «Pfalz-Flugzeugwerke GmbH.» in Speyer am Rhein, die später ein Familienunternehmen der Brüder Eversbusch wurden (Unternehmer: Alfred Eversbusch; Chefkonstrukteur: Ernst Eversbusch; Einflieger, gemeinsam mit anderen Piloten: Walter Eversbusch).
Die «Ago Flugzeugwerke GmbH» entwickelten sich zum stärksten Flugzeugbauunternehmen am «neuen Startplatz» in Johannisthal. Anfänglich wurden verschiedene Ausführungen des «Otto-Gitterrumpf-Doppeldeckers» als Schulflugzeuge gebaut. Mit einem dieser Muster flog Ellery von Gorrissen am 7. No-

83
Gitterrumpf-Doppeldecker der «Ago Flugzeugwerke GmbH.»

84
Dieser Ago-Eindecker mit 120-PS-Daimler-Motor (1913) erreichte eine Geschwindigkeit von 135 km/h

85
Versuchsflugzeug der «Automobil & Aviatik A.G.» aus dem Jahre 1910

vember 1912 einen Passagierrekord mit sechs Passagieren. Später gingen die Ago-Werke zum Bau militärischer Baumuster über und waren im ersten Weltkrieg eines der Johannisthaler Rüstungswerke.

Automobil & Aviatik A.G.

Im Jahre 1910 wurde von Julius Spengler die «Aviatik GmbH.» gegründet und im Jahre 1911 gemeinsam mit Châtel und Heinrich Jeannin (beide Gesellschafter der «Argus-Motoren-GmbH.») sowie mit einer Automobilfabrik in Mülhausen zur «Automobil & Aviatik A.G.» mit Sitz in Mülhausen im Elsaß vereinigt. Aviatik (wie das Unternehmen und seine Flugzeuge in der Folgezeit genannt wurden) erwarb die Nachbaurechte des französischen Hanriot-Eindeckers und baute außerdem Kopien des französischen Farman-Doppeldeckers. Noch im Jahre 1911 wurden Aviatik-Zweigwerke und Fliegerschulen in Habsheim und in Johannisthal gegründet. Die Johannisthaler Filiale war im Schuppen V am «neuen Startplatz» untergebracht und existierte dort bis zum Frühsommer 1913. Dann zog sich Aviatik angesichts der starken Konkurrenz wieder aus Johannisthal zurück. Dafür entstand im Jahre 1914 eine Tochtergesellschaft in Österreich. Das Hauptwerk wurde während des ersten Weltkrieges zuerst nach Freiburg im Breisgau, im Jahre 1916 in die neuerbauten Fabrikanlagen nach Leipzig-Heiterblick verlegt. Die Fliegerschule fand ihren Standort in den Luftschiffhallen in Leipzig-Mockau und brannte dort im Herbst des gleichen Jahres aus.

Aviatik baute in Johannisthal vorwiegend Gitterrumpf-Doppeldecker (Farman-Kopie) mit verschiedenen Spannweiten, Fahrgestellen und Leitwerkformen, aber auch einige Eindecker-Muster. Ein Aviatik-Eindecker (Hanriot-Kopie), der in verschiedenen Varianten gebaut wurde, war im Jahre 1911 auf dem Pariser Aerosalon sowie auf der «Allgemeinen Luftfahrt-Ausstellung» (ALA) im

Jahre 1912 in Berlin ausgestellt und wurde zum Preise von 20000 Mark angeboten.
Mit Aviatik-Doppeldeckern wurden mehrere herausragende Flugleistungen erreicht. In den Jahren 1912 und 1913 flog Arthur Faller (Flugzeugführererlaubnis Nr. 153 vom 15. Januar 1912) mehrere Passagierflug-Weltrekorde: am 31. Dezember 1912 mit vier Passagieren 1 h, 18 min; im Jahre 1913 mit fünf Passagieren 1 h, 16 min; mit sechs Passagieren 1 h; mit sieben Fluggästen 6 min, 49 s. Beachtenswert ist daran nicht allein die Leistung des Piloten, der den total überladenen Flugapparat sicher startete und ohne Bruch landete, sondern auch der Mut der für solche Rekordflüge angeheuerten Passagiere, die sich im Gitterrumpf-Flugzeug wie Sardinen in einer Büchse aneinanderpreßten und bewegungslos ausharrten.
Neben Faller, dem Spezialisten für Passagiergruppenflüge, war Bruno Büchner (Flugzeugführerberechtigung Nr. 53 vom 3. Februar 1911) bei Aviatik beschäftigt. Er belegte den zweiten Platz im «Sachsen-Rundflug» vom 21. bis 31. Mai 1911 über vier Etappen und den dritten Platz beim «Deutschen Rundflug» vom 11. Juni bis 10. Juli 1911 über 13 Etappen. Beim «Ersten Deutschen Wasserflugmaschinen-Wettbewerb» vom 29. August bis 5. September 1912 in Heiligendamm belegte er mit einem Land- und Wasserflugzeug den ersten Platz und sicherte damit für Aviatik, daß die Maschine von der Heeresverwaltung angekauft wurde.

A. H. G. Fokker Aeroplanbau
Fokker Aeroplanbau mbH.
Fokker-Flugzeugwerke

Anthony H. G. Fokker, ein Holländer (geboren auf der damals niederländischen Inselkolonie Java) lernte das Fliegen in der Schule der «Flugzeugwerke J. Goedecker» in Mainz-Gonsenheim und erwarb die Flugzeugführererlaubnis Nr. 88 am 7. Juni 1911. Fokker blieb dort fast ein ganzes Jahr lang als Einflieger und Fluglehrer, ließ nach seinen Angaben im Goedecker-Werk einen Eindecker «Spinne» bauen, mit dem er mehrere erfolgreiche Flüge ausführte. Im Frühjahr 1912 gründete er in den Schuppen VI und VII des «neuen Startplatzes» auf dem Flugplatz Johannisthal den «A. H. G. Fokker Aeroplanbau», aus dem ein Jahr später die «Fokker Aeroplanbau mbH.» entstand. Zum Jahresende 1913 verlegte er seine Produktionsstätten nach Görries bei Schwerin, sein Unternehmen nannte er fortan «Fokker-Flugzeugwerke». (Im Verlaufe des ersten Weltkrieges wurde Fokker einer der größten Industrieherren der deutschen Flugzeugrüstung, vor allem durch den Bau von Jagdflugzeugen. Er gründete eine Reihe von Zweigwerken, darunter eine Flugzeugwaffenfabrik in Berlin-Reinickendorf, eine Flugzeugwerft in Lübeck-Travemünde und eine Filiale in Budapest, die Firma «Mago-Mobil». Gegen Ende des Jahres 1917 kam es zur Gründung der «Junkers-Fokker A.G.». Nach dem ersten Weltkrieg schaffte er sechs Güterzüge voll Werkzeugmaschinen, Flugmotoren, Flugzeuge und Ausrüstungen nach Holland. Mit einer Segelyacht nebst einigen Millionen Mark verließ er Deutschland und führte den Flugzeugbau in den Niederlanden ohne Unterbrechung weiter.) In Johannisthal verbesserte Fokker seine «Spinne» und ließ mehrere Muster in seinem Werk bauen. Es war ein leichtes Flugzeug mit unverkleidetem Sitz, Kufenfahrgestell und starker V-Stellung

86
Passagierflugweltrekorde mit Aviatik-Doppeldeckern, die Arthur Faller in den Jahren 1912 und 1913 mit vier, fünf, sechs und sieben Passagieren flog

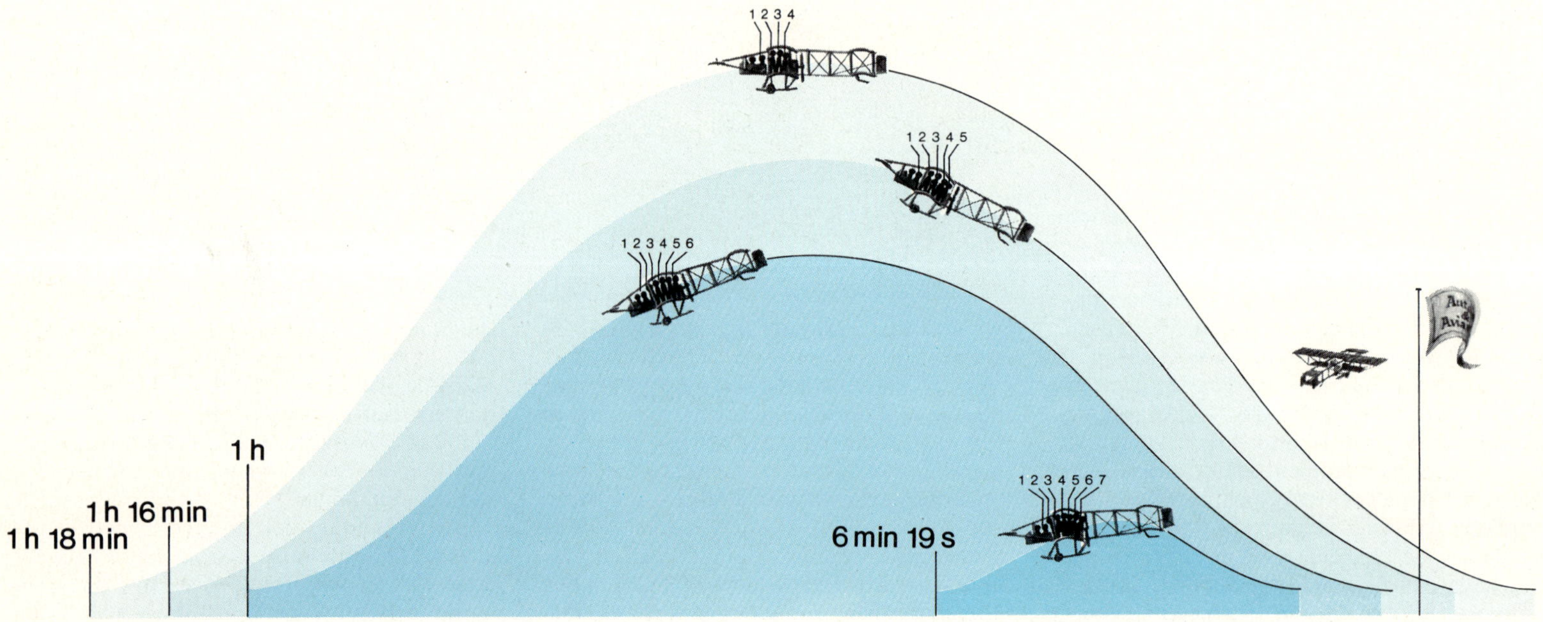

der Tragflächen. Durch konstruktive Verbesserung wurde aus der «Spinne» ein Schul-Eindecker; der Motor und beide Sitze waren mit Aluminium verkleidet.

Fokker war, vor allem in seiner Johannisthaler Zeit, ein ausgezeichneter Flieger, der sich besonders durch waghalsige Kunstflugvorführungen bald einen klangvollen Namen holte. In dieser Zeit gehörte er zum Johannisthaler Flieger«lager», denn als im Jahre 1912 der erste Fliegerstreik in der Motorfluggeschichte auf dem Flugplatz Johannisthal die Interessengegensätze von Flugzeugführern und Kapital deutlich machte, wovon noch die Rede sein wird, stand Fokker auf der Seite der Flieger, denn der Flugzeugbau seines Werkes stand damals erst noch am Anfang. Der Großunternehmer Fokker beginnt, beurteilt an der Flugzeugproduktion, erst mit der Übersiedlung nach Görries bei Schwerin. Allerdings waren die Methoden, die Fokker anwandte, um mit anderen Flugzeugkonstrukteuren und ihren Fliegerschulen zu konkurrieren, offenbar schon in Johannisthal recht bedenklich.

Aus dem Jahre 1912 wird folgende Begebenheit geschildert. Bruno Hanuschke, der unternehmungsfreudige, beliebte Flieger und Konstrukteur, hatte in seinem Schuppen 21 am «alten Startplatz» einen neuen Eindecker fertiggestellt, den «Populaire II» nach französischem Vorbild, und wollte ihn einfliegen. Da kam Fokker vom «neuen Startplatz» herübergelaufen, besah den neuen Apparat und bot sich als Einflieger an. Ohne Bezahlung. Ganz uneigennützig. Aus purem Interesse für die neue Maschine. Der kleine Bruno Hanuschke hoffte wohl, daß ihm die Erfahrungen des Holländers nützlich sein könnten, und willigte ein. Fokker bestieg den Sitz, startete und sauste davon, in Richtung Rudow. Über freiem Feld testete er Hanuschkes Flugzeug, wie man es von seinen waghalsigen Flügen gewöhnt war, mit einem kleinen Kunstflugprogramm. Dabei überbeanspruchte er den Motor so stark, daß er prompt ausfiel und das Flugzeug auf einem Feld notgelandet werden mußte. Erst nach einer reichlichen Stunde kam Fokker zum Flugplatz zurück, zu Fuß, wie im tiefen Bedauern die Schultern hebend. Den Schaden hatte Hanuschke, der das neue Flugzeug dringend für seine kleine Fliegerschule brauchte, das er aber nun erst einmal wieder herbeitransportieren lassen mußte, um den Motor auseinanderzunehmen – sofern er überhaupt noch brauchbar war.

Am Flugplatz erzählte man sich, daß Fokker den neuen Motor, dessen Anschaffung für die «Kleinen» am «alten Startplatz» immer das größte finanzielle Problem war, absichtlich «fertiggemacht» hätte. Das ist nicht belegt, aber ein Grund scheint naheliegend: Hanuschkes Fliegerschule war damals eine Konkurrenz der Fokker'schen.

Ein reichliches Jahr nach der Betriebsverla-

87
Aviatik-Pfeildoppeldecker aus dem Jahre 1914

88
Die in Johannisthal verbesserte «Spinne» von Fokker aus dem Jahre 1912, ein Schuleindecker mit Aluminiumverkleidung des Motors und der Sitze (rechts oben)

89
Fokkers «Spinne» aus dem Jahre 1911 mit unverkleidetem Sitz und starker V-Stellung der Tragflächen

90
Der Holländer A. H. G. Fokker war einer der populärsten Johannisthaler Flieger, bevor er sein Werk in Schwerin-Görries einrichtete und sich der Flugzeugrüstung zuwandte

gerung nach Görries bei Schwerin kehrte Fokker vorübergehend zum «neuen Startplatz» nach Johannisthal zurück. Von Januar bis März 1914 stand er wieder in der Mieterliste. Das war die Zeit, als er den Zuschauern in Johannisthal seine Kunstflugvorführungen zeigte und, wie andere Kunstflieger auch, die Leistungen Pégouds zu erreichen suchte, der im Oktober 1913 die Berliner wie kein anderer vor ihm und nach ihm begeistert hatte.

Centrale für Aviatik

Im Frühjahr 1914 zog in die freigewordenen Fokker-Schuppen VI und VII die «Centrale für Aviatik». Das Büro befand sich in der Johannisthaler Parkstraße 18.
In diesem Unternehmen, das sich Fabrik und Fliegerschule nannte, wurden Flugzeugführer ausgebildet. Besitzer der «Centrale für Aviatik» war Ingenieur Arthur Brand (Flugzeugführerberechtigung Nr. 438 vom 20. Juni 1913). Er hatte im Jahre 1913 in Johannisthal eine Wohnung gemietet, eine Flugzeugführerausbildung absolviert und sich danach auf die Schülerausbildung verlegt. Er war selbst einer der beiden Fluglehrer, die das Unternehmen bestritten. Das Büro des Unternehmens betrieb eine umfangreiche Anwerbung von Flugschülern und bemühte sich, den Flugzeugführerberuf als ungewöhnlich aussichtsreich darzustellen. (Darauf wird in einem der nächsten Abschnitte, der sich speziell mit den Fliegerschulen und der Flugzeugführerausbildung in Johannisthal beschäftigen wird, näher eingegangen.)
Täuschung gehörte offenbar von vornherein zum Stil der «Centrale für Aviatik», denn schon im Frühjahr 1913 erschienen in der Presse mehrere Inserate: «Hervorragender, bekannter Flugzeugbauer (Ing. Akad.) Konstrukteur einer Maschinentype, die zu den schnellsten und elegantesten der Welt gehört (auf fast allen bestrittenen Konkurrenzen erster Sieger), sucht Kapital zur Gründung einer GmbH. 1. Fabrikation für Militär und Sport. 2. Beschickung der großen Wettflüge auf Spezialmaschinen von höchster Leistungsfähigkeit. 3. Betrieb einer Flugschule nach französischem Muster. Außerst wertvolle Neuerungen, die zum Teil bereits von der französischen Armee akzeptiert wurden. Bewährte Mitarbeiter, erstklassige Piloten vorhanden, Angebote an Centrale für Aviatik, Johannisthal.»
Das einzige, was an diesem Inserat stimmte, war, daß man vorhatte, ein Unternehmen zu gründen, und zwar mit den Tätigkeitsbereichen, die das Inserat in drei Punkten aufzählte. Bis zu diesem Zeitpunkt war die «Centrale für Aviatik» nämlich überhaupt noch nicht auf dem Flugplatz vertreten, sie unterhielt zu dieser Zeit in der Parkstraße, nahe dem Flugplatz, lediglich ein Vertriebsbüro für «Flugmotoren, Mercedes, Argus, Gnome», die, laut Ankündigung, «prompt und preiswert» geliefert wurden. Die Inserate mußten aber wohl doch einiges Kapital angelockt haben, das zwar nicht zur Gründung einer GmbH. reichte, auch nicht zur Produktion von Flugzeugen, zur Beschickung von Flugkonkurrenzen mit hochleistungsfähigen «Spezialmaschinen», und ebenfalls nicht zum Betrieb einer großangelegten «Flugschule nach französischem Muster» – aber immerhin zur Schuppenmiete, zum Kauf von ein oder zwei Flugzeugen und der damit

91
Schulflugzeug der «Centrale für Aviatik» im Jahre 1914

ermöglichten Ausbildung von Flugschülern.
Mit dem Beginn des ersten Weltkrieges wurde die «Centrale für Aviatik» aufgelöst.

Flugschule Aero

Von der «Flugschule Aero» war bereits im Zusammenhang mit dem Flugzeugführer Hermann Reichelt und der von ihm in Johannisthal gegründeten «Aero-Flugzeugbau GmbH.» die Rede.
Besitzer der «Flugschule Aero» war ein Unternehmer namens Allers, er wurde unter dem Namen Allers senior als Mieter des Schuppens VIII am «neuen Startplatz» eingetragen. Allers hatte, gemeinsam mit seinem Sohn, einen Eindecker gebaut, über den allerdings keine näheren Einzelheiten in Erfahrung gebracht werden konnten. In Johannisthal wurde er «Allers-Vater-und-Sohn-Eindekker» genannt. Dieses Flugzeug wurde von Adolf Behrend (Flugzeugführererlaubnis Nr. 7 vom 3. Mai 1910) eingeflogen. Behrend, von Beruf Artist, war zuvor als Schlangenmensch aufgetreten und wurde später unter dem Künstlernamen «Salerno» als international gefragter Zauberkünstler bekannt, bevor ihn die Flugleidenschaft packte. Als Flieger war er erfolgreich, beispielsweise erflog er am 20. April 1910 den zweiten «Lanz-Preis der Lüfte» in Höhe von 7000 Mark. Wie viele andere Piloten verdiente er sich Geld durch das Einfliegen neuer Konstruktionen, einer überaus gefahrvollen Tätigkeit. Das erwies sich auch bei den Flugversuchen mit der Allers-Konstruktion. Er stürzte ab und mußte aus den Trümmern des Eindeckers herausgesägt werden. Trotzdem flog er weiter. Erst nach neuerlichen Abstürzen kehrte er mit Auftritten im «Berliner Wintergarten» in den Artistenberuf zurück, gefeiert von vielen seiner Johannisthaler Fliegerkameraden, die sein erstes Auftreten nach mehrjähriger Unterbrechung mit kräftigem Beifall unterstützten.
Allers beschäftigte immer nur einen Fluglehrer, der ihm mit den Ausbildungsgebühren, die die Flugschüler zu zahlen hatten, die Einnahmen verdiente. Allers konnte sich aber gegen die Konkurrenz anderer Fliegerschulen am «neuen Startplatz» in keiner Weise durchsetzen. Vor allem Fokker, der durch seine glanzvollen Flüge für seine eigene Fliegerschule warb, grub ihm das Wasser ab, denn Allers, der selbst kein Flieger war und auch bekannte Flieger nicht bezahlen konnte, hatte dem nichts entgegenzusetzen. Im Frühjahr 1913 schloß die «Flugschule Aero» ihre Pforten. Ihr Schuppen wurde sogleich von Fokker, der seinen Betrieb zu dieser Zeit auf vier Schuppen ausdehnte, übernommen.

Allgemeine Flug-Gesellschaft mbH. (AFG)

Nahe der Haupttribüne am Eingang I des Flugplatzes befand sich der Schuppen der «Allgemeinen Flug-Gesellschaft mbH.» (AFG), die mit finanzieller Beteiligung der «Deutschen Flugzeug-Werke» (DFW) in Leipzig-Lindenthal entstand. Die AFG war keine Produktionsstätte, sondern eine Fliegerschule, in der zeitweise bekannte Flugzeugführer als Fluglehrer tätig waren. Als Schulflugzeuge, mit denen Fluglehrer auch für Flugwettbewerbe eingesetzt wurden, waren vor allem Kopien französischer Doppeldekker-Konstruktionen im Einsatz. Mit einer vergrößerten Farman-Kopie, die von den DFW in Leipzig-Lindenthal gebaut worden war, stürzte Rudolf Hölscher am 4. Juli 1913

92
Fliegerkomfort: Als Sitz in AFG-Flugzeugen dienten zeitweilig Stühle mit abgesägten Beinen und Rückenlehnen (rechts oben)

93
Vergrößerte Farman-Kopie, die von der «Allgemeinen Flug-Gesellschaft mbH.» (AFG) als Schulflugzeug verwendet wurde

tödlich ab. Das Flugzeug war für einen Rekordflug mit einem 250-Liter-Tank ausgerüstet worden, der wie ein Geldschrank aufrecht hinter dem Flugzeugführersitz stand. Dieser Zusatztank war voll aufgefüllt, als Hölscher startete. Auf der Adlershofer Flugplatzseite stieß seine AFG-Maschine, die durch ihre zusätzliche Last schwerfällig zu steuern war, in 15 Metern Höhe mit einem Doppeldecker der «Luft-Verkehrs-Gesellschaft» (LVG) zusammen. Hölschers Flugzeug stürzte mit dem Bug voran zur Erde, der hinten liegende schwere NAG-Motor durchschlug den Tank und Rudolf Hölscher verbrannte.
Die AFG bildete im ersten Weltkrieg in Johannisthal Militärflugzeugführer aus.

Fliegerschule Direktor Rathjen

Als das Unternehmen Fokker in Johannisthal auszog, übernahm die «Fliegerschule Direktor Rathjen» den Schuppen VIII. Über den Besitzer dieser Fliegerschule, die drei Fluglehrer beschäftigte, war nichts in Erfahrung zu bringen. Es wird vermutet, daß er, wie Fokker, aus den Niederlanden nach Johannisthal kam. Die Fliegerschule existierte nur ein halbes Jahr und unterlag, als der Flugplatz mit Beginn des ersten Weltkrieges unter militärische Bewachung gestellt wurde, der Schließung.

Flugwerke Haefelin & Co.

Regierungsassessor a.D. Dr. Haefelin hatte bei Rumpler einen Eindecker bauen lassen, der im Juni 1910 fertiggestellt wurde, aber nicht flog. Danach begann er mit anderen flugzeugtechnischen Beratern den Flugzeugbau und gründete zu diesem Zweck die «Flugwerke Haefelin & Co.» auf dem Flugplatz Johannisthal. Der Gründungszeitpunkt (wahrscheinlich in der zweiten Jahreshälfte des Jahres 1910) und der Standort des Unternehmens (wahrscheinlich am «neuen Startplatz») kann nach den Unterlagen nur vermutet, nicht aber präzise belegt werden. In dieser Werkstatt entstanden im Jahre 1911 zwei Eindecker-Typen, die für die Flugschüler-Ausbildung verwendet wurden. Ein dritter Typ, ein Militär-Eindecker, dessen Motor und Sitz gegen Karabinerbeschuß vom Boden mit einer Panzerung abgedeckt war, weshalb das Flugzeug als «Panzer-Eindecker» bezeichnet wurde, fand nicht das Interesse der Militärverwaltung und wurde daher nicht angekauft. (Die Panzergondel-Abdeckung war auf der «Allgemeinen Luftfahrt-Ausstellung» 1912 in Berlin ausgestellt.)
Mit dem zweiten Eindecker-Typ der Haefelin-Werke gab es beträchtlichen Ärger in Johannisthal, denn damit hatten kurz hintereinander mehrere Flugzeugführer durch Havarien schlechte Erfahrungen gemacht. Schließlich stürzte mit einem Haefelin-Eindecker der Pilot Hans Pachmayer am 7. Mai 1912 tödlich ab. Das führte, im Zusammenhang mit dem Johannisthaler Fliegerstreik des Jahres 1912, von dem in einem späteren Abschnitt die Rede sein wird, zu einem Boykottbeschluß der Flugzeugführer gegen die Haefelin-Werke, an dem sich auch der ehemalige Gesellschafter dieser Werke, der Flugzeugführer Ernst Weinaug, beteiligte. Dieser Boykottbeschluß wurde in einer Versammlung des «Bundes Deutscher Flugzeugführer» auf Antrag der populären Fliegerin Melli Beese gefaßt und hatte zur Folge, daß der Flugzeugführerbund alle deutschen Flugzeugführer öffentlich davor warnte, mit den Haefelin-Werken in Verbindung zu treten. Auf diese Weise wurde es Haefelin, der trotz der Havarien mit seinem Eindecker immer neue Flugschüler anwarb, ganz und gar unmöglich, seine Fliegerschule aufrechtzuerhalten. Offenbar hielten sich alle Piloten an den Boykottbeschluß, obwohl die Nachfrage

94
Dieses Eindecker-Muster (1911) der «Flugwerke Haefelin & Co.» hatte als Rumpf ein dünnwandiges Stahlrohr von 180 mm Durchmesser, auf dem vorn der Motor stand; wiederholte Abstürze mit diesem Flugzeug führten zum ersten organisierten Boykott durch die Flugzeugführer

95
Trotz spektakulärer Flugunfälle warb Haefelin unbekümmert in Inseraten um Flugschüler

96
Eindecker der Haefelin-Werke (1911) mit unbespanntem Stahlrohrrumpf (links)

nach Arbeit als Flugzeugführer sehr groß war. Haefelin mußte sein Unternehmen schließen. Er verließ den Flugplatz Johannisthal noch im Sommer 1912 und tauchte auf keinem anderen deutschen Fluggelände wieder auf.

Ad Astra-Fluggesellschaft

Die «Ad Astra-Fluggesellschaft» war ein Unternehmen, das etwa bis zur Jahresmitte 1912 bestand und wahrscheinlich am «neuen Startplatz» seinen Standort hatte. Es war eine Unternehmung ganz besonderer Art, keine Produktionsstätte für Flugzeuge, sondern eine Gesellschaft zur Veranstaltung von Schauflügen, die auch Flugschüler ausbildete. Die beiden Piloten Rudolf Kiepert, Landwirt mit ansehnlichem Grundbesitz (Flugzeugführerberechtigung Nr. 65 vom 24. Februar 1911) und Robert Thelen, Diplomingenieur (Flugzeugführererlaubnis Nr. 9 vom 11. Mai 1910) engagierten einen Reisemonteur und veranstalteten auf eigene Rechnung Flugvorführungen, Passagierflüge im In- und Ausland, und sie nahmen an Flugwettbewerben teil. In die Fluggesellschaft brachte Kiepert einen eigenen Wright-Doppeldecker ein. Thelen war sein Teilhaber. Wenn sie nicht gerade als Fluglehrer in Johannisthal Flugschüler ausbildeten, dann waren sie unterwegs, und ihre Flugschüler mußten warten, bis sie zurückkamen. Sie flogen, wie ihr Reisemonteur, Hugo Lange, berichtete, in «Gotha, Weimar, Heringsdorf, Ahlbeck, Binz, Gelsenkirchen, Schwerte, Herne, ja sogar in Dänemark, wo in Aarhus und Kopenhagen prächtige Flüge unter großer Anteilnahme des Publikums gezeigt wurden». Zwar hatten Kiepert und Thelen die Kosten für den Flugzeugtransport, für Kraftstoff, Reparaturen und Unterbringung zu tragen, dafür aber waren die Einnahmen aus solchen Flugvorführungen damals noch sehr beträchtlich, und auch das Herumfliegen von zahlungskräftigen Passagieren «brachte manchen Batzen Geld».
«Ad Astra» war das einzige Unternehmen seiner Art in Johannisthal. Als Hellmuth Hirth in Johannisthal auftauchte, wurde Hugo Lange dessen Reisemonteur und Angestellter der Rumpler-Werke. Bemerkenswert ist, daß ihm keiner der Johannisthaler Flieger mit den großen Namen, die er jahrelang begleitet hat, das Fliegen beibrachte. Um selbst am Steuer sitzen zu können, mußte er seine Ersparnisse mehrerer Jahre dafür verwenden, seine eigene Ausbildung zu bezahlen. Am 20. Mai 1914 erwarb der Monteur Hugo Lange die Flugzeugführererlaubnis Nr. 770.

97
Robert Thelen,
einer der bekanntesten Johannisthaler Flieger der Anfangsjahre,
auf dem Wright-Doppeldecker der «Ad Astra-Fluggesellschaft»

Flugapparate-Bauanstalt Deutschland

Auch die «Flugapparate-Bauanstalt Deutschland» soll an dieser Stelle erwähnt werden, obwohl sie nicht zum «neuen Startplatz» gehörte. Genau genommen war sie überhaupt nur mit ihrem Namen auf dem Flugplatz Johannisthal vertreten, und auch das nur für kurze Zeit. Das Unternehmen wurde im Herbst des Jahres 1909 in Johannisthal gegründet und hielt sich bis zum Frühjahr 1910 eine beträchtliche Fläche für den Bau von Werksanlagen an der Westseite des Flugplatzes reserviert. Die Werkhallen wurden aber nicht errichtet, denn die Bauanstalt nahm ihren Sitz in Schöneberg. Das freigewordene Terrain in Johannisthal wurde später von der «Albatros-Flugzeugwerke GmbH.» übernommen und mit Fabrikhallen belegt.

*

Am «alten Startplatz» in Johannisthal entstanden die meisten und unterschiedlichsten Motorflugzeugkonstruktionen. Am «neuen Startplatz» entstanden weniger Flugzeuge, dort wurden aber vergleichsweise mehr Flug-

Tabelle 6
Anzahl der Fliegerschulen und Fluglehrer

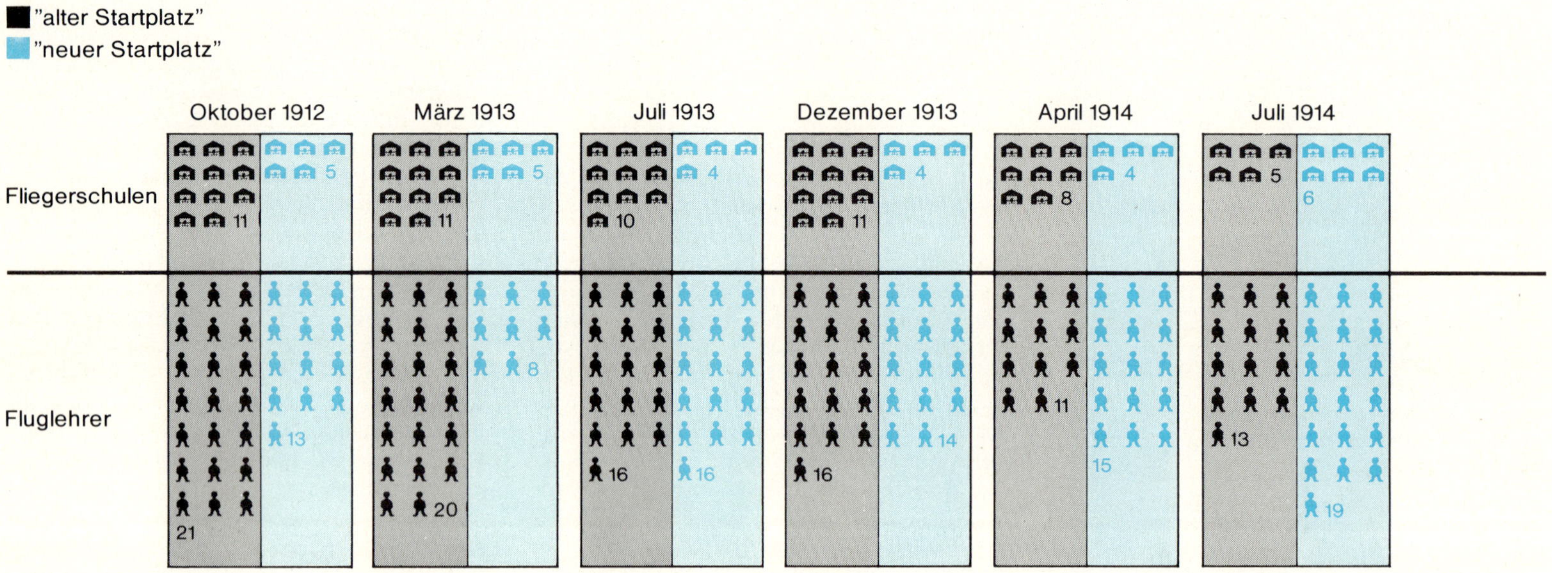

zeugführer ausgebildet und waren dafür mehr angestellte Fluglehrer tätig. Während die Anzahl der Bewerber für eine Flugzeugführerausbildung am «alten Startplatz» immer mehr zurückging, demzufolge auch die Anzahl der Fliegerschulen und der beschäftigten Flugzeugführer, nahm die Anzahl der Flugschüler und folglich der Fluglehrerbedarf am «neuen Startplatz» kontinuierlich zu. Das zeigt Tabelle 6.

Ein anderer Vergleich zwischen beiden Standorten belegt, wo die größere Finanzkraft konzentriert war: Während in der Mitte des Jahres 1914 am «alten Startplatz» nur noch 50 Prozent der dortigen Schuppen belegt waren, hatten zum gleichen Zeitpunkt am «neuen Startplatz» noch sämtliche Schuppen einen Mieter, und zwar trotz der dort deutlich höheren Schuppenmiete.

Alles aber wurde überragt von den Flugzeugfabriken, die sich am Flugplatz Johannisthal ansiedelten, ausdehnten und das Geschehen zunehmend beherrschten.

Die «Garuda-Möwe» auf dem Flugplatz Johannisthal im Frühjahr 1912 – gebaut und geflogen von der «Garuda Flugzeug- und Propellerbau GmbH.»

Die Johannisthaler Flugplatzgesellschaft informierte in insgesamt zehn Vierteljahresheften von 1912 bis 1914 über die Vorgänge und Vermietungen auf dem Flugplatz. Aus den Belegungsangaben geht hervor, daß außer den bisher vorgestellten Mietern im ersten Halbjahr 1912 eingetragen waren:

- *«Allers sen.», Fabrik und Fliegerschule*
- *«Otto E. Lindpaintner»*
- *«Dixi Luftfahrt- und Bootsmotoren – Verkaufs-GmbH.», Fabrik und Fliegerschule*
- *«Garuda Flugzeug- und Propellerbau GmbH.», Fabrik und Fliegerschule*
- *«Schultze-Herfort-Flugzeugbau», Fabrik und Fliegerschule*
- *«Braselmann und Tuchen», Konstrukteure*
- *«Simon & Albers Luftfahrzeugbau», Fliegerschule*

Flugzeugfabriken

Wie aus dem Bisherigen zu ersehen ist, galten in den ersten Jahren des Motorfluges in Deutschland vor allem die französischen Konstruktionen von Blériot, Farman, Hanriot und Voisin als Vorbilder eigener Bemühungen. Nur wenige Konstrukteure – Grade, Dorner, Etrich – gingen erfolgreich eigene Wege. Viele andere konstruktive Wege erwiesen sich als erfolglos. Das war nicht nur für die «Kleinen» typisch, sondern auch für die großen Unternehmen. Nur: ein Mißerfolg eines kleinen Konstrukteurs, der meist alles, was er besaß, in seinen Flugapparat stecken mußte, war auch sein finanzieller Ruin. Für finanzkräftige Kapitalgesellschaften hingegen war eine Fehlkonstruktion lediglich eine Episode. Hinzu kam, daß sich finanzstarke Unternehmen die Lizenz zum Nachbau erfolgreicher ausländischer Konstruktionen kaufen konnten und damit gegen Mißerfolge von vornherein gesichert waren. Oder sie kauften ausländische Originale und kopierten sie mit geringfügigen Änderungen. Zudem stellten sie erfolgreiche Konstrukteure und qualifizierte Fachleute ein. Schließlich soll nicht unerwähnt bleiben: Die kleinen Konstrukteure riskierten zusätzlich Gesundheit und Leben, die Unternehmer, bis auf Ausnahmen, nicht. Sie ließen ihre Konstruktionen von Piloten einfliegen. Die meisten Besitzer von Flugzeugfabriken hatten nie fliegen gelernt, für sie war der Flugzeugbau lediglich ein mögliches Geschäft von vielen. Die Johannisthaler Flugzeugfabriken, die rings um den Flugplatz seßhaft wurden, belegen diesen Sachverhalt.

*

Ikaros-Gesellschaft
Pilot-Flugtechnische Gesellschaft
Albatros-Werke
Albatros-Flugzeugwerke GmbH.

Dr. Walter Huth (*nicht* verwandt mit Dr. Fritz Huth, dem Gründer der «Deutschen Flugwerft» u. a.) entwickelte sogleich nach der Eröffnungsflugwoche in Johannisthal eine ebenso rege wie verwirrende Geschäftigkeit. Er ließ im Herbst 1909 an der Westseite des Flugplatzes für etwa 6 000 Mark einen Schuppen errichten und firmierte zunächst provisorisch unter «Ikaros-Gesellschaft». Zur gleichen Zeit bestellte er in Frankreich einen Antoinette-Eindecker (einsitzig, zum Preise von 25 000 Mark) und einen weiteren Antoinette-Eindecker (zweisitzig, für 28 000 Mark). Damit die Flugzeuge auch geflogen werden konnten, schickte er seinen Chauffeur Simon Brunnhuber und den von ihm engagierten Ingenieur Eugen Wiencziers nach Frankreich, damit sie dort fliegen lernten. Die Ausbildungskosten betrugen für beide insgesamt rund 3 000 Mark, denn der Kostenersparnis wegen schulten sie nur bis zum ersten Alleinflug. Die Flugzeugführerberechtigung erwarben sie erst Monate nach ihrer Rückkehr (Wiencziers: Nr. 8, am 7. Mai 1910; Brunnhuber: Nr. 20, am 6. August 1910).

Brunnhuber war Schüler des damals auch in Deutschland sehr bekannten französischen Piloten Hubert Latham, der während der Johannisthaler Eröffnungsflugwoche den ersten deutschen Überlandflug von Tempelhof nach Johannisthal ausgeführt hatte. Bei ihm lernte er fliegen in den «Antoinette-Aeroplan-Ateliers» in Mourmelon le Grand bei Reims.

Am 2. Oktober 1909, als Dr. Walter Huth noch keine Flugzeuge und auch noch keinen Flugzeugführer hatte, schrieb er «An das Königliche Kriegsministerium, Berlin» einen Brief, in dem er sich als künftiger Lieferant von Militärflugzeugen empfahl und mitteilte: «Dem Königlichen Kriegsministerium melde ich ganz gehorsamst, daß ich einen zweisitzigen Lathamschen Flugapparat neuester Konstruktion angekauft habe. Ich beabsichtige, einen in den Grundformen ähnlichen deutschen Apparat zu konstruieren, der in allen seinen Teilen nur aus deutschem Material bestehen soll.» (Dies war die bereits zu jener Zeit in der Ausschreibung des «Lanz-Preises der Lüfte» unmißverständlich ausgedrückte Forderung der Deutschen Heeresverwaltung.) «Dieses Modell würde ich im kommenden Frühjahr der Militärverwaltung zur Erprobung bei größeren Übungen mit Flugzeugführer zur Verfügung stellen können ... Für eine Behandlung der Angelegenheit unter ‹persönlich› wäre ich zu besonderem Dank verbunden wie auch für mögliche Beschleunigung, da der Apparat schon in kürzester Frist geliefert werden soll; es ist der erste, der nach Deutschland geliefert wird. Huth, Oberleutnant d. L.»

Im Spätherbst bzw. Winter 1909 trafen die Antoinette-Flugzeuge in Johannisthal ein, per Bahn transportiert, dann auf Pferdefuhrwerke umgeladen und in den Schuppen gebracht. Jetzt hatte Huth etwas vorzuzeigen. Er war der erste am Flugplatz Johannisthal, der kurze Zeit nach der Eröffnungsflugwoche und dem erfolgreichen Flug Grades um den «Lanz-Preis» Flugapparate aufsteigen lassen konnte – von Wiencziers und Brunnhuber gesteuert –, die Aufsehen erregten. Daher fand er für seine weiteren Vorhaben willige

Geldgeber, denn die Fabrikation dieser Antoinette-Eindecker, für die Huth die deutschen Nachbaurechte erwerben würde, wenn es zur Gründung einer Flugzeugfabrik in Johannisthal kam, versprach beträchtliche Einnahmen.
Am 20. Dezember 1909 bildete Huth die «Ikaros-Gesellschaft» in «Pilot-Flugtechnische Gesellschaft» um, deren Aufgabe unter anderem darin bestehen sollte, «Kunst- und Schauflüge» zu veranstalten. Dafür setzte Huth vor allem Wiencziers als Flugzeugführer ein, damit er möglichst viele der von verschiedenen Städten und Flugsportvereinigungen ausgesetzten Preise für die Gesellschaft erflog. (Dazu hatte er mit ihm einen Vertrag geschlossen, der Wiencziers bei hoher Konventionalstrafe für längere Zeit verpflichtete, nur für die Pilot-Gesellschaft und nur auf Albatros-Flugzeugen zu fliegen.)
Außerdem gründete Huth wenige Tage später, am 29. Dezember 1909, die «Albatros-Werke» zur Fabrikation von Flugzeugen, und zwar zunächst zum Kopieren bewährter französischer Konstruktionen. Diese Werke wurden im Frühjahr 1910 in «Albatros-Flugzeugwerke GmbH.» umgebildet. Mitbegründer der GmbH. und Werkdirektor wurde Ingenieur Otto Wiener, der zuvor mit Rumpler zusammengearbeitet hatte und diesem nun den Rücken kehrte.
Besitzer der beiden Flugzeuge aber blieb Dr. Walter Huth. Damit flossen ihm auch die Einnahmen zu, die mit seinen Flugzeugen bei Flugvorführungen und Preisflügen erzielt wurden, ebenso der Löwenanteil aus der Ausbildung von Flugschülern, denn auch dafür wurden seine beiden Flugzeuge verwendet. Aus dem Kapital, das Gläubiger in die beiden Gesellschaften eingebracht hatten, wurden hingegen die Gehälter der Flugzeugführer und Monteure bezahlt, ebenso der größte Teil der Unkosten, die aus Flugzeugtransporten und Reparaturen entstanden. Auf diesem Weg, über relativ hohe Einnahmen bei geringen Ausgaben, holte sich Huth ziemlich rasch sein vorgeschossenes Kapital zurück. Das wiederum verwendete er, um als Privatperson Huth an die Albatros-Werke weitere Aufträge zur Beschaffung bzw. zum Bau von Flugzeugen zu erteilen. Dazu führte er zur Irreführung der Gläubiger und ihrer Rechtsanwälte einen bemerkenswerten Schein-Schriftverkehr und schuf eine ziemlich verworrene Rechtslage. So erteilte er beispielsweise im Januar 1910 als Privatperson an die Albatros-Fabrik den Auftrag, für ihn einen Farman-Doppeldecker in Frankreich zu kaufen; dann antwortete er sich in

98
Inserat im Jahre 1910

99
Die erste Johannisthaler Werkstatt einer später bedeutenden Flugzeugfabrik war die der «Albatros-Flugzeugwerke GmbH.» (unten)

100
Albatros-Taube: Sie wurde gebaut, nachdem sich der bekannte Flieger Hellmuth Hirth von Rumpler getrennt hatte und im Frühjahr 1913 vorübergehend die technische Leitung der Albatros-Werke übernahm (rechts)

seiner Eigenschaft als einflußreichster Mitinhaber der Albatros-Werke wie folgt:

«Hochwohlgeboren Herrn Oberleutnant Huth.
Charlottenburg, Knesebeckstr. 20

Wir danken Ihnen verbindlichst für den uns heute erteilten Auftrag auf Lieferung eines Zweideckers, System Farman mit Motor Gnom zum Preise von Frs. 28 000, zahlbar zur Hälfte sofort, mit Rest bei Übergabe des Apparates nach Absolvierung des Probefluges in Mourmelon le Grand, im übrigen zu den Originalbedingungen, zu denen wir kaufen...

Hochachtungsvoll
Albatros-Werke»

Natürlich hätte die Albatros-Fabrik den

101
In den Albatros-Werken kopierter Farman-Doppeldecker

Farman-Doppeldecker auch ohne diesen Schein-Privatauftrag kaufen können, aber dann hätte das Flugzeug zum Werkbesitz gehört und wäre von Gläubigern pfändbar gewesen. Andererseits hätte Huth auch als Privatperson das Flugzeug direkt bei den Farman-Flugzeugwerken kaufen können. Da aber die Lieferung ab Werk erfolgte, hätte er die Risiken einer eventuellen Beschädigung beim Transport oder eines Totalverlustes durch Funkenflug der Lokomotive – was damals wiederholt vorkam – selbst tragen müssen. So aber ging das Risiko zu Lasten der Gläubiger der Albatros-Werke, die dafür keinerlei Gebühren beanspruchen konnten, denn Huth hatte sich in seiner Antwort auf seinen Auftrag bescheinigt, daß geliefert wird «zu den Originalbedingungen, zu denen wir kaufen».

Daher trat der Zustand ein, daß Gläubiger, die ihre Geldeinlagen zurückerstattet haben wollten, mit leeren Händen wieder fortgehen mußten, denn es zeigte sich, daß weder der «Pilot-Flugtechnischen Gesellschaft» noch den «Albatros-Werken» etwas gehörte, das zu pfänden sich gelohnt hätte. Nicht einmal der Schuppen, denn auch den hatte Huth aus seinem vorgeschossenen Kapital bauen lassen und sich dafür Mieten zahlen lassen – sowohl von der einen als auch von der anderen Gesellschaft. Im Jahre 1913 war in der Zeitschrift «Der Kritiker» zu lesen: «Der Laie kann ... nicht recht unterscheiden ... zwischen ‹Albatros› und ‹Pilot›. Erst wenn ein Gläubiger von einer Gesellschaft etwas zu fordern hat, lernt er aus unanbringlichen Pfändungen, daß je nach Bedarf bald die eine, bald die andere Firma nichts besitzt.» Immer dann bestand nahezu das einzig Greifbare, das auf die Existenz der Gesellschaften überhaupt hinwies, in den Firmenaufschriften am Flugplatzzaun und am Werkschuppen.

Das änderte sich erst, als die ersten Militäraufträge erteilt und weitere in Aussicht gestellt wurden. Da nahm Huth noch einmal Kapital für die «Albatros-Flugzeugwerke GmbH.» auf, das auch unter der Bedingung gewährt wurde, daß Huth zwar einflußreichster Mitinhaber blieb, aber eine Geschäftsleitung eingesetzt wurde, die von den Teilhabern kontrolliert werden konnte. Die Pilot-Gesellschaft hörte zu existieren auf, die Teilnahme an Flugwettbewerben wurde von den Albatros-Werken wahrgenommen. Huth war fortan also nicht mehr der Alleinherrscher des von ihm gegründeten Unternehmens, blieb aber durch seinen Kapitalanteil an den wachsenden Einnahmen beteiligt.

Mit Albatros-Flugzeugen wurden in der Folgezeit mehrere herausragende Flugleistungen vollbracht und führten zu ansehnlichen Einnahmen für das Unternehmen. Felix Laitsch siegte beim «Sachsen-Rundflug» vom 21. bis 31. Mai 1911 (35 000 Mark), Benno König siegte beim «Deutschen Rundflug» vom 11. Juni bis 10. Juli 1911 (63 476 Mark), Alfred Pietschker siegte in der «Flugwoche Berlin-Johannisthal» vom 24. September bis 1. Oktober 1911 (3 717 Mark), Alfred Rupp belegte den zweiten Platz in der «Flugwoche Berlin-Johannisthal» vom 24. bis 31. Mai 1912 (2 384 Mark), Robert Thelen belegte den zweiten Platz beim «Ersten Deutschen Wasserflugmaschinen-Wettbewerb» in Heiligendamm vom 29. August bis 5. September 1912 (6 000 Mark).

Bedeutendere Einnahmen erzielte Albatros jedoch durch die Ausbildung von Flugschülern. Allein bis Ende 1913 waren in der Fliegerschule der Albatros-Werke nach Angaben von Dr. Walter Huth etwa 100 Militär- und Zivilflugschüler ausgebildet worden. Noch immenser aber waren die Profite aus der zunehmenden Produktion von Flugzeugen für das Militär und die Marine. Doch davon wird in einem späteren Abschnitt die Rede sein. Bevor die Vorkriegs-Rüstungsproduktion in den Albatros-Werken anlief, wurden sieben verschiedene Flugzeugtypen in jeweils mehreren Mustern gebaut, davon eine Kopie des Antoinette-Eindeckers (im Jahre 1910), zwei Nachbau-Versionen des Farman-Gitterrumpf-Doppeldeckers (1910), vier Nachbau-Varianten des französischen Sommer-Gitterrumpf-Doppeldeckers (1911). Diese Typen wurden bei der Flugschülerausbildung und bei flugsportlichen Wettbewerben erfolgreich geflogen.

Ballonhallenbau Arthur Müller GmbH.

Luftfahrtbetriebs-GmbH.

Luft-Verkehrs-Gesellschaft A.G. (LVG)

Diese Unternehmen sind mit dem Namen Arthur Müller verbunden, der bereits aus zurückliegenden Kapiteln bekannt ist. Nachdem er durch umfangreiche Kapitalmanipulationen den Fortbestand der Johannisthaler Flugplatzgesellschaft gesichert und den Posten des Flugplatzdirektors mit Wirkung vom 1. Januar 1910 an Georg von Tschudi übergeben hatte, verwirklichte er einen Plan, der bereits einige Monate lang fertig in seinem Schreibtisch lag und der ihn schon als Direktor seines Unternehmens «Arthur Müller Land- und Industriebauten A.G.» beschäftigt hatte: Bis zum Frühjahr 1910 errichteten etwa 100 Zimmerleute seiner Ballonhallenbau-GmbH. an der Westseite (neben der Einmündung der Köpenicker Straße in den heutigen Segelfliegerdamm) eine Luftschiffhalle für ein 70 Meter langes Parseval-Luftschiff. Den Rohbau verkleideten sie vorläufig mit einer riesigen wasserabweisenden Stoffhülle. Dort brachte Müller das Luftschiff «P VI» unter, das er von der «Luft-Fahrzeug-Gesellschaft» (LFG) gekauft hatte, und gründete die «Luftfahrtbetriebs-GmbH.». Die Idee, die er mit der Gründung dieses Betriebes verband, war wohl die originellste (wenn von bereits vorgestellten originellen Flugzeugkonstruktionen abgesehen wird), auf der ein Johannisthaler Flugplatzunternehmen basierte: Eine Gesellschaft für fliegende Nachtreklame über Berlin! Die Idee fand reichlich Zuspruch. Viele bedeutende Unternehmungen, vor allem der Nahrungs- und Genußmittelindustrie, griffen die Offerte auf und deckten Arthur Müller mit Luft-Werbeaufträgen ein. Und so tauchten fortan in klaren und windstillen Nächten am dunklen Himmel über dem Berliner Häusermeer plötzlich, wie von Geisterhand hingezeichnet, hell beleuchtete Bilder und Wörter auf – großflächig auf die Unterseite des Parseval-Luftschiffes gemalt, angestrahlt von Scheinwerfern aus der Luftschiffgondel. Die Ausführung der Werbeflüge erwies sich als wirkungsvoll. «Dennoch», wie es in einer späteren Werkspublikation hieß, «gelangte die Gesellschaft zu keiner rechten Blüte, da die Luftschiffahrt damals noch nicht genügend entwickelt war, um regelmäßige Fahrten zu gestatten. Das Parseval-Schiff lag häufig wegen Ausbesserungsarbeiten still und schon geringe Luftbewegungen machten den Aufstieg geradezu gefahrvoll. Ein großer Teil der in Auftrag gegebenen Reklamen konnte nicht abgefahren werden. Ein Jahr nach ihrer Gründung sah sich die Gesellschaft daher gezwungen, einen anderen Wirkungsbereich zu suchen... Es lag, da man sich ja nun einmal mit Luftfahrten beschäftigte, nahe, den Bau von Flugzeugen in Angriff zu nehmen.»

Zwar wurden Reklamefahrten mit dem Parseval-Luftschiff noch längere Zeit beibehalten und es wurden auch Passagierfahrten ausgeführt, aber Arthur Müller bildete das Unternehmen zum Beginn des Jahres 1911 zur «Luft-Verkehrs-Gesellschaft A.G.» (LVG) um. Der Flugzeugbau der LVG begann in einer kleinen Werkstatt, die an die Luftschiffhalle angebaut worden war. (Auf der anderen Seite der Parseval-Halle war inzwischen eine große Halle für zwei Zeppelin-Luftschiffe entstanden. Diese Halle gehörte der «Luftschiffbau Zeppelin GmbH.» in Friedrichshafen am Bodensee.)

In der kleinen LVG-Werkstatt entstanden im Jahre 1911 zwei Nachbautypen des Albatros-Farman-Gitterrumpf-Doppeldeckers (d. h., Albatros hatte Farman kopiert, und die LVG kopierte die Albatros'sche Farman-Kopie). Die beiden Flugzeugtypen wurden als Schulflugzeuge eingesetzt. Im Jahre 1912 brachte die LVG einen verbesserten Gitterrumpf-Doppeldecker mit verkleidetem Bug und mit 100-PS-Argus-Motor bzw. 100-PS-NAG-

103
Die fertiggestellte Parseval-Halle mit dem Luftschiff «P VI»

102
Richtfestfertiger Rohbau der Parseval-Luftschiffhalle durch die «Ballonhallenbau Arthur Müller GmbH.» für Arthur Müllers «Luftfahrtbetriebs-GmbH.» im Frühjahr 1910

104
Inserat im Jahre 1910

105
Der LVG-Doppeldecker "D 3", eine leicht verbesserte Kopie des von Albatros kopierten Farman-Doppeldeckers (unten links)

106
LVG-Eindecker aus dem Jahre 1912 (unten)

Motor als Eigenkonstruktion heraus. Die Heeresverwaltung bestellte davon 18 Exemplare. Damit begann auch für die LVG das Rüstungsgeschäft. Arthur Müller hatte diesen raschen Erfolg seinem Konstrukteur, dem Schweizer Ingenieur Franz Schneider, zu verdanken. Schneider hatte zuvor in Frankreich bei Nieuport in Reims gearbeitet und dort Flugzeuge konstruiert, die nicht nur beim ersten Startversuch flogen, sondern mit denen auch etliche Flugrekorde aufgestellt wurden. Von nun an stieg Arthur Müller steil zum Rüstungsindustriellen auf. Hatte die LVG im Jahre 1911 mit zwei Flugzeugen begonnen, betrug die Jahresproduktion im Jahre 1914 bereits 600 Flugzeuge. Aus der kleinen Werkstatt wurde eine große Fabrikanlage. (Im Jahre 1916/17 gründete Schneider in Seegefeld bei Spandau – heute Falkensee – die «Franz Schneider Flugmaschinenwerke mbH.»)

Edmund Rumpler, Luftfahrzeugbau
Rumpler-Luftfahrzeugbau GmbH.
Aeolus-Flugmotoren GmbH.
Rumpler-Werke GmbH.
Bayerische Rumpler-Werke A.G.

Als Ingenieur Edmund Rumpler im Jahre 1908 von den aufsehenerregenden Flügen Wilbur Wrights auf dem französischen Fluggelände Le Mans erfuhr, gehörte er zu denen, die unverzüglich hineilten, um sich selbst zu überzeugen und dieses Ereignis auf sich wirken zu lassen. Von dem Fieber, das von den Wright-Flügen für Unternehmensgründungen ausging, wurde auch Rumpler angesteckt. Zur gleichen Zeit, da Arthur Müller mit der preußischen Forstverwaltung über das Gelände zwischen Johannisthal und Adlershof verhandelte, erschien am 24. November 1908 in der «B. Z. am Mittag» folgende Nachricht: «Eine Luftfahrzeugbauanstalt hat Ingenieur Edmund Rumpler, Berlin SW, Gitschiner Straße 5, seinem technischen Büro angegliedert. Die Anstalt will nicht die fabrikmäßige Herstellung bestimmter Typen von Luftfahrzeugen betreiben, sondern Erfolg verheißende Ideen in sachgemäßer Weise zu mäßigen Preisen zur Ausführung bringen. Auch sollen kleine Luftfahrzeugmodelle daselbst angefertigt werden.»
Die Gründung der Firma war bereits zwei Wochen vorher erfolgt, am 10. November 1908, und zwar unter der Bezeichnung «Edmund Rumpler, Luftfahrzeugbau».
Rumpler betrieb zugleich eine eifrige Werbung in Zeitschriften, in denen immer wieder hervorgehoben wurde, daß von seiner Firma «erfolgverheißende Ideen in sachgemäßer Weise zu mäßigen Preisen zur Ausführung gebracht werden». In einem Aufsatz, der am 10. Dezember 1908 in der «Allgemeinen Automobil-Zeitung» erschien, ließ er sogar hervorheben, daß «beim Bau von Luftfahrzeugen *besondere Erfahrungen und Kenntnisse* maßgebend sind, die zu sammeln und *richtig anzuwenden* nur Sache einer *Spezialfabrik* sein kann», und eine solche Spezialfabrik sei eben Rumplers Firma, geleitet von dem Spezialisten und «Pionier im Luftfahrzeugbau und Luftfahrzeugmotorenbau» Rumpler selbst.
In einer späteren Werbepublikation erklärte Rumpler, wie erfolgreich diese Öffentlichkeitswerbung auf das «damals auf dem Gebiet des Flugzeugbaus sehr zahlreiche Heer der Erfinder» gewirkt habe, daß ein «wirklich lebhaftes Bedürfnis für eine solche Flugzeugbauanstalt bestand» und «alsbald größere Werkstatträume eingerichtet werden» mußten. Die Anzahl der Auftraggeber, die sich vertrauensvoll an Rumpler wandten, war so beträchtlich, daß er seine Firma im Jahre 1909 in die «Rumpler-Luftfahrzeugbau GmbH.» mit seinem Stammkapital in Höhe von 90 000 Mark umwandelte. Und kurz nach dem Jahresbeginn 1910 zog Rumpler mit einem Teil seiner Werkstatt nach Johannisthal auf den «neuen Startplatz» und mietete vorerst den Schuppen I an der Nordgrenze des Flugplatzes, weil er damit Gelegenheit erhielt, die Flugapparate auf dem Fluggelände auszuprobieren.
Allerdings wurden Rumplers Auftraggeber arg enttäuscht, denn die Apparate, die er in seiner «Spezialfabrik» nach ihren Ideen baute, flogen nicht. Und mäßige Preise waren es auch nicht, die er ihnen abnahm. Rumpler hatte keinerlei Skrupel, offensichtlich von vornherein untaugliche Entwürfe zunächst in bombastische Projektzeichnungen und Pakete von Detailzeichnungen zu verwandeln, danach zunächst ein Modell bauen zu lassen und dann erst den Flugapparat, um seine

107
Bei Rumpler gebaut:
Brunsmann-Schwingenflugzeug (1910)

109
Im Herbst 1910 noch Partner (v. l. n. r.):
Edmund Rumpler, Igo Etrich, Karl Illner
(Seite 83)

108
Bei Rumpler gebaut:
Schudeisky-Doppeldecker (1910)

«beim Bau von Luftfahrzeugen besonderen Erfahrungen und Kenntnisse» ins rechte Licht zu rücken und daran so viel zu verdienen, daß er sein Unternehmen ausweiten konnte.

Nicht weniger Enttäuschung bereitete er manchem seiner Auftraggeber, als er auch noch den untauglichen Plan faßte, Flugmotoren zu bauen und am 25. Oktober 1910 die «Aeolus-Flugmotoren GmbH.» gründete. Ohne sich offenbar darüber klar zu sein, wie treffend er damit seine eigenen Leistungen als «Pionier im Luftfahrzeugbau und Luftfahrzeugmotorenbau» einschätzte, begründete er später diesen Schritt mit den Worten, er habe sich gesagt, «daß Motor und Flugzeug harmonisch zusammen passen müssen, wenn eine wirklich einheitliche Maschine entstehen und der höchste Wirkungsgrad der Gesamtanlage gesichert werden soll». Das stimmte. Beide taugten nichts, weder Motor noch Flugzeug, solange Rumpler als Konstrukteur seine Hände im Spiel hatte.

Konstruktive Fehlleistungen, die er hervorbrachte oder baute, sind zumindest die folgenden:

Im Jahre 1908 baute er, offenbar war dies der erste Auftrag, den Rumpler erhielt, für einen Oberstleutnant namens Lippe einen «Schraubenflieger» (Hubschrauber) mit einem Achtzylinder-V-Motor. Flugversuche blieben erfolglos.

Wilhelm Focke, der im Jahre 1908 das Patent für ein Flugzeug in Enten-Bauart erhielt (das Merkmal war das vorn liegende Höhenleitwerk), fand sich mit Dr. Alberti aus München zusammen, der nach diesem Konstruktionsprinzip einen Eindecker entwarf, der im Jahre 1909 in Holzbauweise bei Rumpler gebaut wurde. Tragflächen und 40-PS-Motor mit Druckpropeller lagen hinten. Die «Focke-Alberti-Ente» hatte eine Spannweite von zwölf Metern und ein Fluggewicht von 350 kg. Mit dem Flugzeug gelangen auf dem Bornstedter Feld bei Potsdam lediglich einige Sprünge.

Dr. Haefelin, der spätere Gründer der Johannisthaler «Flugwerke Haefelin & Co.», gab im Jahre 1909 bei Rumpler einen Eindecker in Auftrag, der im Juni 1910 fertiggestellt und mit einem 50-PS-«Aeolus»-Motor Rumplerscher Konstruktion ausgestattet wurde. Der Apparat war flugunfähig. Danach begann Haefelin selbst mit dem Flugzeugbau, suchte sich andere technische Berater und verwendete einen anderen Motortyp. Seither flogen seine Flugzeuge.

Der Berliner Pegelow gab im Jahre 1909 bei Rumpler einen leichten Eindecker in Auftrag, der mit einem unbespannten Bambusstangenrumpf hergestellt wurde, acht Meter Spannweite hatte und einen 12-PS-Anzani-Motor erhielt. Das Flugzeug wurde im März 1910 fertig und zunächst einmal auf dem Rumpler-Stand der «Internationalen Motorboot- und Motoren-Ausstellung» vom 19. März bis 3. April 1910 in Berlin ausgestellt. Es erwies sich dann als flugunfähig.

Im Jahre 1910 baute Rumpler für den Berliner Brunsmann ein Schwingenflugzeug. Der Schwingenflieger war eine Konstruktion mit vier Flügelpaaren, die hintereinander angeordnet zu je zwei Paaren abwechselnd aufund niederschlagen und das Ungetüm dadurch in die Luft bringen sollten. Es war von vornherein klar, daß dies eine Fehlkonstruktion werden mußte, gänzlich abgesehen von der unsoliden Bauausführung des Apparates in der Rumpler-Werkstatt.

Im gleichen Jahr baute Rumpler für den späteren Gründer der «Walter-Stein-Aeroplanbau» (in Teltow bei Berlin) einen Eindecker mit 50-PS-«Aeolus»-Motor. Das Flugzeug schaffte im April und Juni 1910 lediglich kurze Sprünge. Danach baute Walter Stein selbst ein taubenähnliches Flugzeug, baute denselben Motor ein, und hatte ebenfalls keinen Erfolg. Als er dann einen anderen Motortyp einbaute, konnte er erfolgreiche Flüge mit seinem Eigenbauflugzeug ausführen.

Der Berliner Eggers ließ einen Eindecker üblicher Bauart bei Rumlper herstellen, der im Juli 1910 geliefert wurde. Das Flugzeug erhielt einen 50-PS-«Aeolus»-Motor und flog nicht.

Walter Schudeisky, ein Bremer Ingenieur, ließ bei Rumpler einen Doppeldecker mit 50-PS«Aeolus»-Motor bauen, der im Juni 1910 die Werkstatt verließ. Die untere Tragfläche hatte eine so starke V-Stellung, daß ihre Enden mit der geraden oberen Tragfläche zum beidseitigen Dreieck zusammenliefen. Der Apparat konnte nicht zum Fliegen gebracht werden.

Der Berliner Plage ließ bei Rumpler die Kopie eines Farman-Gitterrumpf-Doppeldeckers bauen. Das galt an sich als sichere Angelegenheit, denn Kopien dieses französischen Musters gelangen und flogen auf Anhieb. Rumpler rüstete das Flugzeug, das im Juni 1910 schließlich fertiggestellt wurde, mit seinem 50-PS-«Aeolus»-Motor aus. Der Doppeldekker konnte sich beim ersten Flugversuch nach ungewöhnlich langem Rollen zwar vom Boden lösen, kam aber über den Flugplatzzaun nicht hinweg und zerschellte.

Obwohl Edmund Rumpler den Ruf für sich in Anspruch nehmen konnte, der erfolgloseste Flugzeugkonstrukteur in Johannisthal zu sein, fand er ungewöhnlich viele Auftraggeber. Dennoch: Lange wäre das nicht mehr weitergegangen. Spätestens noch im Jahre 1910 hätte Rumpler nach allgemeinen Johannisthaler Erfahrungen seine Werkstatt für immer schließen müssen. Da gelang es ihm, die deutschen Nachbaurechte der hervorragenden Etrich-Taube zu erlangen. Wie er ihren Konstrukteur, den Österreicher Igo Etrich, in der Folgezeit schamlos betrog, ist im Abschnitt «Sport-Flieger GmbH.» bereits geschildert worden. Hier sei lediglich nachgetragen, wie andere Flugzeugfabrikanten Rumpler beurteilten, beispielsweise Dr. Walter Huth, der Gründer der Albatros-Werke, der selbst keinesfalls wählerisch in seinen Geschäftspraktiken war. Huth schrieb über seinen Konkurrenten: «Wenn Herr Rumpler diese Taube später ausschließlich Rumpler-Taube nannte, so ist das gleich bezeichnend für sein geschäftliches Gebahren, wie seine späteren Behauptungen bei einem Vortrag über sein Transozeanflugzeug bezeichnend waren für sein wissenschaftliches Gebahren. Er behauptete nämlich bei diesem Vortrag, ... daß er mit seinem Transozeanflugzeug so weit vorangeschritten sei, daß ihm dessen endgültige Fertigstellung bei weitem weniger Schwierigkeiten bereiten würde als ihm seinerzeit die Konstruktion der Rumpler-Taube bereitet habe. Die Taube war Etrichs Konstruktion! Rumplers Transozeanflugzeug ist nie fertiggestellt worden!»

Mit der Taube, die zum erfolgreichsten deutschen Flugzeug der Vorkriegszeit wurde,

Tabelle 7
Entwicklung der Rumpler-Werke
vor dem ersten Weltkrieg

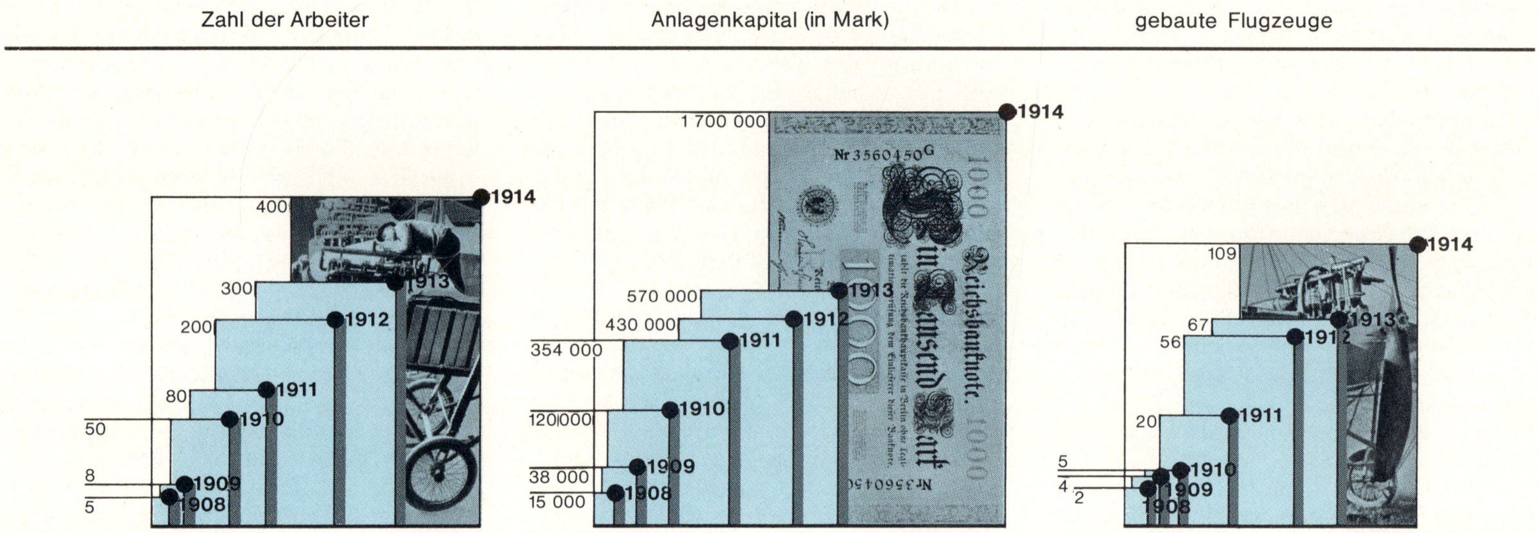

begründete Rumpler, beginnend im Jahre 1910, sein Flugzeugbau-Imperium. Sein Unternehmen entwickelte sich jetzt «ungewöhnlich rasch und mit stärkster Expansivkraft», wie er später schrieb. Die Anzahl der bei ihm beschäftigten Arbeiter sowie ein Überblick über das in Betriebsanlagen, Maschinen, Werkzeugen und Material angelegte Kapital sind aus Tabelle 7 ersichtlich.

Die «Aeolus-Flugmotoren GmbH.» wurde noch im Jahre 1912, als das Geschäft mit der Tauben-Konstruktion Etrichs begann, liquidiert, nachdem der «Aeolus»-Motor nicht einmal die Taube zum Fliegen brachte. Die fortan Rumpler-Taube genannten Flugzeuge flogen sofort, als sie mit 50-PS-Antoinette-Motoren ausgerüstet wurden. Im Verlaufe der folgenden Jahre wurde die Taube von Konstrukteuren, die Rumpler beschäftigte, ständig verbessert und mit immer stärkeren Motoren ausgestattet, darunter 100-PS-Daimler und 120-PS-Argus. Durch Hellmuth Hirth wurde die Rumpler-Taube eines der erfolgreichsten und populärsten Flugzeuge vor dem ersten Weltkrieg und lockte eine große Zahl von Flugschülern in die Fliegerschule der Rumpler-Werke.

Bis zum Kriegsbeginn wurden in den Rumpler-Werken etwa 200 dieser Flugzeugmuster produziert (Gesamtverkaufspreis rund vier Millionen Mark, nicht einbegriffen die umfangreiche Ersatzproduktion an Flächen, Rümpfen, Fahrwerken u. a.).

Ab 1913 wurde die Taube auch als Wasserflugzeug mit Schwimmern hergestellt.

Kurz vor dem Kriegsbeginn, in der Mitte des Jahres 1914, wurde die Rumpler-Fabrik in «Rumpler-Werke GmbH.» umbenannt. Am

24. Oktober 1916 wurde in Augsburg eine große Zweigniederlassung unter dem Namen «Bayerische Rumpler-Werke-A.G.» in Betrieb genommen.

Flugmaschine Wright GmbH.

Die damals in Berlin erscheinende illustrierte Zeitschrift «Die Woche» meldete in ihrer Ausgabe Nr. 21 vom 22. Mai 1909, daß in Berlin am 13. Mai 1909 «eine Gesellschaft ‹Flugmaschine Wright› zur Verwertung des Aeroplans des Wrightschen Systems gegründet» sei. Das war zu jener Zeit, als der Flugplatz Johannisthal gebaut wurde. Nicht aus der Nachricht zu ersehen ist, daß die «Flugmaschine Wright GmbH.» als Zweigunternehmen der «Luft-Fahrzeug-Gesellschaft mbH.» (LFG) entstand, und diese wiederum eine Tochtergesellschaft der im Jahre 1906 auf Anregung und mit finanzieller Beteiligung des Kaisers gegründeten «Motorluftschiff-Studiengesellschaft mbH.» war.

Im Jahre 1909 wurde der deutsche Nachbau des Wright-Doppeldeckers auf der ILA in Frankfurt (Main) ausgestellt, das Flugzeug nahm jedoch an den dortigen Flugwettbewerben nicht teil. Der Apparat war in der Werkstatt der LFG in Reinickendorf bei Berlin gebaut worden. Am 4. September 1909 begann Orville Wright auf dem Tempelhofer Feld bei Berlin öffentliche Schauflüge zur Werbung für die deutsche Kopie des Wrightschen Flugzeugpatents. Vor Tausenden von Berlinern führte er seine Flugkunst und die Sicherheit des Flugzeuges vor. Am 9. September flog er dort in Anwesenheit der deutschen Kaiserin (und wohl auch charmanterweise als fliegerische Verbeugung) mit 172 Metern Höhe einen neuen Höhenweltrekord! Seine Schauflüge beendete er in Tempelhof am 20. September 1909, danach siedelte er auf das Bornstedter Feld über und bildete seine ersten deutschen Flugschüler aus, die künftig die Flugzeuge der «Flugmaschine Wright GmbH» einfliegen und als Fluglehrer in der Fliegerschule der Gesellschaft tätig sein sollten.

Sein erster Schüler war der Mechaniker und Kraftfahrer Fridolin Keidel. Das hatte der junge Arbeiter lediglich einem Zufall zu verdanken, ohne den er, bar jeglicher Mittel, nie auf ein Flugzeug gekommen wäre.

Vom Jahre 1906 bis September 1909 war Fridolin Keidel bei der «Motorluftschiff-Studiengesellschaft mbH.» als Luftschiffmonteur und Maschinist tätig. Als Orville Wright im September 1909 in Tempelhof seine Flüge vorführte, war Keidel als Kraftfahrer für Wright eingesetzt, der ihm eine kostenlose Flugzeugführerausbildung anbot. Diese Ausbildung absolvierte er auf dem Bornstedter Feld im Verlaufe von nur elf Schulflügen. Am 27. April 1910 erwarb er in Johannisthal die Flugzeugführererlaubnis Nr. 5. Er war der erste und blieb einer der wenigen Arbeiter, die als Zivilflugzeugführer vor dem ersten Weltkrieg ausgebildet wurden. Nach seiner Ausbildung wurde er von der «Flugmaschine Wright GmbH.» als Fluglehrer übernommen. Sein prominentester Schüler war Robert Thelen, der spätere Mitbegründer der «Ad Astra-Fluggesellschaft», einer der populärsten Luftfahrtpioniere in Johannisthal. Nach ihm ist die heute noch existierende Thelenstraße in Adlershof benannt, weil er der erste deutsche Pilot war, der den Ortsteil Adlershof überflog. Eine andere namhafte Schülerin Keidels war die Ballonfahrerin und erste deutsche Fallschirmspringerin Käthe Paulus. Sie, die sonst so erfolgreich in der Luft war, brachte es aber nie zur Flugzeugführererlaubnis. Zunächst hatte es Fluglehrer Engelhard, der Technische Leiter und Chefpilot der «Wright-Gesellschaft», versucht, ihr das Fliegen beizubringen. Aber Käthe Paulus soll ihn manchmal schier zur Verzweiflung gebracht haben. Dann kam es zum Streit zwischen beiden, und Keidel trat an. Aber auch ihm gelang es nicht, sie zur Motorfliegerin auszubilden. Dann gab Käthe Paulus auf und blieb beim Fallschirmspringen. Es hieß, daß sie, als Ballonfahrerin an völlig geräuschloses Fliegen gewöhnt, das laut knatternde Motorengeräusch völlig entnervte.

110 (Seite 84, links)
Mit dem Serienbau der Taube nach dem Patent des Österreichers Igo Etrich begründete Rumpler seine Machtposition auf dem Johannisthaler Flugplatz

111
Das Hauptgebäude der Rumpler-Flugzeugrüstungswerke am Groß-Berliner Damm, fertiggestellt im Frühjahr 1917 (Seite 84)

112
Die Rumpler-Fabrik im Jahre 1912 (oben)

113
"Wasser-Taube" der Rumpler-Werke (1913)

Nachdem Orville Wright im Herbst 1909 auf dem Bornstedter Feld bei Potsdam die ersten Fluglehrer der am 13. Mai 1909 gegründeten «Flugmaschine Wright GmbH.» ausgebildet hatte, bezog das Unternehmen in den ersten Monaten des Jahres 1910 seinen Schuppen auf der Adlershofer Seite des Flugplatzes Johannisthal. Durch den Ruf, der mit den Flügen der Brüder Wright verbunden war und der ihrem Flugapparat zu Ansehen in der Fachwelt verhalf, waren Wright-Flugzeuge in der ersten Zeit sehr gefragt. Doch der Kettenantrieb machte das Flugzeug sehr störanfällig. Die beiden Luftschrauben der Wright-Maschine wurden über eine gemeinsame Kette von der Motorwelle angetrieben. Die entgegengesetzte Drehrichtung der Luftschrauben wurde anfangs durch einfaches Kreuzen der Kette erreicht. Später wurde diese Überkreuzung durch Umlenkkettenräder ersetzt. Damit die kritischen Schwingungen der schnellaufenden Kette – die immer wieder zum Kettenbruch führten – in Grenzen gehalten werden konnte, wurde die Kette teilweise durch leichte Stahlrohre geführt. Als am 29. September 1911 Paul Engelhard, der damals bekannteste deutsche Wright-Flieger, infolge eines Kettenbruchs tödlich über Johannisthal abstürzte, ließ das Interesse an den Wright-Flugapparaten deutlich nach. Daran konnte auch das Bemühen des Engelhard-Nachfolgers Robert Thelen nichts mehr ändern, die Sicherheit des Flugzeuges durch die Beseitigung des Kettenantriebs zu erhöhen.

Insgesamt wurden rund 100 Wright-Doppeldecker in sechs Versionen gebaut. Im Jahre 1913 geriet die «Flugmaschine Wright GmbH.» wegen Auftragsmangel und kostenaufwendiger Patentstreitigkeiten in finanzielle Schwierigkeiten. Sie wurde daher aufgelöst und von der «Luft-Fahrzeug-Gesellschaft mbH.» (LFG) lediglich noch als Fliegerschule unter dem alten Namen «Flugmaschine Wright GmbH.» weitergeführt.

114
Inserat im Jahre 1910

115
Der erste deutsche Nachbau des Wright-Flugapparates entstand vor der Eröffnung des Flugplatzes Johannisthal in der LFG-Werkstatt in Reinickendorf bei Berlin (links)

Luft-Fahrzeug-Gesellschaft mbH. (LFG)

Die «Luft-Fahrzeug-Gesellschaft mbH.» (LFG) wurde im Jahre 1908 gegründet, und zwar als Tochtergesellschaft der «Motorluftschiff-Studiengesellschaft mbH.», die im Jahre 1906 auf Anregung «Seiner Majestät des Deutschen Kaisers» entstand und die mit Kapitalbeteiligung der Kaiserfamilie arbeitete. Der Zweck der LFG bestand im Bau und Vertrieb von unstarren Parseval-Luftschiffen. Im Jahre 1909 kam mit der Gründung des Zweigunternehmens «Flugmaschine Wright GmbH.» der Bau von Flugzeugen nach der Konstruktion der Brüder Wright hinzu, nachdem die LFG dafür die deutschen Baurechte gekauft hatte. An der LFG waren unter anderem die AEG, die Krupp A.G. und Hugo Stinnes durch Kapital beteiligt. Rund 100 Wright-Doppeldecker wurden verkauft.

Im Jahre 1912 begann die LFG mit der Konstruktion eigener Flugzeuge in der Flugzeugbauabteilung des Unternehmens am Kaiserdamm in Berlin-Charlottenburg (später kam eine Seeflugzeugbauabteilung in Stralsund hinzu). Die in Charlottenburg gebauten Flugzeuge wurden in Johannisthal erprobt und eingeflogen, bis Mitte 1913 der Flugzeugbau in den neuerrichteten Werkhallen auf der Adlershofer Seite des Johannisthaler Flugplatzes aufgenommen werden konnte. Zur gleichen Zeit begann auch eine Fliegerschule der LFG ihre Tätigkeit auf dem Flugplatz. (Von diesem Zeitpunkt an unterhielt die LFG auf der Adlershofer Flugplatzseite *zwei* Fliegerschulen, von denen eine unter dem Namen der Fliegerschule «Flugmaschine Wright GmbH.» geführt wurde.)

Als Werksymbol für den Flugzeugbau wählte die LFG die Figur und den Namen der Sagengestalt «Roland». Diese Figur, in voller Rüstung und mit kampfbereit erhobenem Schwert, symbolisierte und kennzeichnete den Flugzeugbau der LFG als von vornherein rüstungsorientierte Produktion im Hinblick auf den ersten Weltkrieg. Nach einigen Versuchsmustern bis zum Jahre 1914 lag das Schwergewicht auf der Produktion von Militärmaschinen in großen Serien. Dem Werksymbol entsprechend wurden die LFG-Flugzeuge als Roland-Flugzeuge geführt und bekannt.

116
Schuppen der «Flugmaschine Wright GmbH.» im Winter 1910/11

117
Die erste Johannisthaler Motorflugschülergruppe war die der «Flugmaschine Wright GmbH.» unter der Leitung des Fluglehrers Fridolin Keidel (sitzend). Die ersten Flugschüler waren (v. l. n. r.): Raymund Eyring, Oskar Heim, Theodor Schauenburg, Robert Thelen, Josef Sablatnig, Dr. Orla Arntzen

Zusammenfassend kann gesagt werden, daß die Produktion der Flugzeugfabriken und die Tätigkeit ihrer Fliegerschulen zunehmend das Geschehen auf dem Flugplatz Johannisthal bestimmten. Bei den großen Unternehmen war bereits vor dem ersten Weltkrieg vergleichsweise die größte Zahl von Flugzeugführern beschäftigt. Tabelle 8 zeigt die Übersicht.
Die Vorkriegsentwicklung der fünf Fabriken widerspiegelt sich, gemessen an der Anzahl der angestellten Flugzeugführer, gleichfalls in dieser Übersicht (die «Ago Flugzeugwerke GmbH.», die sich am «neuen Startplatz» zu einem der Rüstungswerke entwickelte, ist für diesen Vorkriegsvergleich noch dem «neuen Startplatz» zugerechnet worden).

*

Der Vollständigkeit halber sollen hier drei weitere Institutionen erwähnt werden, die ebenfalls zum Flugplatz Johannisthal gehörten.

Luftfahrerschule Berlin-Adlershof

Sie war vom «Deutschen Luftflottenverein E. V.» gegründet und bis zum Jahre 1912 in einem Zwischengang der Schule in der

Tabelle 8
Anzahl der als Fluglehrer beschäftigten Flugzeugführer

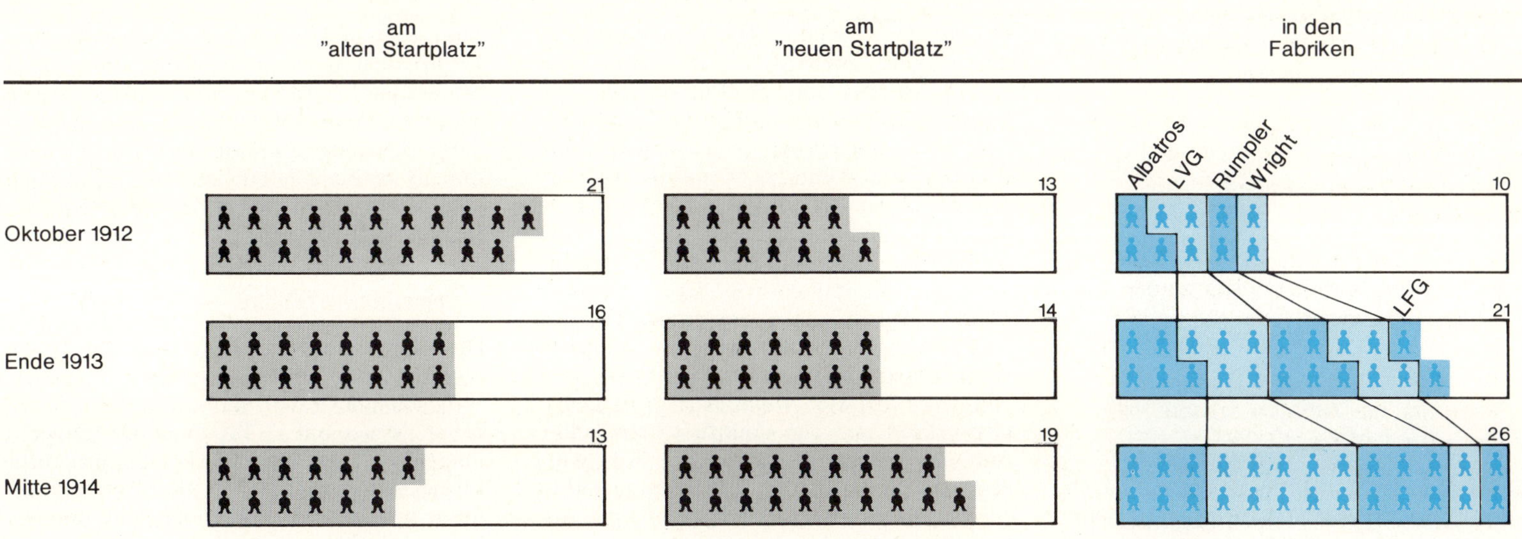

Radickestr. 10 (heute: 11. Oberschule Treptow, Peter-Kast-Str. 46–49) untergebracht. Ab 1913 standen ihr Lehr- und Montageräume sowie meteorologische Einrichtungen auf dem Flugplatz, nahe dem Bahnhof Adlershof, zur Verfügung. Diese Luftfahrerschule war die erste in Deutschland, die sich der theoretischen Ausbildung von Luftschiffern und Flugzeugführern annahm. Gerade dadurch unterschied sich diese Luftfahrerschule entscheidend von sämtlichen Fliegerschulen in Deutschland, in denen die Flugzeugführerausbildung fast nur aus praktischen Unterweisungen und der fliegerischen Ausbildung bestand.

An der Adlershofer Luftfahrerschule unterrichteten der Luftschiffkonstrukteur August von Parseval sowie namhafte Flugzeugkonstrukteure und Flieger wie Robert Thelen. Das Lehrprogramm der «Luftfahrerschule Berlin-Adlershof» umfaßte folgende Unterrichtsgebiete:

1. Wetterkunde, Pilotballonvisierung, Wetterkarten, Prognose,
2. Motorenkunde,
3. Mechanik,
4. Festigkeitslehre, Statik, Materialkunde,
5. Mechanische Grundlagen der Flugzeuge,
6. Flugzeugbau, Flugzeugbetrieb,
7. Bau und Betrieb von Starrluftschiffen,
8. Bau und Betrieb von Prall-Luftschiffen,
9. Chemie der Gase, Gasindustrie,
10. Physik der Gase,
11. Aerostatik, Ballon, Luftschiffführung
12. Navigation und Steuermannskunde,
13. Kartenlesen, Orientierung, Anlage von Fahrten,
14. Astronomische Ortsbestimmung,
15. Instrumentenkunde, Behandlung, Prüfung, Korrektur, Eichung,
16. Telegraphie,
17. Drahtlose Telegraphie,
18. Luftfahrerrecht,
19. Ärztliche Unterweisung,
20. Geschäftslehre.

Die praktische fliegerische Ausbildung gehörte bis zum Jahre 1913 nicht zu den Aufgaben der Luftfahrerschule.

118
Inserat im Mai 1914 (links)

119
Inserat im November 1912 (unten)

Deutsche Versuchsanstalt für Luftfahrt (DVL)

Sie wurde im April 1912 gegründet und erhielt in der Flugplatzecke an der Rudower Chaussee nahe dem Bahnhof Adlershof ihren Standort (wohin im Jahre 1913 auch die «Luftfahrerschule Berlin-Adlershof» zog). Der Zweck der DVL war die Prüfung von Flugzeugen, Flugzeugausstattungen und Zubehör. Die erste Aufgabe der DVL bestand in der Prüfung von Motoren, denn es war im Jahre 1912 ein «Kaiserpreis» zur Förderung des Flugmotorenbaus in Höhe von 50 000 Mark ausgeschrieben worden, um die deutsche Motorenindustrie stärker zu interessieren. Hinzu kamen mehrere hunderttausend Mark durch Stiftungen der deutschen Großindustrie (beispielsweise je 100 000 Mark von den «Rheinisch-Westfälischen Elektrizitätswerken» und der «Sektfirma Henkell»). Auf dem Versuchsgelände der DVL wurden fünf Motorenprüfstände gebaut, und in den folgenden Monaten ertönte aus der Adlershofer Ecke ohrenbetäubender Motorenlärm, denn von 26 Motorenbauunternehmen wurden 43 Motorentypen zum Wettbewerb angeliefert. Bewertet wurden: Kraftstoffverbrauch, Leistungsgewicht, leichtes Ingangsetzen, Betriebssicherheit, Gesamtaufbau, einfache Wartung. Nach den Vorläufen gelangten Motoren von 19 Firmen zur Dauerprüfung. Die Preise wurden am 27. Januar 1913, dem Geburtstag des Kaisers, vergeben. Den ersten Preis erhielt die Firma «Benz-Motorenbau GmbH.» für ihren Vierzylinder-Reihenmotor, den zweiten Preis die «Daimler-Werke» für einen Sechszylindermotor, den dritten Preis die „Nationale Automobilgesellschaft Berlin» (NAG), den vierten Preis die «Daimler-Werke» für ihren Vierzylindermotor, den fünften Preis die «Argus-Motoren GmbH.». Da die voranschreitende Luftrüstung auch an den Flugmotorenbau wachsende Anforderungen stellte, wurde bereits im Jahre 1913 der zweite «Kaiserpreis» ausgeschrieben, und zwar für stärkere Motoren, als sie bis dahin üblich waren. Der Preis kam aber wegen des Kriegsausbruchs im Jahre 1914 nicht mehr zur Verteilung.

Hermann Haacke, Motorenfabrik

Die Firma, die in der Nähe des Flugplatzes Johannisthal (Friedrichstraße 29, heute: Winckelmannstraße) ihren Standort hatte, beteiligte sich mit 13 Typen an der Entwicklung von Flugmotoren. Es konnte aber nicht festgestellt werden, wann die Firma gegründet wurde, wie sie sich entwickelte und wie lange sie existierte.

Fliegerschulen und Flugzeugführerausbildung

Ebenso, wie für die Anfänge des deutschen Motorflugzeugbaues zunächst vor allem französische Konstruktionen kopiert wurden, richtete sich auch die Flugzeugführerausbildung in Deutschland an den Gepflogenheiten französischer Fliegerschulen aus. Ja, noch mehr – die ersten deutschen Flugzeugführer, übrigens auch Flugzeugmechaniker und Flugzeugmonteure, wurden in Frankreich ausgebildet.

Wie schon erwähnt, ließ Dr. Walter Huth, der Gründer u. a. der Albatros-Werke, Simon Brunnhuber in der Fliegerschule der «Antoinette-Aeroplan-Ateliers» in Mourmelon le Grand bei Reims und Eugen Wiencziers am gleichen Ort in der Fliegerschule des Werkes «Henry Farman Aeroplanes» ausbilden. In Frankreich wurden auch Victor Stoeffler ausgebildet, einer der später bekannten Johannisthaler Flieger (Flugzeugführererlaubnis Nr. 174 vom 28. März 1912); Ingenieur Franz Schneider, seinerzeit Mitarbeiter in der «Nieuport-Ateliers de Constructions», später Technischer Direktor der «Luft-Verkehrs-Gesellschaft» (LVG) in Johannisthal; Alfred Rupp, Mechaniker in den «Antoinette-Aeroplan-Ateliers», später Flugzeugführer in den Albatros-Werken, dann Chefpilot der LVG; Felix Laitsch, später Flugzeugführer und Rupps Nachfolger als Chefpilot der LVG (Flugzeugführererlaubnis Nr. 19 vom 5. August 1910); Otto Lindpaintner, später Sieger mehrerer Flugwettbewerbe (Flugzeugführererlaubnis Nr. 10 vom 14. Juni 1910); Alfred Frey, der als Farman-Schüler die französische Flugzeugführer-Erlaubnis Nr. 48 erwarb und später in Johannisthal großes Aufsehen erregte, weil er mit einem Farman-Doppeldecker als erster das Berliner Häusermeer überflog; Werner Wieting, der von November 1910 bis März 1911 in den Farman-Werken in Bouy (Marne) als Monteur arbeitete, in der Zeit von Dezember 1911 bis Oktober 1912 in der Fliegerschule der Rumpler-Werke zum Flugzeugführer ausgebildet wurde, am 15. Oktober 1912 die Flugzeugführererlaubnis N. 312 erhielt und bei Rumpler als Flugzeugführer, später als Chefpilot tätig war.

Tabelle 9
Anzahl der in Johannisthal ausgebildeten Flugzeugführer

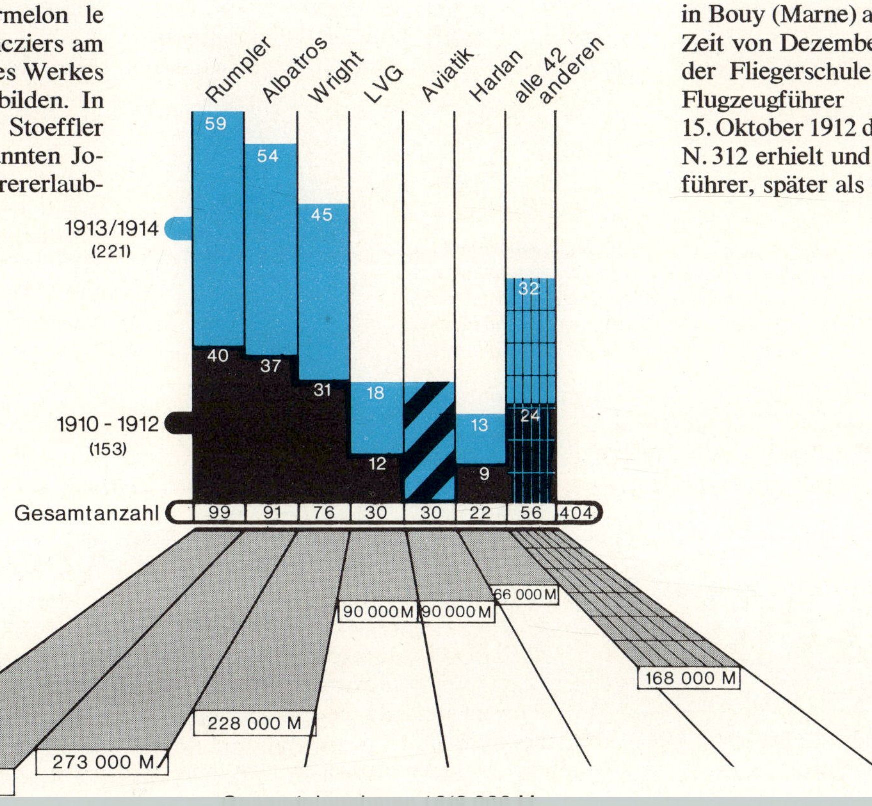

Mit den ersten Flugapparaten, die in Johannisthal flogen, schossen sogleich auch die Fliegerschulen buchstäblich wie Pilze aus der Erde, denn die Einnahmen aus der Flugschülerausbildung waren meist sicherer als die aus dem Flugzeugverkauf. Selbst die Johannisthaler Flugzeugfabriken haben zu keiner Zeit auf diese Einnahmequelle verzichtet. Und diese Einnahmen waren erheblich. Die Übersicht in Tabelle 9 zeigt zugleich, daß der Flugplatz Johannisthal auch die bedeutendste Stätte der Flugzeugführerausbildung in Deutschland war.

Von insgesamt 817 Fliegern, die vor dem ersten Weltkrieg die zivile Flugzeugführererlaubnis erhielten, wurden 404 Flieger (49,45 Prozent) in Johannisthal ausgebildet. Nach einer vergleichenden Analyse von Fabrik- und Flugplatzstatistiken verteilten sich die in Johannisthal ausgebildeten Flugzeugführer gemäß Tabelle 9 auf die Fliegerschulen, wobei die angegebenen Einnahmen die übliche Ausbildungsgebühr von 3 000 Mark zugrundelegen (1 500 Mark bis zum Alleinflug, weitere 1 500 Mark bis zur Erlangung der Flugzeugführererlaubnis).

Die Tabelle 9 vermittelt zugleich auch einen Eindruck von der Kräftekonstellation, die sich in den Jahren vor dem ersten Weltkrieg auf dem Flugplatz Johannisthal entwickelt hatte. Hinter der auf den ersten Blick ansehnlich erscheinenden Position «alle anderen» verbergen sich nämlich mindestens 42 kleine und kleinste Fliegerschulen (am «alten» und am «neuen Startplatz»), wobei auf jede von ihnen im Durchschnitt nur 1,33 abgeschlossene Flugzeugführerausbildungen entfallen, damit Einnahmen in einer durchschnittlichen Höhe von 4 000 Mark.

120
Anstellungen als Flugzeugmonteure in Flugzeugfabriken boten in Einzelfällen die Möglichkeit einer kostenermäßigten fliegerischen Ausbildung, daher waren derartige Arbeitsstellen von jungen Arbeitern gefragt

Jung. Maschinenbauer
mit theoret. u. prakt. Ausbild., sucht Stell. als **Monteur** in **größ. Flugzeugfabrik**, möglichst in Berlin u. Umgeb., wo ihm Gelegenh. gebot. wird, das Fliegen zu erlern. Gefäll. Offerten unter **B. Z. 6223** Exp. „B. Z. a. Mitt.", Kochstr. *

Es soll allerdings auch nicht unerwähnt bleiben, daß es mitunter möglich war, kostengünstiger als für 3 000 Mark zu einer abgeschlossenen fliegerischen Ausbildung zu gelangen. Viele junge Arbeiter bewarben sich – teils durch Inserate, teils durch direkte Anfragen – um eine Tätigkeit in einer Flugzeugfabrik und verbanden damit die Hoffnung, auf diese Weise vielleicht als Flieger «entdeckt» zu werden. Allerdings erfüllte sich diese Hoffnung nur in seltenen Fällen. Andererseits kam es vor, daß vor allem kleine und mittlere Betriebe Volontäre einstellten, die zu verminderten Gebühren auf dem Flugzeug ausgebildet wurden, von denen man aber erwartete, daß sie sich an Wettbewerben oder Preisflügen beteiligten. Da von den Preisen – wie schon erwähnt – der Flugzeugbesitzer einen hohen Anteil einbehielt, wurden teilweise erlassene Ausbildungsgebühren auf solchem Wege wieder ausgeglichen.

Auf diese Weise gelangte beispielsweise der damals 18jährige Martin Haller aus Friedrichshagen zu seiner Ausbildung als Flugzeugführer. Schon als 14jähriger war er im Herbst 1909 mit dem Fahrrad regelmäßig nach Johannisthal gefahren. Der Wunsch, eines Tages selbst zu fliegen, ließ ihn nicht mehr los. Schließlich brachte ihn sein Vater im März 1913 als Volontär in der Jeannin-Fliegerschule unter. Dadurch verbilligte sich Martin Hallers fliegerische Ausbildung auf 1 000 Mark.

Nun wäre es allerdings ein Trugschluß, daraus etwa abzuleiten, daß die Einnahmen der Fliegerschulen insgesamt geringer gewesen sein mußten, als sie in der diesbezüglichen Übersicht angegeben wurden. In Wirklichkeit waren die Einnahmen weitaus höher, denn in der Aufstellung ist nicht die große Anzahl von Ausbildungen enthalten, die nur bis zum Alleinflug erfolgten oder seitens der Schüler aus verschiedenen Gründen (Unfall, schleppender Ausbildungsverlauf, keine Aussicht auf eine spätere Einstellung als Flugzeugführer) abgebrochen wurden. In jedem Falle mußte die Ausbildungsgebühr vor dem Ausbildungsbeginn bezahlt werden, zumindest erst einmal für den Abschnitt bis zum Alleinflug. Wenn der Flugschüler aufgab, wurden keinerlei Kosten erstattet. Und die Anzahl derer, die aufgaben oder nach dem Alleinflug

121
In dem gleichen Maße, wie die Fliegerschulen in Johannisthal und auf anderen Flugplätzen durch forcierte Ausbildung arbeitslose Flugzeugführer «produzierten», wuchs die Anzahl dieser Zeitungsinserate

Junger Kaufmann, 19 Jahre, Inhaber des **Pilotenzeugnisses** sucht Stellung bei einer größeren Firma als
Flugzeugführer.
Gefl. Off. m. Angabe des Gehaltes u. **W. M. 777** Postlagernd Gera-Reuß. (1250

Flugzeugführer
firm im Fliegen aller Doppeldecker, Rad- u. Knüppelsteuerung, theoretisch ausgebildet, mit zweijähr. praktischer Tätigkeit im Maschinen- und Motorenbau, mit höherer Schulbildung, französischen u. englischen Sprachkenntnissen, sowie Ia Zeugnissen sucht Stellung. Gefl. Angeb. unter **A. u. F. 21** an den Verlag dieser Zeitschrift.

Tabelle 10
Anzahl der in Deutschland ausgebildeten Flugzeugführer

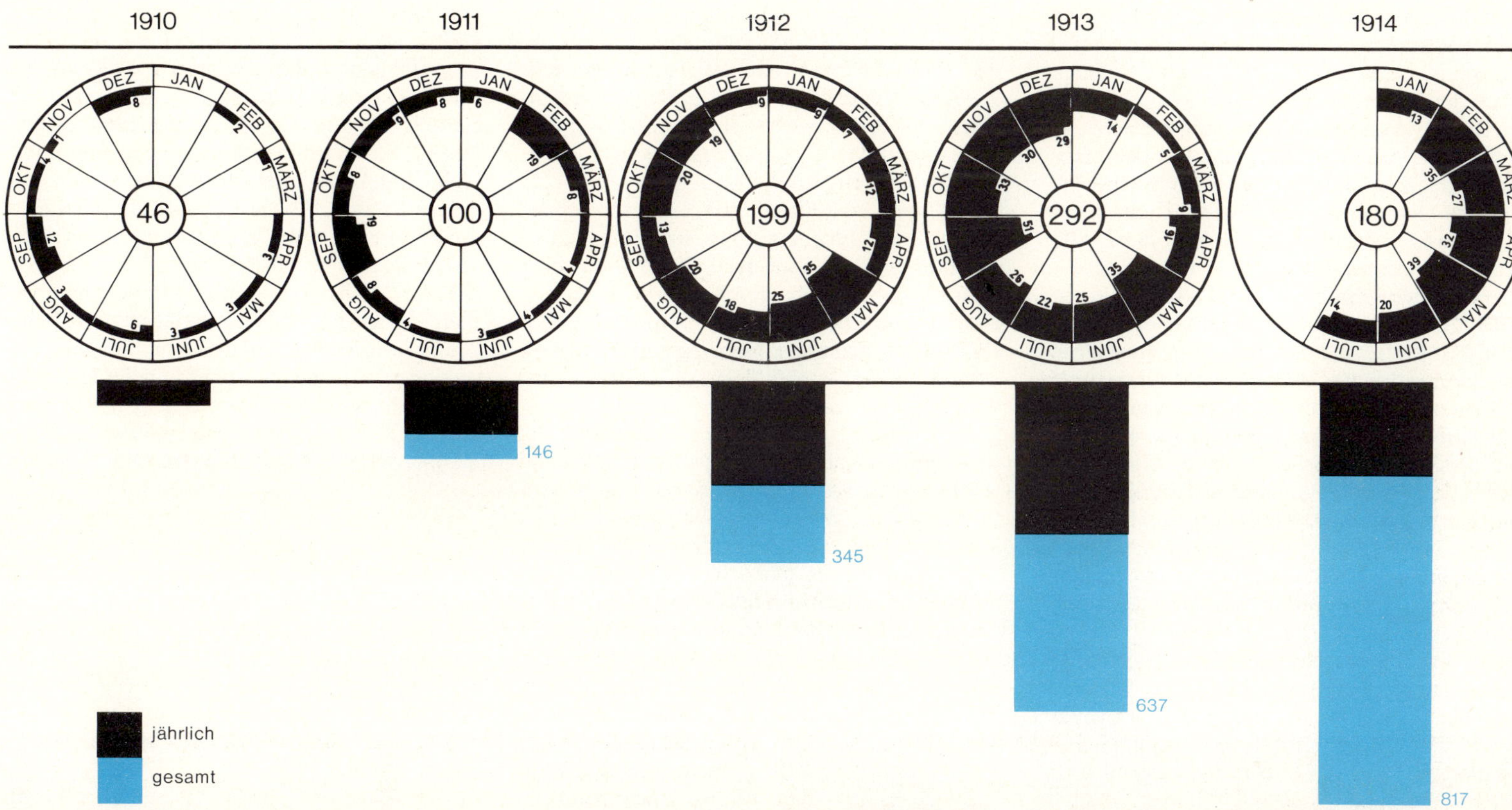

die Kosten für die Weiterführung der Ausbildung nicht aufbringen konnten, war, wie sich Martin Haller erinnerte, erheblich. Ihre Anzahl ist heute aber detailliert nicht mehr erfaßbar, weil sie in keiner Statistik jener Jahre festgehalten worden ist.
Der Flugplatz Johannisthal blieb bis zum ersten Weltkrieg die größte deutsche Ausbildungsstätte für Motorflieger. Die Tabelle 10 zeigt, auf welche Zeiträume sich die 817 erworbenen Flugzeugführererlaubnisse des DLV in den Jahren vor dem ersten Weltkrieg verteilen, und läßt erkennen, daß die Flugzeugführerausbildung in Deutschland bis zum Sommer 1914 stetig anstieg.
Das hatte eine ständige Zunahme des Motorflugbetriebes zur Folge, wobei in Betracht gezogen werden muß, daß auch die zunehmende Produktion von Flugzeugen, die eingeflogen werden mußten, zur Verdichtung des Flugbetriebes über den Flugplätzen führte. Welche Auswirkungen das auf die Flugsicherheit hatte, wird in einem späteren Abschnitt dargestellt.
Mit der Ausbildung zum Flugzeugführer war keinerlei Versicherung verbunden. Weder die Fliegerschulen noch Versicherungsgesellschaften gewährten einen Versicherungsschutz bei einem Unfall für den Flieger oder bei einem tödlichen Absturz für die Hinterbliebenen. Die Flugschüler (wie auch ihre Fluglehrer) flogen auf eigenes Risiko. Arzt- und Krankenhauskosten mußten sie selbst oder ihre Angehörigen aufbringen. Versicherungsgesellschaften nahmen damals «Seiltänzer, Tierbändiger, Akrobaten und Luftschiffer» nicht auf. Und bestehende Versicherungen wurden für einen Unfall, der durch das Fliegen entstand, nicht anerkannt.

Der Flugzeugführerausbildung lagen keine Lehrprogramme oder Ausbildungsvorschriften zugrunde. Da es auch weder eine spezielle Ausbildung noch eine Prüfung von Fluglehrern gab und jeder, der die Flugzeugführererlaubnis besaß, auch als Fluglehrer angestellt werden konnte (für die kleinen Ein-Mann-Fliegerschulen war für den, der ausbildete, nicht einmal der Besitz einer Flugzeugfüh-rererlaubnis erforderlich), lehrte jeder so, wie er es für richtig hielt. Kennzeichnend für diese Situation war, was man sich über den Rumpler-Fluglehrer Richard Wolter erzählte. Er trat vor neue Flugschüler immer mit folgenden Worten: «Ick bin der Fluglehrer. Sie sind die Flugstifte. Und det ist ein Apparat, mit dem man in die Lüfte steigt.» Dann folgten ein paar erklärende Worte zum Flugapparat und zu seinen Teilen. Und dann stieg der erste Flugschüler ein – die Flugausbildung begann.
Eine theoretische Vorbereitung auf das Fliegen gab es an keiner Fliegerschule. Nur verantwortungsbewußte Fluglehrer, zu denen offenbar Hellmuth Hirth gehörte (bis zum Frühjahr 1913 bei Rumpler), stellten der flugpraktischen Ausbildung wenigstens eine eingehende technische Beschreibung des Flugzeuges voran. Hirth hat seine Ausbildungspraxis beschrieben:
«Ich gehe zuerst mit dem Schüler die ganze Maschine durch. Ich zeige ihm jeden Draht, erkläre ihm die Befestigung und wie er angebracht sein muß, damit er nicht breche. Vor

es besonders ankommt, weil von ihnen Sein oder Nichtsein des Fliegens abhängt. Dann bespreche ich das Fahrgestell, seine Festigkeit und seine verschiedenen Beanspruchungen bei normaler Landung, bei Rückenwind und besonders bei Seitenwind, bei dem die Maschine ‹schiebt›. Dann kommt die wichtige aber höchst einfache und von keinerlei Formelkram verschleierte Erklärung der Schwerpunktlage. Auf einem Blatt Papier oder einer Tafel zeichne ich ihm zwei einfache Skizzen auf, die ihm das ganze Geheimnis enthüllen. Eine zweite Skizze bringt bereits die Erklärung der Steuerwirkung.
Der Schüler setzt sich dann in das Flugzeug beim Steuerstand an den Passagiersitz vor dem Führer. Er hat dort dieselben Steuer wie der Lehrer. Ich war jedoch so vorsichtig, eine Konstruktion zu treffen, die es mir gestattet, mit einem Ruck mein Hauptsteuer von dem des Passagiers unabhängig zu machen, falls der Schüler Dummheiten machen sollte. Nun hat der Schüler sich im Steuern zu üben. Ich habe schon Schüler als Passagiere mitgenommen, die nach drei Flügen mit einer Gesamtflugzeit von 15 Minuten bereits beim nächsten Flug allein flogen.»
Diese Darstellung Hirths ist in bezug auf die Gewinne interessant, die Fliegerschulen brachten, wenn sie mit erfahrenen Fluglehrern arbeiteten. Wenn in manchen Fällen der vierte Flug schon ein Alleinflug war, dann hatte Hirth seinem Brotgeber Rumpler mit einer Gesamtflugzeit der Flugschüler von höchstens 20 Minuten bereits 1500 Mark verdient.
Die flugpraktische Ausbildung fand in Flughöhen zwischen 10m und 20m statt. In der Regel wurden über dem Flugplatz, wie Hirth es bezeichnet, «Rechtecke geflogen», also Geradeausflüge und Kurvenflüge im Wechsel. Danach wurden Landungen geübt, ohne den Flug jedoch nach einer Landung abzubrechen, also Landung, Gasgeben und auf die Flughöhe von reichlich zehn Metern steigen, «Rechteck»-Flug, Landung, Steigen usw. Schließlich wurden noch einige Achten im Fluge geübt. Das war das flugpraktische Ausbildungsprogramm.
Nach dem Alleinflug, mit dem die erste Etappe der Flugzeugführerausbildung abgeschlossen war, übte der Schüler unter der Aufsicht des Fluglehrers mit mehreren Flügen allein weiter und bereitete sich damit auf die Prüfung zur Erlangung der Flugzeugführererlaubnis vor. Je weniger Starts dafür gebraucht wurden, desto besser.
Die Anzahl derer, die aus den verschiedensten Gründen Flugzeugführer werden wollten, wuchs relativ rasch. Obwohl die Anzahl der Interessenten, die einen Ausbildungsvertrag unterschreiben konnten, durch die hohen Ausbildungskosten plus «Bruchkaution» von vornherein eingeschränkt wurde, entstand bereits im Jahre 1910 ein deutliches Mißverhältnis auf dem Flugplatz Johannisthal: Es standen insgesamt weniger Flugzeuge zur Verfügung, als für eine zügige Ausbildung gebraucht wurden. Mehr Flugzeuge für die Flugschülerausbildung bereitzustellen, hätte aber von den Fliegerschulenbesitzern in doppelter Hinsicht aufwendige Investitionen erfordert, erstens für den Kauf von Flugzeugen (ein Flugzeug kostete im Jahre 1910 beispielsweise: Grade-Eindecker = 12000 Mark; Aviatik-Eindecker, Albatros-Zweidecker = 20000 Mark, Wright-Zweidekker = 30000 Mark) oder für den Eigenbau, zweitens für das Mieten eines Schuppens oder für Grundstückpacht plus eigenen Schuppenbau zum Unterstellen zusätzlicher Flugzeuge.
Daher gingen die Fliegerschulen, die Flugzeugführer beschäftigten, einen anderen Weg. Pro Flugzeug wurde ein Flugzeugführer als Lehrer eingestellt, die Fluglehrer wurden durch Ausbildungsprämien angeregt, die Ausbildung zu intensivieren und auf den vorhandenen Flugzeugen eine möglichst große Anzahl von Flugschülern ohne Bruch auszubilden.
Die Anzahl der von den einzelnen Johannisthaler Unternehmungen eingesetzten Flugzeuge für die Flugschülerausbildung im Zeitraum von 1912 bis 1914 zeigt Tabelle 11. Diese Übersicht korrespondiert mit dem Sachverhalt, daß die Anzahl der erworbenen Flugzeugführerberechtigungen des DLV bis zum

122
Flugzeugführerausweis Nr. 1:
August Euler (links)

123
Flugzeugführerausweis Nr: 2:
Hans Grade

Sommer 1914 kontinuierlich anstieg, und zeigt, daß in dem gleichen Maße, wie die Ausbildungskapazität der Fliegerschulen zunahm, die Piloten als Fluglehrer beschäftigten, die Ein-Mann-Fliegerschulen der kleinen Konstrukteure die Segel streichen mußten, weil zu ihnen kaum noch Flugschüler kamen. Hingegen stiegen beispielsweise die Anzahl der angestellten Flugzeugführer und der in der Fliegerschule ständig eingesetzten Flugzeuge im Zeitraum von 1912 bis 1914: bei Albatros von 3 auf 6, bei Rumpler von 2 auf 8 und bei der LVG von 3 auf 10.

Die Intensivierung der Ausbildung an den Fliegerschulen führte zum ständigen Ansteigen der Anzahl der Starts und der Flugstunden pro Jahr auf dem Flugplatz Johannisthal. In der Tabelle 12 sind die Gesamtflugleistungen enthalten, eine Unterscheidung von Flugzeiten der Fliegerschulen und für das Einfliegen neuer Flugzeuge konnte nicht vorgenommen werden. Lediglich die Starts und Flugzeiten von Flugveranstaltungen sind *nicht* enthalten. Die aufgeführten Flugstunden sind die Zeiten für Platzrundenflüge. Überlandflüge sind darin *nicht* eingerechnet.

Der Anstieg der Flugleistungen auf dem Johannisthaler Flugplatz wird besonders deutlich aus dem Vergleich der Startzahlen und Flugstunden sowie der erworbenen Flugzeugführererlaubnisse mit den Flugtagen.

Es ist die Frage von Interesse, aus welchen sozialen Kreisen die Flugschüler kamen, die die hohen Ausbildungskosten aufbringen konnten. Die Durchsicht der Berufsangaben, die in der Flugzeugführerliste des DLV als «Stand» (im Sinne von Berufsstand oder soziale Stellung) aufgeführt sind, gibt darüber Auskunft. Von den 817 bis zum Kriegsbeginn ausgebildeten Flugzeugführern mit einer Zivilflugzeugführererlaubnis waren:

Offiziere und Offiziere der Reserve:	229
Unteroffiziere und Mannschaften:	14
Fabrikbesitzer:	4
Gutsbesitzer:	3
kleine und mittlere Unternehmer:	26
Staatsbeamte:	6
Angestellte:	22
Promovierte Wissenschaftler:	10
Diplomingenieure:	9
Ingenieure und Architekten:	80
Redakteure:	2
Studenten:	47
Techniker:	31
Künstler:	3
Artisten:	1
Berufssportler:	1
Arbeiter:	51
nicht feststellbar (ohne Angabe):	278
	817

Tabelle 11
Verhältnis von Fliegerschulen zu Schulflugzeugen

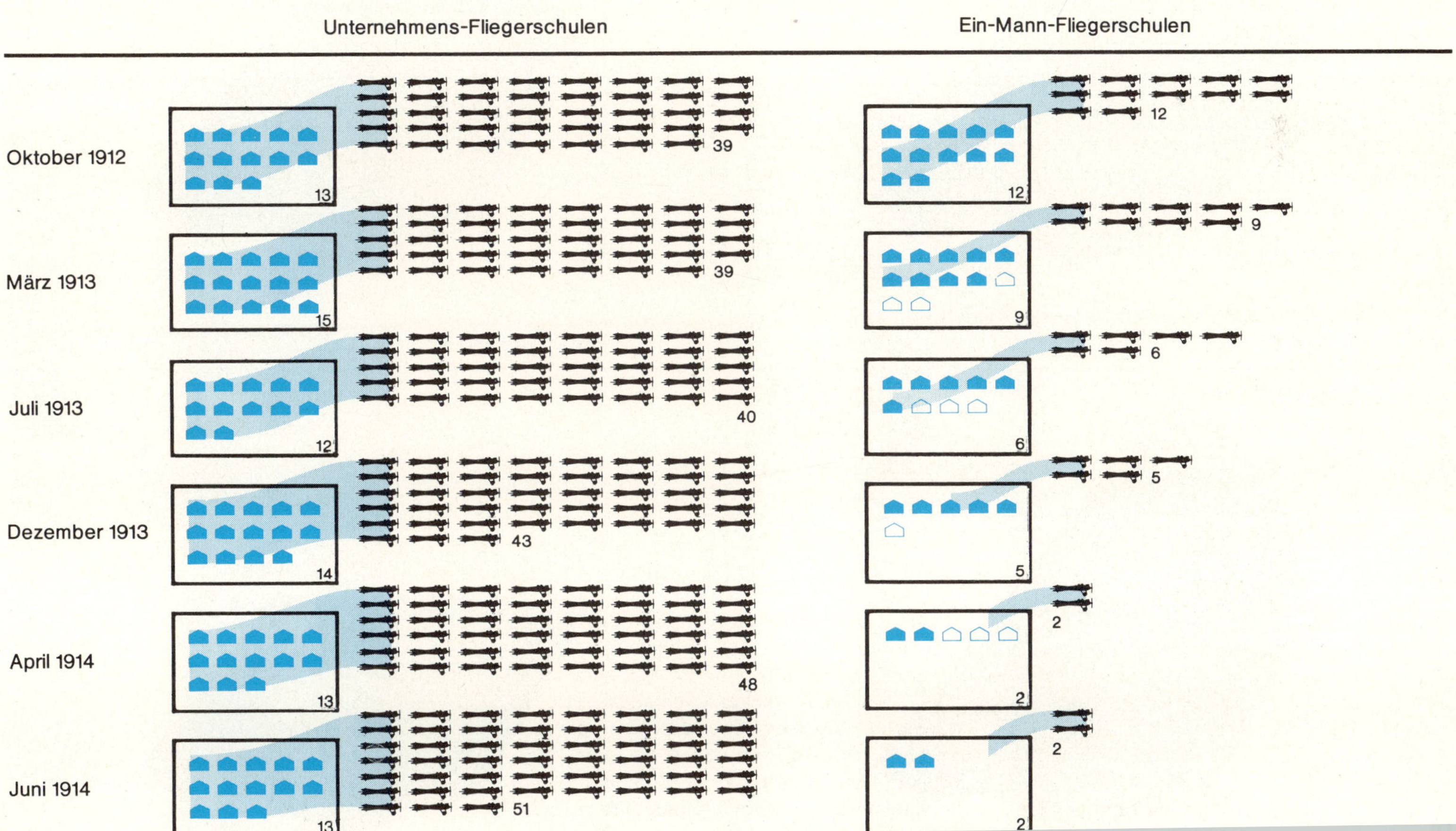

Tabelle 12
Flugleistungen am Flugplatz Johannisthal

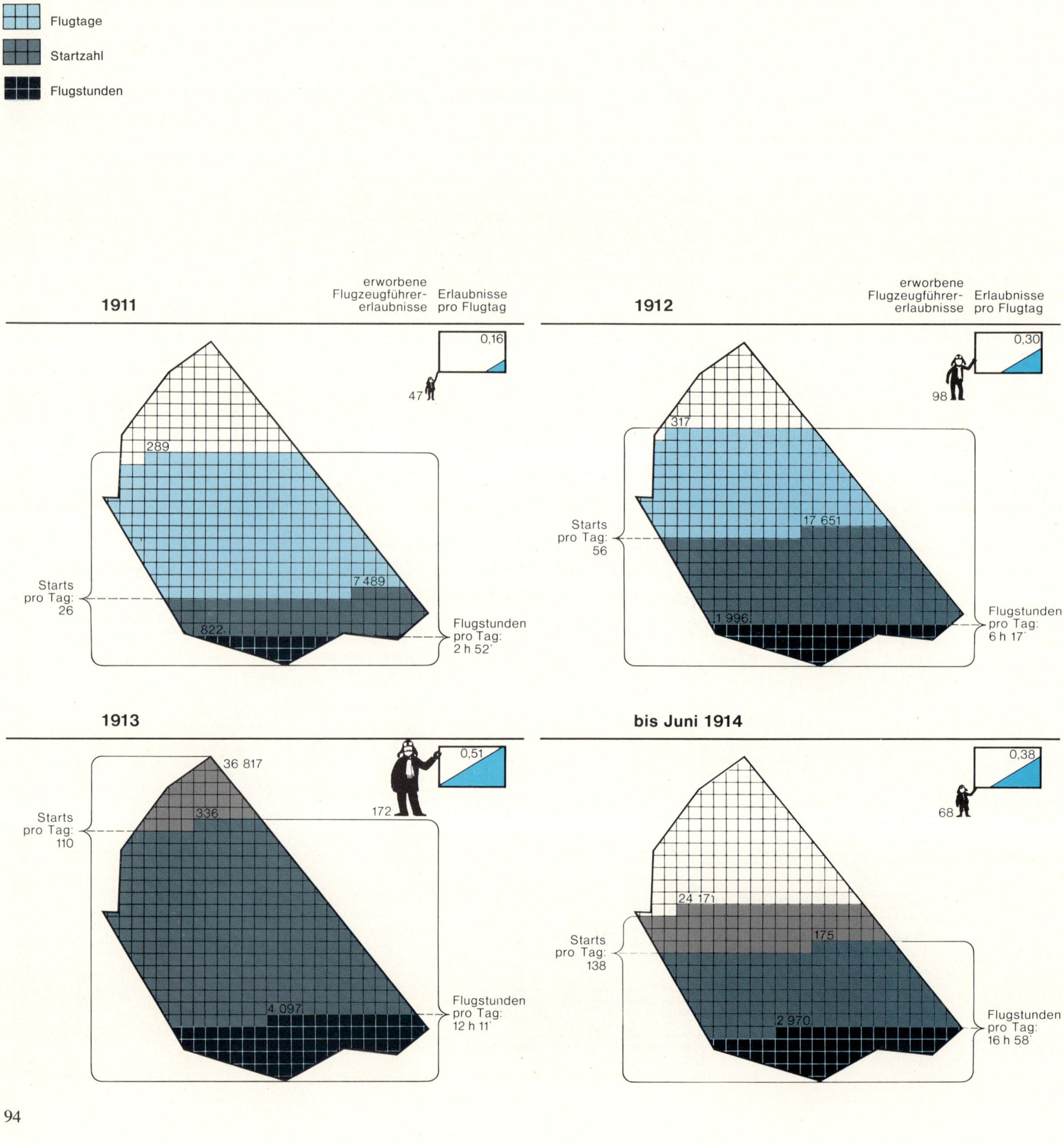

124
Flugzeugführerausweis Nr. 5: Fridolin Keidel (oben)

125
Sportfliegerlizenz für Fridolin Keidel
(der Vergleich der beiden Unterschriften Fridolin Keidels ergibt ein deutlich unterschiedliches graphologisches Bild – vergl. beispielsweise die Schreibweise der Buchstaben F, r, K und d –, das trotz der zwischen beiden Unterschriften liegenden Jahre nicht schlüssig erklärt werden kann)

Fédération Aéronautique Internationale (F.A.I.)
Deutschland No 5

Die unterzeichnete von der F.A.I. für Deutschland anerkannte Sportbehörde ernennt hiermit

Nous soussignés pouvoir sportif reconnu par la F.A.I. pour l'Allemagne certifions que

Herrn Fridolin Keidel

geb. zu Augsburg den 27. Dez. 1882

nach Erfüllung aller von der F.A.I. vorgeschriebenen Prüfungsbestimmungen zum

ayant rempli toutes les conditions imposées par la F.A.I. a été breveté

Flugzeugführer

Pilote aviateur

27. April 1910

Deutscher Luftschiffer-Verband
Der Vorstand
gez. Busley

Unterschrift des Inhabers
Fr. Keidel.

Luftfahrer-Verband Nollendorfplatz 3 Berlin W. 30

LIZENZ.

Herr (Vor- u. Zuname): Fridolin Keidel
geb. zu Augsburg
den 27. Dezember 1882
(Staatsangehörigkeit Deutschland)
ist im Besitz des Flugführerzeugnisses Nr. 5
des Deutschen Luftfahrer-Verbandes.

Demselben wird die Erlaubnis erteilt, an allen nationalen und internationalen flugsportlichen Veranstaltungen, soweit sie den Vorschriften der Fédération Aéronautique Internationale und denjenigen der Sportmacht des betr. Landes entsprechen, bis zum 31. Dezember 1913 teilzunehmen.

Berlin, den 17. Juni 1913.

Deutscher Luftfahrer-Verband.
Die Flugzeugabteilung.

Unterschrift des Inhabers:
Keidel Fridolin

Deutscher Luftfahrer-Verband Nollendorfplatz 3 Berlin W. 30

Die Arbeiter, die eine Flugzeugführerberechtigung erhielten, waren vorwiegend Mechaniker und Monteure. Es kann daher vermutet werden, daß der Mechaniker Fridolin Keidel (Flugzeugführerberechtigung Nr. 5), von dem bereits die Rede war, nicht der einzige geblieben ist, der durch seine Tätigkeit in der Luftfahrt bzw. im Flugzeugbau das Glück hatte, eine zumindest kostenermäßigte Ausbildung zu erhalten. Denn allgemein war für einen Arbeiter die Flugzeugführerausbildung unerschwinglich. Andererseits wurden alle, die keinen Beruf erlernt hatten, deren Ausbildungskosten aber von begüterten Eltern getragen wurden, vom DLV als «Arbeiter» geführt.

Trotz der Intensivierung der Flugschülerausbildung blieb bis in das Jahr 1913 hinein das erwähnte Mißverhältnis zwischen Flugschülerandrang und Ausbildungskapazität erhalten. Dadurch ging die Ausbildung vieler Flugschüler schleppend voran. Da jeder Fluglehrer bei Flugbeginn von seinen Schülern bedrängt wurde und er nach Gutdünken die Reihenfolge bestimmte, kam es in etlichen Fällen vor, daß die an sich unkomplizierte Ausbildung mehrere Monate dauerte. Darauf machten die Johannisthaler Fluglehrer Albert Rupp (Albatros-Werke, später LVG) und Willy Rosenstein (Rumpler-Werke, später «Gothaer Waggonfabrik A.G., Abteilung Flugzeugbau») in einem Lehrbuch für den Flugschüler aufmerksam, das im Jahre 1913 erschien. Darin heißt es:

«Dem zukünftigen Flugschüler ist eine ernste Selbstprüfung anzuraten ... Er wäge auch *vorher* ab, ob er die Mittel zum Fliegen hat. Zum Fliegen gehört Geld, viel Geld sogar ... Ganz erheblich ist auch der Beitrag, den der

der Folgezeit vor dem ersten Weltkrieg, daß die Warnung der beiden Fluglehrer vollauf berechtigt war. Zum Beweis genügt es zunächst, die Anzahl der in Johannisthal seit Januar 1912 ausgebildeten Flugzeugführer sowie die Anzahl jener Flugzeugführer, die in Johannisthal und den Einzugsgebieten zum Flugplatz wohnten, mit der Anzahl der auf dem Flugplatz angestellten Flugzeugführer zu vergleichen. Das ermöglicht Tabelle 13.
Dabei muß berücksichtigt werden, daß Flugzeugführererlaubnisse in Johannisthal seit dem Frühjahr 1910 erteilt wurden. Die Anzahl dieser Erlaubnisse bis zum Jahresende 1911 ist in obiger Aufstellung noch gar nicht enthalten.
Wie gering die Aussicht auf Berufsausübung auf dem damals größten deutschen Motorflugplatz war, geht eindeutig aus der Spalte «Prozent der beschäftigten Flugzeugführer» hervor.
Mit wachsender absoluter Anzahl der Flugzeugführer ging also ihre Beschäftigung relativ zurück. Für die meisten erwies sich, in bezug auf den Beruf des Fliegers, die absolvierte Ausbildung als finanzielle und zeitliche Fehlinvestition. Dieses Mißverhältnis blieb nicht ohne Auswirkungen, vor allem auf das Verhältnis zwischen den Flugzeugfabrikanten und den von ihnen beschäftigten Flugzeugführern. Denn die Fabrikanten versuchten, angesichts der wachsenden Anzahl arbeitsloser Flieger, das Einkommen der angestellten Piloten herunterzudrücken und den eigenen Profit auf diese Weise zu vergrößern.
Im März des Jahres 1911 hatten sich die damals bedeutendsten deutschen Flugzeugbauunternehmen zum «Verein Deutscher Flugzeugindustrieller» zusammengeschlossen, um gemeinsame Interessen durchzusetzen. Es war der erste deutsche Flugzeugbauunternehmerverband. Zu den Gründerfirmen aus Johannisthal gehörten Albatros, Rumpler, Wright, Harlan und Dorner.
Als Antwort darauf organisierten sich auch die Flieger. Sie gründeten den «Bund Deutscher Flugzeugführer» (BDF), der seine Geschäftsstelle in der ersten Etage der damaligen Kaiser-Wilhelm-Straße 47 in Johannisthal einrichtete (heute: Sterndamm 79). Der Flugzeugführerbund sah seine Aufgabe in der Vertretung der Interessen der Flugzeugführer vor allem gegenüber der Flugzeugindustrie und den Flugplatzunternehmungen. Die Flieger, die als Fluglehrer in Johannisthal tätig waren, empfahlen denen, die eine fliegerische Ausbildung aufnehmen wollten, öffentlich, sich zuvor beim BDF darüber zu informieren, welcher Fliegerschule sie sich anvertrauen konnten, und an den Versammlungen des BDF teilzunehmen.
Eine der ersten Bestimmungen, die der BDF erließ, war ein Katalog (eine Art Tarifliste) über die Bezahlung von Flugzeugführern. Allerdings war das, was dort enthalten war, erst das erklärte Kampfziel des BDF, keine Tarifvereinbarung mit den Flugzeugindustriellen. Deshalb war auch keiner der Flugzeugbaubetriebe daran gebunden. Nicht alle von ihnen akzeptierten diesen Katalog von vornherein und richteten sich danach. Einige zahlten prinzipiell unter den Forderungen des BDF. Zu ihnen gehörte Rumpler. Da Notizen von dem ehemaligen Flugzeugführer der Rumpler-Werke, Werner Wieting, erhalten geblieben sind, läßt sich sehr genau vergleichen und belegen, wie Rumpler die Löhne der bei ihm tätigen Flugzeugführer drückte. Wer nicht mitmachte und die Rumpler-Werke verließ, für den rückte sogleich ein Flieger aus der Schar derer auf, die auf eine Anstellung warteten. Hier der Vergleich:

	Forderung des BDF	*Bezahlung bei Rumpler*
Mindestgehalt monatlich	300 M	200 bis 250 M
Ausbildung eines Flugschülers	250 M	100 bis 150 M
Einfliegen eines fabrikneuen Flugzeuges	500 M	100 M

Trotz des unübersehbaren Überhangs an ausgebildeten Flugzeugführern warben die Fliegerschulen weiterhin in Inseraten und Werbeblättern um Flugschüler. Bemerkenswert ist eine Werbeschrift der Johannisthaler «Centrale für Aviatik», in der es hieß: «Für Herren, welche die Kosten nicht selbst aufbringen können, stehen wir mit allen gewünschten Ratschlägen, wie sie sich die Mittel dazu beschaffen können, gern zu Diensten». (!)
In jener Zeit galten verschiedene Arten von Ausweisen für Flugzeugführer. Soweit sie zum Führen von Flugzeugen berechtigten, war ihre Erlangung an bestimmte Bedingungen geknüpft. Folgende Ausweise waren gültig:

Flugzeugführerausweis (anfänglich ausgestellt vom «Deutschen Luftschiffer-Verband», ab dem Jahre 1910 vom «Deutschen Luftfahrer-Verband» (DLV).

Dieser Ausweis war die Flugzeugführerberechtigung und hatte den Status eines Flugzeugführerzeugnisses. Es berechtigte zum Führen eines Flugzeuges und zur Ausübung eines entsprechenden Berufes im In- und Ausland, einschließlich dem Beruf des Fluglehrers.
Bis zum Jahresbeginn 1911 galten folgende Bedingungen für den Erwerb:
– drei Flüge von je 5 km Länge (die als Platzrundenflüge ausgeführt wurden),
– mit Zwischenlandungen in einer Entfernung von höchstens 150 m vom Startpunkt.

Diese Bedingungen wurden durch Bestimmungen des DLV vom 15. Februar und 8. Oktober 1911 wie folgt erweitert und präzisiert:
– vollendetes 18. Lebensjahr des Bewerbers,
– zwei Flüge von je 5 km Länge in geschlossener Fluglinie ohne Berührung des Bodens (die Flugbahn mußte in Form von Achten um zwei Markierungen geflogen werden, die höchstens 500 m voneinander entfernt sein durften, und zwar so oft, bis ein Flugweg von 5 km Länge erreicht war, danach war zu landen; der zweite Flug konnte sogleich danach, mußte jedoch innerhalb von 90 Tagen erfolgen).
– ein Höhenflug mit einer Mindesthöhe von 50 m über dem Startplatz (die Bedingung konnte mit einem der beiden vorgenannten Flüge erfüllt werden),
– Vorlage eines polizeilichen Führungszeugnisses oder einer entsprechenden Erklärung des Vorstandes eines Luftfahrervereins oder einer vorgesetzten Stelle sowie, falls dies verlangt wurde, besonderer Referenzen,
– Vorlage eines ärztlichen Attestes nach den polizeilichen Vorschriften für Autofahrer,
– Zahlung von 2 Mark Zeugniskosten und einer Erstausstellungsgebühr von 20 Mark an den DLV.

Ab 4. Dezember 1913 wurden einige Bedingungen geändert und weitere hinzugefügt:
– Vorlage eines ärztlichen Attestes nach den Vorschriften des DLV für die ärztliche Untersuchung von Flugzeugführern,

124
Flugzeugführerausweis Nr. 5: Fridolin Keidel (oben)

125
Sportfliegerlizenz für Fridolin Keidel
(der Vergleich der beiden Unterschriften Fridolin Keidels ergibt ein deutlich unterschiedliches graphologisches Bild – vergl. beispielsweise die Schreibweise der Buchstaben F, r, K und d –, das trotz der zwischen beiden Unterschriften liegenden Jahre nicht schlüssig erklärt werden kann)

Fédération Aéronautique Internationale (F.A.I.)
Deutschland No 5
Die unterzeichnete von der F.A.I. für Deutschland anerkannte Sportbehörde ernennt hiermit | Nous soussignés pouvoir sportif reconnu par la F.A.I. pour l'Allemagne certifions, que
Herrn Fridolin Keidel
geb. zu Augsburg, den 27. Dez. 1882
nach Erfüllung aller von der F.A.I. vorgeschriebenen Prüfungsbestimmungen zum | ayant rempli toutes les conditions imposées par la F.A.I. a été breveté
Flugzeugführer | Pilote aviateur
für Zweidecker | pour biplan
den 27. April 1910
Deutscher Luftschiffer-Verband
Der Vorstand
gez. Busley

LIZENZ.
Herr (Vor- u. Zuname): Fridolin Keidel
geb. zu Augsburg
den 27. Dezember 1882
(Staatsangehörigkeit Deutschland)
ist im Besitz des Flugführerzeugnisses Nr. 5
des Deutschen Luftfahrer-Verbandes.
Demselben wird die Erlaubnis erteilt, an allen nationalen und internationalen flugsportlichen Veranstaltungen, soweit sie den Vorschriften der Fédération Aéronautique Internationale und denjenigen der Sportmacht des betr. Landes entsprechen, bis zum 31. Dezember 1913 teilzunehmen.
Berlin, den 17. Juni 1913.
Deutscher Luftfahrer-Verband.
Die Flugzeugabteilung.

Die Arbeiter, die eine Flugzeugführerberechtigung erhielten, waren vorwiegend Mechaniker und Monteure. Es kann daher vermutet werden, daß der Mechaniker Fridolin Keidel (Flugzeugführerberechtigung Nr. 5), von dem bereits die Rede war, nicht der einzige geblieben ist, der durch seine Tätigkeit in der Luftfahrt bzw. im Flugzeugbau das Glück hatte, eine zumindest kostenermäßigte Ausbildung zu erhalten. Denn allgemein war für einen Arbeiter die Flugzeugführerausbildung unerschwinglich. Andererseits wurden alle, die keinen Beruf erlernt hatten, deren Ausbildungskosten aber von begüterten Eltern getragen wurden, vom DLV als «Arbeiter» geführt.
Trotz der Intensivierung der Flugschülerausbildung blieb bis in das Jahr 1913 hinein das erwähnte Mißverhältnis zwischen Flugschülerandrang und Ausbildungskapazität erhalten. Dadurch ging die Ausbildung vieler Flugschüler schleppend voran. Da jeder Fluglehrer bei Flugbeginn von seinen Schülern bedrängt wurde und er nach Gutdünken die Reihenfolge bestimmte, kam es in etlichen Fällen vor, daß die an sich unkomplizierte Ausbildung mehrere Monate dauerte. Darauf machten die Johannisthaler Fluglehrer Albert Rupp (Albatros-Werke, später LVG) und Willy Rosenstein (Rumpler-Werke, später «Gothaer Waggonfabrik A.G., Abteilung Flugzeugbau») in einem Lehrbuch für den Flugschüler aufmerksam, das im Jahre 1913 erschien. Darin heißt es:
«Dem zukünftigen Flugschüler ist eine ernste Selbstprüfung anzuraten ... Er wäge auch *vorher* ab, ob er die Mittel zum Fliegen hat. Zum Fliegen gehört Geld, viel Geld sogar ... Ganz erheblich ist auch der Beitrag, den der

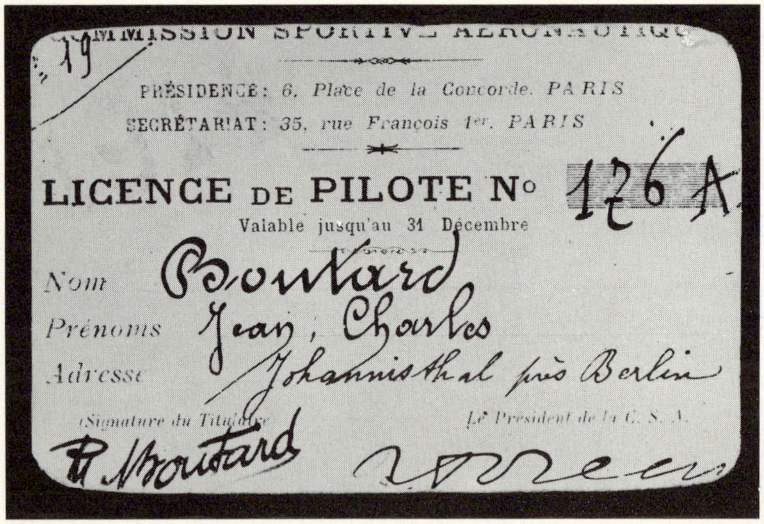
PRÉSIDENCE: 6, Place de la Concorde, PARIS
SECRÉTARIAT: 35, rue François 1er, PARIS
LICENCE DE PILOTE No 126 A
Valable jusqu'au 31 Décembre
Nom Boutard
Prénoms Jean, Charles
Adresse Johannisthal près Berlin
(Signature du Titulaire) Le Président de la C. S. A.
Ch. Boutard

126
Französische Sportfliegerlizenz für Charles Boutard

127
Deutsche Sportfliegerlizenz für Charles Boutard

Johannisthal, Parkstr. 8
LIZENZ.
Herr (Vor- u. Zuname): Charles Boutard
geb. zu Paris
den 8. Juli 1884
(Staatsangehörigkeit Frankreich)
ist im Besitz des Flugführerzeugnisses No. 176
des Deutschen Luftfahrer-Verbandes.
Demselben wird die Erlaubnis erteilt, an allen nationalen und internationalen flugsportlichen Veranstaltungen, soweit sie den Vorschriften der Fédération Aéronautique Internationale und denjenigen der Sportmacht des betr. Landes entsprechen, bis zum 31. Dezember 1914 teilzunehmen.
Berlin, den 27 Mai 1914.
Deutscher Luftfahrer-Verband.
Die Flugzeugabteilung.
Unterschrift des Inhabers: Ch. Boutard

Flugschüler für seinen Lebensunterhalt am Ausbildungsort einsetzen muß. Der Flieger hat damit zu rechnen, daß das Fliegen vom Wetter absolut abhängig ist. Manchmal kann nur an 5–8 Tagen im Monat geflogen werden. Die Zahl der Schulmaschinen ist nur eine beschränkte. Mehrere Schüler sollen aber darauf zu gleicher Zeit ausgebildet werden. Ist mal an einem Tage nach Wochen schönes bzw. Flugwetter, so macht der erste Schüler, der die Maschine dann besteigt, vielleicht Bruch. Die Maschine muß repariert werden. Die anderen Schüler müssen warten. So hat der Flugjünger immerhin, um ganz sicher zu gehen, mit einer Ausbildungszeit von 3–4 Monaten zu rechnen. Er kann dafür 1 000 Mark in Ansatz bringen, da Wohnungs- usw. -verhältnisse an den Flugplätzen meistens teure sind.
Der Flugschüler tut auch gut daran, sich noch eine Summe zu reservieren: 1. um auch für den Fall einer Gesundheitsschädigung beim Fliegen für die Arzt- und Krankenhauskosten gerüstet zu sein. 2. um, falls ihm der Beruf des Fliegers nicht zusagt oder die Fabrik ihn für untauglich zur Ausbildung erklärt, die Mittel zur Gründung einer anderen Existenz zu haben.»
Mit dem letzten Satz machten Rupp und Rosenstein auf einen weiteren Widerspruch aufmerksam, der aus der anarchischen Tätigkeit der Fliegerschulen erwuchs: den Widerspruch zwischen der absolut steigenden Anzahl der ausgebildeten Flugzeugführer und der relativ sinkenden Möglichkeit, in diesem Beruf eine Beschäftigung zu finden. Je mehr Flieger ihre Ausbildung abschlossen, desto weniger von ihrer Gesamtzahl hatten eine Berufsaussicht. Die beiden Autoren stellten dies so dar:

«Die Aussichten des Fliegerberufes sind durchaus keine rosigen. Wer heute zur Fliegerei übergehen will, soll sich diesen Entschluß nicht nur einmal, sondern dreimal überlegen. Wir haben gegenwärtig im Deutschen Reich schon ca. 400 deutsche Flugzeugführer» (Das war der Stand vom Mai 1913). «Ende 1913 werden wir wohl ungefähr ... 500 Flieger besitzen.» (Diese Schätzung war zu niedrig angesetzt, denn bis zum Jahresende 1913 waren es 637.) «Die vorhandenen Flugzeugfabriken beschäftigen als Einflieger neuer Apparate und zur Schülerausbildung im Höchstfalle 60 Inhaber des Flugzeugführerzeugnisses.» (Damit meinten die Autoren die Gesamtzahl der Flugzeugführer, die mit einem festen Beschäftigungsverhältnis in Deutschland rechnen konnten.) «Eine andere Erwerbsquelle sind Schauflüge. Im Deutschen Reich sind Schauflüge fast überall schon gesehen worden. Sie rentieren nicht mehr gut ... Für die Bestreitung der bedeutenderen Wettbewerbe (mit größeren Geldpreisen) des Deutschen Luftfahrerverbandes sind bereits eine Anzahl alter ‹Fliegergardisten› vorhanden. Sie fliegen seit Jahr und Tag und müssen durch ihre Erfahrung und ihr Training über Flugjünger den Sieg davontragen. ***Nicht jeder wird ein Hirth.***»
Es ist überaus beachtenswert, daß Rupps und Rosensteins «Lehrbuch für den Flugschüler» über lange Passagen eine sozialkritische Schrift geworden ist, in der sie ihre eigenen Erfahrungen und Beobachtungen verarbeiten. Und dabei nicht für den Fliegerberuf warben, sondern vor ihm warnten. Diese Warnung gipfelte in folgender Empfehlung: «Wer über genügend Geldmittel verfügt, dem ist folgendes anzuraten: Bevor er überhaupt definitive Entschlüsse faßt, nehme er einen Aufenthalt von 4–6 Wochen auf einem regen Flugplatz, z. B. in Johannisthal. Er verweile dort lediglich als Zuschauer und halte Augen und Ohren offen. Wir glauben nicht, daß dann noch bei allen, die von diesem unserem Rat Gebrauch machen, der stürmische Wunsch, Flieger zu werden, bestehen bleibt.»
Die Situation in Johannisthal erwies auch in

Tabelle 13
Beschäftigungsgrad von Flugzeugführern in Johannisthal

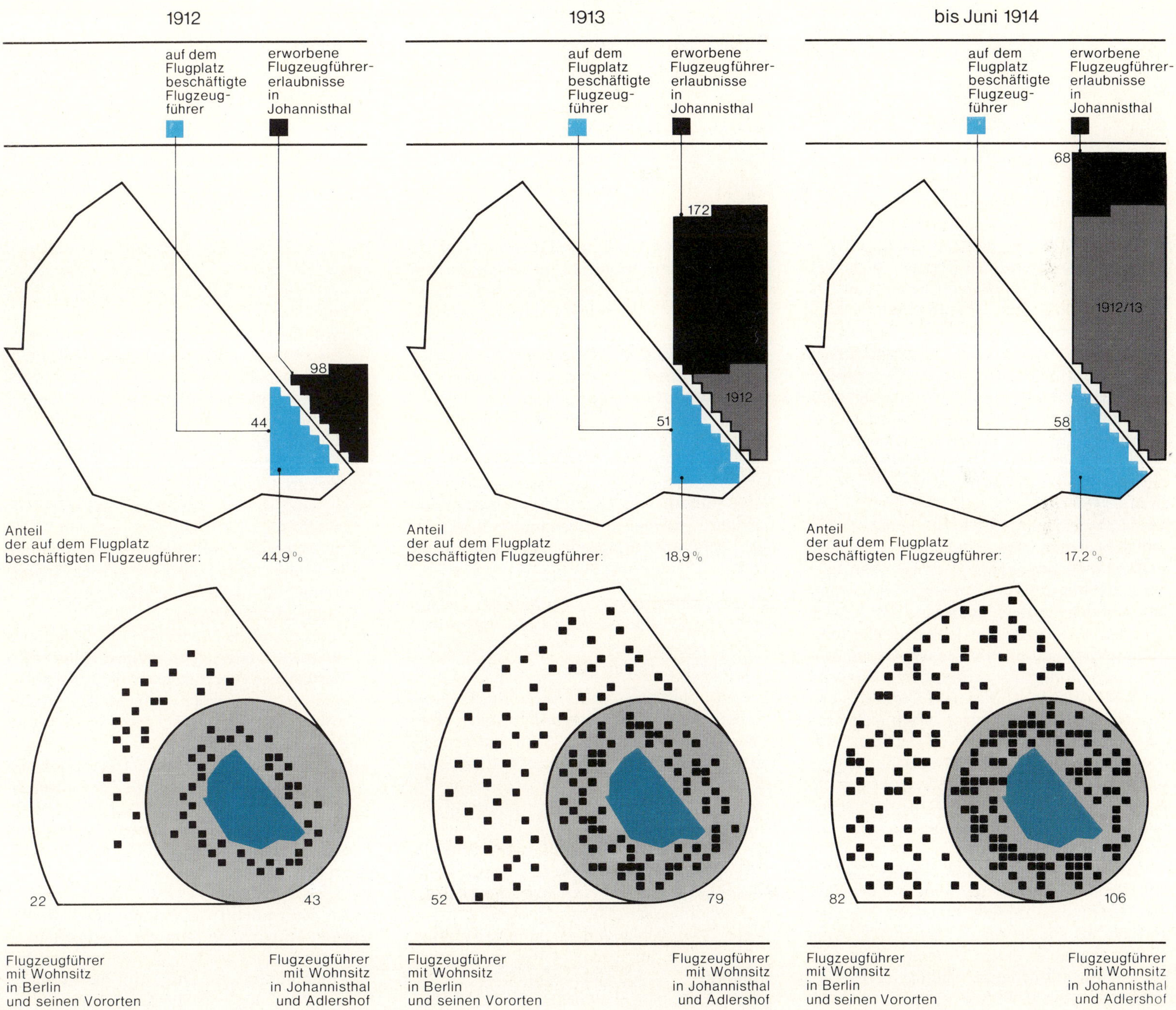

der Folgezeit vor dem ersten Weltkrieg, daß die Warnung der beiden Fluglehrer vollauf berechtigt war. Zum Beweis genügt es zunächst, die Anzahl der in Johannisthal seit Januar 1912 ausgebildeten Flugzeugführer sowie die Anzahl jener Flugzeugführer, die in Johannisthal und den Einzugsgebieten zum Flugplatz wohnten, mit der Anzahl der auf dem Flugplatz angestellten Flugzeugführer zu vergleichen. Das ermöglicht Tabelle 13.

Dabei muß berücksichtigt werden, daß Flugzeugführererlaubnisse in Johannisthal seit dem Frühjahr 1910 erteilt wurden. Die Anzahl dieser Erlaubnisse bis zum Jahresende 1911 ist in obiger Aufstellung noch gar nicht enthalten.

Wie gering die Aussicht auf Berufsausübung auf dem damals größten deutschen Motorflugplatz war, geht eindeutig aus der Spalte «Prozent der beschäftigten Flugzeugführer» hervor.

Mit wachsender absoluter Anzahl der Flugzeugführer ging also ihre Beschäftigung relativ zurück. Für die meisten erwies sich, in bezug auf den Beruf des Fliegers, die absolvierte Ausbildung als finanzielle und zeitliche Fehlinvestition. Dieses Mißverhältnis blieb nicht ohne Auswirkungen, vor allem auf das Verhältnis zwischen den Flugzeugfabrikanten und den von ihnen beschäftigten Flugzeugführern. Denn die Fabrikanten versuchten, angesichts der wachsenden Anzahl arbeitsloser Flieger, das Einkommen der angestellten Piloten herunterzudrücken und den eigenen Profit auf diese Weise zu vergrößern.

Im März des Jahres 1911 hatten sich die damals bedeutendsten deutschen Flugzeugbauunternehmen zum «Verein Deutscher Flugzeugindustrieller» zusammengeschlossen, um gemeinsame Interessen durchzusetzen. Es war der erste deutsche Flugzeugbauunternehmerverband. Zu den Gründerfirmen aus Johannisthal gehörten Albatros, Rumpler, Wright, Harlan und Dorner.

Als Antwort darauf organisierten sich auch die Flieger. Sie gründeten den «Bund Deutscher Flugzeugführer» (BDF), der seine Geschäftsstelle in der ersten Etage der damaligen Kaiser-Wilhelm-Straße 47 in Johannisthal einrichtete (heute: Sterndamm 79). Der Flugzeugführerbund sah seine Aufgabe in der Vertretung der Interessen der Flugzeugführer vor allem gegenüber der Flugzeugindustrie und den Flugplatzunternehmungen. Die Flieger, die als Fluglehrer in Johannisthal tätig waren, empfahlen denen, die eine fliegerische Ausbildung aufnehmen wollten, öffentlich, sich zuvor beim BDF darüber zu informieren, welcher Fliegerschule sie sich anvertrauen konnten, und an den Versammlungen des BDF teilzunehmen.

Eine der ersten Bestimmungen, die der BDF erließ, war ein Katalog (eine Art Tarifliste) über die Bezahlung von Flugzeugführern. Allerdings war das, was dort enthalten war, erst das erklärte Kampfziel des BDF, keine Tarifvereinbarung mit den Flugzeugindustriellen. Deshalb war auch keiner der Flugzeugbaubetriebe daran gebunden. Nicht alle von ihnen akzeptierten diesen Katalog von vornherein und richteten sich danach. Einige zahlten prinzipiell unter den Forderungen des BDF. Zu ihnen gehörte Rumpler. Da Notizen von dem ehemaligen Flugzeugführer der Rumpler-Werke, Werner Wieting, erhalten geblieben sind, läßt sich sehr genau vergleichen und belegen, wie Rumpler die Löhne der bei ihm tätigen Flugzeugführer drückte. Wer nicht mitmachte und die Rumpler-Werke verließ, für den rückte sogleich ein Flieger aus der Schar derer auf, die auf eine Anstellung warteten. Hier der Vergleich:

	Forderung des BDF	*Bezahlung bei Rumpler*
Mindestgehalt monatlich	300 M	200 bis 250 M
Ausbildung eines Flugschülers	250 M	100 bis 150 M
Einfliegen eines fabrikneuen Flugzeuges	500 M	100 M

Trotz des unübersehbaren Überhangs an ausgebildeten Flugzeugführern warben die Fliegerschulen weiterhin in Inseraten und Werbeblättern um Flugschüler. Bemerkenswert ist eine Werbeschrift der Johannisthaler «Centrale für Aviatik», in der es hieß: «Für Herren, welche die Kosten nicht selbst aufbringen können, stehen wir mit allen gewünschten Ratschlägen, wie sie sich die Mittel dazu beschaffen können, gern zu Diensten». (!)

In jener Zeit galten verschiedene Arten von Ausweisen für Flugzeugführer. Soweit sie zum Führen von Flugzeugen berechtigten, war ihre Erlangung an bestimmte Bedingungen geknüpft. Folgende Ausweise waren gültig:

Flugzeugführerausweis (anfänglich ausgestellt vom «Deutschen Luftschiffer-Verband», ab dem Jahre 1910 vom «Deutschen Luftfahrer-Verband» (DLV).

Dieser Ausweis war die Flugzeugführerberechtigung und hatte den Status eines Flugzeugführerzeugnisses. Es berechtigte zum Führen eines Flugzeuges und zur Ausübung eines entsprechenden Berufes im In- und Ausland, einschließlich dem Beruf des Fluglehrers.

Bis zum Jahresbeginn 1911 galten folgende Bedingungen für den Erwerb:

– drei Flüge von je 5 km Länge (die als Platzrundenflüge ausgeführt wurden),
– mit Zwischenlandungen in einer Entfernung von höchstens 150 m vom Startpunkt.

Diese Bedingungen wurden durch Bestimmungen des DLV vom 15. Februar und 8. Oktober 1911 wie folgt erweitert und präzisiert:

– vollendetes 18. Lebensjahr des Bewerbers,
– zwei Flüge von je 5 km Länge in geschlossener Fluglinie ohne Berührung des Bodens (die Flugbahn mußte in Form von Achten um zwei Markierungen geflogen werden, die höchstens 500 m voneinander entfernt sein durften, und zwar so oft, bis ein Flugweg von 5 km Länge erreicht war, danach war zu landen; der zweite Flug konnte sogleich danach, mußte jedoch innerhalb von 90 Tagen erfolgen).
– ein Höhenflug mit einer Mindesthöhe von 50 m über dem Startplatz (die Bedingung konnte mit einem der beiden vorgenannten Flüge erfüllt werden),
– Vorlage eines polizeilichen Führungszeugnisses oder einer entsprechenden Erklärung des Vorstandes eines Luftfahrervereins oder einer vorgesetzten Stelle sowie, falls dies verlangt wurde, besonderer Referenzen,
– Vorlage eines ärztlichen Attestes nach den polizeilichen Vorschriften für Autofahrer,
– Zahlung von 2 Mark Zeugniskosten und einer Erstausstellungsgebühr von 20 Mark an den DLV.

Ab 4. Dezember 1913 wurden einige Bedingungen geändert und weitere hinzugefügt:

– Vorlage eines ärztlichen Attestes nach den Vorschriften des DLV für die ärztliche Untersuchung von Flugzeugführern,

129
Sportfliegerlizenz für Werner Wieting

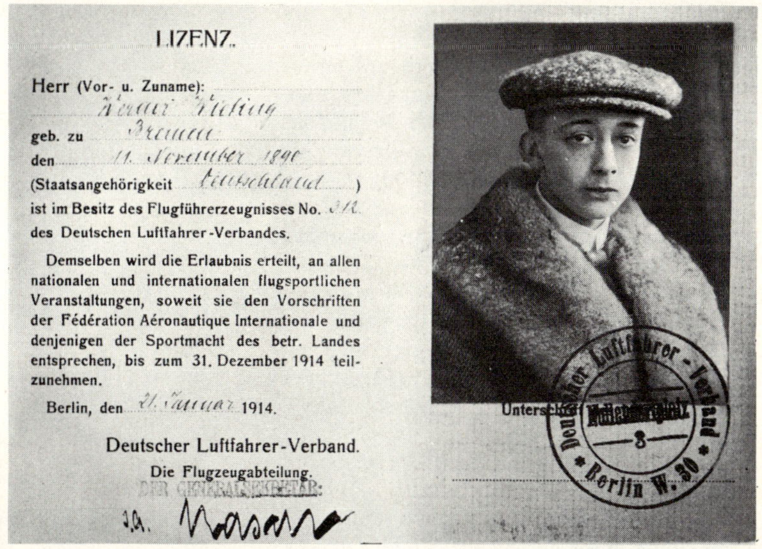

LIZENZ.

Herr (Vor- u. Zuname): Werner Wieting
geb. zu Bremen
den 11. November 1890
(Staatsangehörigkeit Deutschland)
ist im Besitz des Flugführerzeugnisses No. 312
des Deutschen Luftfahrer-Verbandes.

Demselben wird die Erlaubnis erteilt, an allen nationalen und internationalen flugsportlichen Veranstaltungen, soweit sie den Vorschriften der Fédération Aéronautique Internationale und denjenigen der Sportmacht des betr. Landes entsprechen, bis zum 31. Dezember 1914 teilzunehmen.

Berlin, den 21. Januar 1914.

Deutscher Luftfahrer-Verband.
Die Flugzeugabteilung.
~~Der Generalsekretär:~~
I.A. [Unterschrift]

Unterschr...

Deutscher Luftfahrer-Verband · Nollendorfplatz 3 · Berlin W. 30

128
Flugzeugführerausweis Nr. 312: Werner Wieting

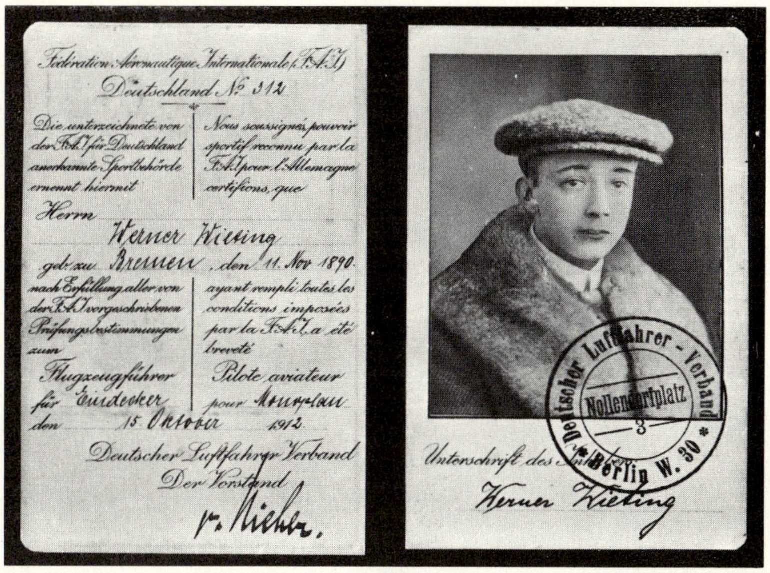

Fédération Aéronautique Internationale (F.A.I.)
Deutschland No 312

Die unterzeichnete von der F.A.I. für Deutschland anerkannte Sportbehörde ernennt hiermit

Nous soussignés, pouvoir sportif reconnu par la F.A.I. pour l'Allemagne certifions que

Herrn Werner Wieting
geb. zu Bremen den 11. Nov 1890

nach Erfüllung aller von der F.A.I. vorgeschriebenen Prüfungsbestimmungen zum Flugzeugführer für Eindecker

ayant rempli toutes les conditions imposées par la F.A.I. a été breveté Pilote aviateur pour Monoplan

den 15 Oktober 1912

Deutscher Luftfahrer Verband
Der Vorstand
v. Nieber.

Deutscher Luftfahrer-Verband · Nollendorfplatz 3 · Berlin W. 30

Unterschrift des Inhabers: Werner Wieting

130
Befähigungszeugnis als Militärflugzeugführer, ausgestellt für Martin Haller, der seine zivile Flugzeugführerausbildung im Jahre 1913 in der Jeannin-Fliegerschule absolviert hatte

Dem Flieger Haller
Flieger-Bataillon No 2
wird auf Grund seiner Flugleistungen
das Befähigungs-Zeugnis
als Militär-Flugzeugführer
erteilt.

Berlin-Schöneberg, den 18. April 1914.

Die Königliche Inspektion
des Militär-Luft- und -Kraftfahrwesens.

Königl. Preuss. Inspekt. des Militär-Luft- u. Kraft-Fahrwesens

Messing
Generalmajor und Inspekteur.

– Zahlung einer Anmeldegebühr von 5 Mark,
– bei der Ausführung der Flüge auf einem Wasserflugzeug brauchten Start und Landung nur je einmal auf dem Wasser zu erfolgen (d. h., in solchem Falle galt die Bedingung mit einem 10-km-Flug in Achten-Schleifen als erfüllt); bei jedem dieser Flüge war die Landung folgendermaßen auszuführen: der Motor mußte spätestens bei der Berührung des Bodens oder des Wassers endgültig abgestellt werden; das Flugzeug mußte in einer Entfernung von weniger als 50 m von einem Punkt, den der Bewerber vor dem Start anzugeben hatte, stillstehen,
– der Bewerber hatte genügend Kenntnis der Flugbestimmungen des DLV in einer mündlichen Prüfung nachzuweisen,
– bei allen Prüfungsflügen mußte sich der Bewerber allein an Bord des Flugzeuges befinden,
– die Landungen bzw. Anwasserungen mußten ohne Beschädigung des Flugzeuges (und ohne sonstige Schäden zu verursachen) erfolgen.

Befähigungszeugnis als Militärflugzeugführer (ausgestellt von der zuständigen Heeresinspektion)

Dieses Befähigungszeugnis, das im Jahre 1913 eingeführt wurde, bezeugte dem Inhaber die bestandene Feldpilotenprüfung. Diese bestand aus den folgenden Bedingungen:

– Ausführung eines Stundenfluges über Land in einer Mindestdurchschnittshöhe von 500 m über dem Gelände,
– Ausführung einer Landung aus 150 m Höhe mit abgestelltem Motor,
– Nachweis einer genauen Kenntnis des Motors,
– Auswechseln einzelner Teile und Ausführung kleinerer Reparaturen am Motor, soweit es mit den an Bord mitgeführten Mitteln möglich war.

Sportflieger-Lizenz (ausgestellt vom «Deutschen Luftfahrer-Verband» (DLV)

Die Erteilung einer Sportflieger-Lizenz setzte den Besitz eines Flugzeugführerausweises voraus. Die Lizenz wurde ohne Prüfung auf Antrag des Bewerbers ausgestellt und jährlich erneuert. Sie berechtigte zur Teilnahme an allen nationalen und internationalen Flugveranstaltungen sowie zu Flügen zur Aufstellung von Rekorden im In- und Ausland.

Ausländische Flugzeugführerausweise oder *Sportflieger-Lizenzen*

Deutsche Flieger konnten, wenn sie in einem anderen Lande eine Flugzeugführerausbildung absolviert hatten, mit Zustimmung des DLV einen Flugzeugführerausweis dieses Landes erlangen.

Tabelle 14
Aufteilung der Flugzeugführererlaubnisse des DLV auf Zivilisten und Militärs

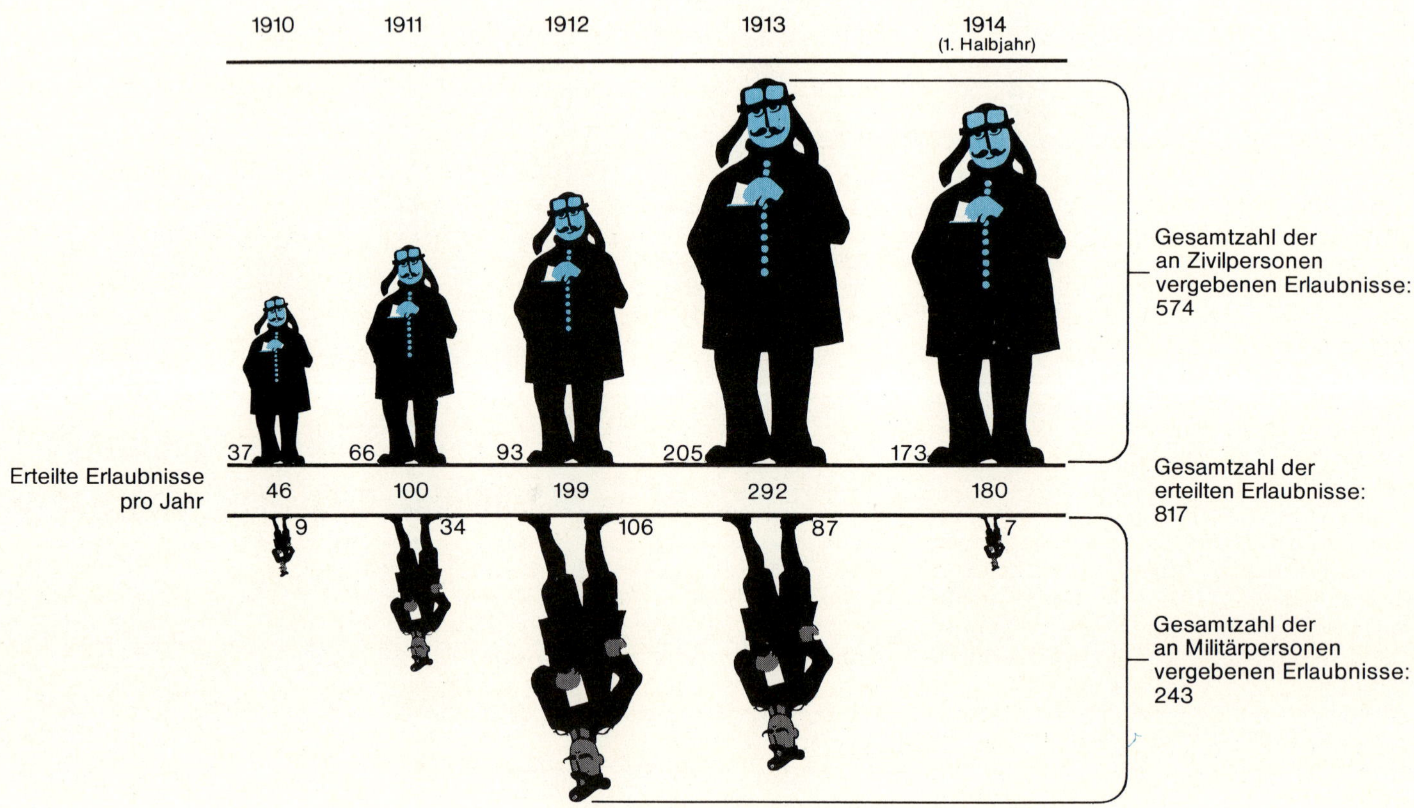

Berliner Verein für Luftschiffahrt
E.V.
Herr Werner Wieting
Fluglehrer
hat Mk. 20.- Beitrag für 1913/14 gezahlt.
Berlin, den 13. Oktober 1913.
BERLINER VEREIN
FÜR LUFTSCHIFFAHRT.

131
Werner Wietings Mitgliedsausweis des «Berliner Vereins für Luftschiffahrt»

Andererseits konnten Ausländer mit Zustimmung der Flugsportbehörde ihres Heimatlandes einen deutschen Flugzeugführerausweis erlangen. Gleiches galt für Sportflieger-Lizenzen. Unter Vorlage des im Ausland erlangten Flugzeugführerausweises oder der Lizenz wurde auf Antrag ein Ausweis oder eine Lizenz des DLV ohne weitere Prüfung des Bewerbers ausgestellt.

Mitgliedsausweis eines Flugsport- oder Luftfahrervereins

Der DLV war seinerzeit die höchste deutsche Luftsportbehörde und damit der Dachverband aller deutschen Flugsport- und Luftfahrervereine. In der Regel gehörte ein Flugzeugführer einem dieser Vereine als Mitglied an, zahlte dort seine Mitgliedsbeiträge und nahm am Vereinsleben teil.

*

Von den Flugzeugführerausweisen des DLV, die vor dem ersten Weltkrieg ausgestellt wurden, sind insgesamt 29,74 Prozent von Angehörigen (vor allem Offizieren und Reserveoffizieren) des Heeres und der Marine erworben worden. Der Anteil verteilt sich über die gesamte Zeit bis zum ersten Weltkrieg gemäß Tabelle 14. Er stieg bis zum Jahresanfang 1913 stark an.
Der erkennbare Rückgang des Anteils der Militärpersonen in den Jahren 1913/14 ist darauf zurückzuführen, daß ab 1. März 1913 die Ausbildung von Flugschülern bis zur Feldpilotenprüfung für den späteren Einsatz in Heer und Marine auch in den zugelassenen zivilen Fliegerschulen begann. Dafür wurde kein Flugzeugführerzeugnis des DLV, sondern ein Befähigungszeugnis als Militärflugzeugführer ausgestellt.

Streit und Gleichmut um die Flugzeugführererlaubnis Nr. 1

Die ersten beiden Flugzeugführererlaubnis sind am 1. Februar 1910 ausgestellt worden, und zwar die Nr. 1 für August Euler, die Nr. 2 für Hans Grade.
In späteren Jahren haben sich Publizisten wiederholt darum gestritten, ob Hans Grade die Nr. 1 zugestanden hätte oder nicht. Dabei ist vor allem immer wieder darauf hingewiesen worden, daß Grade der erste deutsche Motorflieger war, zudem auf einer Eigenkonstruktion, August Euler hingegen in der zeitlichen Abfolge der zweite, zumal auf einem ausländischen Flugzeugmuster. Diese Feststellungen sind zunächst sachlich richtig, denn Euler gelang am 20. August 1909 in einem Wettbewerb der «Internationalen Luftschiffahrt-Ausstellung» (ILA) in Frankfurt/Main mit einem Voisin-Doppeldecker ein Motorflug von 20 Sekunden Dauer. Zu dieser Zeit aber erprobte Grade in Bork bereits sehr erfolgreich seinen Eigenbau-Eindecker. Während die Presse die Flugfortschritte Grades wohlwollend beurteilte und lobte, empfahl sie Euler schon in Überschriften: «August laß das Fliegen sein».
Aus aufgefundenem Schriftverkehr zwischen Grade und Euler wird ersichtlich, daß beide in den Jahren vor dem ersten Weltkrieg durch freundschaftliche Beziehungen verbunden waren und August Euler, der Finanzkräftigere von beiden, Hans Grade bei mancher Gelegenheit seine Unterstützung gab, wofür sich Grade in Briefen aufrichtig bedankte. Es liegt auf der Hand, daß die Frage nach der Nr. 1 in der deutschen Flugzeugführerliste die damaligen Journalisten stärker bewegte als die beiden Flieger und Flugzeugbauer.
In späteren Jahren hat Grade noch einmal kussion reagiert, als er schrieb: «Im übrigen ist es ja gleichgültig, wie man amtlich registriert wird … In dieser Beziehung lasse ich gern meinem Freund August Euler den Vortritt …» Und Euler schrieb bei einer anderen Gelegenheit an Grade: «Ob Sie oder ich zuerst einige Meter weit und einige Zentimeter hoch geflogen oder gehopst sind, wer will sich mit dieser Feststellung befassen? Ich glaube, ich habe früher gehopst als Sie, aber ich will darauf nicht bestehen. Unsere alte, reine Sportkameradschaft ist mir mehr wert!»

Eine Frau will fliegen

Die Frau, von der in diesem Abschnitt die Rede ist, war Amélie Beese, genannt und bekannt als Melli Beese. Sie lebte für den Motorflug und wurde eine der großen Johannisthaler Fliegerpersönlichkeiten: die erste deutsche Flugzeugführerin.

Ihr Weg, den sie im Motorflug nahm, wäre von vornherein unmöglich gewesen, wenn ihre Eltern, die erst in Laubegast, später in Blasewitz bei Dresden wohnten, es ihr nicht hätten ermöglichen können, die hohen finanziellen Aufwendungen dieses Weges zu bestreiten. Aber das war, wie wir inzwischen wissen, eine Spezifik des Motorfliegens in jenen Jahren. Wer nicht durch ein eigenes Unternehmen, durch eine Erbschaft, durch geldleihende Förderer oder durch wohlhabende Eltern imstande war, Geld einzusetzen, für den beschränkte sich die Teilnahme am Fliegen auf die Rolle des Zuschauers. Von wenigen Ausnahmen abgesehen.

Doch auch das hat Johannisthal gelehrt: Geld allein reichte noch nicht aus, um beim Fliegen zu bleiben und eines Tages zu den bedeutenden Fliegern zu gehören. Dazu waren vor allem Fleiß nötig sowie Hingabe und Opferbereitschaft. Wer im Motorflug etwas leisten wollte, mußte darin seine Lebensaufgabe sehen. Und gerade das tat Melli Beese. Das war das hervorstechende Merkmal ihrer Persönlichkeit. Deshalb brachte sie es auch fertig, sich von den vielerlei Schwierigkeiten nicht unterkriegen zu lassen, die ihren Weg als Fliegerin begleiteten. Viele dieser Schwierigkeiten hatten andere Flugzeugführer auch, aber manche ergaben sich allein daraus, daß sie eine Frau war.

Es galt für viele Männer jener Zeit als ehrenhaft und ritterlich, Frauen gegenüber als Kavalier zu gelten. Das heißt, zuvorkommend, höflich, rücksichtsvoll gegenüber einer Frau zu sein, ihr uneigennützig Vorrechte einzuräumen, ihr das Gefühl zu geben, verehrt und umworben zu sein. Hinter dem Johannisthaler Flugplatzzaun aber war man offenbar nur Kavalier gegenüber den Frauen auf den Zuschauertribünen und denen, die gelegentlich mitflogen und dafür den Preis für einen Gästeflug bezahlten. Seltener war es schon, daß eine Frau kostenlos, aus Gefälligkeit sozusagen, im Flugzeug mitgenommen wurde. Wollte aber eine Frau gar selbst Fliegerin werden und damit in die Domäne der Männerwelt eindringen, dann konnte sie ihr blaues Wunder erleben. Sie hörte dann meist auf, von den Männern als Frau geachtet zu werden, der man hilfreich die Hand reicht und auch gelegentlich ein paar Steine *aus* dem Weg räumt. Von vielen wurde sie als unliebsame Konkurrentin angesehen. Und deshalb rollte man ihr Steine *in* den Weg. Melli Beese hat es erlebt. Trotzdem gab sie nicht auf, sondern kämpfte mit Energie weiter. Das hat ihr Ansehen und viel Sympathie in der Öffentlichkeit eingebracht. Wer damals Johannisthal erlebt hat und davon erzählt, der spricht auch immer von Melli Beese. Deshalb hat sie ihren unbestreitbaren Platz in der Geschichte des Flugplatzes Johannisthal.

Melli Beese wollte eigentlich Bildhauerin werden. Ihre Eltern ermöglichten ihr das Studium an der Stockholmer Königlichen Akademie der freien Künste. In dieser Zeit hörte und las sie, und das war keineswegs verwunderlich und überhaupt noch keine Besonderheit, weil das Fliegen zu jener Zeit so viel weltweites Aufsehen erregte wie in unserer Zeit die ersten Weltraumflüge, von den erfolgreichen Flügen der Brüder Wright und der Franzosen Henry Farman, Louis Blériot, Leon Delagrange. Delagrange war auch Bildhauer, wie Melli Beese erfuhr, und er hatte das künstlerische Schaffen aufgegeben, um Fliegen zu können. Ihr Interesse wuchs, als sie später las, daß Leon Delagrange in Italien Schauflüge vorführte, und zwar begleitet von seiner Schülerin Madame Peltier, einer begabten Bildhauerin, deren Arbeiten seit dem Jahre 1900 ausgestellt wurden und die im Jahre 1908 den «Grand Prix» der internationalen Ausstellung weiblicher Maler und Bildhauer erhielt.

Seit dem Jahre 1909 lebte Melli Beese wieder bei ihren Eltern. Sie verfolgte die Entwicklung des Motorfluges weiter, erfuhr vom Flugplatz Johannisthal und der dortigen Eröffnungsflugwoche. Schließlich las sie von den ersten weiblichen Piloten in Frankreich: Raymonde de Laroche, die am 8. März 1910 ihre Flugzeugführererlaubnis vom «Aero Club de France» erhielt; Marie Marvingt, die am 8. November 1910 ihre Flugzeugführerprüfung bestand und auf einem Antoinette-Eindecker einen Dauerweltrekord für weibliche Piloten erflog; Hélène Dutrieu, die seit dem 23. November 1910 die dritte Flugzeugführerin war.

Da hält sie es in Dresden nicht mehr aus.

Noch im selben November trifft sie in Johannisthal ein, mietet ein möbliertes Zimmer in der ersten Etage eines Eckhauses in der Parkstraße bei Frau Winkler (heute: Herrenhausstraße 11 Ecke Königsheideweg, über dem Hauseingang) und geht zur ersten Fliegerschule, auf die sie am Flugplatz trifft: die der Albatros-Werke. Dort weist man sie ab. Die Zahl der Flugschüler sei ohnehin schon zu groß und mit weiblichen Flugschülern habe man überhaupt keine Erfahrung, sagt der Albatros-Mitinhaber Dr. Huth. Er empfiehlt ihr die Wright-Fliegerschule auf der Adlershofer Flugplatzseite. Dort habe man Erfahrungen, dort hat Käthe Paulus geschult, die bekannte Fallschirmspringerin und Ballonfahrerin. Sie geht also zur «Flugmaschine Wright GmbH.», spricht mit dem Werkleiter

und Leiter der Fliegerschule Paul Engelhard, der von Orville Wright ausgebildet worden war und den alle seine Flugschüler verehrten. Engelhard aber erklärt unumwunden und schroff Frauen für das Fliegen von vornherein als ungeeignet. Es wäre, als wollte man einer Frau die Befähigung zum Offizier erteilen. Er, der einstige Kapitän zur See, hält das für völlig ausgeschlossen. Melli Beeses Hinweis auf die französischen Fliegerinnen läßt ihn unbeeindruckt. Auch er schickt sie weiter, zu Robert Thelen von der «Ad Astra-Fluggesellschaft».
Also geht Melli Beese weiter, zum erwähnten «Ad Astra»-Flugzeugschuppen, erklärt Thelen, daß sie fliegen lernen wolle. Seine Antwort ist Schweigen. Dann holt er ein Vertragsformular, zeigt auf Vertragsklauseln, die Kosten, Zahlungsbedingungen und Bruchkaution betreffen, füllt das Formular aus und läßt seine neue Schülerin unterschreiben. Doch dann kommt das große Warten. Sie beschäftigt sich in der Flugzeugwerkstatt, gesellt sich zu Fliegern beim Kantinenwirt Meinicke am «alten Startplatz» oder im Fliegercafé Senftleben. Denn geflogen wird zu dieser Zeit nur, wenn ein entfaltetes, erhobenes Taschentuch unbewegt bleibt. Rauschen aber die Blätter in den Bäumen oder wird ein Zündholz vom Wind ausgeblasen, ist Flugstille. Aber die Flieger, zu denen sie sich setzt, verhalten sich reserviert, sehen in ihr einen unerwünschten Eindringling und lassen sie das spüren.
Endlich fliegt Thelen ein paar Mal mit ihr, läßt sie auf dem Wright-Doppeldecker die Steuerung mitfühlen – auf dem kleinen, offenen Sitz, auf dem man ohne Anschnallgurte wie auf einem Gartenstuhl im Freien sitzt. Am Abend des 12. Dezember 1910 startet Thelen zu seinem letzten Flug mit Melli Beese. In einer Höhe von 20 Metern springt hinter beiden mit hartem Knall eine Antriebskette von der Motorwelle. Das Flugzeug prallt im Gleitflug auf die Erde, Holz zersplittert knirschend. Thelen bleibt unverletzt. Melli Beeses Knöchel ist angebrochen.
Nach ihrer Rückkehr nach Johannisthal findet sie zwar erste Fliegerkameraden, die ihr Respekt bezeugen, weil sie nicht aufgibt, sondern weitermachen will, aber Thelen, von dem man sagt, daß er abergläubisch war, fliegt nicht mehr mit ihr. Im Mai 1911 wird der Vertrag zwischen beiden auf ihren Wunsch hin annulliert.
Anfang Juli 1911 unterschreibt Melli Beese einen neuen Vertrag mit den Rumpler-Werken. Der damals berühmteste deutsche Flieger, Hellmuth Hirth, soll ihr Fluglehrer werden. Aber er hat viele Schüler, mit denen Rumpler emsig Verträge unterschrieben und von denen er Ausbildungsgebühren kassiert hat. Man kämpft um die Reihenfolge der Schulflüge. Jeder will der nächste sein. Melli Beese wird immer wieder verdrängt. Hirth teilt Nummern aus, aber wenn Melli Beeses Nummer an der Reihe ist, sitzt immer bereits ein anderer im Flugzeug. Die Ellenbogen der Männer erweisen sich im Gedränge als stärker. Alle haben sie ja bezahlt, und abschließen möchten ihre Ausbildung auch alle. Möglichst bald. Wer früher als andere fertig ist, hat mehr als andere eine Chance, als Flugzeugführer eingestellt zu werden. Sie macht Hirth auf

132
Melli Beese,
die erste deutsche Motorfliegerin,
eine der bedeutenden Persönlichkeiten
in der Geschichte
des Flugplatzes Johannisthal

achtet er darauf, daß auch sie zum Fliegen kommt. Am 27. Juli darf sie zum ersten Mal allein starten. Der Flug gelingt, obwohl sie bei der Landung fast mit dem Starterhäuschen vor der Haupttribüne zusammenstößt.
Fast eine Woche muß sie auf ihren nächsten Alleinflug warten, denn immer, wenn sie wieder an die Reihe kommt, ist plötzlich irgend etwas am Flugzeug nicht in Ordnung. Sie hat bald bemerkt, daß einige ihrer männlichen Mitschüler dabei die Hand im Spiele haben und vielerlei Defekte als Schikanen herbeiführen. Doch schließlich startet sie wieder. Da bemerkt sie, daß die Taube, auf der sie fliegt, schräg in der Luft hängt. Kaum, daß sie in der Luft ist, unterbricht sie den gefährlichen Flug und landet. Sie überprüft die Kabelverspannungen und stellt fest, daß sie auf einer Seite gelockert und durch diesen Eingriff wie verlängert in der Luft wirken. Hätte sie sich nicht so rasch zur Landung entschlossen, könnte der Flug zur Katastrophe geführt haben. Wie aber reagiert ihr Lehrer, der berühmte Hellmuth Hirth? Er meint, sie könne es den Männern doch nicht verdenken, denn wenn eine Frau fliege, nehme sie den Männern schließlich «den Nimbus». Dies war keineswegs ein Scherz, sondern Ausdruck männlicher Überheblichkeit, von der Hirth am allerwenigsten frei war, denn noch zwei Jahre später schreibt er darüber in seinen Erinnerungen: «Der Unterricht von Damen als Flugschülerinnen hat seine Schattenseiten ... Die ganze Sache wird von ihnen lediglich als Sensation aufgefaßt und dient dem Publikum nur zur Belustigung. Es ist vielleicht für den Flugplatz sehr viel wert, etwas Derartiges zu besitzen, da das Publikum durch solche Frauen ... immerhin unterhalten wird.»
Auf solche Weise toleriert, hörten die «Streiche», die man Melli Beese spielte, um sie zum Aufgeben zu bewegen, nicht auf. Der Gipfel war ein leerer Benzintank. Melli Beese hatte sich schließlich zur Prüfung angemeldet und wollte die Flugbedingungen erfüllen. Mitten in der ersten Flugkurve blieb plötzlich der Motor stehen, und sie mußte den Flug unverzüglich abbrechen. Es stellte sich heraus, daß jemand das Benzin bis auf einen geringen Rest abgelassen hatte.
Melli Beese mied den Flugplatz vorerst und traf ihre Vorbereitungen für den nächsten Prüfungsflug in aller Stille. Sie wartete, bis Hirth auf die Reise ging, um vom 10. bis 18. September beim «Schwäbischen Überlandflug» zu starten. Wenn Hirth fort war, kamen auch seine Flugschüler nicht wie sonst in aller

fand für sie keine Ausbildung statt. Und genau darauf beruhte ihr Plan. Als Sportzeugen hatte sie Ellery von Gorrissen gewonnen, Vorsitzender des «Bundes Deutscher Flugzeugführer», sowie Cornelius Hintner, ein ehemaliger Kunstmaler – beide Fluglehrer in Johannisthal. In der Frühe des 13. September 1911, gleich nach Sonnenaufgang, rollte Melli Beese eine Taube aus dem Schuppen, startete und flog ihre Runden und Kurven und Achten. Hirths schikanenreiche Flugschülerschar stand vor vollendeten Tatsachen, als sie zum Fluggelände kam. Melli Beese war die erste deutsche Flugzeugführerin mit der Flugzeugführerberechtigung Nr. 115. Der Tag, an dem sie die Flugprüfung bestand, war ihr fünfundzwanzigster Geburtstag.

Doch hörten die Schikanen damit keineswegs auf. Melli Beese hatte sich verpflichtet, für die Rumpler-Werke bei der Johannisthaler Herbstflugwoche des Jahres 1911 zu starten, wenn sie bis dahin ihre Ausbildung abgeschlossen haben würde. Als es nun soweit war, erklärte man ihr, daß momentan kein Eindecker zur Verfügung gestellt werden könne. Aber es waren mehrere fabrikneue Flugzeuge vorhanden. Schließlich stellte sich heraus, daß Josef Suvelack und Hans Vollmoeller, zwei bedeutende Flieger der Rumpler-Werke, Direktor Rumpler unter Druck gesetzt und angedroht hatten, sie würden ihre Teilnahme zurückziehen, wenn er eine Frau im Wettbewerb starten lassen würde. Der Konkurrenzkampf mancher Flieger unter-

134
Der erste in der Werkstatt der «Flugschule Melli Beese» gebaute Tauben-Eindecker (1912)

135
Melli Beese zwischen fremden Geschäftsinteressen: rechts Fabrikdirektor Rumpler, links Flugplatzdirektor von Tschudi (unten)

133
«22. September 1911, 5.59 Uhr bis 6.02 Uhr nachmittags: Hirth mit Passagier Frl. Beese» (Eintragung im Hauptflugbuch des Flugplatzes Johannisthal, «neuer Startplatz»). Dieser letzte kurze gemeinsame Flug war offenbar eine Verabschiedung von ihrem ehemaligen Fluglehrer, denn zu dieser Zeit war Melli Beese bereits eine Woche lang im Besitz ihrer Flugzeugführererlaubnis

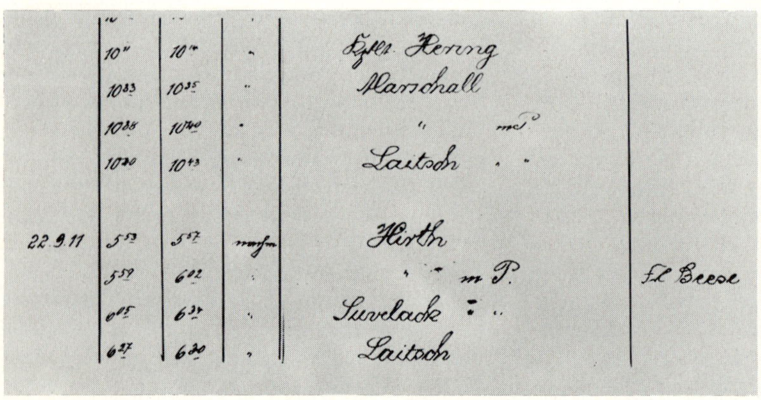

einander und gelegentlich auch Neid machten es möglich, daß hohes fliegerisches Können und verachtungswürdige Charakterhaltungen durchaus in einer Person vereinigt sein konnten. Eitelkeit schürte die Furcht, daß eine Frau ihr Ansehen schmälern könnte.
Nach langem Hin und Her, in das auch Flugplatzdirektor von Tschudi eingreift, weil er auf dem Plakat zur Herbstflugwoche und in der Presse die erste deutsche Flugzeugführerin als besondere Attraktion ankündigen will, stellen die Rumpler-Werke Melli Beese eine Taube älterer Bauart zur Verfügung. Das geschieht buchstäblich wenige Stunden vor Wettbewerbsbeginn. Dadurch hat sie nur geringe Möglichkeiten, sich auf dieser Maschine einzufliegen. Nach einigen Probestarts fragte sie herum, wer als Passagier mitfliegen würde, denn einen Passagier braucht sie für den Wettbewerb. Die Ausschreibung verlangt es. Die Antwort ist Ablehnung und kaum verhülltes, schadenfrohes Lächeln. Ihre männlichen Kollegen rechnen damit, daß wenigstens daran noch ihre Teilnahme scheitert. Aber dann tritt ein junger Rumpler-Schüler auf sie zu und bittet, als Passagier mitfliegen zu dürfen. Das Problem ist gelöst. Das Lächeln auf einigen Gesichtern erstirbt. Melli Beese wird starten. Vollmoeller zieht, wie angekündigt, seine Meldung zurück. Suvelack nicht.
Am Ende der Herbstflugwoche wird abgerechnet. Suvelack hat den zweiten Platz belegt, Melli Beese den fünften – unter 24 Teilnehmern. Mit ihrem ersten Wettkampf ist sie in die Spitzengruppe der deutschen Motorflieger vorgestoßen. Allen Widrigkeiten zum Trotz. Und da Suvelack von Melli Beese nicht besiegt wurde, sie andererseits hohes Können bewiesen hat, ist er der erste Rumpler-Pilot, der ihr die Hand zur Versöhnung reicht.
Aber Melli Beese trennte sich von der Rumpler-Mannschaft. Sie mietete die Schuppen 1 und 2 am «alten Startplatz», an dem sie in all den Monaten mehr Kameradschaftsgeist erlebt hatte als anderswo, und eröffnete dort die «Flugschule Melli Beese GmbH.». Die stillen Teilhaber ihres Unternehmens waren der Franzose Charles Boutard, der inzwischen von den Folgen des schweren Unfalls genesen ist, den er in Johannisthal bei der Erprobung eines Renn-Eindeckers von Gabriel Poulain erlitt und der Flieger Hermann Reichelt. Boutard brachte einen selbstkonstruierten Eindecker in die Flugschule ein, den er bei Poulain gebaut hatte; auch Reichelt brachte einen Eigenbau-Eindecker mit. Melli Beese kaufte eine gebrauchte Rumpler-Taube hinzu. Der Schulbetrieb begann. Aber er war anders als anderswo. Ihre eigenen Erfahrungen als Flugschülerin veranlaßten sie, ihren Standpunkt in einer öffentlichen Erklärung zu formulieren, die ein Programm war, mit dem sie sich eindeutig von den Ausbildungspraktiken der großen Johannisthaler Flugzeugunternehmen abgrenzte:
«Auf mannigfache Anregungen hin habe ich mich entschlossen, auf dem Flugplatz Johannisthal bei Berlin eine eigene Flugschule zu errichten. Ich bin dabei von der Erwägung ausgegangen, daß es an der Zeit ist, den in vielen Beziehungen ungeregelten Zuständen in manchen Flugschulen dadurch ein Ende zu machen, daß ein wirklich ordnungsgemäß geleitetes und straff organisiertes Institut die Ausbildung zum Flieger nach festgesetzten Grundsätzen übernimmt. Vor allen Dingen soll der Unterricht schnell erfolgen, und zwar auf Wunsch auf Maschinen verschiedener Gattung. Gerade die außerordentlich leichte Steuerfähigkeit der ‹Taube›, die ich zum Unterricht verwenden werde, läßt es wünschenswert erscheinen, den Flugschülern auch die Möglichkeit zu geben, sich auf einer mit dem gleichen Steuersystem ausgerüsteten Rennmaschine zu versuchen. Da ich einerseits unter allen Umständen nur eine beschränkte Anzahl von Schülern annehmen will und mir andererseits drei Piloten und drei Flugzeuge zur Verfügung stehen, so wird der bisher fast überall eingerissene Übelstand entfallen, daß die Schüler Wochen und Monate hindurch auf dem Flugplatz verweilten, ohne überhaupt zum Fliegen zu kommen. Die infolge der Witterungsungunst nun einmal unvermeidlichen Ruhepausen werden in meiner Schule dadurch ausgefüllt werden, daß den Schülern theoretische Unterweisungen gegeben werden und ihnen die Möglichkeit gelassen wird, sich in den Werkstätten an praktischen flugtechnischen Arbeiten aller

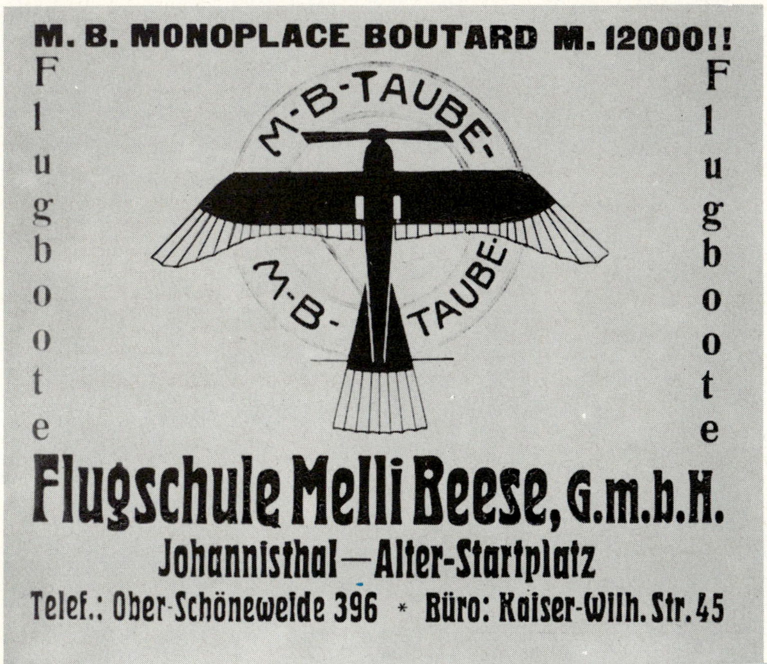

136
Auch dieses Inserat war eine offene Kampfansage, denn mit dem Preisangebot von 12000 Mark blieb Melli Beese sehr weit unter dem Preis der Rumpler-Taube

Art zu beteiligen. Hinsichtlich der Berechnung des von den Schülern etwa verursachten Bruchschadens werde ich, völlig abweichend von der Praxis der schon bestehenden Flugschulen, lediglich die mir selbst entstandenen Kosten für Material und Arbeitslohn berechnen.

Melli Beese, Johannisthal, Januar 1912.»

Sie hatte Mut, als sie die Geldschneiderei einiger Fliegerschulen anprangerte. Aber sie tat noch mehr. Sie baute die Taube nach, was jeder tun durfte, seit Igo Etrich seine Konstruktion infolge des Betruges durch Rumpler freigegeben hatte. Der mächtige Rumpler war nicht mehr der einzige in Johannisthal, der die Taube baute. Auch das war Kampfansage und Protest. Mehr konnte es nicht sein, denn Melli Beese konnte die inzwischen gefestigte Machtposition Rumplers nicht erschüttern.
Diesem Durchbruch folgten andere. Jeannin baute die Taube ebenfalls nach, schließlich auch die Albatros-Werke.
Das Büro ihrer Flugschule richtete Melli Beese in der Kaiser-Wilhelm-Straße 45 in Johannisthal ein (heute: Sterndamm 83), in einer möblierten Vierzimmerwohnung, die sie gemeinsam mit Charles Boutard bewohnte, den sie am 25. Januar 1913 heiratete. Sogleich nach der Heirat zogen beide um, in die gemietete Trützschler-Villa, Kaiser-Wilhelm-Straße 3–4 (heute: Sterndamm 82, Sitz des Treptower Kreisvorstandes der Gesellschaft für Sport und Technik). Dort beendete Melli Beese die Konstruktionsarbeiten an einem Flugboot, das sie gegen Jahresende 1913 in der «Yacht-Werft Oertz» in Hamburg bauen ließ. Die Flugzeugzelle hingegen wurde in der neuen Werkstatt der Beese-Flugschule in Neukölln hergestellt, denn die Johannisthaler Schuppen konnten als Werkstätten nicht mehr genutzt werden, weil inzwischen drei neugebaute Tauben den Bestand an Schulmaschinen ergänzten und dort untergestellt waren.

137
Technische Unterweisung von Flugschülern in Melli Beeses Fliegerschule

138
Das Johannisthaler Fliegerehepaar Beese-Boutard (Bildmitte) im Kreis von Flugschülern

139
Das «Fliegende Boot» von Melli Beese, konstruiert mit Unterstützung von Hermann Dorner

Anfang August 1914 sollte in Warnemünde ein Ostseeflug gestartet werden, eine Konkurrenz für Wasserflugzeuge. Am 1. August lagen die ersten für den Wettbewerb gemeldeten Flugzeuge auf der Warnow, darunter das grellweiße «Fliegende Boot» von Melli Beese. An diesem Tag wurde sie wegen des Kriegsausbruchs von der Marinekommandantur in Warnemünde aufgefordert, mit ihrem Mann unverzüglich das Hafengebiet zu verlassen. Und in Johannisthal darf sie, da sie durch die Ehe mit Charles Boutard als Ausländerin gilt, den Flugplatz nicht mehr betreten. Die Flugplatzkarte wird ihr entzogen. Einen Monat später wird Boutard verhaftet und vorübergehend interniert. Vor dem Gartengitter des Johannisthaler Wohnsitzes, in dem Melli Beese zurückbleibt, wird ein Angehöriger des Johannisthaler Marinefliegerkorps als Posten aufgestellt. Die Schuppen ihrer Fliegerschule am «alten Startplatz» bleiben geschlossen. Die Flugschule Melli Beese, in der es während der ganzen Zeit ihres Bestehens keinen einzigen Unfall gegeben hatte und die zu den ganz wenigen gehörte, die sich gegen die immer mächtiger werdenden großen Flugzeugunternehmen bis zum Kriegsbeginn behaupteten, ist ausgelöscht. Sie ist ein Stück Geschichte geworden, Vorkriegsgeschichte des Flugplatzes Johannisthal.

Melli Beese bewahrte das Andenken tödlich abgestürzter Sportflieger

Melli Beese hat mancherlei politische Denkanstöße gegeben und sich wiederholt zu den Pionierleistungen des Motorfluges sowie deren luftfahrtfortschrittlichen Zweck bekannt. Als einzige im Lande gab sie einigen ihrer Flugzeuge die Namen von Fliegern, die in ihrem Streben nach hohen flugsportlichen Leistungen und bei der Erprobung von Flugzeugen ihre Leben verloren hatten. Einer ihrer Eindecker trug am Rumpf den Namen «Georg Schendel» (er war am 9. Juni 1911 gemeinsam mit seinem Monteur August Voß bei einem Rekordflug abgestürzt), ein anderer den Namen «Alfred Pietschker» (er war am 15. November 1911 bei einer Flugzeugerprobung ums Leben gekommen).

Melli Beese im Fliegersitz ihres Eindeckers «Georg Schendel»

Flugwochen und Flugleistungen

Zur Johannisthaler Vorkriegsgeschichte, die weitestgehend identisch ist mit der Pionierzeit des deutschen Motorfluges, muß jedoch noch manches mehr gesagt werden, bevor gezeigt werden kann und verständlich wird, was während des ersten Weltkrieges auf diesem Flugplatz geschah und seine Kriegsentwicklung bestimmte.

Das waren vor allem die Johannisthaler Flugwochen und Flugtage, denn sie waren von vornherein ein Grund für die Schaffung dieses Flugplatzes und für die Gründung der Johannisthaler Fluggesellschaft als kommerzielles Unternehmen gewesen.

Nach der Eröffnungsflugwoche vom 26. September bis 3. Oktober 1909, die trotz der klangvollen Namen französischer Flieger nicht zu dem erwarteten Zuschauerandrang geführt hatte und deshalb für die Flugplatzgesellschaft nicht nur eine Enttäuschung war, sondern sie an den Rand des finanziellen Abgrunds brachte, gab es in diesem Eröffnungsjahr außer dem triumphalen Flug Hans Grades, mit dem er den «Lanz-Preis der Lüfte» gewann, keinen fliegerischen Höhepunkt mehr.

Anziehungskraft für Zuschauermassen gewannen die flugsportlichen Veranstaltungen in Johannisthal zunehmend mit dem Jahre 1910. Das hatte mehrere Gründe. Erstens begann das Gelände unter der Regie des neuen Flugplatzdirektors von Tschudi durch schrittweise Umbauten wesentlich zuschauerfreundlicher zu werden. Zweitens hatten sich erste Flugzeugkonstrukteure in den Schuppen eingemietet und experimentierten dort mit ihren selbstgebauten Apparaten – was mitunter geradezu sensationell schien und von der Berliner Presse entsprechend hervorgehoben wurde. Drittens begann die offizielle Propaganda, die anfangs das massive Auftreten französischer Flieger zur Johannisthaler Eröffnungsflugwoche und das erfolglose Dasein des einzigen Deutschen, Hermann Dorner, resignierend kommentiert hatte, die nationalistischen Gefühle des motorfluginteressierten Publikums anzustacheln, denn es gelte jetzt, so wurde es immer häufiger proklamiert, den französischen Vorsprung aufzuholen und in eine «deutsche Überlegenheit im Luftmeer» umzuwandeln. In diesem Sinne wurde jeder nennenswerte Flugerfolg eines deutschen Fliegers als Schritt zu diesem Ziel dargestellt,

140
Titelseite des Programmheftes der Johannisthaler Eröffnungsflugwoche

ein Ziel, das mit allen Mitteln anzusteuern sei und der breiten moralischen wie finanziellen Förderung bedürfe.

Die Berliner Presse richtete «zur Unterrichtung des Publikums» ständige Spalten ein, in denen regelmäßig darüber berichtet wurde, was auf dem Flugplatz Johannisthal geschah oder demnächst geschehen werde. So wurden die Leser täglich über Wesentliches, angefangen von erfolgreichen Flugversuchen, und Unwesentliches, bis zu Besuchen von Angehörigen der kaiserlichen Familie auf dem Flugplatz, informiert. Das breite Interesse an den Johannisthaler Geschehnissen war geweckt und wurde wachgehalten. Der Motorflug in diesem Berliner Vorort wurde in der Folgezeit zum größten Ereignis und Anziehungspunkt der Berliner Bevölkerung.

Internationale Flugwoche, 1910, Johannisthal

Die erste fliegerische Großveranstaltung des Jahres 1910, eine «Internationale Flugwoche», fand vom 10. bis 16. Mai statt. Immerhin nahmen an dieser Flugwoche bereits sieben deutsche Flieger teil, vor allem Piloten auf Wright-Doppeldeckern, erbaut in der «Flugmaschine Wright GmbH.». Auf ihnen flogen Fridolin Keidel, Paul Engelhard und Robert Thelen. Auch Emil Jeannin, Adolf Behrend (der Artist mit dem Künstlernamen «Salerno»), Alfred Frey (der sich einen Namen machte, weil er wenige Tage nach dieser Flugwoche, am 23. Mai 1910, als erster Berlin überflog) und Ellery von Gorrissen (der spätere Vorsitzende des «Bundes Deutscher Flugzeugführer») waren bereits dabei.

Als Ausländer waren am Start erschienen: der Belgier de Caters (in Johannisthal von der

Eröffnungsflugwoche bekannt), die beiden Dänen Knud Thorup und R. Svendsen sowie der Italiener Amérigo.
Insgesamt wurden Flugpreise in Höhe von 52300 Mark aufgeteilt für Dauerflüge, Frühflüge, Passagierflüge, Höhenkurvenflüge, Gleitflüge und Landungen nach vorgegebenem Reglement. Den Löwenanteil von 24800 Mark holte sich Emil Jeannin auf einem Farman-Doppeldecker. Mit weitem Abstand folgten Paul Engelhard (6000 Mark) und Alfred Frey (5500 Mark). Vor ihnen lag der Belgier de Caters, der es auf 15000 Mark brachte.
Nun mag das, was an Preisen erflogen worden war, als sehr hoch und ziemlich leicht verdient erscheinen. Auf den ersten Blick war es das auch. Bei genauerem Hinsehen aber schwindet dieser Eindruck. Der Däne Knud Thorup hatte eine Havarie mit seinem Flugzeug und konnte sich von den Flugpreisen keinen einzigen Pfennig holen. Folglich hatte er nur Ausgaben: für die Anreise und den Flugzeugtransport, für Monteurgehalt, Vermittlungsgebühr für eine Agentur, Aufwendungen für seinen Aufenthalt in Johannisthal, Reparaturkosten, Rückfracht und Rückreise ... Emil Jeannins fabrikneuer Farman-Doppeldecker geriet bei einem Start in voller Fahrt mit dem Fahrwerk in ein Erdloch, überschlug sich und wurde total zertrümmert. Ein neues Flugzeug dieser Konstruktion kostete 20000 Mark. Vom Flugpreis, den er sich gegen die Konkurrenz der anderen Piloten erkämpft hatte, blieb nicht viel übrig.
Wer nicht als angestellter Werkpilot flog und dafür vom Flugzeugbesitzer nur ein Drittel des erkämpften Flugpreises erhielt, wer also mit einem eigenen Flugzeug flog und den ganzen eroberten Flugpreis bekam, trug auch allein das ganze Risiko. Mindestens drei Umstände mußten zusammentreffen, damit sich der Einsatz von Leib und Leben sowie der finanziellen Mittel am Ende auszahlte: Es mußte eine Flugzeugkonstruktion sein, die hohe Leistungen ermöglichte; der Besitzer-Pilot mußte über hohes fliegerisches Können verfügen, damit er die Leistungen, die das Flugzeug hergab, auch im Wettkampf ausfliegen konnte; es durfte kein Mißgeschick passieren. Das traf anfangs selten zusammen.
Diese «Internationale Flugwoche» im Mai brachte auch für die Johannisthaler Flugplatzgesellschaft noch nicht das «große Geschäft». Zwar war der Besuch bedeutend höher als zur Flugplatzeröffnung im Vorjahr, aber noch immer nicht lohnend. Jedenfalls – was die Einnahmen aus Eintrittsgeldern betraf.

Erster Motorflug über Berlin, 1910

Größer als die ganze Flugwoche war das Aufsehen, das eine Woche später, am 23. Mai, der Flieger Alfred Frey erregte.
Offenbar hatte der rührige Flugplatzdirektor von Tschudi, der die kommerziellen Interessen der Flugplatzgesellschaft zu vertreten hatte, mit einem gestifteten Sonderpreis nachgeholfen, denn Frey vollbrachte einen bis dahin beispiellosen Reklameflug für Johannisthal. Am Abend startete er zunächst mit seinem Farman-Doppeldecker zu einem Probeflug in Richtung Müggelberge. Dann kehrte er zurück, tankte auf, und bei völliger Windstille startete er um 19.37 Uhr erneut. Er flog nach Britz, von dort über das Tempelhofer Feld hinweg, dann direkt nach Berlin hinein – die Potsdamer Straße entlang in nördlicher Richtung über den Potsdamer Platz

142
Plakat der «Internationalen Flugwoche» im Mai 1910

141
Der Motorflug im Berliner Vorort Johannisthal wurde seit dem Jahre 1910 zunehmend zum größten Ereignis und Anziehungspunkt für die Berliner Bevölkerung

143
Alfred Freys Start zum Flug über Berlin (links oben)

144
Freys aufsehenerregender Flug über dem Berliner Häusermeer am 23. Mai 1910

zum Tiergarten. Dort umkreiste er die Siegessäule, wandte sich nach Osten, überflog in etwa 300 Meter Höhe das Brandenburger Tor, die Straße Unter den Linden entlang bis zur Spree, dann die Spree entlang bis nach Treptow, schließlich über Ober- und Niederschöneweide zum Flugplatz Johannisthal zurück, wo er um 20.15 Uhr wieder landete.
Was er in diesen 38 Flugminuten vollbrachte, war geradezu eine Sensation, denn das hatten die Berliner noch nicht gesehen – ein Flugzeug über ihrem Häusermeer. Auf Straßen und Plätzen liefen Tausende von Menschen zusammen und sahen zu dem Doppeldecker hinauf. Die Polizei schaffte es nicht, die Fahrbahnen freizuhalten. Wo Frey mit seinem Doppeldecker entlangknatterte, stockte der Verkehr. Am nächsten Tag waren die Zeitungen angefüllt von diesem Ereignis. Die Kasseneinnahmen des Johannisthaler Flugplatzes stiegen kräftig an.

Nationale Flugwoche, 7. bis 13. August 1910, Johannisthal

Das wachsende Interesse, gefördert durch den zunehmenden Flugbetrieb in Johannisthal, führte schließlich zum Durchbruch. Als im August des gleichen Jahres die «Nationale Flugwoche» begann, war der Flugplatz von Zuschauern dicht gefüllt. Erstmals waren nur deutsche Flieger zu den Wettbewerben zugelassen. Man konnte es sich inzwischen leisten, denn bis zu diesem Zeitpunkt waren 21 deutsche Flugzeugführererlaubnisse erteilt worden. Am Start erschienen die Wright-Piloten Engelhard, Keidel, Thelen, Theodor Schauenburg und Oskar Heim. Für die Albatros-Werke nahmen Eugen Wiencziers und Simon Brunnhuber auf Antoinette-Eindecker bzw. Farman-Doppeldecker teil. Hans Grades ehemaliger Schüler Ernst Plochmann kam mit einem Grade-Eindecker, der ehemalige Euler-Schüler (August Euler, Inhaber der Flugzeugführererlaubnis Nr. 1, Gründer der «Euler Flugmaschinen-Werke» im Frühjahr 1910 in Frankfurt am Main) Ellery von Gorrissen mit einem Euler-Doppeldecker, Emil Jeannin mit einem Aviatik-Doppeldecker, Felix Laitsch mit einer Voisin-Maschine. Außerdem nahmen wieder Hermann Dorner mit seinem Eigenbau-Eindecker und Adolf Behrend mit einem Schultze-Herfort-Eindecker teil. Insgesamt 13 Motorflieger. Zur Flugwoche hatten die meisten von ihnen mehrere Flugzeuge der gleichen Bauart mitgebracht, um bei einem «Bruch» weiterfliegen zu können und ihre Chancen nicht aufgeben zu müssen.
Am 9. August, dem dritten Tag dieser Flugwoche, ereignete sich etwas ganz Außergewöhnliches: Sieben Flugzeuge, von deutschen Fliegern gesteuert, befanden sich gleichzeitig in der Luft. Das war so herausragend, daß es Zeitungen als «Markstein der deutschen Aviatik» feierten.
Allerdings bringt der folgende Tag den ersten schweren Flugsportunfall innerhalb einer Johannisthaler Flugwoche. In einer Höhe von etwa hundert Metern löst sich ein Verspannungsdraht an dem Wright-Doppeldecker, den Oskar Heim fliegt. Der Draht zerschlägt den Propeller, dessen Teile wiederum andere Streben und Flächen zerfetzen. Die Maschine stürzt ab. Der bewußtlose, schwerverletzte Flieger wird in das Britzer Krankenhaus transportiert, wo ihn am nächsten Tag sein Kamerad Ellery von Gorrissen per Flugzeug besucht und nach der Visite auf dem gleichen Wege wieder nach Johannisthal zurückkehrt. Auch das hat es bis dahin noch nicht gegeben und wird von der Presse als überwältigendes Ereignis entsprechend gewürdigt. Flugplatzschlagzeilen dominieren oft.
Der bereits erwähnte «Markstein der deutschen Aviatik» hatte nun auch führende deutsche Militärs nach Johannisthal gelockt. Am fünften Tag der Flugwoche trafen der Kriegsminister von Heeringen, der Chef des Generalstabes von Moltke und der Chef der Verkehrstruppen von Lyncker in Johannisthal ein, sahen mehrere Stunden lang den Motorflugwettbewerben zu und führten Gespräche mit Flugzeugfabrikanten.
Die wichtigsten Flugpreise dieser Flugwoche verteilten sich wie folgt: Thelen: 10 700 Mark, Jeannin: 5 500 Mark, Wiencziers: 5 100 Mark, Engelhard: 4 500 Mark. Insgesamt wurden 28 600 Mark an Flugpreisen erflogen.

Überlandflug Frankfurt (Main)–Mannheim, 16. bis 22. August 1910

Der Überlandflug von Frankfurt (Main), dem Fluggelände, auf dem August Euler Flugschüler ausbildete und Flugzeuge baute, nach Mannheim, ist nicht in die Johannisthaler Flugwochen einzuordnen. Aber er muß im Zusammenhang mit der Johannisthaler Flugplatzgeschichte – ebenso wie die meisten deutschen Motorflugveranstaltungen in den Jahren vor dem ersten Weltkrieg – erwähnt werden, weil fast alle diese Veranstaltungen eindeutig von Fliegern aus Johannisthal beherrscht wurden.
An dem Überlandflug nahmen neun Piloten teil. Aus Johannisthal waren von Gorrissen, Jeannin, Lindpaintner, Thelen und Wiencziers dabei. Den ersten Preis in Höhe von 25 000 Mark holte sich Emil Jeannin.

Überlandflug Trier–Metz, 27. September bis 1. Oktober 1910

Am Überlandflug von Trier nach Metz beteiligten sich nur fünf Flugzeugführer, davon kamen drei (Engelhard, Jeannin und Thelen) aus Johannisthal. Den ersten Preis in Höhe von 20 000 Mark erhielt Emil Jeannin. Den zweiten Preis in Höhe von 4 000 Mark teilten sich Engelhard und Thelen.

Nationale Flugwoche, 9. bis 16. Oktober 1910, Johannisthal

Die zweite Johannisthaler Herbstflugwoche im Jahre 1910, wiederum als «Nationale Flugwoche» ausgeschrieben, sah 20 deutsche Flugzeugführer am Start (von 35 Fliegern, die bis zu diesem Zeitpunkt ihre Flugzeugführererlaubnis erhalten hatten). Das war die bis zu diesem Zeitpunkt höchste Teilnehmerzahl. Zum ersten Mal seit seinem Flugerfolg im Herbst des Jahres 1909 war auch Hans Grade unter den Startern. Allerdings ohne Erfolg. Das herausragende sportliche Ereignis war die Leistung Eugen Wiencziers, der am 11. Oktober mit einem Blériot-Eindecker den bis dahin von Emil Jeannin gehaltenen Höhenrekord von 690 Metern überbot und 805 Meter erreichte. Am 15. Oktober gelang ihm sogar ein Flug bis in eine Höhe von 1 560 Metern.
Die «Zeitschrift für Luftschiffahrt» schrieb

In Zigarrengeschäften, Theaterkassen, Fremdenverkehrsbüros, Warenhäusern und in Cafés aller Berliner Stadtteile wurden Vorverkaufsstellen für den Verkauf von Flugplatzeintrittskarten eingerichtet. Bereits in der Jahresmitte 1910 existierten 102 derartige Vorverkaufsstellen. Diese standen mit der Flugplatzverwaltung in telefonischer Verbindung und zeigten in Schaufenstern an, ob in Johannisthal gerade geflogen wurde oder nicht. Dazu wurden Fähnchen mit entsprechender Inschrift verwendet, und zwar entweder

ein rotes Fähnchen mit der Inschrift:

ein schwarzes Fähnchen mit der Inschrift:

ein weißes Fähnchen mit der Inschrift:

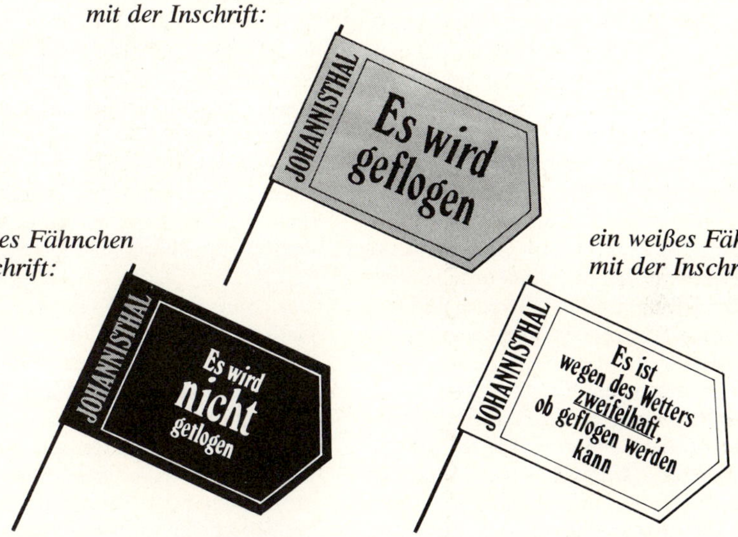

In den Vorverkaufsstellen lagen spezielle Fahrpläne aus, die für Wochentage und Sonntage anzeigten, von welchen Bahnhöfen aus zu welchen Zeiten die Züge nach Niederschöneweide-Johannisthal (heute: Bahnhof Schöneweide) und Adlershof-Alt-Glienicke fuhren. Beispielsweise begann der Zugverkehr zum Flugplatz Johannisthal im Jahre 1911 an Sonntagen
– um 2.43 Uhr vom Bahnhof Friedrichstraße,
– um 2.57 Uhr vom Potsdamer Ringbahnhof,
– um 3.20 Uhr vom Görlitzer Bahnhof.
In den Morgenstunden bis 7.50 Uhr fuhren die Züge an Sonntagen in Abständen von drei bis zehn Minuten.

12882
Flug- und Sportplatz Berlin-Johannisthal G. m. b. H.
Offene Tribüne und Stehplatz
Preis M. 0,50

12882
Flug- und Sportplatz Berlin-Johannisthal G. m. b. H.
Gültig für einmaligen Besuch des Flugplatzes außer während besonderer Veranstaltungen.
1911
Offene Tribüne und Stehplatz
Preis M. 0,50 (Vorverkauf M. 0,40)
Übergang auf teurere Plätze gestattet gegen Zahlung des Preisunterschieds.
Sichtbar zu tragen.
Rückzahlung des Betrages findet, im Falle nicht geflogen wird, nicht statt.
Kinder unter 12 Jahren in Begleitung eines Erwachsenen frei.
Schülerkarte.
Wird durch den Kontrolleur abgetrennt.

Eindecker sprang wie ein losgelassenes Rennpferd an, sauste dann im Eilfluge steil in die Höhe. Nach einer halben Runde war er schon über 100 Meter hoch und verließ dann das Feld, das ihm für seinen Flug zu klein wurde. Er flog weit nach Südwesten der Sonne zu, ... zuletzt nur noch ein Pünktchen am Abendhimmel. Man sah ihn hier immer höher kreisend hin und her irren, bis man ihn schließlich ganz aus den Augen verlor, und auch Wiencziers den Weg nicht mehr zurückfand. Er kam und kam nicht wieder, bis man schließlich nach langem Warten um 6 Uhr erfuhr, daß der kühne Flieger bei Kleinbeeren glücklich gelandet war.»
Ein Ereignis, das am letzten Tag der Flugwoche besonderes Aufsehen erregte und von vielen, die von der «Tauben»-Konstruktion Igo Etrichs gehört hatten, mit Spannung erwartet wurde, war die erste öffentliche Vorführung der «Etrich-Taube», die zuerst in den Johannisthaler Rumpler-Werkstätten nachgebaut wurde.
Insgesamt wurden an Flugpreisen 62300 Mark gezahlt. Davon erflogen Lindpaintner 25400 Mark (unter anderem für die größte Gesamtflugdauer), Jeannin 15000 Mark (für die zweitgrößte Gesamtflugdauer), Wiencziers 8300 Mark (unter anderem für die größte Flughöhe), Brunnhuber 6675 Mark.

Überlandflug Bork–Johannisthal, 28. bis 30. Oktober 1910

Der Überlandflug von Bork (dem Fluggelände, auf dem sich die Werkstatt und Fliegerschule der «Grade Fliegerwerke» befanden) nach Johannisthal wurde erstmals als Luftrennen ausgetragen. Nur drei Teilnehmer hatten sich zum Start gemeldet: Eugen Wiencziers auf Blériot-Eindecker, Hans Grade auf Grade-Eindecker und Robert Thelen auf Wright-Doppeldecker. Wegen der geringen Teilnehmerzahl wurde der Wettflug auf einen Tag beschränkt, er fand am Sonntag, dem 30. Oktober, statt. Der Start erfolgte zu gleicher Zeit. Die Zuschauer auf beiden Flugplätzen wurden über Sprachrohre (sogenannte «Flüstertüten») über den Stand und Verlauf des Luftrennens informiert. Als erster erreichte Wiencziers nach einer Flugzeit von 41 Minuten und 10 Sekunden das Ziel. Ihm folgten Grade (53 Minuten und 40 Sekunden) und Thelen (56 Minuten und 15 Sekunden). In dieser Reihenfolge wurden auch die Flugpreise vergeben: 2500 Mark, 1500 Mark und 1000 Mark.

Deutscher Zuverlässigkeitsflug am Oberrhein, 19. bis 27. Mai 1911

Der «Deutsche Zuverlässigkeitsflug» des Jahres 1911 war der erste größere Überlandflug über mehrere Etappen. Die erste Etappe führte von Baden-Baden über Offenbach nach Freiburg, die zweite von Freiburg über Nauenburg nach Mülhausen, die dritte von Mülhausen über Kolmar nach Straßburg, die vierte von Straßburg über Weißenburg nach Karlsruhe, die fünfte von Karlsruhe über Heidelberg nach Mannheim, die sechste von Mannheim über Mainz nach Frankfurt (Main) und die siebente Etappe von dort nach Darmstadt und wieder nach Frankfurt (Main) zurück. An den Etappenorten wurde der Flugwettbewerb mit lokalen Wettflügen verbunden.
Der Sieger des Flugwettbewerbes wurde Hellmuth Hirth, Pilot der Johannisthaler Rumpler-Werke, der erstmals an einer Motorflugkonkurrenz teilnahm. In der Folgezeit entwickelte er sich durch die überragenden Flugleistungen, die er auf Rumpler-Tauben vollbrachte, zum bekanntesten deutschen Motorflieger der Vorkriegszeit. Er vollendete als einziger alle sieben Flugetappen. Der Flugpreis (zwei Drittel behielt Rumpler als Flugzeugbesitzer ein) betrug 16979 Mark. Die anderen Teilnehmer aus Johannisthal folgten auf dem dritten Platz (Brunnhuber, drei vollendete Etappen) sowie auf dem fünften bis siebenten Platz (Thelen, Bruno Werntgen auf Dorner-Eindecker und Jeannin ohne eine vollendete Flugetappe). Jeannin erflog aber 24220 Mark an Sonderpreisen für Wettbewerbe in Etappenorten. Insgesamt hatten acht Piloten an diesem Flugwettbewerb teilgenommen. Die Gesamthöhe aller Flugpreise betrug 143500 Mark.

Sachsen-Rundflug, 21. bis 31. Mai 1911

Der «Sachsen-Rundflug» überschnitt sich zeitlich mit dem «Deutschen Zuverlässigkeitsflug». Da der «Sachsen-Rundflug» nur über vier Etappen lief, aber fast ebenso viel Preise ausgeschrieben waren, zogen es viele Piloten vor, an dem Flugwettbewerb in Sachsen teilzunehmen. Die erste Etappe führte von Chemnitz (heute Karl-Marx-Stadt) nach Dresden, die zweite von Dresden nach Leipzig, die dritte von Leipzig nach Plauen, die vierte Etappe von Plauen über Zwickau zurück zum Startort Chemnitz. Auch hier fanden an den Etappenorten lokale Flugwettbewerbe statt.
Am «Sachsen-Rundflug» nahmen zwölf Flieger teil, davon allein fünf aus Johannisthal, und zwar Laitsch, Lindpaintner, Wiencziers, Reinhold Jahnow (mit Harlan-Eindecker) und Robert von Mossner (mit Wright-Doppeldekker). Johannisthaler belegten im Etappenflug den ersten (Laitsch), den dritten (Lindpainter) und den vierten Platz (von Mossner). Außerdem holten sie die wichtigsten Preise bei den lokalen Wettbewerben. Von insgesamt 134600 Mark, die als Flugpreise vergeben wurden, erflogen allein Lindpainter 41200 Mark und Laitsch 40350 Mark.

Nationale Flugwoche, 4. bis 11. Juni 1911, Johannisthal

Die Johannisthaler «Nationale Flugwoche» im Juni 1911 war als Nachwuchsflugwoche ausgeschrieben, und zwar gemeinsam vom «Berliner Verein für Luftschiffahrt», vom «Kaiserlichen Aero-Club» und vom «Verein Deutscher Flugtechniker». Es sollten und durften sich nur deutsche Flieger beteiligen, die noch keinen Flugpreis in Höhe von 5000 Mark und darüber gewonnen hatten, und sie durften nur Flugzeuge benutzen, die, ausgenommen der Motor, in Deutschland gebaut worden waren. An Preisen standen insgesamt 30800 Mark zur Verfügung. Davon kamen, da es um die Förderung deutscher Flugzeugkonstruktionen ging, 18000 Mark aus dem Preußischen Kriegsministerium. An den Wettbewerben beteiligten sich 18 Piloten. Herausragende Leistungen vollbrachten Hans Vollmoeller, der am 5. Juni auf einer Rumpler-Taube mit 1870 Metern einen neuen deutschen Höhenrekord aufstellte (Vollmoeller war ein Schüler Hellmuth Hirths und hatte gerade ein paar Tage zuvor sein Flugzeugführerzeugnis Nr. 84 erhalten), und der Johannisthaler Georg Schendel, der am 6. Juni diesen Rekord auf einem Dorner-Eindecker mit einer Höhe von 2010 Metern überbot. Schendel war mit dieser Leistung der erste deutsche Flugzeugführer, der über eine Höhe von 2000 Metern hinausgelangte. Dieser Flug brachte, wie ein Berichterstatter schrieb, die Zuschauer in Erregung, denn «plötzlich erklang der Ruf: ‹Schendel stürzt, der Propeller steht still!› Und in mächtigen Spiralen sah man den Apparat herniederschießen. Doch kurz vorm Erdboden fing der Pilot mit erstaunlicher Sicherheit und Kaltblütigkeit die Maschine ab, und während alle Zuschauer noch vor Aufregung nach Luft schnappten,

145
Hans Vollmoeller mit seiner Taube

ließ sich der Riesenvogel ruhig auf den Sand nieder. Händeklatschen belohnte diesen erstaunlichen Gleitflug, das zu ohrenbetäubendem Lärm anschwoll ... Das Benzin war bis auf den letzten Tropfen ausgegangen ...».

Am gleichen Tage startete außer Konkurrenz Hellmuth Hirth mit einem Passagier auf einer Rumpler-Taube zu einem Höhenweltrekordflug mit Passagier. Der Versuch gelang, er erreichte eine Höhe von 1 580 Metern. Diesen Rekord wollte Georg Schendel brechen. Am 9. Juni startete er mit Voß, dem Obermonteur der «Dorner Flugzeug GmbH.», als Passagier. Ein Berichterstatter schilderte den weiteren Verlauf des Fluges wie folgt: «Nicht mehr so sehr wie zuvor von Windstößen behindert, stieg er empor. Nur von Zeit zu Zeit sah man die Maschine als kleinen Punkt zwischen den Wolken auftauchen. Hier und dort versicherten Leute, die sich als Fachmänner aufspielten, er müsse 1 700 Meter hoch sein, eine Schätzung, die sich dann auch als richtig herausstellte. Und dann wurde der Punkt

146
Georg Schendel gelangte mit seinem Dorner-Eindecker am 6. Juni 1911 als erster deutscher Flugzeugführer über eine Höhe von 2 000 Metern hinaus; drei Tage später stürzte er während der «Nationalen Flugwoche» bei einem erneuten Rekordflug gemeinsam mit seinem Monteur tödlich ab

größer, man begann den Apparat wieder zu erkennen – Schendel stieg langsam herab. Doch plötzlich nicht mehr langsam – nein, in pfeilschnellem, furchtbarem Falle. Noch befürchtete man nichts, denn man kannte Schendel dafür, daß er dieses motorlose Hinabgleiten in die schwindelnde Tiefe liebte. Doch nein, diesmal schoß der Riesenvogel senkrecht hernieder und verschwand, ohne noch einmal die waagerechte Lage einzunehmen, hinter den Eichen, die auf der Seite nach Adlershof hin das Gesichtsfeld begrenzen. Sofort knatterten Automobile in sausender Fahrt hinüber, das Publikum stand in atemlosem bangen Schweigen. Nun fuhr auch, so rasch sie fahren konnte, die Sanitäts-Cyklonette ab» (ein kleines, dreirädriges Motorfahrzeug mit Ladefläche hinter dem Fahrersitz, für den Krankentransport eingerichtet; d. Verf.), «und man wartete eine lange, drükkende Viertelstunde, ehe bekannt wurde, was geschehen war. Dann sprach es sich herum: In der Laubenkolonie bei Adlershof hat man sie aufgehoben, beide tot, der Apparat vollständig zerschmettert. Sie haben eine Höhe von 1 680 Metern erreicht und den Weltrekord Hirths geschlagen. Der kühne Flieger hatte zur Tat gemacht, was er sich vorgenommen, aber er mußte seinen Sieg mit dem Leben bezahlen.»

Die Absturzstelle befand sich direkt neben dem Glienicker Weg in Adlershof, dort, wo sich heute das Betriebsgelände des «VEB Berlin-Chemie» befindet. Ein Augenzeuge erlebte den Absturz aus unmittelbarer Nähe. Auf der Straße wurde er durch menschliche Schreie aus der Luft, von einem Rauschen begleitet, aufmerksam. Er sah das Flugzeug fast auf sich zustürzen, fast senkrecht. Er erkannte zwei Personen, die darin saßen. Der eine, Schendel, wie sich später herausstellte, hantierte aufgeregt an der Steuerung, der andere, Voß, hielt sich an Verstrebungen fest und sprang in einer Höhe von etwa 20 Metern, Sekunden vor dem Aufschlag, aus dem stürzenden Flugzeug heraus. Der Augenzeuge sah deutlich, daß Voß nicht herausfiel, sondern heraussprang. Beide Insassen waren nach dem Eindruck des Augenzeugen sofort tot, das Flugzeug vollständig zertrümmert.

Was dann geschah, wagt man kaum zu beschreiben. Von mehreren Seiten liefen Menschen herbei, kletterten über den Gartenzaun, eilten zu den Flugzeugtrümmern und rauften sich um Flugzeugteile und Leinwandfetzen, die sie als Andenken fortschleppten. Nicht anders verhielten sich Insassen von Automobilen, die offenbar von Johannisthal

Unfallstelle gefahren kamen. Auch sie rissen Bruchstücke des Flugzeuges an sich.
Der erste, der sich um die beiden Insassen des abgestürzten Flugzeuges kümmerte, war ein Gendarm, der auf einem Fahrrad hinzukam. Dabei stellte sich heraus, daß Schendel noch atmete. Aber er starb, ohne das Bewußtsein wieder erlangt zu haben, noch ehe man ihn ins Krankenhaus transportieren konnte.
Derartige Erscheinungen traten in der Folgezeit bei Flugzeugabstürzen immer wieder auf. Sogar auf dem Flugplatz Johannisthal stürmten ganze Gruppen aus dem Publikum bei einem Absturz im Wettlauf auf das Fluggelände, um ein «Andenken» in ihren Besitz zu bringen. Flugplatzdirektor von Tschudi, der gemeinsam mit knüppelbewaffneten Aufsehern dazwischenfuhr, hatte in solchen Fällen alle Mühe, wenigstens einigermaßen die Ordnung wiederherzustellen. Er bezeichnete, wohl berechtigt, solche Zuschauer als Leichenfledderer. Melli Beese prägte für sie das Wort «Flugplatz-Hyänen».
Der Todessturz Georg Schendels, der im November 1910 das Fliegen bei Hermann Dorner erlernt und am 17. Februar 1911 die Flugzeugführererlaubnis Nr. 63 erhalten hatte, war nach dem tödlichen Unfall Hans Bockemüllers am 11. Mai 1911, also einen Monat zuvor, der zweite in Johannisthal. Aber es war der erste in Johannisthal, der sich innerhalb eines offiziellen Motorflugwettbewerbes ereignete. Am 10. Juni standen an allen Masten des Flugplatzes die Fahnen wieder auf Halbmast.
Zu dieser «Nationalen Flugwoche» bleibt nachzutragen, daß der Johannisthaler Karl Grulich auf einem Harlan-Eindecker als Sieger aus den Wettbewerben hervorging. Georg Schendel wurde in der Ergebnisliste als Dritter ausgewiesen.

Deutscher Rundflug, 11. Juni bis 10. Juli 1911

Die vorausgegangene «Nationale Flugwoche» bildete die Vorbereitung auf die größte Motorflugveranstaltung, die vor dem ersten Weltkrieg in Deutschland stattfand – den «Deutschen Rundflug» über 1 854 Kilometer in 13 Etappen mit Start und Ziel in Johannisthal. Das war jenes denkwürdige Ereignis, das Hunderttausende von Berlinern zu einer wahren Pilgerfahrt auf die Beine brachte und zu dem Verkehrschaos führte, das im ersten Kapitel dieses Buches geschildert wurde. Hatte der Besucherstrom zum Flugplatz Johannisthal seit dem Herbst 1910 schon ständig zugenommen, so war das, was in den frühen

Morgenstunden des 11. Juni 1911 geschah und einer Belagerung des Ortes Johannisthal im Südosten Berlins glich, etwas zuvor nie Dagewesenes.
Der Starttag zum «Deutschen Rundflug» und damit der Auftakt dieser großen Motorflugveranstaltung war zugleich der letzte Tag der «Nationalen Flugwoche». Pausenlos hatte vor allem die Berliner Zeitung «B. Z. am Mittag» diesen Start angekündigt. Nicht ohne Grund, denn der Ullstein-Verlag, zu dem diese Zeitung gehörte, hatte 100 000 Mark als «B. Z.-Preis der Lüfte» gestiftet. Hinzu kamen Preise des Preußischen Kriegsministeriums, von Flugsportvereinen, Städten und Gemeinden – exakt 495 664 Mark, davon 342 508 Mark für die Flugetappen und 153 156 Mark für örtliche Wettbewerbe an verschiedenen Etappenorten.
Auch zu diesem Rundflug, wie zu allen anderen großen Motorflugveranstaltungen seit August 1910, waren nur deutsche Flieger zugelassen. Der Schweizer Albert Rupp, seit einiger Zeit Fluglehrer in Johannisthal, hatte zwar seine Teilnahme gemeldet, war aber abgewiesen worden. So sorgte er auf andere Weise für Schlagzeilen. Während des «Deutschen Rundfluges» startete er mit einem Albatros-Doppeldecker und überflog als zweiter Pilot das Berliner Häusermeer – wie es ein Jahr zuvor bereits Alfred Frey getan hatte.
Doch – betrachten wir den Rundflug. Er begann, wie ein Bericht schilderte, so: «Als rotglühend die Sonne aufgeht, sind über eine Viertelmillion Menschen auf dem Feld. Aber: mehr als dreihunderttausend stehen kilometerlang vor dem Palisadenzaun, kommen im ungeheuren Gedränge an den Eingängen nicht weiter... Gegen vier Uhr» (früh!, d. Verf.) «ist das Flugfeld von Menschen übersät. Die großen Tribünen sind mit erwartungsvollen Gesichtern vollgestopft bis hoch hinauf in die letzten Winkel. Sportdreß schmiegt sich an Frack, Kostüm an Pariser Abendkleid. Tag und Nacht reichen sich an diesem Morgen die Hände ...
Noch sind beinahe alle Schuppen geschlossen. Im Fieber wird gearbeitet. Kabel werden angezogen, Instrumente eingebaut, Verspannungen nachgerichtet. Monteure füllen Benzin ein, ölen die Motoren durch. Der Schweiß rinnt ihnen in Bächen von der Stirne. Die Piloten schreien auf sie ein, helfen mit. Es geht um Minuten.
Emil Jeannin, ‹Mimi› genannt, steht draußen vor dem Schuppen in einem Kreis junger Damen. Übermodern gekleidet, auf dem Kopf einen Filzhut, der einem umgestürzten Blumentopf ähnelt, zwischen den Zähnen eine Zigarette ...
Aus dem Schuppen stürzt ein Monteur. ‹Maschine startbereit.›
Um halb fünf rollt der elegante Aviatik-Zweidecker auf die Bahn. Zur gleichen Zeit ist auch die Maschine von Bruno Büchner startbereit ...
Der erste Motor knattert auf. Jeannin startet zu einer Proberunde ...
Büchners Maschine ist startbereit. Der Pilot klettert hinein. Der Propeller wird angeworfen, wirbelt herum. Der 100-PS-Argus heult auf.
‹Vergaser brennt!› schreit Büchner, stellt Kurzschluß ein, springt aus der Maschine.

147
Otto Lindpaintner beim Start

148
Die Flugstrecke zum «Deutschen Rundflug» im Jahre 1911

Tagesetappen, Streckenführung und Streckenlänge

1. ***Berlin*** (Johannisthal – Teltow – Potsdam – Großkreuz – Brandenburg – Genthin – Elbe – ***Magdeburg*** (Exerzierplatz Krakauer Anger) 143 km
2. ***Magdeburg*** – Stendal – Osterburg – Wittenberge – Karstaedt – Ludwigslust – ***Schwerin*** (Rennbahn) 176 km
3. ***Schwerin*** – Hagenow, Land – Boizenburg – Lauenburg – Bergedorf – ***Hamburg*** (Flugplatz Fuhlsbüttel) 125 km
4. ***Hamburg*** – Bramstedt – Neumünster – Bordesholm – ***Kiel*** (Städtischer Sport- und Spielplatz) 83 km
5. ***Kiel*** – Preetz – Plön – Eutin – Lübeck – Mölln – Lauenburg – ***Lüneburg*** (Rennplatz Lüne) 147 km
6. ***Lüneburg*** – Uelzen – Weyhausen – Celle – ***Hannover*** (Rennbahn Große Bult) 124 km
7. ***Hannover*** – Bückeburg – Minden – Oeynhausen – Herford – Bielefeld – Wiedenbrück – Warendorf – ***Münster*** (Loddenheide) 180 km
8. ***Münster*** – Haltern – Dorsten – Wesel – Rheinberg – Mörs – Uerdingen – Neuß – ***Köln*** (Rennplatz Köln-Merheim) 168 km
9. ***Köln*** – Rheydt – Krefeld - Duisburg – Bottrop – Recklinghausen – Lünen – ***Dortmund*** (Flugfeld im Hafengelände) 138 km
10. ***Dortmund*** – Unna – Büren – Warburg – Hofgeismar – ***Kassel*** (Großer Forst) 153 km
11. ***Kassel*** – Münden – Witzenhausen – Heiligenstadt – Bleicherode – ***Nordhausen*** (Rittergut Sundhausen) 102 km
12. ***Nordhausen*** – Sangerhausen – Mansfeld – Aschersleben – ***Halberstadt*** (Exerzierplatz) 112 km
13. ***Halberstadt*** – Aschersleben – Bernburg – Köthen – Dessau – Wittenberg – Treuenbrietzen – ***Berlin*** (Flugplatz Johannisthal) 203 km

1 854 km

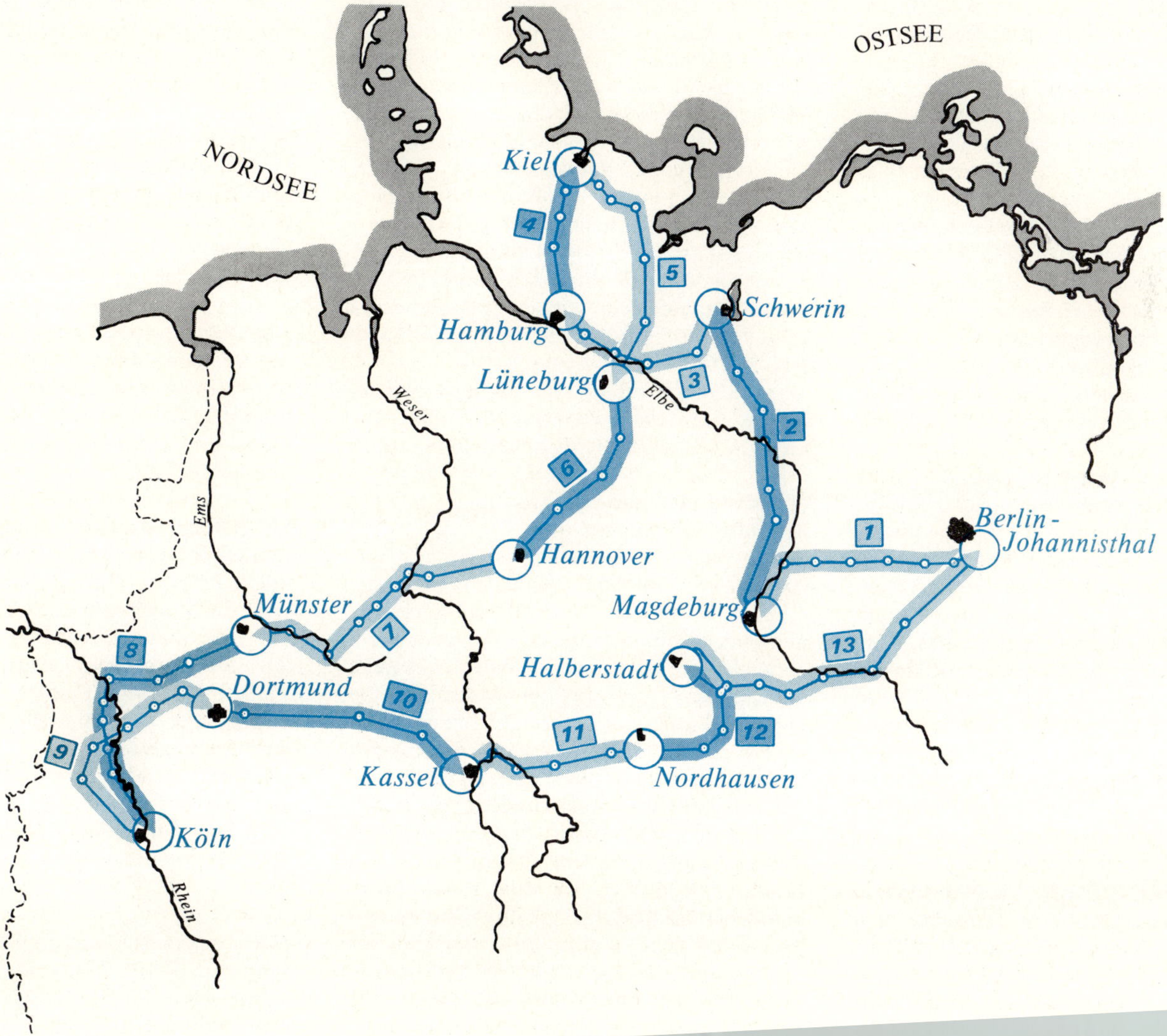

Das untere Tragdeck brennt. Die Hände wühlen im Sand, werfen ihn auf den Motor, auf die knisternde Fläche. Jacken und Tücher fliegen hinterher. In wenigen Augenblicken ist das Feuer erstickt ...
Aber an den Start ist heute nicht mehr zu denken. Büchner schiebt mit seinen Monteuren den kranken Vogel in den Schuppen ...
Eine Sirene verkündet den Startbeginn.»
Während Bruno Büchner mit seinen Monteuren an dem beim Probestart beschädigten Flugzeug arbeitete, starteten kurz nach fünf Uhr am 11. Juni die Flieger Otto Lindpaintner, Hans Vollmoeller, Otto Reichardt, Theodor Schauenburg, Karl Müller, Benno König, Robert Thelen zum ersten Etappenziel nach Magdeburg. Jeannin verzichtete wegen des auffrischenden Windes an diesem Tag auf den Start. Der Flug führte über Rudow, Buckow, Marienfelde, Lankwitz, Groß-Lichterfelde, Teltow, Potsdam, Großkreuz, Brandenburg, Genthin und Burg.
Der einzige, der den Flug zum Etappenziel ohne Zwischenlandung zurücklegte, war Lindpaintner mit seinem Passagier. Um 7.24 Uhr, nach einer Flugzeit von 2 Stunden und 11 Minuten, landete er auf dem Magdeburger Zielgelände, dem Exerzierplatz Krakauer Anger. Er wurde von 300000 Zuschauern stürmisch gefeiert und von Organisatoren über den Flugverlauf befragt: «Heute Morgen kommt keiner mehr, sagte Lindpaintner.» So hieß es in einem Bericht. «Wir wollten ja auch unterwegs landen, weil es gar zu arg herging. Gegenwind, Temperatur unter Null und zeitweilig heftig anprallende Böen; das macht keinen Spaß. Dennoch hielten wir durch.»
Die Magdeburger glaubten zunächst nicht daran, daß an diesem Tage niemand mehr das Etappenziel erreichen würde, denn sie wußten, daß sich weitere sechs Flieger auf die Strecke gewagt hatten. Doch nach und nach trafen Meldungen von Zwischenlandungen ein: Vollmoeller landete wegen eines Kurbelwellenbruchs im Gleitflug bei Potsdam auf dem Gelände neben der dortigen Zeppelinhalle; Thelen landete wegen Benzinmangels unweit von Magdeburg bei Lostau, das Flugzeug geriet dabei in einen Chausseegraben und überschlug sich, die Insassen blieben unverletzt; Schauenburg mußte auf dem Brandenburger Exerzierplatz wegen eines Lecks im Kühler notlanden; Müller landete mit gebrochenem Ölrohr in der Nähe von Potsdam; Reichardts Benzin reichte bis Burg, dann mußte er notlanden; König landete wegen heftiger Böen bei Groß-Wusterwitz, versuchte abends kurz vor 20 Uhr weiterzufliegen, kam aber nur bis Genthin, wo er die Nacht über mit seinem Flugzeug liegenblieb.
Das war ein karger Anfang. 25 Flieger hatten ursprünglich ihre Teilnahme gemeldet, sieben waren am ersten Tag gestartet, nur einer war bis zum ersten Etappenziel gelangt.
Am 12. Juni, der eigentlich als Ruhetag in Magdeburg vorgesehen war, erschienen in früher Morgenstunde Felix Laitsch, Bruno Büchner, Emil Jeannin und Dr. Oskar Wittenstein in Johannisthal am Start. Büchner kam bis nahe an Magdeburg heran, dann mußte er wegen Benzinmangels landen, nachtanken, und gelangte dann bis zum Krakauer Anger. Vor ihm war schon König von seinem Zwischenlandeplatz aus eingetroffen. Jeannin hatte Schwierigkeiten beim Start, flog dann zwar los, kam aber nach kurzer Zeit zurück und verzichtete auf die erste Etappe. Dr. Wittenstein kam bis nach Burg, dann setzte sein Motor aus und er mußte notlanden. Erst am Abend konnte er erneut starten und zum Zielgelände fliegen. Gegen 21 Uhr erreichte auch Laitsch den Zielort; er war wegen heftiger Windböen unterwegs zwischengelandet. Erst am 13. Juni trafen von ihren Notlandeplätzen, teilweise nach weiteren Zwischenlandungen, Müller, Schauenburg, Vollmoeller und Thelen in Magdeburg ein.
Damit hatten neun Piloten das erste Etappenziel erreicht. In Johannisthal waren elf gestartet. Jeannin war wieder in Johannisthal gelandet. Reichardt ließ die nächsten Etappen aus.
Während noch die letzten in Magdeburg eintrafen, war schon der zweite Etappenflug nach Schwerin im Gange. Der Flug führte über Stendal, Osterburg, Wittenberge, Karstaedt und Ludwigslust. Zielgelände war die Schweriner Rennbahn.
Sechs Flieger setzten von Magdeburg aus ihren Weg fort, fünf von ihnen kurz nach 4 Uhr früh. Als erster flog Eugen Wiencziers, der an der ersten Etappe nicht teilgenommen hatte. Er erreichte nach knapp zwei Stunden das Ziel. Nach ihm war Büchner gestartet. Bei Osterburg mußte er wegen defekter Benzinleitung landen. Er führte die Reparatur aus, startete erneut und kam kurz nach Wiencziers am Ziel an. Lindpaintner und König kamen ohne Zwischenlandung zum Etappenziel. Laitsch hingegen verflog sich und landete in Braunschweig. Vor dort flog er am Nachmittag bis Gardelegen, landete erneut und gab die zweite Etappe auf. Dr. Wittenstein war erst gegen 7 Uhr gestartet, als die meisten seiner Rivalen bereits im Ziel waren. Um 9.45 Uhr mußte er wegen starker Böen bei Hagenow landen. Am Nachmittag flog er weiter, kam gegen 18 Uhr in Schwerin an und beschädigte sein Flugzeug, als er zu weit hinter dem Zielband aufsetzte und beim Ausrollen erst gegen ein Automobil, dann gegen einen Schuppen prallte.
Am 14. Juni fanden in Schwerin Flugvorführungen statt. Um die ausgesetzten Preise bewarben sich nur Lindpaintner und Büchner.
Am 15. Juni erfolgte der Start zur dritten Etappe – mit nur noch vier Piloten. Die Flugroute führte über Hagenow, Boizenburg, Lauenburg und Bergedorf. Zielgelände war der Flugplatz Hamburg-Fuhlsbüttel. Kurz nach 4 Uhr startete Wiencziers, er kam bis in die Nähe von Hamburg und landete in Kirchsteinbeck. Beim erneuten Startversuch wurde das Flugzeug beschädigt. Er ließ es mit einem Pferdewagen zum Zielflugplatz transportieren, dort reparieren, startete, flog zum Ort seiner Zwischenlandung zurück, umkreiste ihn und flog zum Zielband in Hamburg-Fuhlsbüttel. Dadurch sicherte er sich die volle Streckenwertung für diese Tagesetappe. Lindpaintner mußte nach dem Start in Schwerin schon nach 40 Kilometern wegen eines Defekts wieder landen. Als er nach Stunden wieder starten konnte, kam er durch ein Regengebiet. Bis auf die Haut durchnäßt gelangte er mit seinem Begleiter zum Ziel. Büchner, der ebenfalls kurz nach Wiencziers gestartet war, verirrte sich im Nebel, landete zur Orientierung, flog weiter, verirrte sich wieder, kam schließlich, ebenfalls vollständig regennaß, ins Ziel. König war gegen 19.30 Uhr gestartet, gelangte nur bis zum Elbe-Trave-Kanal und mußte den Weiterflug für diesen Tag abbrechen.
Dr. Wittenstein gelang es nicht, sein Flugzeug bis 21 Uhr, der Zeit des Startschlusses in Schwerin, zu reparieren und verzichtete auf diese Etappe. Thelen und Vollmoeller, die noch in Magdeburg zurückgeblieben waren, verzichteten wegen des ungünstigen Wetters auf die Etappen Schwerin und Hamburg. Thelen ließ sein Flugzeug nach Hamburg transportieren, Vollmoeller verzichtete auch auf die nächste Etappe und schickte sein Flugzeug nach Kiel voraus. Auch Laitsch, der sich auf dem Wege nach Schwerin verflogen und dann einen Flugzeugschaden hatte, ließ sein Flugzeug per Bahn nach Hamburg bringen.

Nach einem Ruhetag in Hamburg meldeten sich zum Weiterflug nach Kiel am 17. Juni acht Piloten zum Start. Die Flugstrecke führte über Bramstedt, Neumünster und Bordesholm. Zielgelänge war der Städtische Sport- und Spielplatz von Kiel. Um 4 Uhr startete Büchner, nach ihm Lindpaintner, Wiencziers, Schauenburg, Thelen, Laitsch, Reinhold Jahnow (der erst von hier ab am Rundflug teilnahm und der später von Siegfried Hoffmann abgelöst wurde) und Dr. Wittenstein. Bis auf Laitsch kamen alle ohne wesentliche Schwierigkeiten in Kiel an. Laitsch hatte bei Elmshorn landen müssen. Beim erneuten Start geriet er in einen Graben, zerbrach Fahrgestell und Höhensteuer und verstauchte sich den Knöchel. König gelang es nach mehrmaligen Reparaturen erst am 19. Juni, von Hamburg nach Kiel zu fliegen.

Die Etappenankunft in Kiel am 17. Juni bildete zugleich den Auftakt der «Kieler Flugwoche», die bis zum 22. Juni stattfand. Daran beteiligten sich neben Rundflugteilnehmern auch andere Flieger, unter ihnen Hellmuth Hirth, der am 20. Juni den Höhenflugrekord mit Passagier, den der tödlich verunglückte Georg Schendel aufgestellt hatte, mit einer Höhe von 2200 Metern wieder in seinen Besitz brachte.

Am 23. Juni wurde der Rundflug fortgesetzt. Es starteten bei regnerischem Wetter neun Piloten: Büchner, Lindpaintner, Reichardt (der in der Zwischenzeit von seinem Notlandeort auf der ersten Etappe per Bahn eingetroffen war), Thelen, Schauenburg, Vollmoeller, König, Wiencziers, Dr. Wittenstein. Die Flugstrecke führte über Preetz, Plön, Eutin, Lübeck (Zwangszwischenlandeplatz), Mölln und Lauenburg. Zielgelände war Lüneburg, und zwar der Rennplatz Lüne. Acht Flieger erreichten das Ziel ohne wesentliche Zwischenfälle. Wiencziers Flugzeug hingegen setzte bei der vorgeschriebenen Zwischenlandung auf dem Militär-Exerzierplatz von Lübeck so hart auf, daß es stark beschädigt wurde und der Pilot von seinen Reisemechanikern aus dem Flugzeug herausgeholt werden mußte. Er konnte den Flug zum Tagesziel nicht fortsetzen.

Am 24. Juni erfolgte der Start in Lüneburg. Der Flugweg führte über Uelzen, Weyhausen und Celle. Zielgelände war Hannover, die Rennbahn Große Bult. Es starteten sieben Flieger: Büchner, Lindpaintner, Thelen, Vollmoeller, Schauenburg, König und Dr. Wittenstein. Büchner mußte gleich nach dem Start auf einem regendurchweichten Acker landen, dabei zerbrachen das Fahrgestell und das Höhensteuer. Er konnte den Tagesflug nicht fortsetzen. Schauenburg machte eine Notlandung bei Eschede und geriet dabei in ein Moor. König und Dr. Wittenstein starteten, aber landeten wegen des schlechten Wetters sogleich wieder. Sie starteten einen Tag später erneut, Dr. Wittenstein abermals ohne Erfolg. Wiencziers hatte sich entschlossen, seinen Flugapparat demontieren zu lassen und erst bei einer späteren Etappe wieder mitzumachen. Auch Reichardt schied vorläufig aus.

Daher waren am 26. Juni in Hannover nur sechs Flieger am Start: Lindpaintner, Vollmoeller, Schauenburg, König, Paul Lange (der von hier an erst teilnahm) und Thelen. Die Strecke führte über Bückeburg, Minden (Zwangszwischenlandung), Oeynhausen, Herford, Bielefeld (Zwangszwischenlandung), Wiedenbrück und Warendorf. Zielort war Münster-Loddenheide. Lange kam nach ein paar Runden wieder zum Startplatz zurück. Thelen mußte unterwegs notlanden.

Von Lüneburg war nun endlich Dr. Wittenstein fortgekommen, aber nach anderthalb Kilometern mußte er wegen eines Propellerschadens landen. Der Propeller wurde ausgewechselt, Dr. Wittenstein startete, kam jedoch nur wenig vom Boden ab – plötzlich fiel sein Flugzeug in die Ilmenau, an einer etwa 25 Meter breiten Stelle. Der Pilot und sein Passagier kamen mit einem kühlen Bad davon. Das Flugzeug ließ sich nicht herausziehen und mußte im Wasser abgewrackt werden.

Auf solche Weise, begleitet von Schäden an Flugzeug und Motor, von Bruchlandungen auf Landeplätzen, Notlandungen auf Äckern und gefahrvollen Starts auf unebenem Gelände, von Orientierungsverlusten im Nebel, erschwert durch Regen, Wind und Kälte ging der «Deutsche Rundflug» weiter. Thelen blieb am 27. Juni nach Landung und erneutem Start mit der Tragfläche in einem Roggenfeld hängen, der Flugappparat wurde herumgeschleudert, Thelen flog in weitem Bogen vom Sitz, das Flugzeug wurde total zertrümmert. Dr. Wittenstein kam am 5. Juli beim Start in Nordhausen nur zentimeterweise vom Boden ab und raste direkt auf eine Zuschauerwand zu. Über sie hinweg wäre er nicht gekommen,

149
«Kieler Flugwoche» im Juni 1911, einer der vielen örtlichen Flugwettbewerbe während des «Deutschen Rundfluges»

Rollen hätte das Flugzeug in die Menschen hineingejagt. Also riß er geistesgegenwärtig das Steuer kräftig herum, wodurch die rechte Fläche hart auf den Boden aufschlug, krachend zerbrach, aber auch das Flugzeug herumriß und auf unsanfte Art zum Stehen brachte.

Bei allem muß bedacht werden, daß die Flieger und ihre Passagiere auf ihren Sitzen wie auf einem Stuhl im Freien saßen. Nur wenige hatten sich angeschnallt. Aber was war das für ein Anschnallen? Nicht im entferntesten vergleichbar mit den heutigen Anschnallgurten in Flugzeugen oder Personenkraftwagen, die mit einem Handgriff gelöst werden können. Wenn sich damals jemand anschnallte, dann *band* er sich fest. Und bei manchem Bruch beim Starten oder Landen wäre es besser gewesen, er hätte es nicht getan. Mancher wurde beim harten Aufprall oder, wenn das startende Flugzeug in eine Bodenrinne geriet, nicht von seinem Sitz geschleudert, sondern unter den Trümmern seines Flugapparates verschüttet, gerade *weil* er sich angebunden hatte.

Diese Marathonstrecke war eine harte Prüfung für die Flugzeugführer. Wer sie bestand, hatte eine glanzvolle Leistung vollbracht. Glänzen konnte noch nicht die damalige Flugzeugtechnik, aber der kämpferische Einsatz und Wagemut der Rundflug-Piloten gehört zu den großen Pioniertaten der Flieger in den Anfangsjahren des Motorfluges. Und wer nicht zu kämpfen verstand, der blieb buchstäblich auf der Strecke. Emil Jeannin beispielsweise, der Frauenliebling, der noch im Jahre 1910 den Ton im Motorflug angab, kam beim Rundflug nicht mehr zurecht. Er hatte schon die erste Etappe nicht zuwege gebracht. In der Folgezeit war er an einigen Etappenorten mit seinem Flugzeug aufgetaucht, das er dorthin hatte transportieren lassen. Er hatte sich auch zum Start eingefunden. Aber während die anderen davonjagten und sich durch Wind und Wetter kämpften, sagte er seinen Start zur nächsten Etappe jedesmal wegen der ungünstigen Witterungsbedingungen ab. So gelangte er auch nicht in die Rundflug-Wertung. Selbst bei den Flugveranstaltungen an den Etappenorten konnte er nicht mehr glänzen. Von den mehr als 150000 Mark, die allein bei solchen Gelegenheiten insgesamt an Flugpreisen ausgezahlt wurden, gelang es ihm lediglich, 98 Mark zu erfliegen. Der einstige Fliegerstern Jeannin verglühte beim Rundflug sang- und klanglos.

Am 10. Juli, einen Monat nach dem Rundflug-Start, bot der Flugplatz Johannisthal seit 5 Uhr früh ein ähnliches Bild wie am Starttag,

150
Benno König, der gefeierte Sieger des «Deutschen Rundfluges»

151
Extra-Ausgabe der «B.Z. am Mittag», in Massenauflage auf den Berliner Straßen verteilt, informierte über den Beginn der letzten Rundflugetappe von Halberstadt nach Johannisthal und brachte erneut weit mehr als 100000 Zuschauer zum Flugplatz

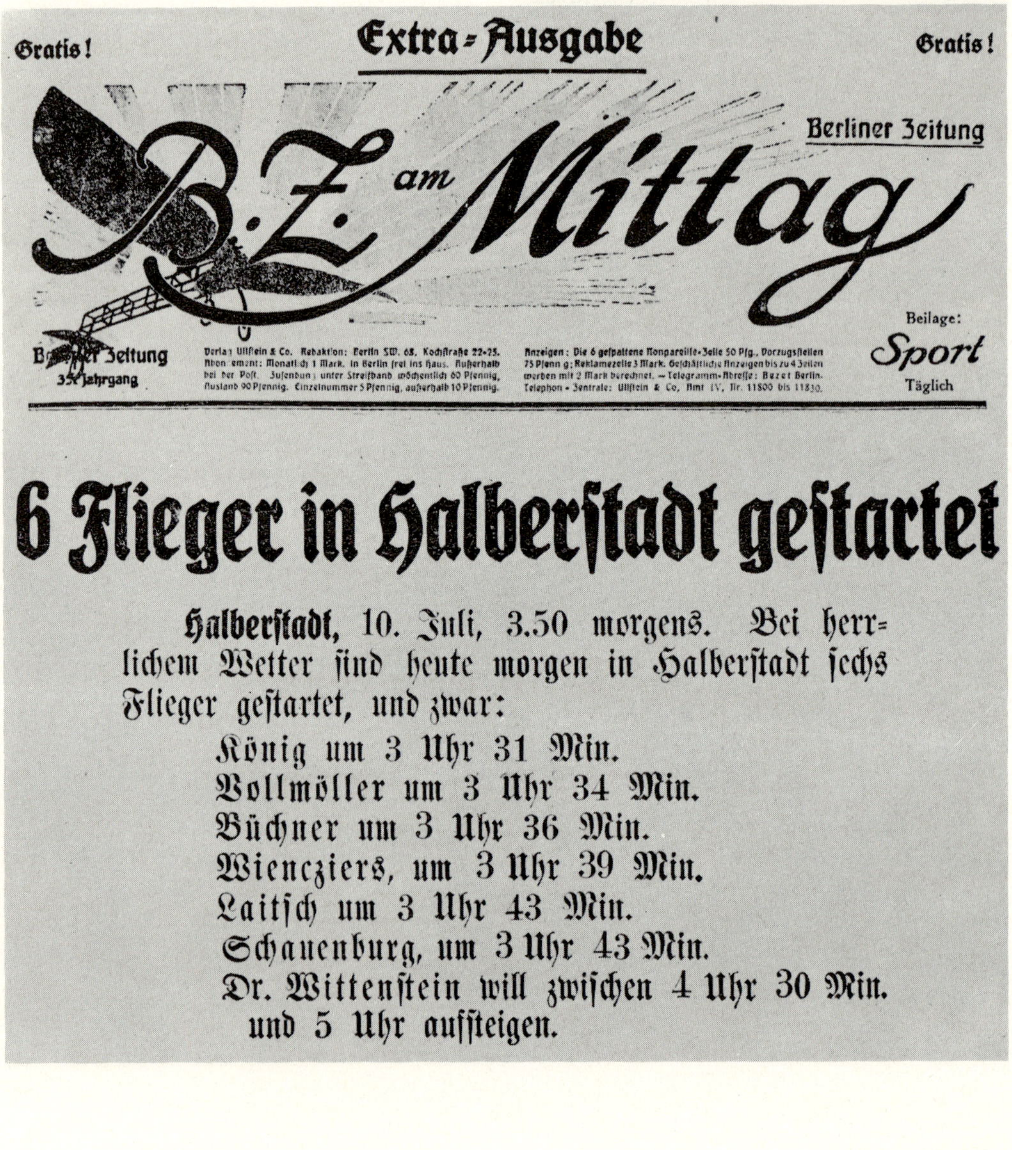

Gratis! **Extra-Ausgabe** Gratis!

Berliner Zeitung

B.Z. am Mittag

Berliner Zeitung 35. Jahrgang

Verlag Ullstein & Co. Redaktion: Berlin SW. 68. Kochstraße 22-25. Abonnement: Monatlich 1 Mark. In Berlin frei ins Haus. Außerhalb bei der Post. Zusendung unter Streifband wöchentlich 60 Pfennig, Ausland 90 Pfennig. Einzelnummer 5 Pfennig, außerhalb 10 Pfennig.

Anzeigen: Die 6 gespaltene Nonpareille-Zeile 50 Pfg., Vorzugsstellen 75 Pfennig; Reklamezeile 3 Mark. Geschäftliche Anzeigen bis zu 4 Zeilen werden mit 2 Mark berechnet. — Telegramm-Adresse: Bezet Berlin. Telephon-Zentrale: Ullstein & Co, Amt IV, Nr. 11800 bis 11830.

Beilage: Sport Täglich

6 Flieger in Halberstadt gestartet

Halberstadt, 10. Juli, 3.50 morgens. Bei herrlichem Wetter sind heute morgen in Halberstadt sechs Flieger gestartet, und zwar:

König um 3 Uhr 31 Min.
Vollmöller um 3 Uhr 34 Min.
Büchner um 3 Uhr 36 Min.
Wiencziers, um 3 Uhr 39 Min.
Laitsch um 3 Uhr 43 Min.
Schauenburg, um 3 Uhr 43 Min.
Dr. Wittenstein will zwischen 4 Uhr 30 Min. und 5 Uhr aufsteigen.

denn die Teilnehmer wurden zurückerwartet. In einem Bericht darüber war zu lesen: «Ein paar Flugzeuge schnurrten über das Feld, aber man beachtete sie nicht. Aller Augen waren gen Himmel gerichtet und blickten wie festgebannt nach der Richtung aus, von wo die Heimkehrenden herkommen mußten. Als die Nachrichten von der Ankunft in Dessau und vom Weiterflug bekannt wurden» (Dessau war der letzte Zwangszwischenlandeplatz auf der Strecke von Halberstadt nach Johannisthal, d. Verf.), «wuchs die Spannung mit jeder Minute, und endlich tauchte ein Doppeldecker am Himmel auf. Als er näherkam, ging der Ruf: ‹Das ist Büchners Albatros!› von Mund zu Munde. Er war es auch. Der schneidige Pilot hatte sich den Ruhm, als erster zurück zu sein, nicht entreißen lassen. Tausendstimmiger Jubel umbrauste ihn, ein Meer von klatschenden Händen brandete ihm Beifall zu. Wie einen Triumphator trug man ihn auf den Schultern zur Mitteltribüne. Das war um 6 Uhr 40 Minuten. Der Vormittag verging, der Nachmittag war vorüber, der Abend nahte, da endlich erschienen zur gleichen Zeit König und Vollmoeller, die vom Orte ihrer Zwischenlandung aus ganz dicht nebeneinander geflogen waren ...»
Büchner kehrte zwar als erster zurück, aber er war nicht der Sieger. Außerdem irrte der Berichterstatter, denn Büchner flog einen Aviatik-Doppeldecker.
Da keiner der Teilnehmer sämtliche Etappen des Rundfluges absolviert hatte, so wurden die Kilometer der vollendeten Etappenflüge entsprechend der Ausschreibung addiert und auf diese Weise die Leistungen ermittelt. Entsprechend dieser Resultate und einigen zusätzlichen Modifikationen wurden die verschiedenen Preise vergeben (Tabelle 15).
Gewinner waren vor allem die Fabrikanten der Siegerflugzeuge, weil der Sieg ihrer Fabrikate in diesem «Deutschen Rundflug» die beste Reklame war, die sich denken ließ. Absatzfördernde, Militäraufträge fördernde Reklame. Daher schrieb ein kritischer Kommentator dieser Großflugveranstaltung in einer Nachbetrachtung: «Sieger ... wurden die drei ... Fabriken: ‹Albatros-Flugzeugwerke GmbH.›, ‹Rumpler-Werke GmbH.›, ‹Automobil & Aviatik A.G.›. Sieger wurden ihre Millionen. Sie ermöglichten jeden Nachschub, jede Reparatur. Sie allein konnten ein Heer von Monteuren, Werkmeistern, Ingenieuren auf die Beine stellen und den Piloten mit Automobilkolonnen hinterherjagen.»
Das schmälert zwar nicht die Leistungen, die die Flieger vollbrachten, wirft aber ein aufhellendes Licht auf die Geschäftsinteressen im Hintergrund derartiger Motorflugveranstaltungen. Es kennzeichnet zugleich den unvorstellbaren Mut, mit dem kleine Konstrukteure an diesem Mammutrennen der

Tabelle 15
Ergebnisliste des «Deutschen Rundfluges» 1911

	Flugzeugmuster	angerechnete Kilometer	Gesamtpreise
König, Benno	Albatros-Zweidecker	1 882,5	89 015,-
Vollmoeller, Hans	Rumpler-Taube	1 837,5	79 615,-
Büchner, Bruno	Aviatik-Zweidecker	1 363,75	47 890,-
Lindpaintner, Otto	Farman-Zweidecker	1 222,5	32 511,-
Dr. Wittenstein, Oskar	Farman-Zweidecker	941,5	19 046,-
Wiencziers, Eugen	Morane-Eindecker	751,0	26 677,-
Schauenburg, Theodor	Wright-Zweidecker	585,5	14 494,-
Thelen, Robert	Wright-Zweidecker	497,0	18 117,-
Hoffmann, Siegfried	Harlan-Eindecker		7 845,-
Laitsch, Felix	Albatros-Zweidecker		5 074,-
Noelle, Max Joachim	Grade-Eindecker		1 614,-
Müller, Karl	Sächs.-Flugzeugwerke-Zweidecker		610,-
Hanuschke, Bruno	Hanuschke-Eindecker		
Lange, Paul	Rumpler-Taube		
Reichardt, Otto	Euler-Zweidecker		

152
Siegerehrung des «Deutschen Rundfluges» 1911 an der Johannisthaler Haupttribüne

Luft teilnahmen. Bruno Hanuschke vom «alten Startplatz» in Johannisthal beispielsweise hatte solche Reparaturkolonnen nicht in seiner Nähe, wenn er notlanden mußte. Er kämpfte völlig auf sich allein gestellt und konnte sich nicht behaupten. Auch er merkte nun, daß inzwischen die großen Flugzeugfabriken den Ton im Motorflug angaben.
Übrigens – das Flugzeugmuster, mit dem König den Sieg errungen hatte, wurde sofort von der Militärverwaltung angekauft.

Schwäbischer Überlandflug, 10. bis 18. September 1911

Der «Schwäbische Überlandflug» wurde in zwei Etappen geflogen, und zwar von Eßlingen nach Ulm (120 km) und von dort nach Friedrichshafen (94 km). Als Flugpreise wurden insgesamt 67 000 Mark ausgesetzt. Sechs der neun Teilnehmer kamen aus Johannisthal. Die ersten drei Plätze belegten Hans Vollmoeller (Rumpler-Taube, erflogener Preis: 22 284 Mark); Emil Jeannin, der sich bei diesem Wettbewerb letztmalig plazieren konnte, (Aviatik-Zweidecker, erflogener Preis: 19 762 Mark); Hellmuth Hirth (Rumpler-Taube, erflogener Preis: 9 262 Mark).

Flugwoche Johannisthal, 24. September bis 1. Oktober 1911

An der Johannisthaler Herbstflugwoche des Jahres 1911 nahmen 18 Flieger teil, davon zehn Johannisthaler. Insgesamt waren 30 000 Mark für Flugpreise ausgesetzt. Den ersten Platz belegte Alfred Pietschker (Albatros-Zweidecker, Flugpreis: 3 717 Mark), den zweiten Platz Josef Suvelack (Rumpler-Taube, Flugpreis: 3 259 Mark), den dritten Platz Gustav Witte (Wright-Zweidecker, Flugpreis: 2 810 Mark).
Dies war die erste und einzige Flugwoche, an der sich Melli Beese beteiligte. Sie belegte auf einer Rumpler-Taube den fünften Platz und erflog damit 2 499 Mark.

Zweiter Deutscher Zuverlässigkeitsflug am Oberrhein, 12. bis 21. Mai 1912

Vom Jahre 1912 an trat eine deutliche Veränderung der Bedingungen von Motorflugwettbewerben ein. Sie wurden zunehmend auf militärische Übungen ausgerichtet. Lediglich in Johannisthal behielten die Flugwettbewerbe noch eine gewisse Zeit motorflugsportlichen Charakter.
Während es den Piloten beim «Deutschen Rundflug» im Jahre 1911 noch freigestellt war, einen Passagier mitzunehmen (die meisten der Passagiere waren Offiziere des Heeres), so war nicht nur die Mitnahme eines Offiziers als Passagier beim «Zweiten Deutschen Zuverlässigkeitsflug» eine Bedingung, sondern es waren – außer Hellmuth Hirth – alle teilnehmenden Piloten Heeres- oder Marinefliegeroffiziere. Lediglich die örtlichen Flugwettbewerbe an den Etappenorten, die außerhalb der Wertung des Zuverlässigkeitsfluges lagen, wurden von zivilen Motorfliegern bestritten.
Der Flug führte über sieben Etappen, und zwar Straßburg – Metz – Saarbrücken (mit einer Aufklärungsübung) – Mainz – Frankfurt am Main (mit einem Höhenwettbewerb) – Karlsruhe – Freiburg im Breisgau – Konstanz.
Eine Besonderheit dieses Zuverlässigkeitsfluges bestand darin, daß die militärische Verwendbarkeit von Flugzeugen im Vergleich mit einem Luftschiff erprobt wurde. Dabei zeigte sich, daß das Luftschiff zu jener Zeit den Flugzeugen noch überlegen war. Das Zeppelin-Luftschiff «Viktoria Luise», geführt von Dr. Hugo Eckener, gewann den Aufklärungswettbewerb. Auch im Höhenwettbewerb (es ging um das schnellste Erreichen von Höhen) war das Zeppelin-Luftschiff deutlich überlegen, wie die Daten der Tabelle 16 ausweisen.
Die beste Gesamtleistung im Zuverlässigkeitswettbewerb vollbrachte Hellmuth Hirth, der damit den ersten Platz belegte und sich damit gegen sämtliche teilnehmenden Offiziersflieger durchsetzen konnte. Über die Aufteilung des Gesamtflugpreises in Höhe von 34 477 Mark wurde nichts bekannt.

Flugwoche Johannisthal, 24. bis 31. Mai 1912

Die Frühjahrsflugwoche des Jahres 1912 in Johannisthal sah 17 Flieger am Start, davon kamen allein 15 aus Johannisthal. Erstmals waren LVG-Flugzeuge (der «Luft-Verkehrs-Gesellschaft A. G.») und Ago-Flugzeuge (der «Ago-Fluggesellschaft mbH.») aus Johannisthal beteiligt.
Insgesamt 40 000 Mark waren an Preisen ausgesetzt. Die ersten drei Plätze belegten Wssewolod Abramowitsch, ein russischer Flieger der «Flugmaschine Wright GmbH.» (Wright-Zweidecker, Flugpreis 4 243 Mark); Alfred Rupp (Albatros-Zweidecker, Flugpreis: 2 384 Mark), Anselm Marchal, ein

französischer Flieger (Rumpler-Taube, Flugpreis: 675 Mark).
Diese Flugwoche hatte wegen des Johannisthaler Flugzeugführerstreiks mit zwei Tagen Verspätung begonnen (vgl. Abschnitt: Fliegerstreik und Arbeiterkämpfe).

Internationaler Überlandflug, Berlin – Wien, 9. bis 12. Juni 1912

Der erste «Internationale Überlandflug», der in Johannisthal gestartet wurde, fand in zwei Etappen statt, und zwar zunächst bis zum damaligen Breslau, von dort nach Wien. Die Flugstrecke betrug 560 Kilometer, der Gesamtflugpreis 80000 Mark.
Am Flugwettbewerb nahmen acht Flieger mit Flugbegleitern teil. Sämtliche Flugbegleiter waren Heeres- oder Marineoffiziere. Unter den Piloten befanden sich nur drei Zivilflieger: die Johannisthaler Hellmuth Hirth, Karl Krieger und Robert Thelen.
Der einzige, der die gesamte Strecke durchflog, und zwar in 7 Stunden und 20 Minuten, war Hirth. Alle anderen Teilnehmer blieben mit Notlandungen oder Beschädigungen, teils schon beim Start in Johannisthal, durchweg auf der Strecke. Hirth erflog 16115 Mark und 40228 österreichische Kronen.

Nordmarkenflug, 16. Juni bis 2. Juli 1912

Dieser Flugwettbewerb hatte mehrere Teile, und zwar: vom 16. bis 21. Juni eine Flugwoche in Kiel (um den «Großen Preis von Kiel», den «Höhenpreis», den «Armeepreis», den «Herausforderungspreis», den «Marinepreis» und den «Seepostpreis»); vom 23. Juni bis 2. Juli örtliche Flugvorführungen in Flensburg, Heide, Hamburg-Altona und Neumünster; am 2. Juli zum Abschluß der Motorflugtour ein Zuverlässigkeitsflug über etliche norddeutsche Orte mit zwölf Zwangszwischenlandungen. Insgesamt waren 48000 Mark als Flugpreis ausgesetzt.
Die drei ersten Plätze belegten Victor Stoeffler (Rumpler-Taube, Flugpreis: 14013 Mark), Anton Baierlein (Otto-Zweidecker, Flugpreis: 12822 Mark), Albin Horn (Schwade-Zweidecker, Flugpreis: 10772 Mark).

Tabelle 16
Steigzeiten von Flugzeugen
im Vergleich zum Zeppelin-Luftschiff (Mai 1912)

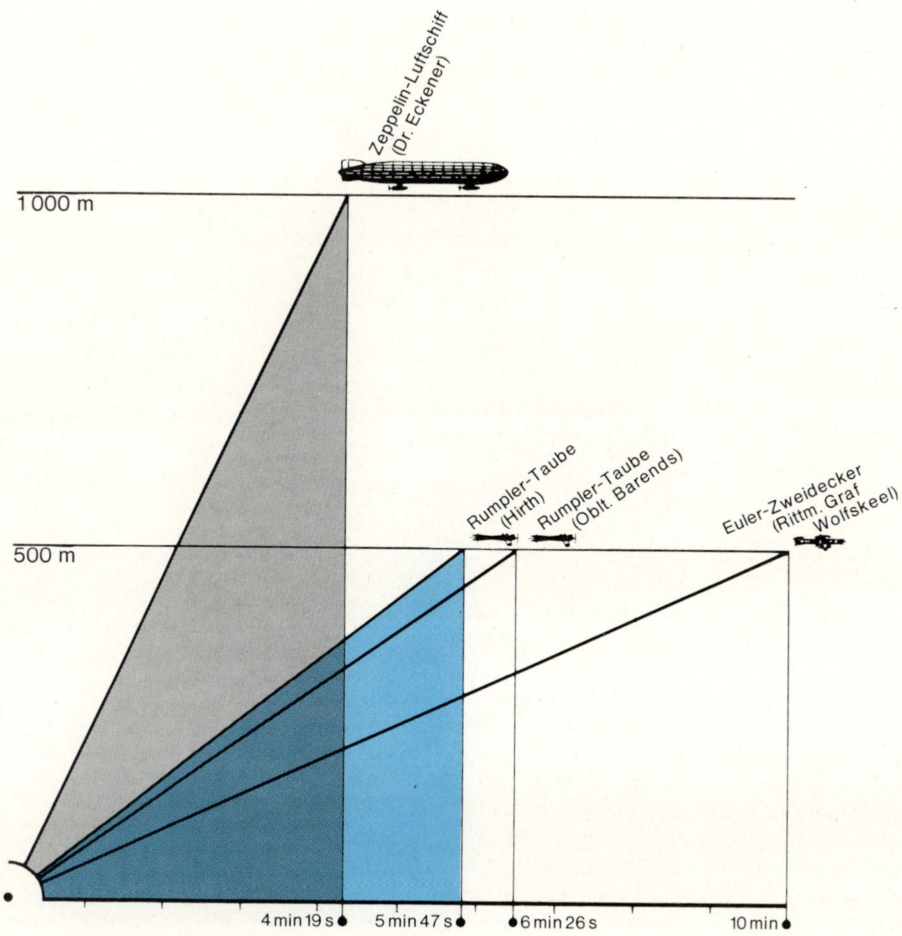

Krupp-Flugwoche, 4. bis 11. August 1912

Laut Ausschreibung konnte festgestellt werden, daß die Flugwoche von Gelsenkirchen ausging und fast durchweg aus militärisch orientierten Übungen bestand. An der Flugwoche nahmen 19 Flieger teil, davon zwölf Johannisthaler. Es waren rund 100000 Mark an Flugpreisen ausgesetzt. Die ersten beiden Plätze belegten die Johannisthaler Karl Caspar (Rumpler-Taube, Flugpreis: 14546 Mark) und Theodor Schauenburg (AFG-Zweidekker, Flugpreis: 11114 Mark).

Aeroplan-Turnier, 16. bis 19. August 1912, Gotha

Das Gothaer «Aeroplan-Turnier» war die zweite Vergleichsübung zwischen einem Zeppelin-Luftschiff und Flugzeugen. Es wurden Wettbewerbe im Werfen von Übungsbomben auf Luftziele (einen Ballon) und Erdziele (Zelte) sowie Manövrierübungen in der Luft ausgetragen. Bei diesen Vergleichen war das wieder von Dr. Eckener geführte Zeppelin-Luftschiff diesmal eindeutig unterlegen, denn alle Wettbewerbe wurden von Fliegern gewonnen. Es hatten sich zehn Piloten beteiligt, vier von ihnen aus Johannisthal. Sie belegten den ersten (Lindpaintner, 15000 Mark), zweiten (von Gorrissen, 5000 Mark) und vierten Platz (Hanuschke, 1300 Mark) oder erhielten einen Trostpreis (Schauenburg).

Rund-um-Berlin-Flug, 31. August und 1. September 1912, Johannisthal

Der Flugwettbewerb «Rund um Berlin» wurde an beiden Tagen ausgetragen, wobei die Rundflugstrecke

insgesamt dreimal zu durchfliegen war. Die Strecke führte von Johannisthal über Lindenberg, Schulzendorf, Spandau, Potsdam, Teltow und zurück zum Startplatz – jeweils 101 Kilometer.
Die Idee zu diesem Rundflug war aus dem Umstand geboren worden, daß die Zuschauer den Überlandflügen immer weniger Interesse entgegenbrachten, weil sie stets nur entweder den Start oder die Ankunft erleben konnten. Erstmals konnte das Publikum beides an einem Tag sehen und dadurch den Wettkampfverlauf unmittelbar verfolgen.
16 Flieger hatten ihre Teilnahme gemeldet, elf gingen aber nur an den Start, vorwiegend Johannisthaler Piloten. Ausgesetzt waren Flugpreise in Höhe von 61 500 Mark. Erstmals nahm eine «Melli-Beese-Taube» am Wettbewerb teil, gesteuert von Charles Boutard, der jedoch nur den 10. Platz belegen konnte.
Besonders am 1. September, dem Tag, an dem die Strecke zweimal umrundet werden mußte, herrschte in Johannisthal wieder der gewohnte große Besucherandrang. Den Wettbewerb «Rund um Berlin» gewann Ernst Krüger (Harlan-Eindecker, Flugpreis: 26 836 Mark) vor Anton Baierlein (Otto-Zweidecker, Flugpreis: 18 810 Mark) und Karl Caspar (Rumpler-Taube, Flugpreis: 8 613 Mark). Die große Überraschung des Rundfluges war, daß sich der sieggewohnte Hirth nur als vierter plazieren konnte.

Erster Deutscher Wasserflugmaschinen-Wettbewerb, 29. August bis 5. September 1912, Heiligendamm

Schon im Jahre 1910 hatten in Frankreich und

153
Am Start zum Flug «Rund um Berlin»

154
Titelseite des Programmheftes für den Flug «Rund um Berlin» im Herbst 1912

155
Aus einer zeitgenössischen Darstellung: Streckenkarte des Rund-um-Berlin-Fluges

156
Das Siegerflugzeug des Fluges «Rund um Berlin» im Herbst 1912: Harlan-Eindecker, geflogen von Ernst Krüger

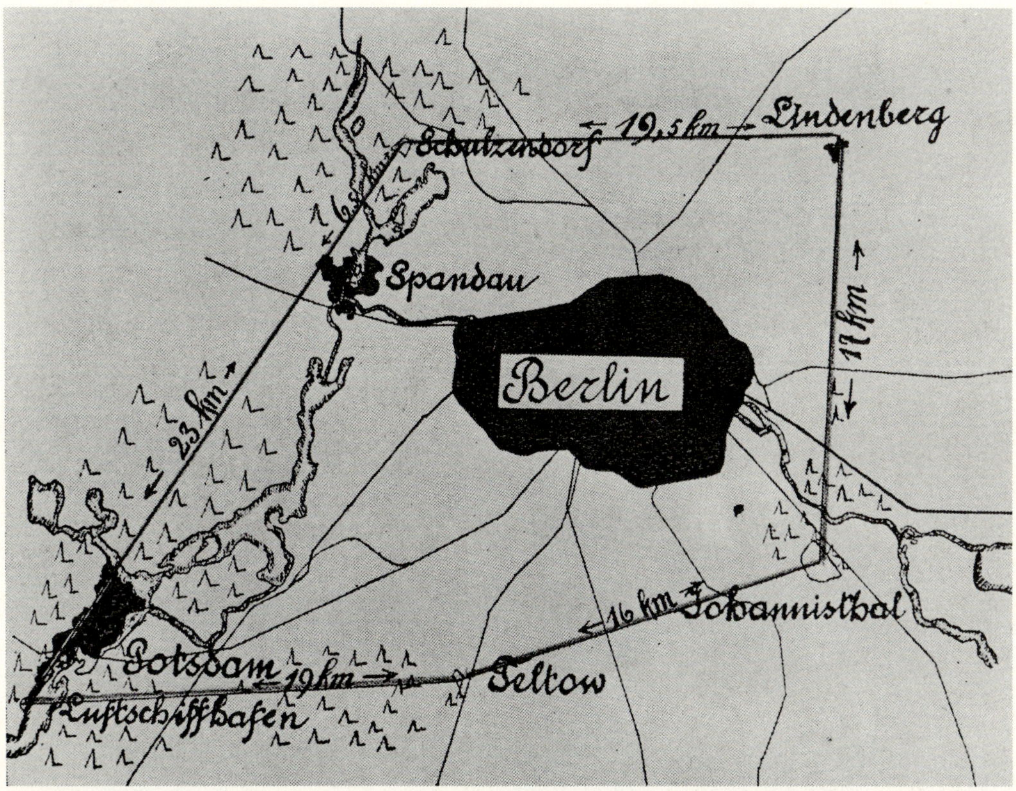

England erfolgreiche Versuche mit Seeflugzeugen stattgefunden. Daraufhin stellte das deutsche Reichsmarineamt für Untersuchungen über die Verwendbarkeit von Flugzeugen für die Marine im Jahre 1911 die Summe von 100000 Mark zur Verfügung und kommandierte gleichzeitig mehrere Marineoffiziere als Flugschüler zu privaten Flugschulen ab. Am 1. März 1912 – ein halbes Jahr vor dem Wettbewerb – waren aber immer noch erst drei Wasserflugzeuge vorhanden, und zwar hatten die Rumpler–, Albatros- und Ago-Werke in Johannisthal je eines ihrer Landflugzeuge zusätzlich mit Schwimmern ausgerüstet. Sie wurden an Wasserflugstationen dieser Werke umgebaut und auf dem Müggelsee erprobt. Der Wasserflug-Wettbewerb am Heiligendamm, für den Preise in Höhe von 40000 Mark ausgesetzt waren, sollte den Bau von Flugzeugen für die deutsche Marine fördern. Zudem hatte das Reichsmarineamt den sofortigen Ankauf eines der drei siegreichen Flugzeuge sowie die Vergabe weiterer Bauaufträge in Aussicht gestellt.

Am Wettbewerb beteiligten sich sechs Flieger, davon drei aus Johannisthal: Thelen auf einem Albatros-Flugzeug, von Gorrissen auf einem Ago-Flugzeug, Büchner auf einem Aviatik-Flugzeug. Aber der Start vom Wasser gelingt keinem der Flieger. Alle führen über Land einwandfreie Flüge aus, landen auch auf dem Wasser, haben aber beim Start vom Wasser große Schwierigkeiten. Deshalb werden nur Trostpreise vergeben. Den höchsten erhielt Büchner (Aviatik, 7000 Mark), den zweiten Thelen (Albatros, 6000 Mark), den dritten von Gorrissen (Ago, 4000 Mark). Es hatte sich erwiesen, daß es nicht genügte, lediglich die Räder durch Schwimmer zu ergänzen.

Das Reichsmarineamt kaufte daraufhin ein Seeflugzeug in England, aber keines der Muster, die in Heiligendamm geflogen waren.

Flugwoche in Johannisthal, 29. September bis 6. Oktober 1912

Diese Herbstflugwoche des Jahres 1912 war die erste in Johannisthal, in der die Teilnehmer mit ihren Flugzeugen eindeutig um die Eignung der Fabrikate für militärische Zwecke konkurrierten. Es gab insgesamt sieben Wettbewerbe, deren Ergebnisse in der Tabelle 17 dargestellt sind.

Insgesamt waren 41000 Mark an Preisen ausgesetzt. 32 Flieger hatten teilgenom-

In dieser Herbstflugwoche ereignete sich der zweite tödliche Absturz innerhalb einer offiziellen Johannisthaler Flugveranstaltung. Ernst Alig, der einen Kühlstein-Torpedo-Eindecker flog, stürzte mit seinem Monteur Karl Liebau aus etwa 150 Metern Höhe tödlich ab (der Vorfall ist in einem anderen Abschnitt bereits geschildert worden).

Süddeutscher Flug, 14. bis 20. Oktober 1912

Am ersten Tag sollte eine militärische Erkundungsübung stattfinden, sie fiel aber wegen Nebels aus. Der «Süddeutsche Flug» war ein Überlandflug über folgende Tagesetappen: Mannheim–Frankfurt (Main)–Nürnberg–Ulm–München über eine Gesamtflugstrecke von ca. 530 Kilometern. Es nahmen zwei Gruppen von Fliegern teil, die getrennt gewertet wurden (wahrscheinlich, weil bekannte Flieger beteiligt waren, die bei früheren Wettbewerben in den Ergebnislisten weit vor den teilnehmenden Fliegeroffizieren lagen). Die erste Gruppe bildeten «aktive Offiziere auf Flugzeugen einer deutschen Heeresverwaltung», die zweite Gruppe waren «Zivilflieger». Alle Piloten flogen mit Begleitern. Alle Begleiter waren Offiziere.
Detaillierte Resultatslisten wurden nicht veröffentlicht. Fest stand, daß Hellmuth Hirth der erfolgreichste aller Teilnehmer war. In der veröffentlichten Ergebnisliste, in der die Militärflieger und die Zivilflieger getrennt aufgeführt wurden, führte Hirth lediglich die Gruppe der zivilen Flieger an. Sechs zivile Flieger hatten sich beteiligt, fünf kamen aus Johannisthal. Als die drei ersten dieser Gruppe wurden genannt: Hirth (Rumpler-Taube, Flugpreis: 12 500 Mark), Lindpaintner (Ago-Zweidecker, Flugpreis: 8 500 Mark), Baierlein (Ago-Zweidecker, Flugpreis: 5 000 Mark).
Auch diese Flugveranstaltung forderte zwei Todesopfer. Im strömenden Regen stürzten auf dem Flug nach Ulm die Leutnante Beissbarth (Pilot) und Lang (Begleiter) bei Gingen aus 30 Metern Höhe ab.

Prinz-Heinrich-Flug, 11. bis 17. Mai 1913

Noch deutlicher tritt das Bestreben der deutschen Militärs in den Motorflugveranstaltungen ab dem Jahre 1913 zutage, die Wettbewerbe zur Förderung des militärischen Flugzeugbaus und zum Training der Militärflieger zu nutzen. Der «Prinz-Heinrich-Flug» im Frühjahr 1913, nach seinem Schirm-

Tabelle 17
Ergebnisse der Johannisthaler Herbstflugwoche 1912

Leistung und Wettbewerb	Flieger und Fabrikat	Flugprämie (in Mark)
Kürzeste Startstrecke (44,73 m)	Albert Rupp mit Albatros	3 000
Beste Steigleistung auf vorgegebene Höhe (14 min 47 s)	Karl Krieger mit Jeannin	2 500
Gleitflug aus vorgegebener Höhe mit abgestelltem Motor	Albert Rupp mit Albatros	1 500
Größte Gesamtflugzeit (aus mehreren Starts) (7 h 42 min)	Gerhard Sedlmayr mit Wright	1 262
Größte Geschwindigkeit	Richard Schmidt mit Kühlstein	2 000
Zielwurf	Victor Stoeffler mit LVG	615
Größte Höhe (3 095 m)	Anthony Fokker mit Fokker	1 000

158
Zeitungsinserat zur Frühjahrsflugwoche 1913 mit dem ersten deutschen Luftrennen

157
Ein Offiziersfliegerwettbewerb war der «Prinz-Heinrich-Flug» im Mai 1913, bei dem Leutnant Canter (rechts im Bild) auf einem Rumpler-Eindecker die beste Gesamtleistung flog

herrn benannt, belegt diesen Sachverhalt. Es durften nur Flugzeuge geflogen werden, die in Deutschland gebaut worden waren und den Anforderungen eines Militärflugzeuges entsprachen. Der Nachweis dafür war durch eine Vorführung des Flugzeuges zu erbringen. Am Wettbewerb durften «deutsche Offiziere auf Flugzeugen der deutschen Heeres- und Marineverwaltung und Flugzeugführer deutscher Reichsangehörigkeit, die aktive Offiziere oder Offiziere des Beurlaubtenstandes sind», teilnehmen. Aber es waren auch Zivilflugzeugführer zugelassen. Diese mußten jedoch von einem der Vereine des «Deutschen Luftfahrer-Verbandes» für die Teilnahme vorgeschlagen worden sein. Als Flugbegleiter durften nur Offiziere mitgenommen werden, die aber von Etappe zu Etappe wechseln durften.

Der Flugwettbewerb war ein Mehretappenflug mit folgender Streckenführung: Wiesbaden – Kassel – Koblenz – Karlsruhe – Stuttgart – Straßburg. An den letzten beiden Tagen gehörten Luftaufklärungsübungen zum Programm. Dazu hieß es in der Ausschreibung: «Die Aufgaben für diese Übungen stellt der Chef des Generalstabes der Armee, General Moltke. Die Bewertung geschieht nach rein militärischen Grundsätzen.»

Unter den teilnehmenden Flugzeugführern aus Johannisthal befanden sich Hellmuth Hirth und Robert Thelen. Wegen Flugzeugschäden fielen sie gleich zu Beginn aus dem Wettbewerb aus.

Frühjahrsflugwoche, 25. Mai bis 1. Juni 1913, Johannisthal

Die Johannisthaler Flugwochen der zurückliegenden Jahre hatten die Flugplatzgesellschaft zu der Erkenntnis geführt, daß das Publikum nicht mehr nur Starts und Landungen zu Fernflügen erleben, sondern den Verlauf motorfliegerischer Wettkämpfe beobachten wollte. Daher faßte der Flugplatzdirektor von Tschudi den Plan, Flugrennen auf dem Platz zu veranstalten. Ähnlich wie auf einer Pferderennbahn ging es darum, Wendemarken zu umrunden, und in diesen Runden, die in 200 Metern Höhe geflogen wurden, die Konkurrenten zu überholen. Diese Neuerung wurde mit der Johannisthaler Frühjahrsflugwoche des Jahres 1913 eingeführt. Im Zusammenhang damit wollte von Tschudi, gleichfalls nach dem Vorbild der Pferderennen, einen Totalisatorbetrieb einführen, damit die Zuschauer Wetten abschließen konnten. In seinen Erinnerungen begründete er diese Absicht, mit der er für die Flugplatzgesellschaft eine weitere Einnahmequelle erschließen wollte, wie folgt: «Warum soll ein Flugplatzpublikum ... moralischer als ein Rennbahnpublikum sein? Das Flugwesen braucht ... die sauer erworbenen Spargroschen ebenso wie der Pferdesport. Also teilen wir!»

Das Bestreben, die Wettbetriebe, bei denen Pferdewetten abgeschlossen wurden, für Flugwetten zu nutzen, scheiterte am entschiedenen Widerstand der Pferderennbahnbesitzer, die wohl fürchteten, daß von Tschudis «Teilen-Wir»-Absicht ihre Einnahmen mindern würde. Für die Schaffung eigener Wettbüros fehlte jedoch der Flugplatzgesellschaft die Kraft.

Aber das erste deutsche Luftrennen fand statt. Es forderte auch sogleich sein Opfer. Beim Training rutschte Gustav Adolf Michaelis beim Umrunden einer Wendemarke mit einer Etrich-Taube der «Sport-Flieger GmbH» in der

159
Am Start zur Frühjahrsflugwoche 1913

160
Anton Baierlein (rechts im Bild) wurde auf einem Otto-Renneindecker der Sieger des Fluges «Rund um Berlin» im August 1913

seinem Flugzeug auf. Der Vorfall ereignete sich vor den Augen Tausender von Zuschauern am 27. Mai. Am 1. Juni erlag der Pilot seinen Verletzungen.
Sieger des Luftrennens wurde Felix Laitsch auf einem LVG-Typ vor Bruno Hanuschke auf seinem Eigenbau-Eindecker. Außer dieser Neuerung, dem Luftrennen, hatten eine Reihe von herkömmlichen Wettbewerben (kürzeste Startstrecke, kürzeste Rollstrecke bei der Landung, Höhen- und Dauerflüge mit und ohne Fluggast) stattgefunden. Insgesamt hatten sich 34 Motorflieger beteiligt.

Mecklenburgischer Rundflug, 21. bis 30. Juni 1913

Nicht nur in Johannisthal ging das Interesse der Zuschauer und der Flieger an Etappenflügen stark zurück. Ein deutliches Zeichen dafür war der «Mecklenburgische Rundflug» im Juni 1913, der nach Flugvorführungen in Lübeck von dort nach Schwerin und wieder zurück nach Lübeck führte. Nur sechs Motorflieger nahmen teil. Drei von ihnen waren aus Johannisthal gekommen: Alois Stiploschek (für die «Jeannin Flugzeugbau GmbH.»), Fritz Cremer (für die «A.H.G. Fokker Aeroplanbau») und Willy Rosenstein (für die «Rumpler-Werke GmbH.»). Es siegte Rosenstein vor Cremer.

Auch in der Folgezeit fanden eine Vielzahl derartiger kleiner Flugveranstaltungen statt, an denen Johannisthaler Flieger teilnahmen und siegten. Da diese von den verschiedenen örtlichen Flugsportvereinen veranstalteten Wettbewerbe für die Entwicklung des Motorfluges in jener Zeit keinerlei neue Akzente mehr setzten, werden sie im folgenden nicht mehr erwähnt.

Bodensee-Wasserflugwettbewerb, 29. Juni bis 5. Juli 1913

Dieser «Bodensee-Wasserflugwettbewerb» wurde eine erfolgreichere Konkurrenz als der Wasserflugmaschinen-Wettbewerb zuvor im Jahre 1912 in Heiligendamm, denn inzwischen hatten mehrere Flugzeugfabriken brauchbare Konstruktionen geschaffen, die nicht nur auf dem Wasser landen, sondern auch dort starten konnten.
Die führende Flugzeugfabrik auf diesem Gebiet waren zu jener Zeit die Albatros-Werke. Hellmuth Hirth, der sich von Rumpler getrennt hatte, steuerte den siegreichen Albatros-Wassereindecker und holte den «Großen Preis vom Bodensee» in Höhe von 25 000 Mark. Den dritten Platz erflog Robert Thelen mit einem Doppeldecker von Albatros. Auch in der Klasse der Sport-Wasserflugzeuge lag Albatros vorn, denn mit einem Sport-Wasser-Eindecker dieser Fabrik belegte Hans Vollmoeller – der ebenfalls von den Rumpler-Werken fortgegangen und ein paar Türen weiter eingestellt worden war – den ersten Platz.

Rund-um-Berlin-Flug, 30. und 31. August 1913, Johannisthal

Anknüpfend an die Flugtage «Rund um Berlin» des Vorjahres veranstaltete die Flugplatzgesellschaft im Jahre 1913 einen gleichen Flugwettbewerb. Und wie im Vorjahr wurde er zu einem großen gesellschaftlichen und flugsportlichen Ereignis, bei dem sich die Zuschauertrassen und Tribünen füllten.
100 000 Mark waren insgesamt als Flugpreise ausgesetzt worden.
Die Flugstrecke war die gleiche wie im Vorjahr. Sieger wurden Anton Baierlein vor Otto Linnekogel und Victor Stoeffler (Bruder des Piloten Ernst Stoeffler, der zur Unterscheidung in Ergebnislisten auch als Stoeffler II geführt wurde).

Herbstflugwoche, 28. September bis 5. Oktober 1913, Johannisthal

Die Johannisthaler Herbstflugwoche des

Jahres 1913 fand mit 34 teilnehmenden Fliegern einen sehr starken Zuspruch. Ein Höhepunkt dieser Flugwoche waren die vier Höhenflug-Weltrekorde mit Passagieren, die Dr. Josef Sablatnig auf einem Union-Pfeil-Doppeldecker (der «Union-Flugzeugwerke», Teltow bei Berlin) flog. Am ersten Tag der Flugwoche erreichte er mit zwei Passagieren eine Höhe von 2040 Metern, am 30. September mit drei Passagieren eine Höhe von 2830 Metern, am 1. Oktober mit vier Passagieren eine Höhe von 2080 Metern und am 4. Oktober mit fünf Passagieren eine Höhe von 890 Metern.

Im Wettbewerb der Gruppe «schwere Eindecker» (Militäreindecker) siegte Felix Laitsch (LVG), in der Gruppe «schwere Doppeldecker» (Militärdoppeldecker) Robert Janisch (LVG). Den Dauerflugwettbewerb gewann Franz Reiterer (Etrich-Taube der «Sport-Flieger GmbH.»).

Kunstflugvorführungen Pégouds, 23. bis 25. Oktober 1913, Johannisthal

In dieser Zeit machte ein Mann von sich reden, den die europäische Presse als «Mann ohne Nerven» bezeichnete: Adolphe Pégoud, Meisterschüler Blériots, des ersten Bezwingers des Ärmelkanals in seinem Eigenbau-Eindecker und späteren Flugzeugfabrikanten. Pégoud war ein wahrer Meister des Looping. Seine Vorführungen in Johannisthal haben eine lange Vorgeschichte, von der hier nur eine Episode herausgegriffen werden soll, weil sie erklärt, daß er als «einzigartig» von der Presse gefeiert wurde und es fertig brachte, ganz allein, nur durch den Ruf, der ihm vorausging, Berlin wieder auf die Beine und nach Johannisthal zu bringen.

Pégoud hatte mit einem Blériot-Eindecker einen Rückenflug ausgeführt. Blériot, der Flugzeugfabrikant, beschloß, die Fähigkeiten Pégouds zu nutzen, um das Kriegsministerium Frankreichs für seine Flugzeugkonstruktion zu interessieren. Es wurde eine Vorführung vereinbart, die Pégoud ausführen und nach der er mit dem Fallschirm aus dem Flugzeug abspringen sollte. Das Flugzeug, das danach abstürzen würde, hätte das Kriegsministerium zu bezahlen. Der Sinn der Vorführung bestand darin, zu belegen, daß der Blériot-Eindecker wegen seiner Manövriereigenschaften ein hervorragendes Luftkampfflugzeug sei und sich der Pilot, selbst wenn dabei sein Flugzeug getroffen würde, gefahrlos mit einem Fallschirm retten könnte. Die vereinbarte Vorführung fand über dem Gelände des Blériot-Flugzeugwerkes statt. Hier ist die Schilderung des Fluges, dem eine Militärkommission zusah:

«Die Maschine rollt an, wird schneller, hebt sich, steigt und scheint den Blicken der untenstehenden Zuschauer entschwinden zu wollen.

Schon kommt sie aber wieder heran. Die Offiziere haben nicht bemerkt, wann und wie sie gewendet hat. Jetzt wird ihnen das über ihren Köpfen in nächster Nähe vorgeführt. Pégoud hat sich gesagt, daß bei einem Flugzeug, wenn es sich um die Längsachse mehr als 45 Grad neigt, Höhen- und Seitenruder ihre Funktionen miteinander vertauschen müssen. Aus dieser Erkenntnis hat er seine Versuche, Steilkurven zu fliegen, aufgebaut. Jetzt zeigt er den hohen Offizieren das Ergebnis. Er gibt Querruder und legt mit der Verwindung der Flügel das Flugzeug auf die Flügelspitze des

161
Die Presse nannte ihn den «Mann ohne Nerven»: Adolphe Pégoud

linken Tragflügels, hält mit dem Seitenruder leicht dagegen und zieht das Höhensteuer an. Ohne auch nur einen Meter zu fallen, wendet die Maschine in ganz kleinem Kreise: eine Flugfigur, die ebeno einfach erscheint, wie ihre Kühnheit verblüfft. ‹Epatant›, ruft General Lyautey aus.

Aber schon wächst ihre Verblüffung zur Begeisterung. Denn der Flieger kommt erneut näher. Er fliegt in etwa 50 Meter Höhe, stößt bis auf 10 Meter herab, als wolle er das Tor des Schuppens einrennen, zieht und steigt steil empor, wendet, stößt wieder herab, legt sich erst auf die rechte, dann auf die linke Seite und fliegt dann eine Wellenlinie derart, daß es aussieht, als wackele das Flugzeug mit dem Schwanz.

Die Herren der Kommission des Kriegsministeriums lachen hell auf. ‹Unerhört! Unglaublich!› Und ähnliche Ausrufe werden laut. Nun aber schraubt sich Adolphe Pégoud in bald weiteren, bald engeren Kurven bis auf etwa 800 Meter Höhe empor. Dann drückt er sein Flugzeug mit gedrosseltem Motor und dreht es über den linken Flügel um die Längsachse ganz langsam auf den Rücken. Er läßt das Höhensteuer los und winkt mit beiden Händen, mit dem Kopf nach unten im Anschnallgurt hängend, herab.

‹Das ist kein Mensch mehr!› sagt Oberst Buat. ‹Das ist ein Held der Nation!›

Wieder dreht sich das Flugzeug – diesmal über den rechten Flügel – und fliegt gleich darauf in normaler Fluglage weiter, als wenn nichts geschehen wäre.

In 500 Meter Höhe kommt Pégoud erneut über den Platz. Er fliegt genau gegen den Wind. Als er über dem anderen Platzende ist, verstummt plötzlich der Motor. Dann löst sich ein Körper aus dem Flugzeug. Die Umstehenden halten den Atem an. Nach wenigen Sekunden, während derer der Mann dort oben wohl an die 100 Meter gefallen sein mag, wird es weiß, größer und größer. Der mitgenommene und beim Herausspringen aufgerissene Fallschirm hat sich entfaltet. In seinen Gurten hängend, gleitet Pégoud zur Erde hernieder ... und landet wohlbehalten, während sein nunmehr unbemanntes Flugzeug in der Ferne zur Erde niedergleitet.»

Dieser Mann also kam im Oktober 1913 nach Johannisthal, um seine Flugkunst vorzuführen. Was sich an einem dieser drei Tage tat, beschreibt anschaulich ein Bericht:

«Die Menschen strömen auf den Bahnsteig. Die Beamten müssen in Anbetracht des Andranges und des Nachdrückens der Masse auf das Lochen der Fahrkarten verzichten und sich mit dem bloßen Vorzei[illegible]

auf Zug fährt nach Johannisthal. Die Stadtbahn ist fortlaufend in höchster Alarmbereitschaft. Aus der näheren und weiteren Umgebung Berlins wird alles verfügbare rollende Material und alles erfaßbare Personal herangeholt. Und doch ist das alles gegenüber diesem Ansturm der Hunderttausende wie ein Tropfen auf den heißen Stein. Bei der Straßenbahn ist es nicht anders bestellt. Die Chausseen und Wege in Richtung Johannisthaler Flugplatz sind schwarz von Menschen. Automobile, Droschken und Pferdekremser kommen gleichermaßen langsam voran – langsamer als die Fußgänger ...
Am schlimmsten geht es auf der Treptower Chaussee (heute: Puschkinallee) zu. An der Endhaltestelle der Straßenbahn sind in aller Eile einige Schutzleute postiert worden, um von Zeit zu Zeit den Menschenstrom und die endlose Kolonne der Fahrzeuge abzustoppen, damit die Fahrgäste der Straßenbahn aussteigen und sich in die unendliche Schlange der Fußgänger einreihen können. Die Wagen selbst sind zum Bersten voll. Müssen die Eisenbahnwagen ihre zwanzig Personen je Abteil fassen, so stehen bei der Straßenbahn die Menschen auf den Trittbrettern und hängen wie die Trauben an den Handgriffen.» (Die Schilderung des Massenandranges nahm in Zeitungen breiten Raum ein; d. Verf.)
«Pégoud fliegt! Er wird seine waghalsigen Kunststücke bei jedem Wetter zeigen. So hat es in den Zeitungen gestanden. Halb Berlin ist unterwegs. Viele Angestellte, deren Chefs hinausgefahren sind, haben kurzerhand ohne Urlaub die Büros verlassen. Was nicht mehr bis in die Nähe des Flugplatzes kommen kann, verweilt auf den sehr bald völlig zertrampelten Feldern. Schier unglaublich und doch Tatsache... Auf den Tribünen des Flugplatzes jedoch blitzen Monokel, schillern Federn auf Frauenhüten im Lichte und fliegen Gesprächsfetzen hin und her. An den Kassen der Flugplatzgesellschaft stauen sich immer noch die Menschen ...
So vergehen die Stunden. Um 4 Uhr nachmittags soll Pégoud fliegen.
Als es endlich soweit ist, kündet ein Trompetenstoß den Beginn der Flugvorführung an. Aus einem der Schuppen gegenüber der Haupttribüne» (das Flugzeug war in der Parseval-Luftschiffhalle der LVG untergestellt und durch eine Barriere vor Neugierigen geschützt; d. Verf.) «tritt der Franzose heraus. Kreuzfeuer der Pressephotographen – Fragen der Berichterstatter. Der vierundzwanzigjährige Pégoud stellt sich bereitwillig hin und gibt liebenswürdige Antworten. Er hat inzwischen längst gelernt, wie so etwas gemacht wird ... Er weiß gut genug, wie viele ihrer sind, die nur deshalb kommen, weil sie die Sensation um jeden Preis wollen und in einem geheimen Kämmerlein ihres Herzens auf das Erlebnis eines Absturzes hoffen. Sie sollen ihren Absturz haben: wie er ihn will. Er wird ihre Nerven bis zur Siedehitze aufkitzeln ...
Er zupft seine weiße Wolljacke zurecht und setzt die Mütze auf ... erklimmt seinen Sitz, läßt die Schraube anwerfen, winkt der Menge zu und startet ...
Was nun kommt, hat Berlin allerdings noch nicht gesehen. Vor einigen Jahren trat im Pariser Zirkus ein Artist auf, der durch die Arena von der Kuppel aus eine Schleifenfahrt machte. Das war eine tolle Sache! Und sie war doch ganz einfach! Denn der Radfahrer hatte nichts zu tun, als bei der freilich rasenden Fahrt genau Spur zu halten. Die Fliehkraft drückte ihn auch in der Rückenlage mit den Rädern fest auf die Bahn. Diese physikalische Erkenntnis hatte Pégoud sich gemerkt. Auf dieser Tatsache baute er auf. Denn im Flug konnte es nicht anders sein, wenn man den Kreis des ‹Looping the Loop›, des Überschlages, eng genug zog.
In weiten Spiralen schraubte sich Adolphe Pégoud bis auf 900 Meter Höhe hinauf. Dann beginnt er. Zuerst stellt er die Maschine auf den Kopf und läßt sie 200 Meter hinabsausen. Dann zieht er sie wieder, jagt steil aufwärts, senkrecht – – –. Den Menschen unten stockt der Atem: Er steigt nicht mehr, sondern steht für die Dauer von Sekunden senkrecht in der Luft! ...
Nun rutscht das Flugzeug rückwärts hinab und kippt dann mit laufendem Motor plötzlich nach vorn über, liegt waagerecht, geht auf den Kopf und wird wieder hochgerissen wie ein ungebärdiges Pferd, das seinen Meister gefunden hat.
Hände klatschen – Beifallsalven –.
Vielen schmerzt das Genick vom ständigen Emporstarren. Aber wieder geschieht etwas, das sie zwingt: Pégoud dreht das Flugzeug über die Flügel auf den Rücken und winkt mit dem Kopfe nach unten aus nunmehr nur noch 400 Meter Höhe herab. Eine ganze Weile fliegt er so. Dann geht er wieder in die normale Lage, läßt den Blériot seitlich abrutschen, fängt ihn in 100 Meter Höhe wieder, macht über den Köpfen der Zuschauer einige Steilkurven, wobei er wieder mit der Hand winkt, geht auf die Adlershofer Seite des Platzes und fegt in nur noch 20 Meter Höhe auf die Tribünen zu. Nicht... weit von ihnen entfernt, drückt er das Flugzeug mit Vollgas bis auf 10 Meter Höhe – immer auf die Haupttribüne zu. ... Aufschreie – Aufstehen – Durcheinanderrennen – – –.»
(Zeitungen schrieben am folgenden Tag: «Frauen wurden gestoßen und schrien, Damen wurden ohnmächtig.»)

162
Gewaltige Zuschauermassen drängten sich zu den Vorführungen Pégouds vor dem Flugplatz Johannisthal

«Aber rechtzeitig reißt Pégoud seine Maschine hoch, steigt steil empor – und das in einer Kurve! ...
Wie von einem Alpdruck befreit, tobt und rast das Publikum Beifall... Adolphe Pégoud landet und kommt unweit der Tribüne zum Stehen. Er steigt aus, wie wenn nichts geschehen wäre. Der erste Schauflug ist beendet. Aber er wird noch einmal fliegen. Wie ein Lauffeuer geht die Kunde durch die Massen. Inzwischen dürfen die Ehrengäste und Mitglieder der Luftfahrtvereine sein Flugzeug besichtigen... Nach einer halben Stunde bittet der Präsident des Aero-Clubs die Besichtigenden, sich wieder auf die Plätze zu begeben, denn Pégoud startet zu seinem zweiten Fluge.
Diesmal zeigt er steile Kurvenflüge, wiederum Sturzflüge, Rückenflug und dann – endlich! – den ‹Looping the Loop›, den Überschlag in der Luft! Er tut es nicht *einmal*, sondern fügt eine Flugfigur nach der anderen zu einer Kette ...
Die ersten Laternen leuchten bereits auf, als sich die Menschen zu verlaufen beginnen. Immer noch spielt Pégoud mit den Lüften und fliegt über die Davoneilenden außerhalb des Platzes hinweg. Dann landet er in der Dämmerung. Das Schaufliegen ist beendet.»
Von Tschudi schrieb in seinen Erinnerungen über die Anziehungskraft des französischen Kunstfliegers: «Pégoud flog an drei Tagen, die Menschenmenge, besonders am Sonntag, war fabelhaft. Rings um den Flugplatz standen in Hunderten von Metern Dicke die Menschen, alles glatttretend und mit Stullenpapier bedeckend...» (Dafür mußte die Flugplatzgesellschaft an den Gemeinderat eine Geldstrafe zahlen.)
Die Berliner Presse war des Lobes voll. Hatte der Mensch einst geträumt, es den Vögeln gleichzutun, so konnte eine illustrierte Berliner Zeitschrift völlig berechtigt ihren Bericht über die Flüge Pégouds unter die Schlagzeile setzen: «Das kann kein Vogel!»
Franz Tolinski, der Fliegerwirt aus der Friedrichstraße (heute: Winckelmannstraße), der alle und alles auf dem Flugplatz kannte, erinnerte sich in einem späteren Zeitungsinterview: «Das können Sie sich nicht ... vorstellen, was hier in Johannisthal los war: Himmel und Menschen. Die Laubenkolonisten haben hier ringsum Kanzeln gebaut, wie sie die Jäger haben. Darauf hockten die Berliner, weil auf den Flugplatz keine Maus mehr hinauf konnte.» Und dann gab Tolinski ein Geheimnis preis, das Licht in eine Sache brachte, die dem Verfasser dieser Zeilen eine zeitlang Kopfzerbrechen bereitet hatte. Es hatten nämlich alte Johannisthaler Bürger aus dieser und jener Schublade die eine oder andere Postkarte mit dem Bildnis und Autogramm Pégouds hervorgeholt. Voller Stolz, selbstverständlich, eine handsignierte Erinnerung an jenen Meister des Kunstfluges zu besitzen. Kopfzerbrechen machten aber gerade diese Autogramme, denn die handschriftlichen Namenszüge wichen, wie der Vergleich ergab, deutlich voneinander ab. Das eben klärte sich durch das Zeitungsinterview mit Franz Tolinski auf, der sagte: «Es war gar nicht sein Autogramm, das er gab. Er hatte vier Bordmechaniker, die mußten nur immer ‹Pégoud› schreiben.» Pro Stück für eine Mark wurden sie an die Besucher verkauft. «Sie können es glauben oder nicht glauben: Mit 180000 Mark ist Pégoud hier abgefahren.»
In große Verlegenheit geriet übrigens das preußische Militär durch das Auftreten Pégouds in Johannisthal. Es schickte sich offenbar nicht, daß preußische Uniformierte einem Franzosen ihre Bewunderung offenbarten. Andererseits wollte man ihn unbedingt sehen. So lösten die Militärs das Problem auf besondere Weise. Sie kamen alle wie gewohnt nach Johannisthal – aber in Zivil. Die Leutnante wie die Generale.
Im März 1914 kam Pégoud noch einmal nach Johannisthal – und wieder strömten die Berliner hinaus, um ihn zu sehen. Inzwischen hatte Hans Grade in seiner Werkstatt in Bork ein Kunstflugzeug gebaut, das nach oben hin ein zweites Fahrgestell trug, so daß es notfalls möglich war, auch im Rückenflug zu landen. Ihrem französischen Lehrmeister Pégoud folgend, führten im Jahre 1914 die Grade-Schüler

163
Letzte Startvorbereitungen zum großen Kunstflug

164
Pégoud hielt sein Versprechen:
Auch bei regnerischem Wetter
führte er seine waghalsigen Kunstflüge aus

Gustav Tweer und Fritz Jahn sowie – ebenfalls auf dem Grade-Kunstflugzeug – Walter Cüppers aufsehenerregende Kunstflüge aus. Der erste Looping mit einem Doppeldecker gelang in Deutschland dem Albatros-Flieger Leo Roth. Zum kühnsten und beliebtesten deutschen Kunstflieger vor dem ersten Weltkrieg aber entwickelte sich der Holländer Anthony Fokker, der seine Kapriolen in der Luft auf einem Eigenbau-Eindecker zuerst in Johannisthal und danach in mehreren Orten Deutschlands mit großem Erfolg vorführte.

Prinz-Heinrich-Flug, 17. bis 25. Mai 1914

Der zweite «Prinz-Heinrich-Flug» fand im wesentlichen unter den gleichen militärischen Bedingungen statt wie der erste. Der Zuverlässigkeitswettbewerb führte über die Etappen Darmstadt–Frankfurt (Main)–Hamburg und Köln. Außerdem standen eine strategische und eine taktische Luftaufklärungsübung auf dem Programm. Wesentlich höher als beim ersten Flug dieser Art waren vor allem die fliegerischen Anforderungen, denn es wurden Tagesflugleistungen von fast 1000 Kilometern verlangt.

Auf Flugzeugen der Heeresverwaltung nahmen 17 preußische und drei bayerische Offiziere teil. Außerdem waren etliche Zivilflieger beteiligt, unter ihnen vier Johannisthaler: Felix Laitsch (LVG), Max Schüler (Ago), Alfred Friedrich (Rumpler), Robert Thelen (Albatros).

Diese Flugveranstaltung wurde von schweren Unfällen überschattet, sie forderte das Leben von vier Militärfliegern im Offiziersrang. Größer noch war die Anzahl der Verletzten. Zum ersten Mal konnten sich die Johannisthaler Zivilflieger nicht gegen die Militärflieger durchsetzen, sie landeten auf hinteren Plätzen und erhielten Trostpreise.

165
Gustav Tweer
mit seinem Grade-Kunstflugzeug (1914), das notfalls in der Rückenlage gelandet werden konnte (ein solcher Landungsversuch ist allerdings nie bekannt geworden)

Bodensee-Wasserflug-Wettbewerb, 24. Mai 1914

Der zweite «Bodensee-Wasserflug-Wettbewerb» sah nur sechs Teilnehmer am Start. Prominentester unter ihnen war Hellmuth Hirth, der mit einer Flugzeit von 28 Minuten auf einem Albatros-Doppeldecker den Schnelligkeitswettbewerb gewann. Da wegen anhaltenden wolkenbruchartigen Regens keine weiteren Wettbewerbe ausgetragen wurden, sprach die Jury den Sieg Hellmuth Hirth zu.

Dreieckflug, 30. Mai bis 5. Juni 1914

Obwohl die Johannisthaler Flugplatzgesellschaft eigentlich keine Etappenflüge mehr veranstalten oder mitveranstalten wollte, setzten sich Fabrikanteninteressen dennoch

166
Titelseite des Programmheftes zum «Dreieckflug» 1914

Tabelle 18
Motorflugrekorde,
die von Johannisthaler Fliegern
aufgestellt wurden (Auswahl)

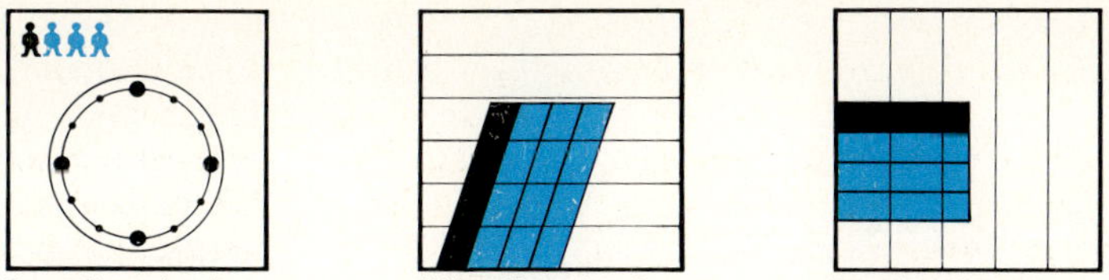

Dauerflugrekord mit Passagieranzahl (blau) — Höhenflugrekord mit Passagieranzahl (blau) — Streckenflugrekord mit Passagieranzahl (blau)

Datum	Flieger	Rekordklasse und Leistung	Datum	Flieger	Rekordklasse und Leistung	Datum	Flieger	Rekordklasse und Leistung
27.9.**1910**	Emil Jeannin	2h 24 min	1.10.1911	Alfred Pietschker	730 m	2.9.1913	Robert Gsell	3h 11 min
15.10.1910	Eugen Wiencziers	1 560 m	8.12.1911	Josef Suvelack	4h 34 min	28.10.1913	Felix Laitsch	9h 23min
7.12.1910	Simon Brunnhuber	5 km	25.1.**1912**	Karl Grulich	1h 35min	11.2.**1914**	Robert Thelen	2 850 m
9.6.**1911**	Georg Schendel	1 680 m	19.6.1912	Hellmuth Hirth	2 604 m	20.3.1914	Robert Thelen	3 700 m
20.6.1911	Hellmuth Hirth	2 200 m	7.11.1912	Ellery von Gorrissen	23 min	24.3. 1914	Otto Linnekogel	5500 m
29.6.1911	Hellmuth Hirth	225 km	5.12.1912	Alfred Friedrich	5h10 min	9.7.1914	Otto Linnekogel	6 560 m
1.10.1911	Alfred Pietschker	2h 19 min	31.7.**1913**	Otto Linnekogel	4 180 m	10./11.7.1914	Reinhold Boehm	24 h 10 min

durch. Am 30. Mai wurde der «Dreieckflug» Johannisthal–Leipzig–Dresden über neun Flugetappen gestartet (das Dreieck wurde dreimal umflogen).
Neben deutschen Fliegern durften auch ausländische Piloten teilnehmen, allerdings unter der Bedingung, daß sie seit dem 1. Januar 1914 bei deutschen Flugzeugbesitzern angestellt waren. Und was die Flugzeuge betraf, so mußten sie – ebenso wie die verwendeten Motoren – deutschen Ursprungs sein. Das war neu, denn bislang durften auch ausländische Motoren verwendet werden. Der «Dreieckflug» war also ein Vergleichsfliegen der Muster deutscher Flugzeug- und Flugmotorenfabrikanten – vor allem ein Motorenwettbewerb, denn aus einer eigens dafür aufgestellten Formel wurden die Motorenleistungen berechnet und mitbewertet. Das heißt: Aus dem Hubvolumen der Zylinder, und zwar getrennt nach Umlauf- und Standmotoren, wurde die Motorenleistung errechnet – und aus dieser die Flugzeitvorgabe.
Es siegte der Johannisthaler Max Schüler auf einem Renndoppeldecker der «Deutschen Flugzeug-Werke» Leipzig-Lindenthal mit einem 160-PS-Benz-Motor. Zweiter Sieger wurde Robert Janisch auf einem LVG-Eindecker mit einem Umlaufmotor der «Oberursel-Motorenwerke».
Bemerkenswert ist, daß im Ergebnis des «Dreieckfluges», der eine Woche lang die Städte Berlin, Leipzig und Dresden verband und ohne Unfälle verlief, der Gedanke entstand, einen planmäßigen Luftverkehr von Johannisthal aus zu anderen Städten einzurichten. Ganz gewiß wäre diese Idee noch im Jahre 1914 verwirklicht worden, wenn nicht der Beginn des ersten Weltkrieges die gesamte deutsche Flugzeugproduktion auf Kriegszwecke konzentriert hätte. Deshalb begann der planmäßige Passagier-Luftverkehr in Johannisthal erst nach Kriegsende.

167
Aufstellung der am «Dreieckflug» beteiligten Flugzeuge vor dem Beginn des Wettbewerbes

Ostsee-Wasserflug-Wettbewerb, August 1914, Warnemünde

Dieser Wasserflug-Wettbewerb, für den die Vorbereitungen Ende Juli abgeschlossen waren und am 30. Juli bereits Probeflüge stattfanden, wurde wegen des Ausbruchs des ersten Weltkrieges nicht gestartet. Unter den Seeflugzeugen befand sich erstmals ein

168
Mit diesem DFW-Doppeldecker siegte Max Schüler auf dem Dreieck Johannisthal–Leipzig–Dresden (links)

Doppeldecker der Rumpler-Werke. Auch das gerade fertiggestellte Melli-Beese-Flugboot sollte hier starten.
Am Tage des Kriegsausbruchs wurden 26 Wasserflugzeuge verschiedener Konstruktionen, die startbereit in Warnemünde lagen, von der Marineverwaltung übernommen.

*

In die Zusammenstellung wurden, wie erwähnt, nicht alle Motorflugwettbewerbe der Zeit vor dem ersten Weltkrieg aufgenommen, sondern nur die bedeutenden, und zwar, sofern sich Johannisthaler Flieger daran beteiligten. An allen bedeutenden Vorkriegsflugveranstaltungen waren aber Flieger aus Johannisthal beteiligt. In fast allen Wettbewerben siegten sie, und zwar mit Konstruktionen Johannisthaler Werke.
Daraus läßt sich ableiten, daß die entscheidenden Impulse für die fliegerische und flugzeugtechnische Entwicklung des Motorfluges in Deutschland vom Flugplatz Johannisthal ausgingen. Allein 16 von 32 Motorfluggroßveranstaltungen fanden in Johannisthal statt oder gingen von diesem Flugplatz aus, darunter der größte deutsche Motorflugwettbewerb jener Jahre, der «Deutsche Rundflug» des Jahres 1911.
Andererseits wirkten diese Motorflugveranstaltungen und ihre zunehmende Ausrichtung auf militärfliegerische Zielsetzungen auch auf Johannisthal zurück. Im Jahre 1913, wie der Flugplatzdirektor von Tschudi in einer Bestandsaufnahme feststellte, betrug die Anzahl der wirklich zuverlässig fliegenden deutschen Flugzeugmuster bereits 30. Sie wurden von 25 Flugzeugherstellern gebaut, von denen 20 ihren Sitz in Johannisthal hatten. Diese dominierende Stellung Johannisthals in den Anfangsjahren des deutschen Motorfluges erklärt die Anziehungskraft, die dieser Flugplatz auf alle Interessenten ausübte: die Zuschauer und die Flugschüler, die Flieger und Konstrukteure, die Fabrikanten und die Kapitalanlagewilligen, das Militär und die Käufer von Flugzeugen aus vielen Ländern der Welt. Um dies nur an den Letztgenannten zu illustrieren: Allein in den Jahren 1913 und 1914 besuchten den Flugplatz «Seine Königliche Hoheit» Prinz Heinrich von Preußen, Großadmiral von Tirpitz, der Kommandeur der österreichischen Fliegertruppe, «Seine Königliche Hoheit» Prinz Sigismund, «Seine Königliche Hoheit» Prinzregent Ludwig von Bayern, «Ihre Kaiserliche Hoheit» die Kronprinzessin, die Kriegsschule Neiße, die Kriegsschule Glogau, die russische Gesandtschaft, «Seine Königliche Hoheit» Prinz Rupprecht von Bayern, die dänischen Prinzen Axel und Aage, die argentinische Sondergesandtschaft, Offiziere des italienischen Kriegsministeriums, die Offiziere der Kriegsakademie, Kriegsminister von Falkenhayn, die Kriegsschule Anklam, die Kriegsschule Potsdam, der Präsident des argentinischen Aero-Clubs, eine schweizerische Kommission zum Studium der Luftfahrt, Prinz Stephan von Schaumburg, Prinz Reuß und Prinzessin von Schönaich-Carolath, eine japanische Militärkommission, eine türkische Militärkommission, eine österreichische Kommission zum Studium der Luftfahrt, der französische Gesandte, eine chinesische Militärkommission, der Erbprinz von Hohenzollern, der Erbprinz von Rumänien, eine bayerische Militärkommission …
Nach Johannisthal kamen viele der damals international bekanntesten Flieger wie Louis Blériot, Henry Farman und Adolphe Pégoud, herausragende Flugzeugkonstrukteure sowie Flugschüler, Flugzeugführer und Fluglehrer aus vielen europäischen Ländern, unter ihnen Eugénie Schakowskoy, Ljuba Galanschikoff, Wssewolod Abramowitsch und Elias Dunetz (Rußland), Radul Milkoff (Bulgarien), Rubin Wecsler (Rumänien), Bozéna Lagler (Tschechoslowakei), Gabriel Poulain, Charles Boutard, Anselm Marchal und René Freindt (Frankreich), Robert Gsell, Albert Rupp, Gordian Hoesli und A. Jucker (Schweiz), Karl Illner, Alois Stiploschek, Josef Sablatnig und Lilly Steinschneider (Österreich), Albert Colombo (Italien), Anthony Herman Gerard Fokker und Bernhard de Waal (Holland) sowie Orla Arntzen (Dänemark).
Ausstrahlung und Anziehung bewirkten einander. Der Flugplatz Johannisthal war vor dem ersten Weltkrieg eines der bedeutenden Zentren des Motorfluges in Europa.
Besonders angezogen wurden die Zuschauer, vor allem aus Berlin. Die Johannisthaler Flugplatzgesellschaft, die wiederholt wegen der relativ hohen Eintrittspreise öffentlich angegriffen worden war, hat alle möglichen Statistiken geführt und publiziert – von täglichen Startzahlen bis zur Anzahl der im Flugbetrieb erheblich beschädigten Flugzeuge. Nie aber hat sie eine Zuschauerstatistik an die Öffentlichkeit gelangen lassen, damit die Höhe der Einnahmen der Flugplatzaktionäre nicht bekannt wird. Daher sind wir zwar auf Schätzungen angewiesen, aber unter Zugrundelegung der bekannt gewordenen Zuschauerzahlen für die einzelnen Flugveranstaltungen sowie der Eintrittspreise kann angenommen werden, daß die Flugplatzgesellschaft von Anfang 1910 bis Mitte 1914 mindestens zwei Millionen Mark allein durch Eintrittsgelder vereinnahmt hat.

Ganz allmählich begann die Militarisierung des Motorfluges auch im Rahmen von Flugwettbewerben. Im Bild: Bombenzielflugwettbewerb in Johannisthal – als Ziel diente eine Luftschiffattrappe. Derartige Übungen bildeten an manchen anderen Orten das Hauptprogramm, beispielsweise beim «Aeroplan-Turnier Gotha» vom 16. bis 18. August 1913

Ein Kapitel Flugzeugabstürze

Die Dichte des Flugbetriebes in Johannisthal nahm in den Vorkriegsjahren unentwegt zu. Dies ist bereits im Kapitel «Fliegerschulen und Flugzeugführerausbildung» am Beispiel der starken Zunahme von Flugzeugstarts statistisch belegt worden. Je mehr aus den Flugapparaten Flugzeuge wurden und dadurch nicht mehr nur bei Windstille, sondern bei nahezu allen Wetterlagen gestartet werden konnte, desto pausenloser wurde geflogen und desto mehr Flugzeuge befanden sich in der Luft: Schulungsflüge, Übungsflüge, Prüfungsflüge, Erprobungsflüge, Passagierflüge, Vorführungsflüge, Rekordflüge ...
Noch mehr und noch größere Benzinlager mußte die Flugplatzgesellschaft in der Nähe des «neuen» und des «alten Startplatzes» einrichten, um den nahezu ununterbrochenen Flugbetrieb zu ermöglichen, der sich schließlich nicht nur über den Tag hinweg, sondern

seit dem Jahre 1913 auch in die Nacht hinein ausdehnte.
Waren es anfangs die unreifen Flugzeugkonstruktionen und die mangelnde Beherrschung der Flugapparate, die zu Flugunfällen führten, so wurde allmählich die Dichte des Flugbetriebes zu einer permanenten Gefahr für die Flieger, denn es kam zu Zusammenstößen in der Luft, sogar schon beim Start. Auch Überschätzung eigener Fähigkeiten oder dessen, was man dem Flugzeug zutrauen konnte, fiel ins Gewicht.
Die Zunahme der Flugzeugabstürze in Deutschland mit tödlichem Ausgang wird in der Tabelle 19 dargestellt.
Johannisthal war der Flugplatz mit der höchsten Anzahl der Todesopfer im Vergleich zu jedem anderen deutschen Fluggelände. Er war auch der Flugplatz mit der höchsten Anzahl der Flugzeugunfälle überhaupt, von

169
Flugunfälle gehörten mit zunehmender Flugdichte zum Johannisthaler Fliegeralltag; diese Havarie endete mit nur geringen Verletzungen (oben)

170
Benno König blieb mit einem seiner Flugschüler im Gestänge eines Zeltes hängen (1911); es gab keinen Personenschaden

denen die meisten glimpflich ausgingen. Für die Zeit von Januar 1911 (für einen früheren Zeitraum waren keine statistischen Angaben darüber zu ermitteln) bis zur Jahresmitte 1914 wurde in Tabelle 19 die Anzahl der in Johannisthal bei Havarien aller Art, meist beim Start oder bei der Landung, erheblich beschädigten Flugzeuge aufgenommen.
Insgesamt also 333 Flugzeughavarien in diesem Zeitraum. Wie viele leichte und schwere Verletzungen dabei entstanden, ist nicht exakt feststellbar. Jedoch gibt die Sanitätsstatistik des Flugplatzes, die nur für das erste Halbjahr 1914 veröffentlicht wurde, eine Vorstellung über das Verhältnis von Flugzeughavarien und Verletzten (ebenfalls Tabelle 19). Das ergibt ein Verhältnis von rund 60 Prozent Verletzten zur Anzahl der durch Havarien erheblich beschädigten Flugzeuge. Wenn dieses Verhältnis hypothetisch für den Zeitraum seit Januar 1911 zugrundegelegt wird, dann könnten bei 333 erheblich beschädigten Flugzeugen 200 Leicht- und Schwerverletzte angenommen werden. Diese Anzahl erscheint nach der Durchsicht der vielfältigen Unfallschilderungen aus Johannisthal real, wobei Angaben oder Annahmen über das Flugjahr 1910 noch nicht enthalten sind, denn für dieses Jahr sind außer der Anzahl der Todesopfer keine kompletten Havarieangaben bekannt.
Einige Abstürze im Flugraum von Johannisthal-Adlershof sind in vorangegangenen Kapiteln bereits geschildert worden und sollen hier nicht durch weitere Beschreibungen dieser tragischen Vorgänge erweitert werden, obwohl für jeden dieser Fälle Berichte überliefert sind.
Die Johannisthaler Todesliste – sofern sie Flugzeugabstürze vor dem ersten Weltkrieg betrifft – ist in Tabelle 20 wiedergegeben worden.
Die Johannisthaler Fliegertoten wurden zumeist auf dem Rudower Friedhof beigesetzt und zuvor jeweils in der Friedrichstraße auf einer Holzpritsche in der Pumpstation aufgebahrt (heute: VEB Wasserversorgung und Abwasserbehandlung,

Tabelle 19
Flugzeugunfälle
im damaligen Deutschland

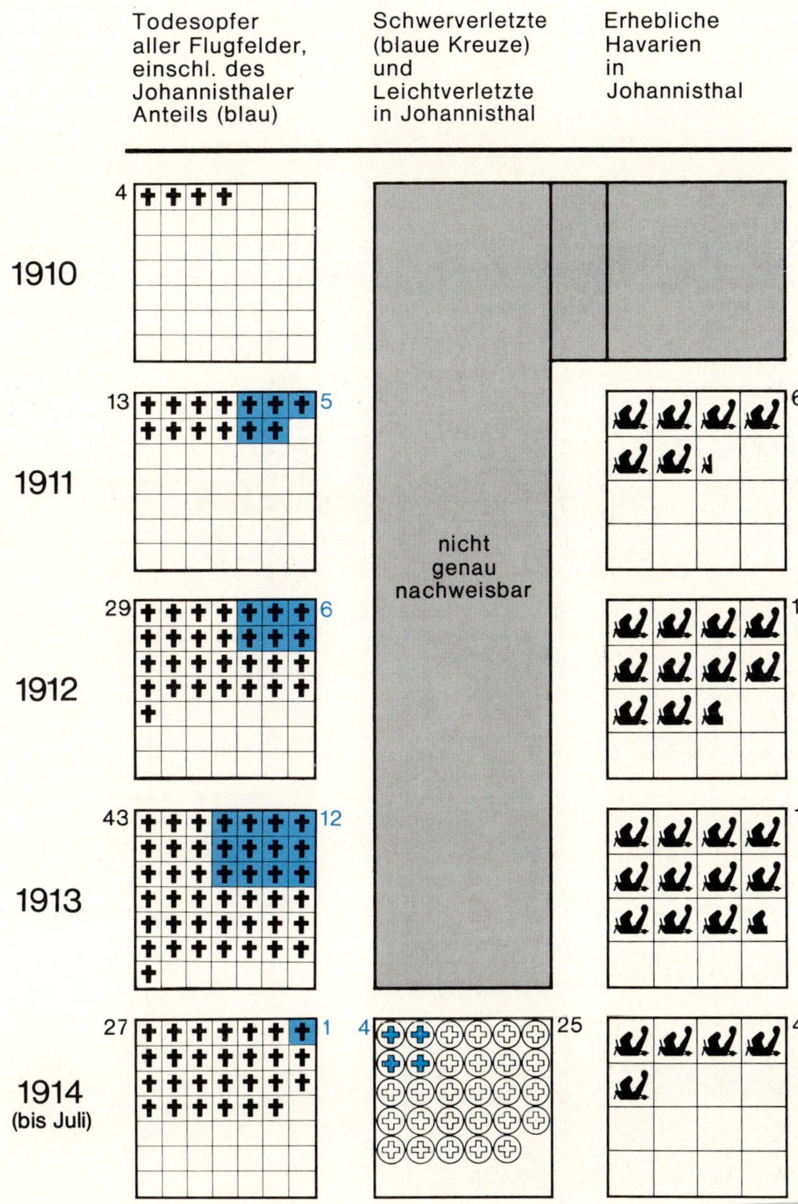

Pumpwerk Johannisthal, Winckelmannstr. 36).
Als häufigste Ursachen für Flugzeugabstürze mit tödlichem Ausgang wurden in jenen Jahren angegeben: Schäden des Flugzeuges im Fluge (darunter Tragflächenbrüche im Kurvenflug); Versagen des Motors oder des Ketten-Propellerantriebs im Fluge; Absturz infolge zu geringer Fluggeschwindigkeit; Zusammenstoß mit Gebäuden, Masten oder mit anderen Flugzeugen meist nach dem Start oder vor der Landung.
Die Flugzeugbeschädigungen mit oft leichten aber auch teils schweren Verletzungen von Flugzeugführern und Passagieren hatten folgende Ursachen: Unebenheiten (Kaninchenlöcher) oder loser Sandboden in der Rollstrecke bei Start oder Landung; Notlandungen im hindernisreichen Gelände; zu heftiges Aufsetzen des Flugzeuges bei der Landung; Überziehen des Flugzeuges beim Start.

Als unfallbegünstigend muß erwähnt werden, daß viele Piloten der ersten fliegenden Kisten nicht einmal einen stabilen Sitz hatten. Oft saßen sie auf einem Korbstuhl oder auf einer umgestülpten Gemüsekiste. Sie waren auch nicht angeschnallt, weshalb es oft vorkam, daß die Flieger bei Notlandungen – mitunter sogar in der Luft – aus dem Flugzeug geschleudert wurden. Ein Umstand, der Verletzungen begünstigte, war zudem die oft primitive Holzbauweise von Eigenkonstruktionen. Dadurch kam es häufig vor, daß ein Flugapparat bei einem Unfall seinen Lenker in den Trümmern begrub oder die Splitter ihn durchbohrten.
Die rasche Zunahme der Flugzeugunfälle führte schließlich zu einer «Platzordnung für den Flugplatz Johannisthal, gültig vom 1. Juni 1912 ab». Es ist das Verdienst Georg von Tschudis, als erster in Deutschland Flugplatzregeln erarbeitet und eingeführt zu haben. Diese Flugplatzordnung enthielt 26 Bestimmungen. Auf dieser Grundlage schuf der «Verein Deutscher Flugplätze», in dem von Tschudi eine einflußreiche Rolle spielte, noch im selben Jahr eine Flugplatzordnung, die 24 Bestimmungen enthielt und ab 1913 Gültigkeit erhielt. Diese Ordnung reichte vom Verbot, unbefugt die Flugbahn zu betreten und dem strikten Untersagen «des freien Umherlaufens von Hunden auf dem Flugplatz-

Tabelle 20
Liste der in Johannisthal vor dem ersten Weltkrieg tödlich verunglückten Flieger
(ein zweites Datum unter dem Namen bedeutet, daß Absturztag und Todestag nicht identisch waren)

1911	Hans Bockemüller	11. Mai 1911	*Absturz mit Poulain-Eindecker*
	Georg Schendel / Voß (Monteur)	9. Juni 1911	*Absturz mit Dorner-Eindecker*
	Paul Engelhard	29. Sept. 1911	*Absturz mit Wright-Zweidecker*
	Alfred Pietschker	15. Nov 1911	*Absturz mit Pietschker-Eindecker*
1912	Albert Schmidt	*15. Februar 1912* / 16. Februar 1912	*Absturz mit Deutschland-Zweidecker*
	Gordian Hoesli	1. Mai 1912	*Absturz mit Goedecker-Eindecker*
	Hans Pachmayer	7. Mai 1912	*Absturz mit Haefelin-Eindecker*
	von Schlichting	26. Mai 1912	*Absturz mit Fokker-Eindecker*
	Ernst Alig / Karl Liebau	6. Oktober 1912	*Absturz mit Kühlstein-Eindecker*
1913	Elias Dunetz	24. April 1913	*Absturz mit LVG-Eindecker*
	Wssewolod Abramowitsch	*24. April 1913* / 25. April 1913	*Absturz mit Wright-Zweidecker*
	A. Jucker (14. Mai 1913) / Dietrich (Flugschüler)	*14. Mai 1913* / 23. Mai 1913	*Absturz mit LVG-Zweidecker*
	Gustav Adolf Michaelis	*27. Mai 1913* / 1. Juni 1913	*Absturz mit Etrich-Taube*
	Hans Reimar Krastel / Gerbitz (Werkmeister)	19. Juni 1913	*Absturz mit Baumann-Freytag-Zweidecker*
	Rudolf Hölscher	4. Juli 1913	*Absturz mit AFG-Zweidecker*
	Christoph Broocks	*3. August 1913* / 4. August 1913	*Absturz mit Jeannin-Taube*
	Dr. Oskar Ringe	9. September 1913	*Absturz mit Fokker-Eindecker*
	Felix Schulz	26. Sept. 1913	*Absturz mit Court-Eindecker*
	Richard Remus	29. Oktober 1913	*Absturz mit Ago-Zweidecker*
1914	Kurt Degner	10. Februar 1914	*Absturz mit Etrich-Taube*

gelände» bis zum Rauchverbot in den Flugzeugschuppen. Für die Sicherheit des Flugbetriebes und der Zuschauer waren besonders folgende Bestimmungen von Bedeutung:
«8. Die Flugrichtung wird, abgesehen von Flügen für das Zeugnis» (gemeint sind Flüge für die Erlangung der Flugzeugführerberechtigung; d. Verf.) «durch den zuerst Aufsteigenden angegeben.
9. Beim Start ist ein Abstand (in der Flugrichtung) von mindestens 300 m und ein Zwischenraum (seitlich) von mindestens 100 m zu halten; der Start darf nicht quer zur Flugrichtung erfolgen, sondern hat sich der allgemeinen Flugrichtung anzupassen ...
10. Im Fluge ist stets eine Entfernung von mindestens 100 m zwischen den Flugzeugen zu halten.

171
Paul Engelhard
stürzte am 29. September 1911 tödlich ab

172
Raymund Eyring,
ein Johannisthaler Flugzeugführer,
stürzte am 9. September 1911 auf dem
Fluggelände Weil bei Stuttgart in den Tod
(oben rechts)

173
Kisten, Küchenhocker und Korbstühle
(wie im rechten Bild) als Flugzeugführersitze
begünstigten Havarien
vor allem bei Starts und bei Landungen

174
Tödlicher Absturz:
Thaddäus Robl wurde am 18. Juni 1910
im damaligen Stettin das erste Opfer
des deutschen Motorfluges

11. Entgegenkommende oder überholende Flugzeuge haben unter Wahrung des Abstandes von 100 m rechts auszuweichen ...
16. Das Überfliegen der Schranken zwischen Flugbahn und Zuschauerplätzen und der Flugplatzgrenzen ist den Flugschülern verboten.
17. Das Fliegen in der Dunkelheit ist nur nach vorheriger Anzeige an den Platzmeister statthaft.
18. Das Überfliegen größerer Menschenansammlungen ist verboten.»

Später trat eine zusätzliche Regelung in Kraft, und zwar eine «Flugordnung, gültig vom 1. Januar 1914 ab». Diese Ordnung umfaßte 18 Paragraphen.
Wesentliche Neuerungen waren:
«§ 1. Die Aufsicht über den Flugbetrieb liegt in den Händen der Flugleiter. Ihren Anordnungen und denen der in ihrem Auftrage amtierenden Platzmeister ist unbedingt Folge zu leisten.
§ 3. Von Schülern geführte Flugzeuge sind außerdem dadurch kenntlich zu machen, daß am Flugzeuge zwei rote Flaggen oder Wimpel geführt werden.
§ 14. Durch Auslegen eines langen roten, weiß eingefaßten Stoffstreifens an einem Starthaus wird der Befehl zum allgemeinen baldigsten Landen gegeben.»

Mit dieser «Flugordnung» wurden auch strengere Strafen eingeführt. Während bislang Geldstrafen in einer Höhe von 5 Mark wegen Verstoßes gegen die Flugplatzordnung möglich waren, enthielt die neue Ordnung folgende Bestimmung: «Verstöße gegen die

175
Der Sieger der Berliner Herbstflugwoche 1911, Siemens-Neffe Alfred Pietschker, kam kurze Zeit später bei einem Probeflug ums Leben

Dichtung und Wahrheit über Pietschkers Absturz

Um manchen der tödlich abgestürzten Flieger des schweren Anfangs sind später Legenden gewoben, manche Katastrophen nachträglich willkürlich interpretiert worden. So wurde Alfred Pietschker, den am 15. November 1911 der Fliegertod ereilte, nachdem er mit einem Eindecker eigener Konstruktion gestartet war, später von einigen Publizisten angedichtet, er habe freiwillig den Tod gesucht, weil sich Melli Beese nicht für ihn, sondern für Charles Boutard entschieden hatte.
Daran ist lediglich richtig, daß Pietschker zu Melli Beeses Verehrern gehörte und zwischen beiden eine auf dem ganzen Flugplatz bekannte Freundschaft bestand. Erfunden hingegen sind die Histörchen vom «Todessturz aus Liebeskummer». Der nachfolgende Augenzeugenbericht, der am selben Tage in einer Berliner Abendzeitung erschien, weist darauf hin, daß Pietschker im gefährlichen Kurvenflug die Beherrschung über seinen Eindecker verlor, und belegt, daß er sich danach intensiv darum bemühte, das Flugzeug wieder in seine Gewalt zu bekommen. Demnach hat er nicht den Tod gesucht, sondern um sein Leben gekämpft.
Unter der Überschrift «Todessturz des Fliegers Pietschker in Johannisthal» heißt es in dem Zeitungsbericht: «Über den Todessturz Pietschkers gibt ein Telephonist des Flugplatzes, der sich nur etwa 20 Meter von der Unfallstelle entfernt befand, folgende Darstellung: Pietschker beschrieb eine äußerst gefährliche enge Kurve, wobei der Apparat in einem Winkel von etwa 60 Grad lag, und ein Sturz schien mir unvermeidlich. Der Flieger machte die größten Anstrengungen, um den Apparat wieder aufzurichten, denn es war deutlich zu erkennen, daß er die Verwindung heftig betätigte. Für einen Augenblick schien es so, als wolle sich das Flugzeug auch tatsächlich wieder aufrichten, doch machte der Eindecker auf der Höhe der Hügeltribüne plötzlich eine zweite fast rechtwinklige Kurve und stürzte darauf seitlich aus etwa 25 bis 30 Meter Höhe ab. Pietschker war sofort tot.»
Beachtenswert ist die «äußerst gefährliche enge Kurve», mit der das Unglück begann. Pietschker galt als glänzender Flieger auf Doppeldeckern. Seine Erfahrungen mit Eindekkern aber waren noch gering. Offenbar hatte er seine Konstruktion überfordert, als er mit ihr eine seiner bekannten waghalsigen Kurvenflüge ausführen wollte, wie er sie auf Doppeldeckern brillant beherrschte. Darüber schrieb Melli Beese: «Eine gewisse Berühmtheit hatten seine eigenartigen Kurven erlangt. ‹Kurve› ist wohl kaum das rechte Wort dafür, eher müßte man Schwenkung sagen. Durch gleichzeitige, schroffe Betätigung des Seitensteuers und der Gegenverwindung drehte er seine Maschine wie auf einem Teller in die neue Richtung...»
Die letzte dieser «eigenartigen Kurven» ist ihm zum Verhängnis geworden.

176
Elias Dunetz stürzte am 24. April 1913 tödlich ab

177
Das Dunetz-Flugzeug nach dem Unfall (unten links)

178
Pressemeldung zum Dunetz-Absturz (unten rechts)

Flugregeln, die Flugordnung und die Platzordnung werden vom Deutschen Luftfahrer-Verbande geahndet durch Geldstrafe bis 500 Mark, Lizenzentziehung auf Zeit oder Dauer, Zeugnisentziehung auf Zeit oder Dauer.»

Es kann als sicher angenommen werden, daß es durch diese strengeren Bestimmungen, die mit der neuen Flugordnung eingeführt wurden, und durch die zunehmende Einflußnahme des «Bundes Deutscher Flugzeugführer», der insbesondere auf dem Flugplatz Johannisthal beispielhaft energisch für mehr Sicherheit im Flugbetrieb eintrat, zu erklären ist, warum während des ersten Halbjahres 1914 in Johannisthal erfreulicherweise nur noch ein Todesopfer zu beklagen war, obwohl die Flugdichte größer war als je zuvor. Ein gewisser Druck auf die Johannisthaler

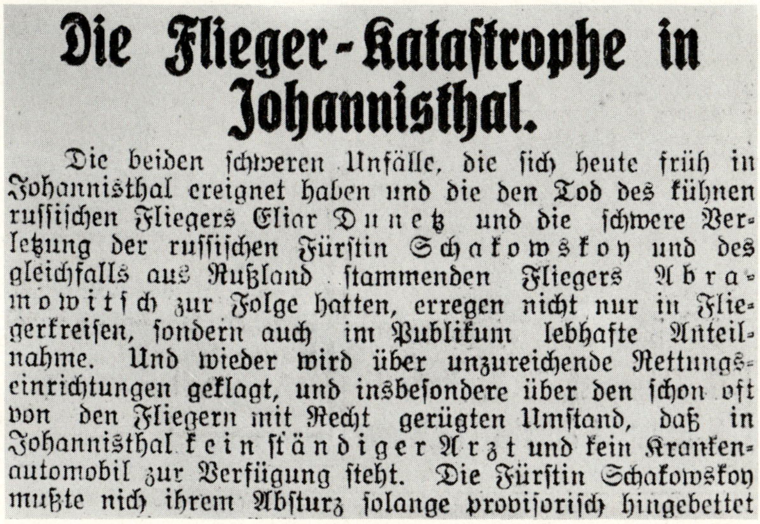

Die Flieger-Katastrophe in Johannisthal.

Die beiden schweren Unfälle, die sich heute früh in Johannisthal ereignet haben und die den Tod des kühnen russischen Fliegers Eliar Dunetz und die schwere Verletzung der russischen Fürstin Schakowskoy und des gleichfalls aus Rußland stammenden Fliegers Abramowitsch zur Folge hatten, erregen nicht nur in Fliegerkreisen, sondern auch im Publikum lebhafte Anteilnahme. Und wieder wird über unzureichende Rettungseinrichtungen geklagt, und insbesondere über den schon oft von den Fliegern mit Recht gerügten Umstand, daß in Johannisthal kein ständiger Arzt und kein Krankenautomobil zur Verfügung steht. Die Fürstin Schakowskoy mußte nich ihrem Absturz solange provisorisch hingebettet

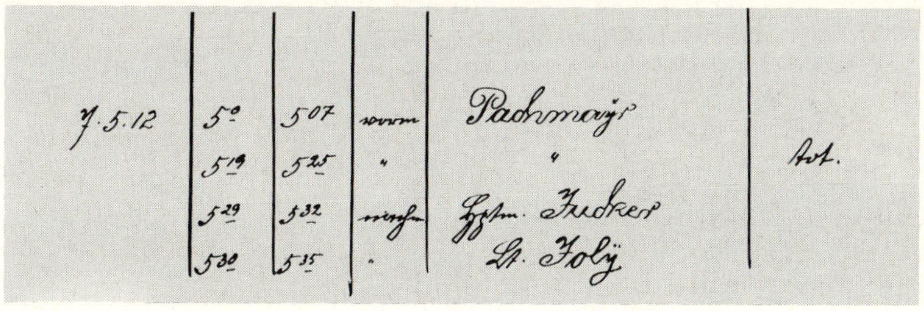

7.5.12	5⁰	5⁰⁷	vorm.	Pachmayr	
	5¹⁹	5²⁵	"	"	tot.
	5²⁹	5³²	nachm.	Leutn. Zucker	
	5³⁰	5³⁵	"	Lt. Joly	

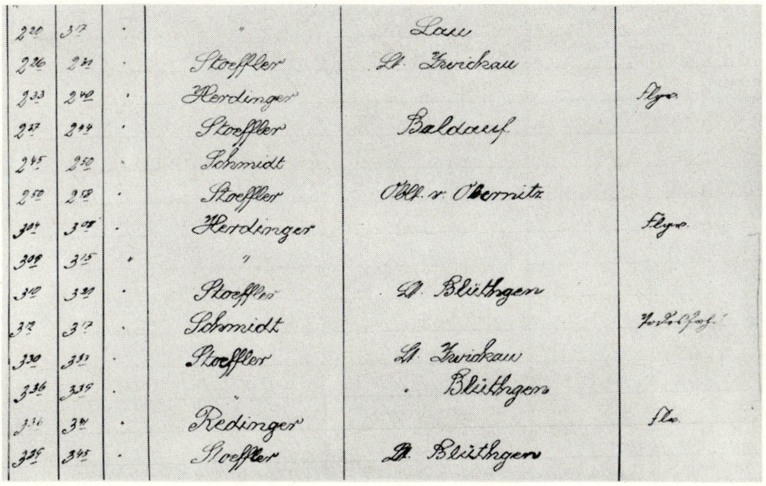

2.20	3.?	·		Lau	
2.26	2.??	·	Stoeffler	Lt. Zwickau	
2.33	2.40	·	Herdinger		Flgz.
2.37	2.44	·	Stoeffler	Baldauf	
2.45	2.50	·	Schmidt		
2.50	2.5?	·	Stoeffler	Obl. v. Oberritz	
3.0?	3.0?	·	Herdinger		Flgz.
3.09	3.15	·	"		
3.10	3.20	·	Stoeffler	Lt. Blüthgen	
3.12	3.17	·	Schmidt		Todesfahrt
3.??	3.??	·	Stoeffler	Lt. Zwickau	
3.26	3.??	·		Blüthgen	
3.??	3.??	·	Redinger		Flz.
3.35	3.45	·	Stoeffler	Lt. Blüthgen	

179
Eintragung im Johannisthaler Hauptflugbuch über den Absturz des Fliegers Hans Pachmayer am 7. Mai 1912: «(Flugbeginn) 5.19, (Flugende) 5.25 (vorm.), Pachmayer, tot»

180
Eintragung im Hauptflugbuch über den Absturz des Fliegers Albert Schmidt am 15. Februar 1912: «(Flugbeginn) 3.12, (Flugende) 3.17 (vorm.), Schmidt, Todesfahrt»

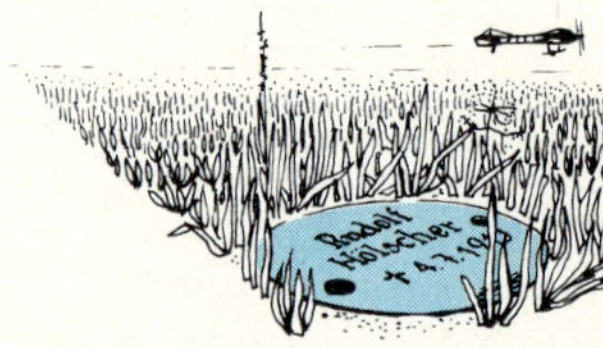

Vor dem ersten Weltkrieg erhielten Flieger, die auf dem Fluggelände tödlich abgestürzt waren, von ihren Kameraden eine ebenso ungewöhnliche wie bescheidene Gedenkstätte. An der Absturzstelle wurde ein Holzpflock in den Boden versenkt und darauf zu ebener Erde ein Blechschild in Konservendeckelgröße befestigt, in das Name und Todestag des bzw. der Abgestürzten sowie das zum letzten Flug verwendete Flugzeugmuster eingeschlagen waren. Eine derartige Inschrift lautete beispielsweise:

Rudolf Hölscher † 4. 7. 13 auf AFG-Zweidecker

Diese Gedenkstellen verteilten sich Augenzeugenberichten zufolge über den ganzen Flugplatz.

Flugplatzgesellschaft, die neue «Flugordnung» durchzusetzen, wurde auch von den Militärdienststellen ausgeübt. Nachdem am 10. Februar 1914 der Flieger Kurt Degner infolge eines Flugzeugzusammenstoßes tödlich verunglückt war, verbot, wie die Zeitschrift «Die Luftflotte» meldete, das Kriegsministerium «für die Offiziere ein weiteres Starten in Johannisthal, bis Vorkehrungen seitens der Flugplatzverwaltung getroffen sind, die derartige Unfälle ausschließen». Dieses Verbot hatte nur den Charakter einer Warnung, denn schon nach einer Woche hob die Inspektion der Fliegertruppen das Flugverbot für Offiziere wieder auf.

Übrigens standen seinerzeit Fliegerwitze hoch im Kurs, und sie machten auch um die Flugzeughavarien keinen Bogen, über die fast täglich in den Zeitungen mehrere Schlagzeilen und Schilderungen zu finden waren. Fragte beispielsweise ein wißbegieriger Flugschüler seinen Lehrer: In wieviel Teile zerfällt eigentlich ein Flugzeug? Und die Antwort des Erfahrenen: Das kommt ganz darauf an, wie man es hinsetzt.

181
Havarie des Flugschülers Christoph Broocks am 3. August 1913 (er starb am nächsten Tag an den Folgen schwerer Verbrennungen)

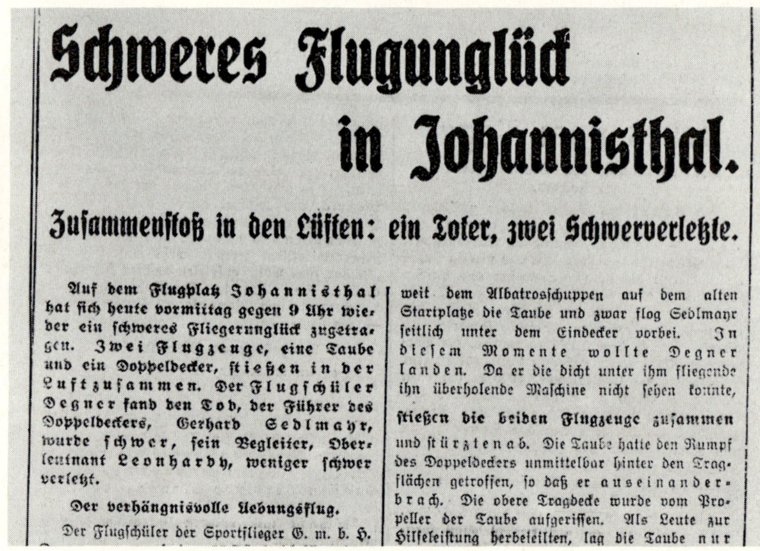

Schweres Flugunglück in Johannisthal.

Zusammenstoß in den Lüften: ein Toter, zwei Schwerverletzte.

Auf dem Flugplatz Johannisthal hat sich heute vormittag gegen 9 Uhr wieder ein schweres Fliegerunglück zugetragen. Zwei Flugzeuge, eine Taube und ein Doppeldecker, stießen in der Luft zusammen. Der Flugschüler Degner fand den Tod, der Führer des Doppeldeckers, Gerhard Sedlmayr, wurde schwer, sein Begleiter, Oberleutnant Leonhardy, weniger schwer verletzt.

Der verhängnisvolle Uebungsflug.

Der Flugschüler der Sportflieger G. m. b. H. …

… weit dem Albatrosschuppen auf dem alten Startplatze die Taube und zwar flog Sedlmayr seitlich unter dem Eindecker vorbei. In diesem Momente wollte Degner landen. Da er die dicht unter ihm fliegende ihn überholende Maschine nicht sehen konnte,

stießen die beiden Flugzeuge zusammen

und stürzten ab. Die Taube hatte den Rumpf des Doppeldeckers unmittelbar hinter den Tragflächen getroffen, so daß er auseinanderbrach. Die obere Tragdecke wurde vom Propeller der Taube aufgerissen. Als Leute zur Hilfeleistung herbeieilten, lag die Taube nur

182
Mit zunehmender Flugdichte häuften sich Zusammenstöße in der Luft (rechts)

Luftschiffe über Johannisthal

Bereits im Mai 1909 wollte Graf Zeppelin mit seinem Luftschiff «Z II» (es war für die Verwendung im Heer gebaut und gerade in der Werft am Bodensee fertiggestellt worden) nach Berlin kommen. Er gelangte aber nur bis Bitterfeld und kehrte wieder um. Das rief, wie aus damaligen Berichten hervorgeht, «in der Reichshauptstadt große Enttäuschung hervor». Und die Öffentlichkeit erfuhr: «Der Kaiser selbst sandte ein Telegramm an den Grafen, in welchem er mitteilte, daß die Umkehr des Luftschiffes ihn, seine Familie und ganz Berlin tief geschmerzt habe.»
Nun wird Berlin deswegen sicher keine Schmerzen empfunden haben, aber sehen wollten die Berliner ein Zeppelin-Luftschiff durchaus, von dem in der deutschen Presse zu jener Zeit mehr zu lesen war als von Versuchen mit Flugapparaten. Zeppelin kündigte nach Erhalt des Telegramms an, daß er hoffe, sich «in sechs Wochen mit dem hergestellten Luftschiff bei Ew. Majestät melden zu können». Beim Rückflug hatte er nämlich bei Göppingen notlanden müssen, auf einem Feld, und dabei war die Bugspitze an dem einzigen Birnenbaum zertrümmert worden, der dort weit und breit stand. Trotz baldiger Reparatur löste Zeppelin aber seine telegrafisch gegebene Zusage nicht ein. Statt dessen führte er das Luftschiff «Z II» am 30. Juli nach Frankfurt (Main) zur «Internationalen Luftschiffahrt-Ausstellung» (ILA).
Erst Ende August 1909 rüstete Zeppelin zu einem erneuten Versuch, vom Bodensee nach Berlin zu gelangen, diesmal mit dem gerade fertiggestellten und erprobten Luftschiff «LZ 6». Am 28. August sollte das Luftschiff in Berlin eintreffen. Die Berliner Presse brachte die Stadt mit Berichten und Extrablättern in Aufregung. Zehntausende belagerten das Tempelhofer Feld, Tausende von ihnen waren eigens zu diesem Ereignis mit Sonderzügen nach Berlin gekommen. Aber der Graf Zeppelin hatte es nicht so eilig. Unterwegs ließ er sich bei Zwischenlandungen feiern und mit dem Lied «Deutschland, Deutschland über alles, über alles in der Welt!» huldigen. Mit einem Tag Verspätung, am 29. August, um 10.45 Uhr, näherte sich das Luftschiff dem Tempelhofer Feld. Aber – es landete dort nicht!» «LZ 6» überflog das Berliner Häusermeer, zeigte sich ausgiebig über dem Zentrum und landete schließlich kurz nach 13 Uhr am entgegengesetzten Ende Berlins, im Norden, in Tegel. Dort wurde Graf Zeppelin vom Kaiser in Empfang genommen. Noch in der folgenden Nacht setzte sich das Luftschiff wieder in Richtung Friedrichshafen am Bodensee in Bewegung. «LZ 6» war das erste Luftschiff über Berlin – rund drei Wochen vor der Eröffnung des Flugplatzes Johannisthal.
Dabei wollte eigentlich die «Luft-Fahrzeug-Gesellschaft mbH.» (LFG), Tochtergesellschaft der «Motorluftschiff-Studiengesellschaft», die mit finanzieller Beteiligung des deutschen Kaisers arbeitete, das erste Luftschiff über Berlin zeigen. Die LFG sah nämlich ihre Hauptaufgabe bis zum Jahre 1909, als sie die deutschen Nachbau- und Vertriebsrechte für den Wright-Flugapparat kaufte und dazu die «Flugmaschine Wright GmbH.» gründete, im Bau unstarrer Luftschiffe des Parseval-Systems. Aber das Parseval-Luftschiff war erst ab dem Frühsommer 1910 über Berlin zu sehen, nachdem dafür in Johannisthal eine Luftschiffhalle gebaut worden war und Arthur Müller das Parseval-Luftschiff «P. L. VI» angekauft hatte. Müller setzte, wie bereits dargestellt, dieses Luftschiff für Reklamefahrten über dem nächtlichen Berlin ein. In damaligen Berichten war darüber zu lesen: «Eine Neuheit selbst für Berlin war der Gedanke, das Luftschiff in den Dienst der Reklame zu stellen. Allabendlich kreuzte ein Parseval über der

183
Ein lange erwartetes Ereignis:
Das erste Luftschiff (Zeppelin «LZ 6»)
am 29. August 1909 über Berlin

184
«LZ 6» über dem Berliner Stadtzentrum

185
Das Parseval-Luftschiff «P. L. VI»
des Arthur-Müller-Unternehmens in Johannisthal,
umkreist von einer Rumpler-Taube.
Die helle Fläche am Luftschiff diente Werbetexten
und wurde bei nächtlichen Fahrten aus der Gondel
mit Scheinwerfern angestrahlt

186
Inserat aus dem Jahre 1911
als Einladung zur Besichtigung von Luftschiffen,
aber für Arbeiterfamilien unerschwinglich
(im Berlin des Jahres 1910 erhielt beispielsweise
ein Kohlentransportarbeiter einen Stundenlohn von 43 Pfennigen)

Lichtschrift erstrahlten allerhand Schlagworte des Marktes, wie wir sie auch vielfach an Häusern vorfinden, wo sie dann, umschlungen von Lichtketten, auftauchen und verschwinden. Wie ein Riesenlampion schimmerte ‹P. L. VI› hoch über den Straßen ...»
Bald setzte der geschäftstüchtige Arthur Müller das Luftschiff für Passagierfahrten ein, zunächst in die Umgebung von Berlin, später nach Kiel, Altona, Dresden, Gotha, München ... Und als das Jahr 1910 zu Ende ging, hatte das Parseval-Luftschiff in Johannisthal zahlungskräftige Passagiere für eine ganz außergewöhnliche Silvesterfeier an Bord genommen. Darüber konnte man lesen: «Am Silvesterabend sah man ‹P. L. VI› gleich einem phosphoreszierenden Nachtvogel hoch über den Straßen von Berlin schweben, und die vielen Tausende von Menschen, die das alte Jahr zu Grabe trugen und bei Gesang und Becherklirren das neue begrüßten, erhielten zum erstenmal in ihrem Leben einen Neujahrsglückwunsch aus der Luft. Ein Scheinwerfer, der in der Gondel angebracht war, warf die in Riesenlettern gefertigte Inschrift ‹Prosit Neujahr› auf den unteren Teil der Ballonhülle. Selbstverständlich erwiderten die Leute in den Straßen den Silvestergruß mit so brausendem Jubel, daß man in der Gondel die Antwort sicherlich gehört hat.» Das war kein billiges Vergnügen, denn eine nur einstündige Passagierfahrt ohne jeglichen Bordservice kostete den Fluggast der «P. L. VI» damals 55 Mark.
Im Jahre 1911 hatte auch die «Luftschiffbau Zeppelin GmbH.» in Johannisthal eine 160 Meter lange Luftschiffhalle für zwei Zeppelin-Luftschiffe errichten lassen, und zwar direkt neben der 80 Meter langen Parseval-Halle, unmittelbar dort, wo die Köpenicker Straße in Johannisthal auf den Flugplatz stößt. Die Zeppelin-Halle wurde von der «Deutschen Luftschiffahrts-Aktiengesellschaft» (Delag) genutzt, die am 16. November 1909 mit einem Aktienkapital von 3 Millionen Mark als Tochtergesellschaft der «Luftschiffbau Zeppelin GmbH» gegründet worden war und die sich damit die erste Luftverkehrsgesellschaft der Welt nennen konnte.
Zeppelins Delag kaufte im Jahre 1910 von Zeppelins Luftschiffbauwerft ihr erstes Luftschiff, die LZ 7 «Deutschland». Doch es wurde schon zehn Tage nach der Übernahme zerstört, als es mit Pressevertretern an Bord in den Bäumen des Teutoburger Waldes strandete. Aus den Trümmern dieses Luftschiffes entstand LZ 8 «Deutschland II». Aber schon bei der ersten Ausfahrt kollidierte LZ 8 mit der Luftschiffhalle in Düsseldorf. Nach der Wiederherstellung wurde es bei der folgenden Ausfahrt vom Wind auf das Hallendach geworfen und mußte schließlich abgewrackt werden. Das nächste Delag-Luftschiff war LZ 10 «Schwaben». Es hatte eine Länge von 140 Metern und ging am 26. Juni 1910 auf seine erste Fahrt. Im September und

187
Interessentenwerbung des Arthur-Müller-Unternehmens für Fahrten mit dem Parseval-Luftschiff

193
10.19 Uhr, «L 2» in 200 Metern Höhe:
Im vorderen Teil des Luftschiffes entsteht Rauchentwicklung zwischen Motorengondel und Ballonhülle (oberes Bild)

194
Sekunden später:
Das Luftschiff stürzt brennend zur Erde, es befindet sich nur noch in etwa 40 Metern Höhe (unten)

192
Extrablatt,
unverzüglich nach der ersten Absturzmeldung gedruckt und in Berlin auf den Straßen verteilt

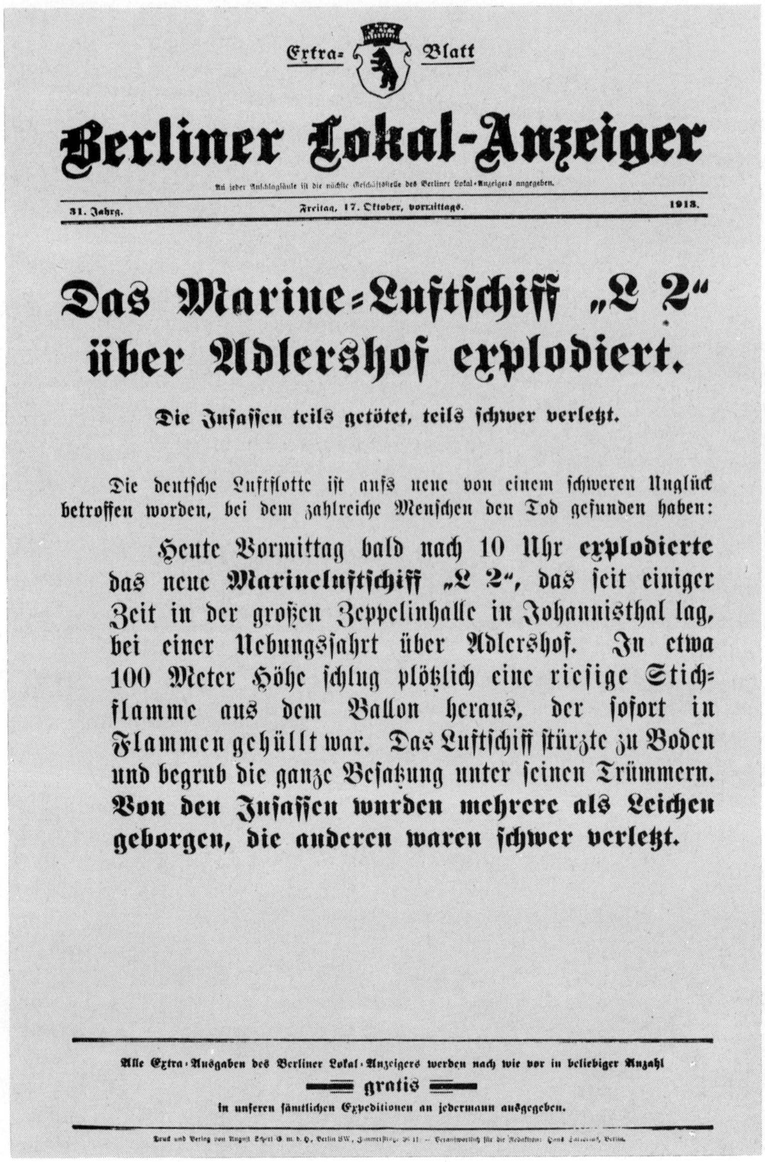

Extra-Blatt

Berliner Lokal-Anzeiger

An jeder Anschlagsäule ist die nächste Geschäftsstelle des Berliner Lokal-Anzeigers angegeben.

31. Jahrg. Freitag, 17. Oktober, vormittags. 1913.

Das Marine-Luftschiff „L 2" über Adlershof explodiert.

Die Insassen teils getötet, teils schwer verletzt.

Die deutsche Luftflotte ist aufs neue von einem schweren Unglück betroffen worden, bei dem zahlreiche Menschen den Tod gefunden haben:

Heute Vormittag bald nach 10 Uhr **explodierte** das neue **Marineluftschiff „L 2"**, das seit einiger Zeit in der großen Zeppelinhalle in Johannisthal lag, bei einer Uebungsfahrt über Adlershof. In etwa 100 Meter Höhe schlug plötzlich eine riesige Stichflamme aus dem Ballon heraus, der sofort in Flammen gehüllt war. Das Luftschiff stürzte zu Boden und begrub die ganze Besatzung unter seinen Trümmern. **Von den Insassen wurden mehrere als Leichen geborgen, die anderen waren schwer verletzt.**

Alle Extra-Ausgaben des Berliner Lokal-Anzeigers werden nach wie vor in beliebiger Anzahl
gratis
in unseren sämtlichen Expeditionen an jedermann ausgegeben.

Druck und Verlag von August Scherl G. m. b. H., Berlin SW, Zimmerstraße [illegible]. — Verantwortlich für die Redaktion: Hans [illegible], Berlin.

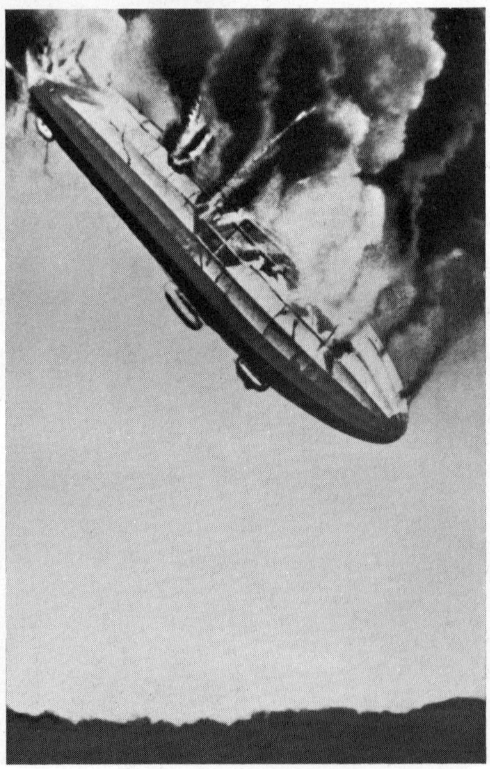

187
Interessentenwerbung des Arthur-Müller-Unternehmens für Fahrten mit dem Parseval-Luftschiff

Lichtschrift erstrahlten allerhand Schlagworte des Marktes, wie wir sie auch vielfach an Häusern vorfinden, wo sie dann, umschlungen von Lichtketten, auftauchen und verschwinden. Wie ein Riesenlampion schimmerte ‹P. L. VI› hoch über den Straßen ...»
Bald setzte der geschäftstüchtige Arthur

Müller das Luftschiff für Passagierfahrten ein, zunächst in die Umgebung von Berlin, später nach Kiel, Altona, Dresden, Gotha, München ... Und als das Jahr 1910 zu Ende ging, hatte das Parseval-Luftschiff in Johannisthal zahlungskräftige Passagiere für eine ganz außergewöhnliche Silvesterfeier an Bord genommen. Darüber konnte man lesen: «Am Silvesterabend sah man ‹P. L. VI› gleich einem phosphoreszierenden Nachtvogel hoch über den Straßen von Berlin schweben, und die vielen Tausende von Menschen, die das alte Jahr zu Grabe trugen und bei Gesang und Becherklirren das neue begrüßten, erhielten zum erstenmal in ihrem Leben einen Neujahrsglückwunsch aus der Luft. Ein Scheinwerfer, der in der Gondel angebracht war, warf die in Riesenlettern gefertigte Inschrift ‹Prosit Neujahr› auf den unteren Teil der Ballonhülle. Selbstverständlich erwiderten die Leute in den Straßen den Silvestergruß mit so brausendem Jubel, daß man in der Gondel die Antwort sicherlich gehört hat.» Das war kein billiges Vergnügen, denn eine nur einstündige Passagierfahrt ohne jeglichen Bordservice kostete den Fluggast der «P. L. VI» damals 55 Mark.
Im Jahre 1911 hatte auch die «Luftschiffbau Zeppelin GmbH.» in Johannisthal eine 160 Meter lange Luftschiffhalle für zwei Zeppelin-Luftschiffe errichten lassen, und zwar direkt neben der 80 Meter langen Parseval-Halle, unmittelbar dort, wo die Köpenicker Straße in Johannisthal auf den Flugplatz stößt. Die Zeppelin-Halle wurde von der «Deutschen Luftschiffahrts-Aktiengesellschaft» (Delag) genutzt, die am 16. November 1909 mit einem Aktienkapital von 3 Millionen Mark als Tochtergesellschaft der «Luftschiffbau Zeppelin GmbH» gegründet worden war und die sich damit die erste Luftverkehrsgesellschaft der Welt nennen konnte.
Zeppelins Delag kaufte im Jahre 1910 von Zeppelins Luftschiffbauwerft ihr erstes Luftschiff, die LZ 7 «Deutschland». Doch es wurde schon zehn Tage nach der Übernahme zerstört, als es mit Pressevertretern an Bord in den Bäumen des Teutoburger Waldes strandete. Aus den Trümmern dieses Luftschiffes entstand LZ 8 «Deutschland II». Aber schon bei der ersten Ausfahrt kollidierte LZ 8 mit der Luftschiffhalle in Düsseldorf. Nach der Wiederherstellung wurde es bei der folgenden Ausfahrt vom Wind auf das Hallendach geworfen und mußte schließlich abgewrackt werden. Das nächste Delag-Luft-

im Oktober des gleichen Jahres legte es zwei Fahrten nach Berlin zurück und wurde nach dem zweiten Eintreffen in Berlin in der neuen Zeppelinhalle in Johannisthal untergebracht. Von hier aus unternahm die «Schwaben» insgesamt 234 erfolgreiche Passagierfahrten mit insgesamt 4354 Fluggästen. Nach einer Lebensdauer von zwei Jahren brannte die «Schwaben» am 28. Juli 1912 auf dem Ankerplatz in Düsseldorf völlig aus. In der Folgezeit war die Johannisthaler Zeppelin-Halle die Unterkunft sowohl für die Delag-Luftschiffe LZ 11 «Viktoria Luise», LZ 13 «Hansa» und LZ 17 «Sachsen», wenn sie auf ihren Passagierfahrten in Johannisthal zwischenlandeten. Aber diese Halle war auch – wie bereits erwähnt, bot sie zwei Luftschiffen Platz – der Standort eines Marineluftschiffes, zunächst zum Zwecke der Abnahme durch eine Kommission des Reichsmarineamtes, später zur Ausbildung von Marineluftschiffern.

Die Marine erhielt ihr erstes Luftschiff – «L 1» – im Oktober 1912. Es wurde nach einer 34stündigen Versuchsfahrt in Johannisthal stationiert. Ein Jahr später, am 9. September 1913, verunglückte «L 1» während einer Ausbildungsfahrt in der Nordsee bei Helgoland. Fast die gesamte Besatzung kam ums Leben. Im selben Monat wurde «L 2» fertiggestellt und sofort nach Johannisthal gebracht, wo es den Hallenplatz seines Vorgängers einnahm. Wenige Wochen später, am 17. Oktober 1913, sollte es nach einer Probefahrt durch die Marine übernommen werden. Diese Fahrt wurde zu der größten Katastrophe der Vorkriegszeit in der Johannisthaler Flugplatzgeschichte, an die sich einige Johannisthaler Bürger, die das furchtbare Ereignis als Kinder erlebten, nur mit Grausen erinnern.

Es geschah während des Unterrichts in der Knabenschule in der Friedrichstraße (heute: Polytechnische Oberschule «Maxim Gorki», Winckelmannstraße). Inmitten der Unterrichtsstunde ereignete sich in der Nähe lautstark eine Explosion, die Scheiben klirren ließ. Die erschrockenen Kinder sprangen zum Fenster, sahen ein brennendes Luftschiff zur Erde stürzen. Menschen liefen erregt schreiend an der Schule vorbei. Die Schüler

188
Ein Schütte-Lanz-Luftschiff wird in Johannisthal aus der Zeppelin-Halle gezogen (1912)

189
Das Zeppelin-Luftschiff «Schwaben» über der Haupttribüne

liefen wie von Sinnen aus dem Schulhaus, unfähig, auf ermahnende Rufe des Lehrers zu hören, eilten, so rasch sie konnten, zur Absturzstelle, fanden kein Luftschiff mehr vor, sondern verbogenes, in sich verflochtenes, glühendes Metallgestänge und weit herum verstreute Fetzen der Luftschiffverkleidung. Und Menschen, die sich auf diese Reste stürzten, um sie «als Erinnerung» fortzuschaffen. Die Nachricht vom Absturz des Luftschiffes drang in Windeseile nach Berlin und zog Tausende von Sensationshungrigen zu den Trümmern, die auf einem Feld in der südsüdwestlichen Richtung außerhalb des Flugplatzes lagen (Bild 198).
In der folgenden Morgenausgabe veröffentlichte der «Berliner Lokal-Anzeiger» einen Situationsbericht, in dem es hieß: «Die Aufräumungsarbeiten an der Rudower Chaussee, wo die zerschmetterten Überreste des ‹L 2› liegen und von einer nach Tausende zählenden Menge umlagert sind, gestalten sich außerordentlich schwierig. Die Unglücksstelle bietet ein einziges großes Trümmerfeld, dessen trostloser Anblick kaum zu beschreiben ist. Eine Abteilung Pioniere war noch in später Abendstunde damit beschäftigt, das Chaos zu entwirren. Mit Beilen, Meißeln und Stahlsägen werden die traurigen Reste des Aluminiumgerüstes voneinander getrennt. Wo diese Instrumente nicht ausreichen, müssen Sauerstoffgebläse den Rest der Arbeit tun. An den scharfen Metall-Teilen verletzen sich vielfach die Soldaten ... Die gesamten

190
Das Delag-Luftschiff LZ 13 «Hansa» beim Aufstieg in Johannisthal

191
Das Zeppelin-Luftschiff «L 2» am 17. Oktober 1913 um 10 Uhr vormittags vor dem Aufstieg zur Probefahrt

193
10.19 Uhr, «L 2» in 200 Metern Höhe:
Im vorderen Teil des Luftschiffes entsteht Rauchentwicklung zwischen Motorengondel und Ballonhülle (oberes Bild)

194
Sekunden später:
Das Luftschiff stürzt brennend zur Erde,
es befindet sich nur noch in etwa 40 Metern Höhe (unten)

192
Extrablatt,
unverzüglich nach der ersten Absturzmeldung gedruckt
und in Berlin auf den Straßen verteilt

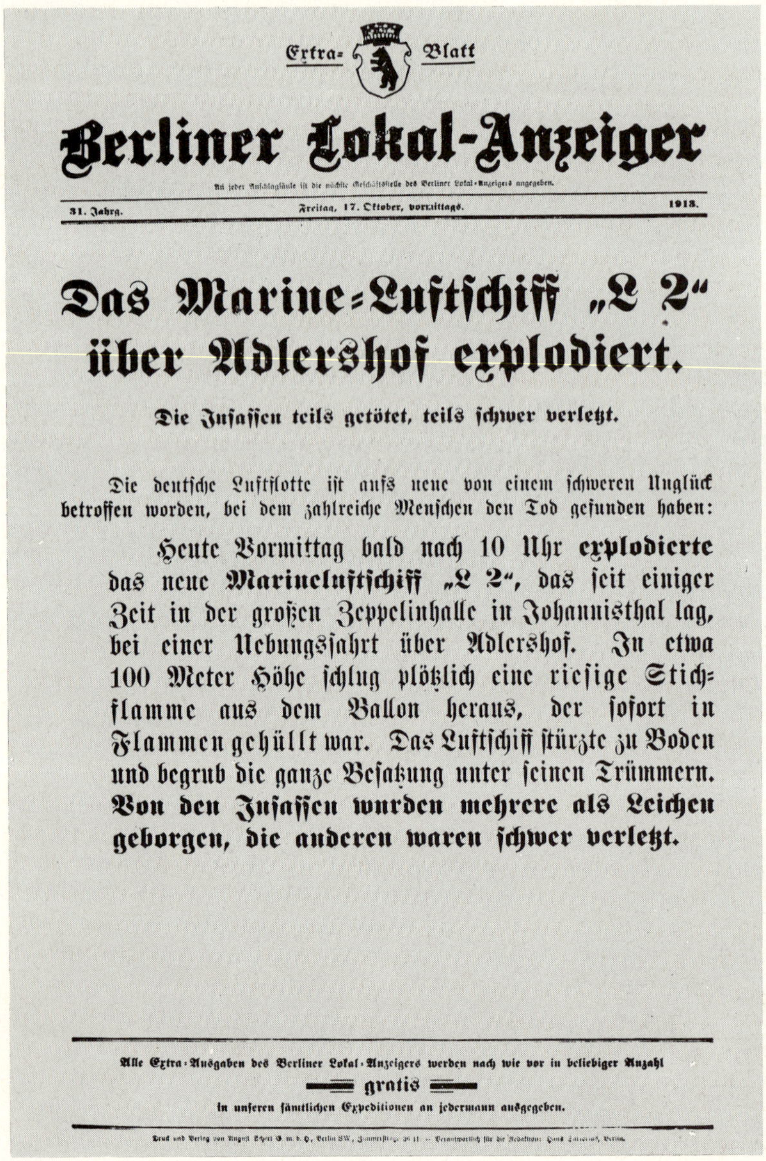

Extra-Blatt

Berliner Lokal-Anzeiger

An jeder Anschlagsäule ist die nächste Geschäftsstelle des Berliner Lokal-Anzeigers angegeben.

31. Jahrg. Freitag, 17. Oktober, vormittags. 1913.

Das Marine-Luftschiff „L 2“ über Adlershof explodiert.

Die Insassen teils getötet, teils schwer verletzt.

Die deutsche Luftflotte ist aufs neue von einem schweren Unglück betroffen worden, bei dem zahlreiche Menschen den Tod gefunden haben:

Heute Vormittag bald nach 10 Uhr **explodierte** das neue **Marineluftschiff „L 2“**, das seit einiger Zeit in der großen Zeppelinhalle in Johannisthal lag, bei einer Uebungsfahrt über Adlershof. In etwa 100 Meter Höhe schlug plötzlich eine riesige Stichflamme aus dem Ballon heraus, der sofort in Flammen gehüllt war. Das Luftschiff stürzte zu Boden und begrub die ganze Besatzung unter seinen Trümmern. **Von den Insassen wurden mehrere als Leichen geborgen, die anderen waren schwer verletzt.**

Alle Extra-Ausgaben des Berliner Lokal-Anzeigers werden nach wie vor in beliebiger Anzahl

gratis

in unseren sämtlichen Expeditionen an jedermann ausgegeben.

Druck und Verlag von August Scherl G. m. b. H., Berlin SW, [illegible] — Verantwortlich für die Redaktion: [illegible], Berlin.

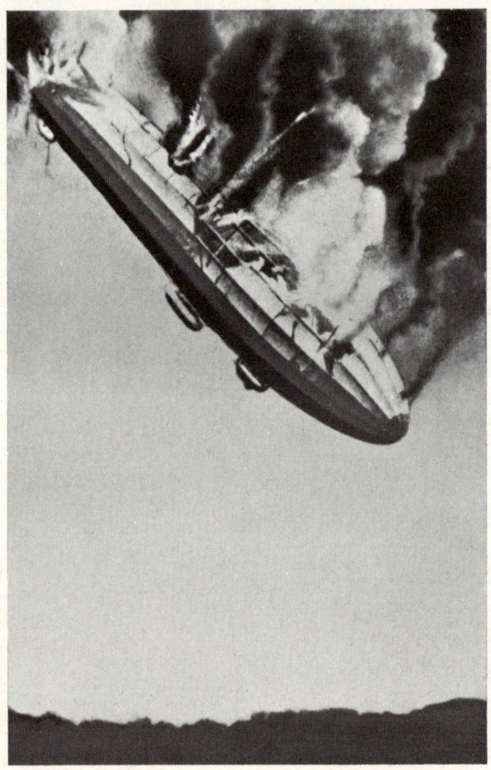

Apparate, wie Höhenmesser, Barometer und Kompasse sowie die Anlage für die Funkentelegraphie sind vollständig vernichtet worden ... Die Motoren, die sich tief in das Erdreich gebohrt hatten, wurden an Ort und Stelle verpackt und noch in der Nacht nach Friedrichshafen verladen, wo eine aus Mitgliedern der Zeppelinwerft und Vertretern des Reichsmarineamtes zusammengesetzte Kommission diese Teile untersuchen wird, um festzustellen, ob Vergaserbrand vorliegt oder nicht. Was für eine enorme Glut der brennende Luftkreuzer entwickelt hat, geht am deutlichsten daraus hervor, daß die schweren Gondelscheiben sich zu zylinderförmigen Rollen verbogen hatten; ebenso waren viele Metallteile des Fahrzeuges vollständig zusammengeknäult. Die Fetzen der brennenden Hülle waren, vom Winde gepeitscht, bis weit in die benachbarten Ortschaften hineingetrieben worden und fielen auf die Dächer nieder ... In Johannisthal haben mehrere Personen, die während der Explosion an den Fenstern saßen und durch den Luftdruck von ihren Plätzen geschleudert wurden, schmerzhafte Verletzungen erlitten. Von der Panik in der Knabenschule haben wir schon berichtet; noch schlimmer erging es den Schulkindern der Johannisthaler Mädchenschule, die während der Katastrophe in unmittelbarer Nähe spielten. Zunächst waren die kleinen Mädchen bei dem entsetzlichen Anblick starr vor Schreck, dann aber stoben sie in unbeschreiblicher Angst auseinander und flohen in die Schule. Die Eltern mußten erst herbeigerufen werden, um die vor Angst zitternden Kinder einigermaßen zu beruhigen.»

In derselben Ausgabe wurde mitgeteilt: «Das furchtbare Unglück, durch das unser neuester und größter Luftkreuzer, das Marine-Luftschiff ‹L 2› vernichtet wurde, hat noch ein weiteres Todesopfer gefordert. Der einzige Ueberlebende, Leutnant Freiherr von Bleul vom Augusta-Regiment, ist gestern nachmittag um 5 Uhr ... im Britzer Krankenhaus seinen entsetzlichen Brandwunden erlegen. Mit Leutnant von Bleul, für den der Tod eine Erlösung von unbeschreiblichen Leiden bedeutete, ist die Zahl der Todesopfer auf 28 gestiegen. Erst in später Nachmittagsstunde gelang es, beim Schein von Magnesiumfakkeln, die Leichen der letzten Toten, des Segelmachermaats Müller und des Ingenieurs Schüler von der Zeppelin-Werft aus dem riesigen Trümmerhaufen zu befreien.»

In diesem Zusammenhang wurde davon berichtet, daß Marine-Oberingenieur Leder von den beiden bald aufeinanderfolgenden Katastrophen von «L 1» und «L 2» bewahrt geblieben war. «Leder gehörte seinerzeit zur Besatzung des ‹L 1› und blieb der Fahrt am 9. September, die mit der Vernichtung des Luftschiffes endete, nur fern, weil er während der Nacht vorher Dienst gehabt hatte. Nach der Katastrophe wurde er zur Besatzung des ‹L 2› übernommen und hätte an der gestrigen Todesfahrt eigentlich teilnehmen sollen, trat jedoch im letzten Augenblick zurück, um dem Leutnant Frhrn. v. Bleul vom Kaiserin-

195
Nach dem Aufschlag: Eine aus der Nähe sofort herbeigeeilte Pioniereinheit und die Haltemannschaften, die vom Flugplatz hinzugelaufen kamen, finden glühende und brennende Trümmer vor

196
Die ausgebrannten Reste des Luftschiffes «L 2»

197
Die Fliegergaststätte Tolinski vor dem ersten Weltkrieg; sie verfügte seit dem Jahre 1912 über das damals reichhaltigste deutsche «Aviatische Museum» mit einer «Sammlung von Reliquien aus verhängnisvollen Aeroplan- und Ballonkatastrophen»

199
Vorderseite der «Speisen- und Weinkarte» der Fliegergaststätte Tolinski (rechts)

200
Rückseite der Gaststättenkarte (rechts außen)

198
Absturzstelle des Luftschiffes «L 2» (die untergelegte blaue Zeichnung veranschaulicht die gegenwärtige territoriale Umgebung der Absturzstelle)

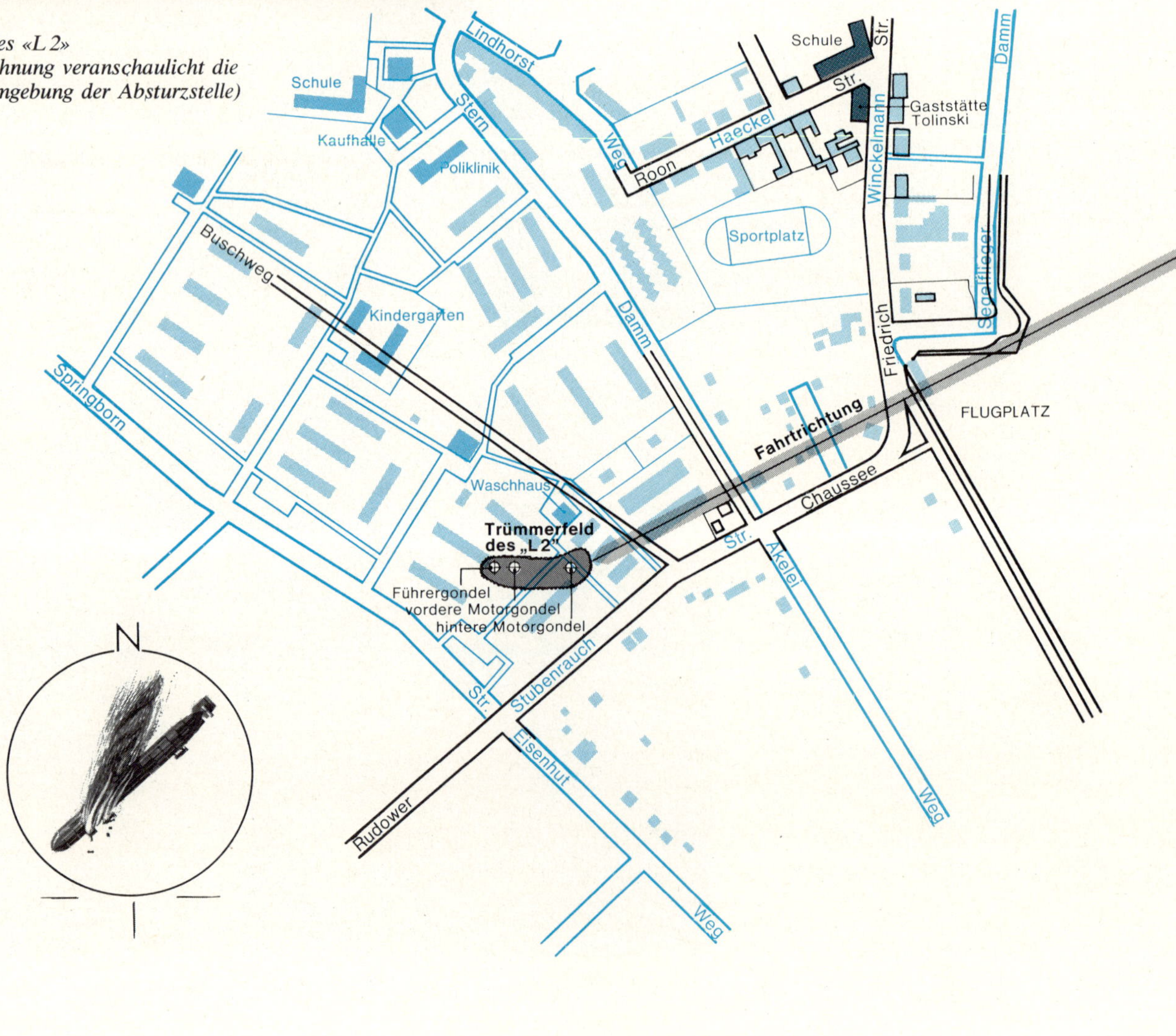

Augusta-Regiment die Mitfahrt zu ermöglichen.» Nachrichten der verschiedensten Art jagten einander.
Was eigentlich geschehen war, geht aus dem «Amtlichen Bericht des Reichsmarineamtes» hervor, der noch am Abend der Johannisthaler Katastrophe an die Öffentlichkeit gelangte: «Das Marine-Luftschiff ‹L 2› befand sich seit seiner Uebernahme durch die Marine im Probefahrtverhältnis und sollte heute vormittag 8 Uhr zu einer in den Abnahmebedingungen vorgesehenen kurzen Höhenfahrt von Johannisthal aus aufsteigen. An Bord befanden sich von der etatsmäßigen Besatzung der Kommandant, der Marine-Ingenieur und 13 Mannschaften; ferner vom Reichsmarineamt die Luftschiffabnahme-Kommission, bestehend aus einem Offizier, zwei höheren Baubeamten, einem Marine-Ingenieur und drei technischen Sekretären; von der Zeppelinwerft ein Luftschiffkapitän, ein Ingenieur und zwei Monteure; ferner ein Kapitänleutnant als Kommandantenschüler und ein Armeeoffizier als Gast, im ganzen also 28 Personen...
Kurz nach 8 Uhr vormittags wurde das Schiff aus der Halle geholt und stieg nach sorgfältiger Erprobung aller Teile, vor allem der Motoren, und nach Auswechselung einer Zündmaschine in der hinteren Gondel, um 10 Uhr und 16 Minuten vormittags auf. Es erreichte rasch eine Höhe von etwa 200 Meter. Um 10 Uhr 19 Minuten wurde von zuverlässigen Persönlichkeiten beobachtet, daß im ersten Drittel der vorderen Motorengondel zwischen Gondel und Hülle eine Flammengarbe entstand, die zunächst das Vorderschiff bis zur Spitze in Brand setzte. Das Feuer breitete sich schnell nach hinten aus und zerstörte die äußere Hülle. Für einen kurzen Augenblick waren die hinteren Gaszellen noch unverletzt sichtbar, wurden dann aber gleichfalls vom Feuer ergriffen. In höchstens zwei bis drei Sekunden stand das ganze Schiff in Flammen und eine Explosion

Der Fliegerwirt Franz Tolinski, der in seiner Gaststätte das erste «Aviatische Museum» eröffnet hatte (es trug im Volksmund die Bezeichnung «Bruchmuseum», weil es vor dem ersten Weltkrieg überwiegend aus Resten von Flugzeug- und Luftschiffhavarien bestand), war zugleich der Brandmeister der Johannisthaler Freiwilligen Feuerwehr. Diese beteiligte sich an den folgenden Lösch- und Bergungseinsätzen:

- *1. März 1912: Havarie eines Parseval-Luftschiffes*
- *17. Oktober 1913: Absturz des Zeppelin-Luftschiffes «L 2»*
- *10. Oktober 1915: Großbrand der Parseval-Luftschiffhalle*
- *3. Februar 1916: Brand des Hauptrestaurantgebäudes auf dem Flugplatz*
- *6. September 1916: Großbrand in der «Luft-Fahrzeug-Gesellschaft mbH.» (LFG)*
- *30. August 1920: Großbrand in den «Albatros-Flugzeugwerken GmbH.»*

wurde aus etwa 700 Meter Entfernung gehört. Gleichzeitig senkte sich das Luftschiff und fiel zuerst horizontal, dann sich längs auch mit der Spitze nach unten neigend, bis auf etwa 40 Meter Höhe vom Erdboden. Hier erfolgte eine zweite Explosion, die, wie aus der schwarzen Rauchentwicklung zu schließen, vermutlich vom Benzin herrührte. Beim Aufprallen auf dem Erdboden erfolgte eine dritte, jedoch schwächere Explosion. Das Gerippe stürzte in sich zusammen. Die Haltemannschaften der Marineluftschiffabteilung eilten im Laufschritt nach der etwa 700 Meter entfernt an der Rudower Chaussee gelegenen Unfallstelle. Hier waren schon Mannschaften einer in der Nähe übenden Pionierabteilung eingetroffen. Mit diesen zusammen wurden die Bergungsarbeiten aufgenommen. Aerztliches Personal war sofort zur Stelle. Nach kurzer Zeit erschienen auch die Johannisthaler Feuerwehr und mehrere Krankenautomobile der A.E.G. Von den Insassen des Luftschiffes wurden zwei Mannschaften» (zwei Angehörige mit Mannschaftsdienstgraden; d. Verf.) «lebend außerhalb der Trümmer liegend vorgefunden. Aus den Trümmern selbst wurde der schwerverletzte Leutnant Freiherr von Bleul befreit. Sämtliche übrigen 25 Insassen, die nach und nach in den Trümmern gefunden wurden, gaben kein Lebenszeichen mehr von sich. Von den drei Ueberlebenden starben einer an der Unfallstelle, der zweite auf dem Transport in das Krankenhaus Britz. Die übrigen im Luftschiff Befindlichen sind noch während des Absturzes oder spätestens beim Aufprall getötet worden, da die meisten Toten außer Verbrennungen schwere Verletzungen des Rumpfes, der Wirbelsäule und Schädelbrüche aufweisen. Die Unfallstelle wurde sofort militärisch abgesperrt und bewacht.»

Mancherlei Reste des Marineluftschiffes «L 2» tauchten später, für ein Freibier oder einen Schnaps abgeliefert, in der «Fliegerklause Tolinski» auf, der Flieger-Gaststätte in der Friedrichstraße (heute: Winckelmannstraße), die über ein ansehnliches und vielbesuchtes Fliegermuseum verfügte, in dem damals nicht nur Fotos bekannter Flieger und Flugapparate, sondern auch Teile von fast allen über Johannisthal und Adlershof abgestürzten Flugzeugen zu finden waren.

In die Zeppelin-Halle auf dem Flugplatz Johannisthal zog ein halbes Jahr später, im Frühjahr 1914, ein neues Marine-Luftschiff ein. Mit «L 3» wurde die Ausbildung von Marineluftschiffern fortgesetzt.

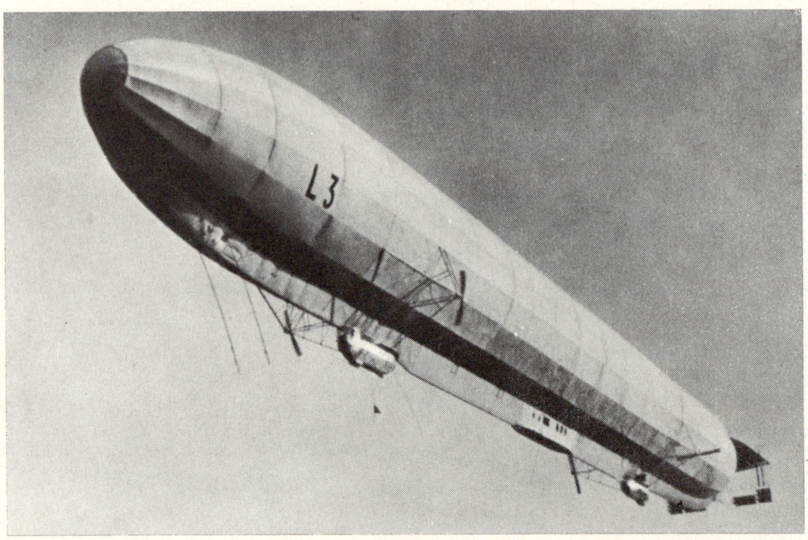

Das dritte Marineluftschiff «L 3» (LZ 24) wurde von seiner Besatzung im April 1914 in der Zeppelin-Werft in Friedrichshafen am Bodensee übernommen und nach Johannisthal überführt. Dort wurden mehrere Luftschiffbesatzungen ausgebildet. Bei Beginn des ersten Weltkrieges ist die «L 3» in Hamburg-Fuhlsbüttel stationiert und im Luftkrieg gegen Großbritannien eingesetzt worden. Am 17. Februar 1915 strandete das Luftschiff an der dänischen Küste und wurde dabei zerstört.

Fliegerstreiks und Arbeiterkämpfe

Spätestens an dieser Stelle muß der in bürgerlicher Luftfahrtliteratur gelegentlich anzutreffenden Behauptung, «die vom Flugplatz Johannisthal» seien «eine fest verschworene Gemeinschaft» gewesen, die «fest zusammenhielten», entschieden widersprochen werden. Für den Zuschauer, der an einem der Kassenhäuschen sein Eintrittsbillett kaufte und den Flugplatz betrat, mag das so ausgesehen haben, denn er betrat damit eine durch Zaun und Zaunwächter nach außen abgeschirmte Welt, die er sonst nirgendwo in Deutschland fand und die schon darum durch ihre Einmaligkeit faszinierte. Er hatte auch weder Veranlassung noch die Gelegenheit, hinter die Kulissen des Flugplatzgeschehens zu blicken. Für sein Geld wollte er Flieger, Flugzeuge und Flüge bestaunen und möglichst einen Nervenkitzel erleben.

Gemeinschaftsgeist und Zusammenhalt mochten, wenngleich unterschiedlich ausgeprägt, für die Angehörigen der verschiedenen sozialen Gruppen auf dem Flugplatz gelten und wurden von jeweils ganz bestimmten Sachverhalten teils gefördert, teils behindert. Pauschal formuliert ist die Behauptung von der fest verschworenen Gemeinschaft unwahr und eine oberflächliche Beurteilung, denn es standen sich sehr differenzierte soziale Interessen gegenüber; sie prallten mitunter sehr heftig aufeinander.

Die einen, die optisch im Vordergrund standen, deren Namen auf Plakaten und in Schlagzeilen der Presse Tausende und Abertausende von Zuschauern nach Johannisthal in Bewegung brachten, waren die *Flieger*. Sie waren ihrem Erlebnisdrang und dem Sportgeist und dem Willen gefolgt, das Element Luft zu bezwingen und zu seinen Beherrschern zu gehören. Zwar war in einzelnen Fällen sicher auch Eitelkeit und Geltungsdrang im Spiel, aber die Motorflieger der ersten Jahre waren Kämpfernaturen. Sie hatten den Kampf gegen Naturgewalten und Mängel der Flugzeugtechnik und die Lücken menschlichen Wissens über das Fliegen zu ihrem Beruf gemacht. Es war ein risikoreicher Beruf, aber sie verdienten damit ihren Lebensunterhalt. Einige von ihnen, die erfolgreichsten, lebten sogar gut davon. Doch immer war ihr Einsatz höher als ihr Gewinn, denn sie waren es, die neue Flugzeugmuster einflogen, die Rekorden nachjagten, die um Siege bei Flugveranstaltungen kämpften. Was sie einsetzten, waren fast immer Gesundheit und Leben.

Diese Gruppe der Flieger hatte in bezug auf flugtechnische, flugtheoretische und flugpraktische Interessen durchaus einheitliche Ziele. Auch in bezug auf materielle Interessen war ein ausgeprägtes gemeinsames Gruppenziel vorhanden, sofern sie bei Besitzern von Flugzeugfabriken oder Fliegerschulen angestellt waren; denn dann wurden sie von diesen ausgenutzt. Das erlebten die Flieger fast täglich, daraus erwuchs solidarischer Zusammenhalt. Wenn sie sich aber in Flugwettbewerben gegenüberstanden, dann erwachte der Konkurrenzkampf zwischen den Fliegern. Das begann schon in der fliegerischen Ausbildung, im Kampf um die rasche Beendigung der Ausbildung und die damit verbundene Chance, eine Anstellung als Flugzeugführer zu bekommen und sie dem, der als nächster abschloß, «vor der Nase wegzuschnappen». Solches Gegeneinander wirkte der Gemeinsamkeit entgegen und wurde deshalb auch von den Fabrikherren gegen die Flieger ausgenutzt.

Außerdem war die Gruppe der Flieger in ihrer Zusammensetzung unstabil. Viele gaben auf und wandten sich anderen Berufen zu, weil sie der Kampf um eine der wenigen Flugzeugführer-Arbeitsplätze mehr oder weniger rasch demütigte und entmutigte. Andere gelangten durch Erfolge zu beträchtlichen Einnahmen oder erwarben das Vertrauen investitionswilliger Geldgeber, und sie wurden selbst zu meist kleinen oder mittleren, in Ausnahmefällen großen Unternehmern. Von Stund' an waren die sozialen Interessen der übrigen Flieger nicht mehr ihre eigenen, wenngleich sie das flugsportliche Interesse und das technische Interesse an der Entwicklung des Motorfluges auch weiterhin verband.

Diese Differenzierung sozialer Interessen der Flieger, und zwar infolge unterschiedlicher sozialer Stellung (ausgebildete Flieger *ohne* festes Anstellungsverhältnis; ausgebildete Flieger *mit* festem Anstellungsverhältnis; Flieger ohne abgeschlossene Ausbildung mit oder ohne festen Arbeitsplatz, teilweise für Gelegenheitsarbeiten eingesetzt, z. B. für das Einfliegen neuer Muster; Flieger mit eigener Werkstatt oder Fliegerschule, die bereits andere Flugzeugführer beschäftigten) führten zu widersprüchlichen Erscheinungen. So war beispielsweise Anthony Fokker während seiner Johannisthaler Zeit Mitglied des «Bundes Deutscher Flugzeugführer» (BDF), obwohl er zu jener Zeit bereits in seinem «Aeroplanbau» und seiner Fliegerschule etliche Arbeiter und mehrere Flugzeugführer beschäftigte. Der BDF aber war als Antwort auf die Gründung des «Vereins Deutscher Flugzeugindustrieller» entstanden und verteidigte Fliegerinteressen gegen die Besitzer der Flugzeugfabriken. Andererseits waren im März 1911 in der Gründerliste des «Vereins Deutscher Flugzeugindustrieller», des ersten Unternehmerverbandes deutscher Flugzeugfabrikanten, neben den Johannisthaler Flugzeugfabriken Rumpler, Albatros und Wright auch die Namen zu finden von Hermann Dorner, dem einzigen deutschen Teilnehmer an der Johannisthaler Eröffnungsflugwoche im Jahre 1909, inzwischen Besitzer einer kleinen Werkstatt am «alten Startplatz» und eigentlich zu den kleinen Konstrukteuren zu zählen, deren ärgste Konkurrenten die Flugzeugfabriken waren; von Hans Grade, dem kühnen deutschen Flugpionier, der im Herbst 1909 in Johannisthal einen grandiosen Triumph feierte, als er den «Lanz-Preis der Lüfte» erflog, inzwischen Besitzer der «Grade Fliegerwerke» in Bork in der Mark; von August Euler, dem Inhaber der Flugzeugführerberechtigung mit der Nr. 1, inzwischen Besitzer der «Euler-Flugmaschinen-Werke» in Frankfurt (Main); von Wolfgang Harlan, dem unermüdlichen Flugzeugkonstrukteur vom «alten Startplatz» in Johannisthal, der schließlich der Konkurrenz der Johannisthaler Flugzeugfabriken erlag und – ebenso wie beispielsweise Dorner – zur Aufgabe seines kleinen Unternehmens gezwungen wurde.

Eine andere soziale Gruppe auf dem Johannisthaler Flugplatz, deren Name nicht auf den Plakaten der Flugveranstaltungen zu finden war, dafür aber als Firmenbezeichnungen auf den Werbeflächen des Flugplatzzaunes, an den Fabrikationshallen und in den Großinseraten der Zeitungen, wurde von denen gebildet, die das Geschäft mit dem Flugzeug machten – die *Besitzer* und *Aktionäre* der großen Flugzeugfabriken. Im Unterschied zu den Fliegern, die sie beschäftigten, damit sie neue Flugzeuge erprobten und einflogen, Preise für die Fabrik bei Flugwettbewerben erkämpften und Flugschüler ausbildeten, nahmen sie bis auf wenige Ausnahmen nicht die Gefahr des Fliegens auf sich. Dabei bleibt ihnen unbenommen, daß sie ein ausgeprägtes Interesse am flugtechnischen Fortschritt hatten und ihn voranbrachten. Aber es war Geschäftsinteresse, das gleiche Interesse, das etwa ein Marmeladenfabrikant an der Produktion von Konfitüre hat, wenn sie nur Gewinn verspricht. Die Motive der Flugzeugfabrikanten und der Aktionäre waren also vom Konkurrenzkampf und vom Streben nach profitträchtiger Kapitalanlage diktiert. Dieses gemeinsame Interesse wurde im Zusammenschluß zum Unternehmerverband deutlich. Hinter dieser Geschlossenheit verbargen sich jedoch zugleich gegensätzliche Interessen, die sich vor allem im Wettlauf der Fabrikanten um Rüstungsaufträge offenbarten. Darauf wird im nächsten Abschnitt näher eingegangen.

Dazwischen, zwischen den Fliegern und ihren Brotgebern, den Flugzeugfabrikanten, gab es die kleine Schicht von *Einzel-Konstrukteuren*, die sich Flugzeuge bauten, um damit zu fliegen, eine kleine Fliegerschule zu unterhalten oder auch gelegentlich einmal – was selten genug vorkam – ein Flugzeug zu verkaufen. Solche Werkstätten und Fliegerschulen waren Einmann-Betriebe oder Familien-Betriebe. Einzelne von ihnen versuchten sich unternehmungsfreudig auch im Flugzeugbau größeren Ausmaßes, hatten damit aber entweder nur geringen, zeitweiligen oder gar keinen Erfolg. Der einzige in Johannisthal, dem solcher Aufstieg gelang, war Fokker. Alle anderen wurden von den immer mächtiger werdenden Flugzeugfabrikanten niederkonkurriert oder durch Zulieferaufträge für Flugzeugteile (Tragflächen, Verspannungen, Propeller u. a.) in Abhängigkeit gebracht.

Den Besitzern der Flugzeugwerke standen außer den Fliegern vor allem die Angehörigen der *Arbeiterklasse* gegenüber. Es waren fast ausschließlich hochspezialisierte Facharbeiter, die im Flugzeugbau und im Flugmotorenbau beschäftigt waren. Die zunehmende Konzentration der Flugzeugproduktion bedeutete zugleich eine wachsende Konzentration von Arbeitern. Die mit der rasch steigenden Flugzeugproduktion sich verschärfende Ausbeutung führte zur Unzufriedenheit, zur Organisiertheit, hatte Lohnkämpfe zur Folge und mündete schließlich im ersten Weltkrieg in politische Kampfaktionen der Johannisthaler Flugzeugarbeiter ein.

Die Unzufriedenheit der Flieger richtete sich zunächst gegen die Praktiken der Flugzeugfabrikanten, die zugleich die Besitzer der auf dem Flugplatz dominierenden Fliegerschulen waren. Trotz der wachsenden Zahl der Flugschüler, die die Flieger auszubilden hatten, wurden sie in immer kürzeren Abständen zu Flugwettbewerben beordert. Die physische und psychische Belastung wuchs, die Beanspruchung der Flugzeuge und die Dichte des Flugbetriebes nahmen zu. Damit verminderte sich die Flugsicherheit. Die Sicherheit wurde zudem direkt durch das Profitstreben der Flugzeugfabrikanten beeinträchtigt: Nicht ein einziger der flugzeugbauenden und flugschülerausbildenden Betriebe unterhielt eine Sanitätsstelle oder beschäftigte gar einen Arzt! Nicht einer der Betriebe besaß ein Sanitätsfahrzeug! Das hatte zur Folge, daß ein verunglückter Flieger mitunter stundenlang auf dem Flugplatz oder in einer Werkhalle lag, wohin ihn seine Kameraden getragen hatten, bevor ein Pferde- oder Autofuhrwerk herbeikam, um ihn in ein Krankenhaus zu bringen. Die Flugzeugfabrikanten vertraten einhellig die Meinung, daß dafür die Flugplatzgesellschaft zuständig sei, weil sie täglich Eintrittsgelder einnehme, damit die Zuschauer Flüge sehen können, für die der Flugplatzgesellschaft keinerlei Kosten entstünden – abgesehen von Flugwochen. Also solle die Flugplatzgesellschaft auch für die medizinische Betreuung und den Krankentransport sorgen. Außerdem liege der Verunglückte ja auch in der Regel auf dem Fluggelände, und dies sei das Gelände der Flugplatz-GmbH., nicht einer einzelnen Fabrik.

Der Flugplatzdirektor von Tschudi hingegen vertrat den Standpunkt, daß die Fabriken, Werkstätten und Fliegerschulen sich gefälligst selbst um ihr Personal kümmern sollten, wenn es verunglücke, denn es flögen in Johannisthal weder Flugapparate der Flugplatzgesellschaft noch hätte sie Flieger angestellt oder bilde sie Flugschüler aus. Das gelte auch für Flugveranstaltungen, die von der Flugplatzgesellschaft organisiert werden. Die Ausgaben für Flugpreise, deren Hauptteil ohnehin von den Flugzeugbesitzern eingesteckt werde, und für die Veranstaltungsorganisation seien schon hoch genug. Die ganze Sache ginge ihn also gar nichts an.

Zwischen diesem Streit standen die Flieger als unmittelbar Betroffene. Da eine Lösung des Problems nicht in Aussicht stand, nahm sich der in Johannisthal gegründete «Bund Deutscher Flugzeugführer» der Sache an. Mitte Mai 1912 berief Ellery von Gorrissen, der Vorsitzende des BDF (zu jener Zeit Fluglehrer in der Johannisthaler «Ago Fluggesellschaft mbH.»), eine Versammlung ins Fliegercafé Senftleben ein. Bis zu dieser Zeit hatte sich die Anzahl der Flughavarien ständig erhöht, und bereits acht Johannisthaler Flieger oder Flugschüler hatten ihr Leben eingebüßt.

Namhafte Flieger waren gekommen:

- Wssewolod Abramowitsch, «Flugmaschine Wright GmbH.»,
- Melli Beese und Charles Boutard, «Flugschule Melli Beese GmbH.»,
- Albert Rupp, «Albatros-Werke GmbH.»,
- Felix Laitsch und Paul Victor Stoeffler, «Luft-Verkehrs-Gesellschaft A.G.»,
- Fridolin Keidel und Willy Rosenstein, «Rumpler Luftfahrzeugbau GmbH.»,
- Anthony Fokker, Arthur Grünberg und Hilgers, «A.H.G. Fokker Aeroplanbau»,
- Ernst Krüger und Rubin Wecsler, «Harlan-Werke GmbH.»,
- Alfred Friedrich und Theodor Schauenburg, «Allgemeine Flug-Gesellschaft mbH.»,
- Max Joachim Noelle, «Emil Jeannin Flugzeugbau GmbH.»,

201
Inserat des Fliegercafés Senftleben, in dem im Mai 1912 der erste Fliegerstreik in der Geschichte des Motorfluges beschlossen wurde

202
Auch das Militär wurde vom Streik der Johannisthaler Flieger betroffen; Major von Schönermarck (auf der Treppe des Zielrichterturmes) verhandelt mit den Streikenden

– Richard Schmidt, «Kühlstein-Wagenbau, Fabrik und Fliegerschule»,
– Paul Schwandt, «Paul Schwandt, Fliegerschule».

Andere Flieger, die an der Versammlung teilnahmen, aber zu jener Zeit kein festes Arbeitsverhältnis hatten, waren Martin König, Bruno Langer, Siegfried Hoffmann, Hans Christian Hansen, Reinhold Jahnow, Ernst Weinaug, A. Marchal, Gert von Manteuffel, Alois Stiploschek, Hermann Schiedeck und Golde. Außerdem waren viele Flugschüler erschienen, denn es hatte sich herumgesprochen, worum es gehen wird.

Zu Beginn der Beratung, die eine mehrstündige, stürmische Versammlung wurde, erhoben sich die Anwesenden zum ehrenden Gedenken an ihre Kameraden Gordian Hoesli und Hans Pachmayer von ihren Plätzen, die am 1. bzw. 7. Mai tödlich abgestürzt waren. Dann rief der Vorsitzende, von Gorrissen, den ersten Tagesordnungspunkt auf: Besprechung über die Firma Haefelin. Er teilte mit, daß die hiesigen «Flugwerke Haefelin & Co.» neuerdings eine Flugzeugkonstruktion einsetzen, mit der erfahrene Flugzeugführer in rascher Folge Unfälle erlitten hatten und dabei zum Teil schwer verletzt worden seien. Der Todessturz Pachmayers sei das längsterwartete vorläufige Ende dieser Unfallkette. Trotzdem werbe die Firma Haefelin weiterhin Flugschüler an und nehme sie in die Ausbildung auf. «Es ist die Pflicht der Piloten», hob von Gorrissen hervor, «alles daranzusetzen, damit durch einen solchen Betrieb nicht noch mehr Unheil angerichtet und dem Ansehen des Flugwesens geschadet wird.»

Daran schloß sich eine erregte Debatte an. Besonders Ernst Weinaug, der eine Zeit lang Gesellschafter der Firma Haefelin gewesen und dann aus dem Unternehmen ausgetreten war, gab den Anwesenden aufschlußreiche Informationen darüber, auf welche Weise dort Flugschüler angeworben werden, obwohl die Firma gegenwärtig über keinen einzigen Fluglehrer verfüge. Im Ergebnis der Debatte wurden Festlegungen getroffen, die von der Entschlossenheit der Mitglieder des BDF kündeten, höhere Sicherheit im Johannisthaler Flugbetrieb durchzusetzen und lebensgefährdenden Geschäftspraktiken energisch entgegenzutreten.

Erstens wurde der Antrag von Golde angenommen: «Der ‹Bund Deutscher Flugzeugführer› stellt an den ‹Deutschen Luftfahrer-Verband› den Antrag, der DLV möge alle für Schulzwecke bestimmten Apparate durch eine aus Piloten und Ingenieuren zusammengesetzte sachverständige Kommission abnehmen lassen. Die Apparate sollten auch von Zeit zu Zeit nachgeprüft werden.»

Zweitens wurde der Antrag von Melli Besse angenommen: «Der BDF möge alle deutschen Flugzeugführer öffentlich davor warnen, mit der Firma Haefelin in Verbindung zu treten.» Das war der erste von Fliegern organisierte Boykott einer Johannisthaler Fliegerschule.

Drittens wurden die Augenzeugen, die den Todessturz von Hans Pachmayer beobachtet hatten, und jene, die bereits selbst auf einem Haefelin-Flugapparat geflogen waren, aufgefordert, ein Gutachten auszuarbeiten und dem Staatsanwalt zu übergeben. Das war die erste vom BDF initiierte Anklage gegen den Besitzer einer Fliegerschule.

Die Sicherheit im Flugbetrieb spielte auch in einem der weiteren Punkte der Tagesordnung eine Rolle, denn ein anderer Beschluß der Versammlung lautete, an die «Flug- und Sportplatz GmbH.» mit der Forderung heranzutreten, unverzüglich einen Arzt einzustellen, weil ein Heilgehilfe nach einem Unfall erst aus dem Ort herbeigeholt werden muß und den Forderungen der Flieger nach sachkundiger Soforthilfe nicht genüge. Der Flugplatzgesellschaft solle mitgeteilt werden: „Wenn sich die Gesellschaft ablehnend verhält, werden die Flieger an Sonntagen, wenn

Publikum auf dem Platze ist, überhaupt nicht mehr fliegen.»

Nach dieser Versammlung geschah zweierlei. Dem Regierungsassessor a. D. Dr. Haefelin wurde es infolge des konsequenten Boykotts seines Unternehmens durch die Flugzeugführer unmöglich, seinen Betrieb aufrechtzuerhalten. Noch im Sommer des gleichen Jahres mußten die «Flugwerke Haefelin & Co.» ihre Tore für immer schließen.

Die an die Flugplatzgesellschaft gerichtete Forderung wurde dem Flugplatzdirektor von Tschudi übergeben. In seinen späteren Aufzeichnungen erinnerte er sich sehr genau daran, denn er schrieb darüber in dem Versuch, die Fliegerforderung auch nachträglich noch als ungerechtfertigt abzutun: «Eine interessante Episode war der Kampf um den Flugplatzarzt. Die tief bedauerlichen, aber verhältnismäßig nicht zahlreichen Abstürze veranlaßten die Johannisthaler Flieger, nicht etwa von ihren Firmen, nein, vom Hauswirt, d. h. von der Flugplatzverwaltung, sofortige ärztliche Hilfe bei Unfällen zu fordern ... Man wollte während des Flugbetriebes dauernd einen Arzt auf dem Platze haben.»

Damals, im Mai 1912, glaubte Georg von Tschudi jedenfalls, diese Forderung ignorieren zu können. Und es sah auch zunächst so aus, als gäben sich die Flugzeugführer damit zufrieden. Doch sehr bald kam die groß angekündigte „Johannisthaler Frühjahrsflugwoche» vom 24. bis 31. Mai 1912 heran. Dafür waren 17 Flieger gemeldet, davon allein zwölf Teilnehmer an der Versammlung des BDF im Café Senftleben.

Flugpreise in Höhe von 40000 Mark waren ausgesetzt. Die Zuschauer aus Berlin kamen wieder zu Tausenden und Abertausenden, um die Matadoren der Lüfte zu sehen. Aber es dauerte nicht lange, da begannen Zuschauertumulte, denn es wurde nicht geflogen. Obwohl das Wetter günstig war, blieben die meisten Schuppentore geschlossen. Etliche Flugzeuge standen zwar im Freien, aber die Flugzeugführer saßen untätig herum, als ginge sie das ganze Zuschauergewimmel überhaupt nichts an.

Das machte den Flugplatzdirektor sehr unruhig. Er lief von einem zum anderen, versprach zusätzliche Startprämien, fand aber zum ersten Mal überhaupt kein Entgegenkommen. Statt dessen wurde er an die BDF-Forderung erinnert. So blieb dem wütenden von Tschudi nichts anderes übrig, als viele tausend Mark an Eintrittsgeldern zurückzuzahlen und sich mit Hunderten von Zuschauern herumzustreiten, die außerdem die Fahrgelder zurückerstattet haben wollten.

Auch am folgenden Tag waren die Flugzeugführer wieder vollzählig zur Stelle; wiederum startete kein einziges Flugzeug. Erneut kam die Flugplatzgesellschaft um ihre Einnahmen. Die Flieger hatten die stärkeren Nerven, sie hielten zu ihrem Beschluß. Und jene, die an der Versammlung nicht teilgenommen hatten, solidarisierten sich. Der Flugplatzdirektor mußte nachgeben. Er ließ alle seine Verbindungen spielen, arrangierte sich schließlich mit den Militärs, und vom Morgen des dritten Tages an befand sich ein Militärarzt auf dem Flugplatz.

Die Frühjahrsflugwoche konnte mit Verspätung beginnen. Der erste Pilotenstreik in der Geschichte des Motorfluges hatte siegreich geendet. Allerdings fiel auf diesen Erfolg ein Schatten, denn an jenem Tage, als das Fliegen wieder begann, trauerte man um den neunten Johannisthaler Fliegertoten. Von Schlichting, der gemeinsam mit Fokker geflogen war, kam beim Absturz aus 15 Metern Höhe ums Leben, während Fokker kaum verletzt wurde. Tod und Leben standen weiterhin dicht beieinander.

In der Folgezeit baute der «Bund Deutscher Flugzeugführer» seinen Einfluß weiter aus. Im Vorstand und als Vertrauensmänner des BDF auf den bedeutenden deutschen Flugplätzen wirkten bekannte Flugzeugführer, von denen viele ihren Weg in die Lüfte in Johannisthal begonnen hatten. Dem Vorstand gehörten zu jener Zeit neben dem Vorsitzenden Ellery von Gorrissen an: Alfred Friedrich («Allgemeine Flug-Gesellschaft mbH.») als Stellvertreter; Paul Schwandt («Paul-Schwandt, Fliegerschule») als Schriftführer; Felix Laitsch («Luft-Verkehrs-Gesellschaft A.G.») als stellvertretender Schriftführer, er wurde Bundesvorsitzender im Jahre 1913; Dr. Walter Lissauer («Kühlstein-Wagenbau, Fabrik und Fliegerschule») als Kassenwart; Paul Victor Stoeffler («Luft-Verkehrs-Gesellschaft A.G.») als stellvertretender Kassenwart. Als Vertrauensmänner des BDF waren zu jener Zeit tätig: in Leipzig: Heinrich Oelerich («Sächsische Automobil- und Flugzeugwerke», Leipzig-Lindenthal), in München: Otto Baierlein («Otto-Flugzeugwerke und Maschinenfabrik GmbH.» München), in Gelsenkirchen: Josef Suvelack («Kondor-Flugzeugwerke», Essen), in Mülhausen im Elsaß: Ernst Schlegel («Automobil & Aviatik A.G.», Mülhausen), in Hamburg: Karl Caspar («Zentrale für Aviatik», Hamburg), in Halberstadt: Edmund Bohlig («Halberstädter Flugzeugwerke GmbH.»).

Der Vorstand und die Vertrauensleute des BDF setzten sich in den folgenden Jahren nicht nur für die Flugsicherheit, sondern auch für die angemessene Bezahlung der von den Flugzeugunternehmern angestellten Flieger sowie für die Einführung einer Unfallversicherung für Flugzeugführer ein.

Auseinandersetzungen zwischen Flugzeugführern und dem Fabrikdirektor entwickelten sich in den Jahren 1912 und 1913 vor allem in den Rumpler-Werken. Einzelne Presseorgane, darunter die sozialkritische Zeitschrift «Der Kritiker», griffen diese Streitigkeiten auf und stellten sich auf die Seite der Flieger, indem sie beispielsweise darauf hinwiesen, daß die Einnahmen der Rumpler-Werke allein aus der Flugschülerausbildung mehrere hunderttausend Mark betragen, die Fluglehrer aber «bis auf die Knochen ausgenutzt» werden. Ständige Lohnauseinandersetzungen führten dazu, daß in kurzer Zeit alle Flugzeugführer die Rumpler-Werke verließen und in anderen Werken ihre Tätigkeit aufnahmen. Hellmuth Hirth, der bekannteste von ihnen, wechselte zu den Albatros-Werken (in seinem Sog erhielt Albatros künftig mehr Flugzeugaufträge als zuvor, einige Auftraggeber stornierten sogar Rumpler-Aufträge und bestellten bei Albatros). Willy Rosenstein und Fridolin Keidel gingen als Fluglehrer zur «Gothaer Waggonfabrik, Abteilung Flugzeugbau».

Fridolin Keidels Aufgabe hatte in den Rumpler-Werken beispielsweise darin bestanden, Flugzeuge, die von der Militärverwaltung angekauft worden waren, nach Döberitz zu fliegen und dort abzuliefern. Als Begleiter flog jedesmal einer der inzwischen ausgebildeten und in Döberitz stationierten Flugzeugführer mit. In vielen Fällen hatte Keidel der Bitte des Begleiters entsprochen und ihm die Steuerung des Flugzeuges überlassen, worin keinerlei Risiko lag, weil Keidel zu jener Zeit bereits ein sehr erfahrener Fluglehrer war und im Gefahrenfalle die Steuerung jederzeit wieder hätte übernehmen können. Rumpler aber strich ihm das «Überfluggeld» mit der Begründung, daß es ihm nicht zustehe, weil er das Flugzeug nicht selbst überflogen habe, sondern nur als Begleiter mitgeflogen sei. Diese und andere Erscheinungen von Unternehmerwillkür trieben schließlich auch Fridolin Keidel von den Rumpler-Werken fort.

Die Spannungen zwischen dem «Bund Deutscher Flugzeugführer» und der «Flug- und Sportplatz GmbH. Berlin-Johannisthal» flammten im Jahre 1913 erneut auf. Der Militärarzt, der ein Jahr zuvor infolge eines Fliegerstreiks auf dem Flugplatz eingesetzt worden war, wurde einige Monate später in aller Stille wieder abgezogen. Da ereignete

203
Ein Krankentransportfahrzeug des Typs «Cyklonette», sonst nur zu Flugwochen eingesetzt, wurde seit dem erfolgreichen Streik ständig auf dem Flugplatz stationiert

sich am 27. Mai 1913, inmitten der Johannisthaler Frühjahrsflugwoche (25. Mai bis 1. Juni 1913) vor den Augen von Tausenden von Zuschauern wiederum ein schwerer Unfall. Beim Trainingsflug für die Luftrennen, die von Tschudi als Zuschauerattraktion neu eingeführt hatte, rutschte das BDF-Mitglied Gustav Adolf Michaelis im Tiefflug in einer Kurve mit seinem Flugzeug seitlich ab und schlug auf dem Boden auf. Wieder war kein Arzt zur Stelle. Wieder blieb der schwerverletzte Pilot, umringt von seinen Fliegerkameraden, die helfen wollten, aber nicht helfen konnten, nicht einmal seine Schmerzen zu lindern vermochten, auf dem Flugplatz liegen, bis endlich ein herbeigeholter Heilgehilfe eintraf, Erste Hilfe leistete und die Bergung des Verunglückten gewährleistete.

Als am 1. Juni, dem letzten Tag der Flugwoche, die Nachricht in Johannisthal eintraf, daß Michaelis seinen Verletzungen im Krankenhaus erlegen war, versammelte der BDF unverzüglich seine Mitglieder, die an der Flugwoche teilnahmen. Es wurde ein Streikbeschluß gefaßt. Davon wurden alle übrigen Teilnehmer der Flugwettbewerbe informiert. Doch mit einigen von ihnen kam es zu heftigen Diskussionen, besonders mit jenen, die kurz vor der Endabrechnung in aussichtsreicher Position lagen und ihre Plazierung noch zu verbessern hofften. Nach erregten Verhandlungen einigte man sich schließlich darauf, daß zwar weitergeflogen werde, aber kein Flieger länger als 20 Minuten in der Luft bleiben dürfe. Diesem Beschluß fügten sich alle Wettbewerbsteilnehmer – bis auf Bruno Hanuschke. Er, sonst unter den Fliegern allgemein recht geachtet, weil er zu den unermüdlichen kleinen Konstrukteuren gehörte, hielt sich als einziger von 34 Teilnehmern nicht an den Beschluß, weil er hoffte, auf diese Weise als Sieger aus der Flugwoche hervorgehen zu können. Doch gelangte er trotzdem nicht zum Sieg. Er belegte den zweiten Platz hinter Felix Laitsch, dem neuen Vorsitzenden des «Bundes Deutscher Flugzeugführer», einem der bekanntesten Johannisthaler Flieger.

Dennoch führte selbst diese eingeschränkte Streikaktion zum Erfolg, denn schließlich war die Öffentlichkeit auf die Zustände auf dem Flugplatz Johannisthal aufmerksam geworden. Ein Reichtagsabgeordneter nahm sich der Interessen des BDF an, sah sich auf dem Flugplatz eingehend um, sprach mit Flugzeugführern und trat daraufhin mit einer parlamentarischen Anfrage im Reichstag auf. Unter dem Druck der öffentlichen Meinung wurde die Flugplatzgesellschaft gezwungen, endlich einen ständigen Flugplatzarzt einzustellen.

Auch unter den Arbeitern der Johannisthaler Flugzeugfabriken, deren Ausbeutung infolge der steigenden Flugzeugproduktion zunahm, begann die Unzufriedenheit in Arbeitskämpfe umzuschlagen. Im Jahre 1913 war in der Zeitschrift «Der Kritiker» zu lesen: «Rumpler läßt sich jetzt – es geht ihm vielleicht zu gut – in Lohnstreitigkeiten mit seinen Klempnern und Schlossern ein. Sie streikten.» Das geschah zu einer Zeit, als das in Gebäuden, Anlagen, Maschinen und Werkstoffen investierte Kapital der Rumpler-Werke nach eigenen Angaben in der Betriebsstatistik von 15 000 Mark (im Jahre 1908) auf 570 000 Mark (im Jahre 1913) angewachsen war. Dieser Metallarbeiterstreik in den Rumpler-Werken war die erste organisierte Kampfaktion, die aus Johannisthaler Flugzeugfabriken an die Öffentlichkeit drang. Weitere und umfassendere Kämpfe sollten im ersten Weltkrieg folgen.

Wenn also in bisherigen luftfahrtgeschichtlichen Darstellungen die Entwicklung des Motorfluges oft auf die flugtechnische Beschreibung der Apparate reduziert worden ist, um die These von «der verschworenen Gemeinschaft» in Johannisthal postulieren zu können, so mag das dem beschaulich-behäbigen Horizont des Sitztribünenzuschauers entsprechen, stimmt aber mit der harten Wirklichkeit der Pionierzeit des Motorfluges in keiner Weise

209
Prinzenehepaar Friedrich Leopold im Gespräch mit dem Flieger Otto Stiefvatter (links)

flüge eine tägliche finanzielle Zuwendung. (Brunnhuber blieb vorläufig in der Gehaltsliste der Albatros-Werke. Später wurde er als Oberingenieur von der Heeresverwaltung eingestellt.)

6. Die Versuchs-Abteilung übernimmt durch die Annahme des Anerbietens Dr. Huths keinerlei Verbindlichkeit für den Ankauf des Apparates. (Hierüber hatte es die monatelangen Vertragsverhandlungen gegeben, denn der Albatros-Miteigentümer wollte, daß sich das Militär zum Ankauf von Nachbauten des Farman-Apparates gegenüber den Albatros-Werken verpflichtet, wenn sich das kostenlos bereitgestellte Flugzeug bewährt. Dazu fand sich aber das Militär nicht bereit.)
7. Die Versuchs-Abteilung verpflichtet sich, den Apparat unterzubringen und zu bewachen.

In Döberitz schlossen bis zum 30. November 1910 acht Offiziere ihre Ausbildung ab. Die Heeresverwaltung zeigte sich erkenntlich, denn es hatte bei dieser Ausbildung keinen Unfall gegeben. Am 18. Dezember 1910 kaufte sie den bis dahin unentgeltlich benutzten Farman-Apparat als erstes deutsches Militärflugzeug an. Es erhielt die Heeresbezeichnung «B 1». Am 23. Januar 1911 übernahm die Heeresverwaltung den ersten deutschen Nachbau des Farman-Doppeldeckers von den Albatros-Werken, dem noch im selben Jahr sechs weitere Albatros-Flugzeuge (sämtlich Nachbauten französischer Konstruktionen) folgten. Auf diese Weise ging die Rechnung Dr. Huths doch noch auf: Die Albatros-Werke wurden der erste deutsche Heeresflugzeuglieferant, die Flugzeuge mit den Heeresbezeichnungen «B 2» bis «B 8» wurden bei Albatros in Johannisthal hergestellt. Sechs der gelieferten Albatros-Flugzeuge waren auch die ersten, die im Jahre 1911, gesteuert von den in Döberitz ausgebildeten Piloten, am Kaisermanöver teilnahmen. Gegen Ende des Jahres 1911 erhielten die Albatros-Werke einen weiteren Militärauftrag für sieben Doppeldecker, während bei den Werken «Rumpler» in Johannisthal und «Aviatik» in Mülhausen nur je vier Flugzeuge in Auftrag gegeben wurden. (Letzere Aufträge waren von den Ergebnissen des «Deutschen Rundfluges» im Jahre 1911 beeinflußt worden. Hinter einem Albatros-Zweidecker hatten eine Rumpler-Taube und ein Aviatik-Zweidecker den zweiten und den dritten Platz belegt.)

Rumpler, der mit allen Mitteln versuchte, den in seinem Werk produzierten Tauben-Eindecker in Militärkreisen ins Gespräch zu bringen, schien beim Rennen um Militäraufträge den Anschluß verloren zu haben. Bei den Militärfliegern in Döberitz schwor man auf Albatros-Flugzeuge. Dafür hatte Brunnhuber an Ort und Stelle hinreichend gesorgt. Also mußte Rumpler einen anderen Weg

211
Spendenkarte für die «Nationalflugspende». Mit dem kampfbereiten Ritter war der Rüstungszweck der großangelegten Geldsammlung bereits symbolisch dargestellt

210
Rumpler-Taube im Herbst 1911 auf dem inzwischen ausgebauten Döberitzer Militärflugplatz

203
Ein Krankentransportfahrzeug des Typs «Cyklonette», sonst nur zu Flugwochen eingesetzt, wurde seit dem erfolgreichen Streik ständig auf dem Flugplatz stationiert

sich am 27. Mai 1913, inmitten der Johannisthaler Frühjahrsflugwoche (25. Mai bis 1. Juni 1913) vor den Augen von Tausenden von Zuschauern wiederum ein schwerer Unfall. Beim Trainingsflug für die Luftrennen, die von Tschudi als Zuschauerattraktion neu eingeführt hatte, rutschte das BDF-Mitglied Gustav Adolf Michaelis im Tiefflug in einer Kurve mit seinem Flugzeug seitlich ab und schlug auf dem Boden auf. Wieder war kein Arzt zur Stelle. Wieder blieb der schwerverletzte Pilot, umringt von seinen Fliegerkameraden, die helfen wollten, aber nicht helfen konnten, nicht einmal seine Schmerzen zu lindern vermochten, auf dem Flugplatz liegen, bis endlich ein herbeigeholter Heilgehilfe eintraf, Erste Hilfe leistete und die Bergung des Verunglückten gewährleistete.

Als am 1. Juni, dem letzten Tag der Flugwoche, die Nachricht in Johannisthal eintraf, daß Michaelis seinen Verletzungen im Krankenhaus erlegen war, versammelte der BDF unverzüglich seine Mitglieder, die an der Flugwoche teilnahmen. Es wurde ein Streikbeschluß gefaßt. Davon wurden alle übrigen Teilnehmer der Flugwettbewerbe informiert. Doch mit einigen von ihnen kam es zu heftigen Diskussionen, besonders mit jenen, die kurz vor der Endabrechnung in aussichtsreicher Position lagen und ihre Plazierung noch zu verbessern hofften. Nach erregten Verhandlungen einigte man sich schließlich darauf, daß zwar weitergeflogen werde, aber kein Flieger länger als 20 Minuten in der Luft bleiben dürfe. Diesem Beschluß fügten sich alle Wettbewerbsteilnehmer – bis auf Bruno Hanuschke. Er, sonst unter den Fliegern allgemein recht geachtet, weil er zu den unermüdlichen kleinen Konstrukteuren gehörte, hielt sich als einziger von 34 Teilnehmern nicht an den Beschluß, weil er hoffte, auf diese Weise als Sieger aus der Flugwoche hervorgehen zu können. Doch gelangte er trotzdem nicht zum Sieg. Er belegte den zweiten Platz hinter Felix Laitsch, dem neuen Vorsitzenden des «Bundes Deutscher Flugzeugführer», einem der bekanntesten Johannisthaler Flieger.

Dennoch führte selbst diese eingeschränkte Streikaktion zum Erfolg, denn schließlich war die Öffentlichkeit auf die Zustände auf dem Flugplatz Johannisthal aufmerksam geworden. Ein Reichtagsabgeordneter nahm sich der Interessen des BDF an, sah sich auf dem Flugplatz eingehend um, sprach mit Flugzeugführern und trat daraufhin mit einer parlamentarischen Anfrage im Reichstag auf. Unter dem Druck der öffentlichen Meinung wurde die Flugplatzgesellschaft gezwungen, endlich einen ständigen Flugplatzarzt einzustellen.

Auch unter den Arbeitern der Johannisthaler Flugzeugfabriken, deren Ausbeutung infolge der steigenden Flugzeugproduktion zunahm, begann die Unzufriedenheit in Arbeitskämpfe umzuschlagen. Im Jahre 1913 war in der Zeitschrift «Der Kritiker» zu lesen: «Rumpler läßt sich jetzt – es geht ihm vielleicht zu gut – in Lohnstreitigkeiten mit seinen Klempnern und Schlossern ein. Sie streikten.» Das geschah zu einer Zeit, als das in Gebäuden, Anlagen, Maschinen und Werkstoffen investierte Kapital der Rumpler-Werke nach eigenen Angaben in der Betriebsstatistik von 15000 Mark (im Jahre 1908) auf 570000 Mark (im Jahre 1913) angewachsen war. Dieser Metallarbeiterstreik in den Rumpler-Werken war die erste organisierte Kampfaktion, die aus Johannisthaler Flugzeugfabriken an die Öffentlichkeit drang. Weitere und umfassendere Kämpfe sollten im ersten Weltkrieg folgen.

Wenn also in bisherigen luftfahrtgeschichtlichen Darstellungen die Entwicklung des Motorfluges oft auf die flugtechnische Beschreibung der Apparate reduziert worden ist, um die These von «der verschworenen Gemeinschaft» in Johannisthal postulieren zu können, so mag das dem beschaulich-behäbigen Horizont des Sitztribünenzuschauers entsprechen, stimmt aber mit der harten Wirklichkeit der Pionierzeit des Motorfluges in keiner Weise überein.

Militäraufträge und „Nationalflugspende"

Wie bereits an anderer Stelle dargestellt, war die deutsche Konzeption eines künftigen Luftkrieges auf den Einsatz von Luftschiffen, und zwar immer deutlicher auf die Verwendung von Zeppelin-Luftschiffen, konzipiert. Ein Angebot der Wright-Brüder im Jahre 1906 an das Preußische Kriegsministerium war abgelehnt worden, das Flugzeug wurde in Gutachten als untauglich für kriegerische Zwecke erklärt.
Anders reagierte das französische Kriegsministerium, das etwa zur gleichen Zeit ein Angebot zum Ankauf der Wrigth-Flugmaschine und der Nachbaurechte erhielt. Auch das Kriegsministerium in Frankreich bemühte sich um ein Gutachten, beauftragte damit aber nicht Luftschifferkreise, die ohnehin auf Luftschiffe schworen und das Flugzeug damals noch verächtlich belächelten, sondern einen begeisterten Förderer des Fliegens mit Flugzeugen, den französischen Artilleriehauptmann Ferber. Daher kam hier etwas anderes zustande, als eine kurzsichtige Absage: eine überlegte militärische Begründung *für* das Flugzeug. In Ferbers Gutachten hieß es über die Motorfliegerei unter anderem: «Sie kann sich nicht nur zu einem leidenschaftlichen Sport auswachsen, sondern das ungeheuer schnelle Beförderungsmittel verspricht auch eine brauchbare Waffe für den Krieg zu werden. Ich denke nicht so sehr an die Möglichkeit, ab und zu dem Feinde Geschosse auf den Kopf zu schleudern, als vielmehr an die wirksame Unterstützung der höheren Führung durch zahllose Abteilungen dieser Luftfahrzeuge. Der oberste Führer kann jeden Augenblick genau über die Marschbewegungen und den Anmarsch des Feindes unterrichtet sein; der Regierung wird ein Mittel in die Hand gegeben, ihre Geschwader über dem ganzen feindlichen Gebiet kreuzen zu lassen und über die Grenzen zu schicken, die zurückgehaltenen Reserven und hastig zusammengezogene Unterstützungen zu beobachten. Bei dieser Sachlage ist der Sieg gewiß; schon unser alter Montluc sagt: ‹Wenn der Gegner weiß, was der Gegner macht, schlägt der Gegner den Gegner.›»
Zwar kaufte auch das französische Kriegsministerium die Wright-Patente nicht an, aber es wandte der Flugzeugentwicklung fortan große Aufmerksamkeit zu und stellte für die Förderung der Flugzeugtechnik staatliche Mittel zur Verfügung. Daher rückte Frankreich in den folgenden Jahren an die Spitze der europäischen Flugzeugentwicklung und machte rasche Fortschritte.
Im Preußischen Kriegsministerium wurden leitende Militärs erneut aufmerksam, als dort im Jahre 1908 Nachrichten eintrafen, die besagten, daß außer der französischen nunmehr auch die englische Heeresverwaltung mit dem Bau heereseigener Flugzeuge begonnen habe. Erneut wandte man sich an die Inspektion der Verkehrstruppen, aber mehr appellierend als fordernd, in der Flugzeugangelegenheit aus der abwartenden Haltung herauszutreten und mit praktischen Versuchen zu beginnen. Aber wiederum wies der Generalinspektor von Lyncker dieses Ansinnen zurück und vertrat die Ansicht, „daß nicht die Armee, sondern die Privatindustrie dazu berufen sei, unerforschte Probleme zu lösen. Seien praktische Ergebnisse erzielt, so sei es lediglich die Aufgabe der zuständigen militärischen Stellen, jene militärisch auszunutzen».
Im Jahre 1908 gab es aber auf dem Gebiet des Flugzeugbaus noch keine deutsche Privatindustrie. Daher suchte das Kriegsministerium einen vertrauenswürdigen und fähigen Konstrukteur, vergab schließlich den Konstruktionsauftrag für ein Heeresflugzeug an

204
Die einzige heereseigene Flugzeugkonstruktion vor dem ersten Weltkrieg: Ein Flugapparat, den Regierungsbaumeister W. S. Hoffmann schuf und der beim ersten Start am 18. März 1910 zerschellte

Regierungsbaumeister W. S. Hoffmann aus Stuttgart. Am 18. Februar 1909 wurde der Hoffmannsche Konstruktionsentwurf dem Kaiser vorgelegt. Dieser genehmigte das Projekt «und wünschte, dieses Flugzeug bereits beim Kaisermanöver 1909 verwendet zu sehen».
Zwar wurde mit dem Bau unverzüglich in den Werkstätten der Versuchsabteilung des Militärverkehrswesens in Berlin-Schöneberg begonnen, aber es war kein Flugmotor aufzutreiben. Man wandte sich in dieser Angelegenheit an die Motorfirmen Adler, Benz, Daimler, Dürkopp, Körting, NAG, Opel und Stoewer – ohne Erfolg. Deshalb mußte schließlich, was eigentlich vermieden werden sollte, ein französischer 60-PS-ENV-Motor besorgt werden. Erst mit einem Jahr Verspätung, im März 1910, war der Flugapparat fertiggestellt. Er sollte am 18. März auf dem Tempelhofer Feld einer hohen militärischen Kommission vorgeführt werden.
Das Flugzeug war ein Doppeldecker, konstruktiv stark an den Wright-Flugapparat angelehnt (dessen deutschen Nachbau man zu dieser Zeit bereits flugfertig bei der «Flugmaschine Wright GmbH.» auf dem Flugplatz Johannisthal hätte kaufen können!). Wie bei Wrights ersten Flügen war eine Gleitbahn als Starthilfe vorgesehen. Das Flugzeug hatte kein Räderfahrgestell, sondern Gleitkufen. Und – es hatte kein Seitenruder. Einem Bericht über die Vorführung dieses ersten deutschen Heeresflugzeugmusters entnehmen wir, was dann folgte: «Startfertig war alles hergerichtet, die Propeller wurden angeworfen und auf ein gegebenes Zeichen ließen die Startmannschaften das Flugzeug los. Es glitt die Schienenbahn entlang, hob sich in gerader Richtung einige Meter vom Boden und stürzte dann zur Erde. Die Maschine ging hierbei vollständig in Trümmer.»
50 000 Mark waren nutzlos ausgegeben worden (ein flugfähiger Wright-Apparat kostete damals in Johannisthal 30 000 Mark). Der Mißerfolg war Wasser auf die Mühle der Luftschiffanhänger. Sie hielten an ihrem Grundsatz, alle Anstrengungen auf den Bau von Luftschiffen zu konzentrieren, «um die Vormachtstellung Deutschlands wenigstens auf diesem Gebiet zu erhalten», wie es in einer damaligen Nachbetrachtung hieß, noch verbissener fest. Der Hoffmannsche Fehlversuch schien *das* Gutachten zu bestätigen, das von militärischen Beobachtern der Johannisthaler Eröffnungsflugwoche im Herbst 1909 verfaßt worden war. Darin hieß es: Die Kunst des Fliegens gehört vorläufig noch in den Zirkus.
Aber jene Militärkreise, die am Flugzeugbau interessiert waren, gaben nicht auf. Durch den Einsatz einer Eisenbahnpioniereinheit hatten sie bereits den Johannisthaler Flugplatzbau unterstützt. Ab dem Jahre 1910 erhielt die «Flug- und Sportplatz GmbH. Berlin-Johannisthal» – wie bereits an anderer Stelle erwähnt – einen jährlichen Finanzierungszuschuß in Höhe von 20 000 Mark aus der Kasse des Preußischen Kriegsministeriums. Und als die ersten privaten Fliegerschulen in Johannisthal und an anderen Orten ihre Tätigkeit aufnahmen, gehörten sogleich auch Offiziere des Heeres und der Marine zu den Flugschülern, seit dem Jahre 1912 auch Unteroffiziere und Mannschaften. Auf diese Weise wurden vor dem ersten Weltkrieg 243 Militärpersonen zu Flugzeugführern mit dem Ausweis des «Deutschen Luftfahrer-Verbandes» (DLV) ausgebildet, die meisten in Johannisthal. Das waren fast 30 Prozent aller bis zum Kriegsbeginn ausgebildeten Piloten mit einer DLV Flugzeugführerberechtigung (siehe Tabelle 14). Der Anteil von Militärpersonen stieg zunächst bis zum Jahre 1912 stark an und ging danach zurück, weil zu jener Zeit die Ausbildung zum Militärflugzeugführer mit Feldpilotenprüfung forciert wurde, für die keine DLV-Flugzeugführerberechtigung erforderlich war, weshalb die Anzahl derartiger Ausbildungen in den DLV-Statistiken nicht erschien.
Während sich das Geschäft mit der Ausbildung von Militärpersonen zu Flugzeugführern sehr rasch entwickelte, kam das Rüstungsgeschäft mit dem Flugzeug zunächst nur langsam in Gang. Doch darum ging es den Flugzeugfabriken in erster Linie, denn wer den Großserienbau von Flugzeugen anstrebte, der war sich von vornherein im klaren darüber, daß dies nur durch Militäraufträge erreicht werden konnte. Gleich, ob er das von Anfang an öffentlich zugeben wollte oder nicht. Die Fabrikanten stellten sich zeitig auf Luftrüstung ein.
Wer Verbindungen zu militärischen Kreisen unterhielt, der wußte auch von dem im März 1910 total mißlungenen Versuch der Heeresverwaltung, ein eigenes Flugzeugmuster zu entwickeln. Und er wußte, daß das Militär bereit war, Flugzeuge zu kaufen, die aus deutschem Material hergestellt waren und ihre Flugfähigkeit unter Beweis gestellt hatten.
Daher kann davon ausgegangen werden, daß größere Investitionen für den Flugzeugbau – auch auf dem Flugplatz Johannisthal – von vornherein von der Absicht bestimmt waren, nach ersten Entwicklungsarbeiten zunehmend für den militärischen Bedarf zu produzieren und, wenn es die Lage erlaubte, auf Hochtouren für den Kriegsbedarf. Es ist also schlechthin eine Täuschung, wenn in bürgerlicher Luftfahrtliteratur versucht wird, den Eindruck zu erwecken, als hätten die Fabrikbesitzer und Aktionäre allein den technischen Fortschritt fördern wollen und damit sowohl Opferbereitschaft als auch selbstlosen Patriotismus bewiesen. Welcher Unternehmer finanziert schließlich eine Produktion nur um der Produktion willen, ohne Klarheit darüber zu besitzen, wer die Produkte kauft oder als Käufer in Frage käme? Es handelte sich, sofern großangelegter Flugzeugbau beabsich-

205
Führende Militärs und der Großadel zeigten zunehmend Interesse für den Motorflug und den Flugplatz Johannisthal. Kriegsminister von Heeringen (links) und der Chef des Generalstabes von Moltke als Zuschauer eines Flugwettbewerbes

206
Prinz Sigismund von Preußen (zweiter v. l.) im Gespräch mit dem Flieger Otto Linnekogel

tigt wurde, also eindeutig von vornherein um Rüstungsinvestitionen.
Kronzeuge dafür mag der Mitbegründer der «Albatros-Flugzeugwerke GmbH.», Dr. Walter Huth, sein. Den Beweis brachte er allerdings erst sehr viel später, im Herbst 1938, zu Papier. Er schrieb: „Nachdem wir im Jahre 1910 bereits einige Flugzeuge in Johannisthal gebaut hatten, erhielt ich dort den Besuch eines sehr bekannten Großindustriellen, der sich mit einigem Kopfschütteln meine erste kleine Fabrikation ansah und mich ... etwas mitleidig fragte: ‹Ja, Herr Huth, was wollen Sie denn eigentlich dann mit den Flugzeugen, die Sie hier bauen, anfangen? Glauben Sie denn, daß Sie jemals außer wenigen waghalsigen Sportleuten Abnehmer für dieses Fabrikat finden werden?›» Aber «ich ... erwiderte, ich sei der Ansicht, daß sich mit der Zeit die Armee und die Marine mit Flugzeugen ausrüsten müsse ...» Und Huth fügte dieser Rückbetrachtung hinzu: «Meine Tätigkeit, d. h. der Hauptteil meiner Arbeit, dem mein innerstes Interesse gehörte, vollzog sich eben auf einem militärischen Gebiet, das nach meinem Gefühl und Wunsch ... dem Einblick Unbefugter entzogen bleiben sollte.»
Daher warben die bedeutendsten Johannisthaler Flugzeugunternehmen von vornherein um Militäraufträge. Nur gingen sie dabei auf unterschiedliche Weise vor.
Dr. Huth beispielsweise hatte – wie bereits im Zusammenhang mit der Entstehung der Albatros-Werke geschildert – schon am 2. Oktober 1909 den gerade in Frankreich bestellten Flugapparat dem Kriegsministerium zur Erprobung angeboten, denn dieses Muster wollte er nachbauen. Und zwar deshalb, damit die Forderung der Militärverwaltung eingehalten werden konnte, die «nur aus deutschem Material hergestellte Apparate» kaufen wollte, um im späteren Kriegsfalle von ausländischen Materiallieferungen für den Flugzeugbau unabhängig zu sein. (Über diese Grundforderung hinaus hatte das Preußische Kriegsministerium bereits im Sommer des Jahres 1909 folgende Leistungserwartungen formuliert, die ein Flugzeug erfüllen müsse, bevor es für militärische Zwecke verwendbar sei: Tragfähigkeit für zwei Personen; Betriebsstoff für 200 Kilometer; Stundengeschwindigkeit um 60 Kilometer; Flughöhe von mindestens 500 Metern; Steuerfähigkeit nach allen Richtungen und Landemöglichkeit ohne Gefährdung der Besatzung. Diese Richtlinien wurden in den folgenden Jahren präzisiert und durch Richtlinien des Reichsmarineamtes für den Bau von Wasserflugzeugen ergänzt.)
Damit keiner der anderen Johannisthaler Konkurrenten den Albatros-Plan stören konnte, schrieb Dr. Huth in seinem Brief an das Kriegsministerium: «Da ich zunächst mit meiner Person wie mit der ganzen Unternehmung nicht an der Öffentlichkeit genannt werden möchte, richte ich an das Königliche Kriegsministerium die gehorsame Bitte, mir an einem der Öffentlichkeit, insbesondere der Presse ganz unzugänglichen Exerzierplatzgelände in Berlins Umgebung einen Platz anzuweisen, auf dem ich ... Probeflüge nach Möglichkeit unbeobachtet vornehmen und zwei Schuppen event. von Pionieren bauen lassen könnte.»
Er wollte sich also – ganz und gar Pragmatiker – zweckmäßigerweise direkt auf einem Militärgelände etablieren und von dort aus Militäraufträge zum Bau und Ankauf von Flugzeugen beeinflussen.
Das Angebot wurde vom Kriegsministerium aufgegriffen, nachdem sich der Generalstab in die Verhandlungen eingeschaltet hatte und Dr. Huth nicht nur den Farman-Flugapparat, sondern auch die fliegerische Ausbildung von Offizieren zugesichert hatte. Daraufhin erhielt Dr. Huth am 19. März 1910 von der Versuchs-Abteilung der Verkehrstruppen, Sektion II a, das folgende Schreiben mit dem Vermerk ‹Vertraulich!›».
«Euer Hochwohlgeboren haben sich bei den Verhandlungen mit dem Königlichen Kriegsministerium zur Ausbildung von 2 Offizieren» (daraus wurden dann zwölf Offiziere; d. Verf.) «als Führer von Flugzeugen angeboten.
Die Abteilung, welche höheren Orts mit der Weiterentwicklung des Fliegerwesens beauftragt ist, fragt hierzu ergebenst an, ob Ew. Hochwohlgeboren bei der vorgeschlagenen Ausbildung der Offiziere selbst Lehrerstelle übernehmen, oder dies einem Angestellten übertragen werden soll. Gleichzeitig wird einer Mitteilung entgegengesehen, wann im Laufe der kommenden Woche eine Besichtigung der in Frage kommenden Flugzeuge durch Offiziere der Abteilung vorgenommen werden kann. Es wird angenommen, daß Ew. Hochwohlgeboren hierbei zugegen sein kann.

gez. Messing
Oberst»

208
Fluglehrer Simon Brunnhuber (rechts) bildete als «Dr. Brück» die ersten Fliegeroffiziere in Döberitz aus

207
Großherzog von Mecklenburg-Schwerin im Gespräch mit dem Flieger Max Schüler

Dr. Huth konnte natürlich nicht «selbst Lehrerstelle» übernehmen, denn sein Metier war nicht das Fliegen, sondern das Geschäft mit dem Fliegen. Daher benannte er seinen Chauffeur, Ingenieur Simon Brunnhuber, den er in Frankreich zum Flugzeugführer hatte ausbilden lassen, als Fluglehrer. Dieser nahm seine Tätigkeit als Beauftragter der Albatros-Werke auf dem Truppenübungsplatz Döberitz bei Spandau in der Nähe von Berlin auf, nachdem dort im Mai 1910 eine «Provisorische Fliegerschule» der Heeresverwaltung etabliert worden war. In aller Heimlichkeit wurde dort auf dem kostenlos zur Verfügung gestellten Doppeldecker die Ausbildung der ersten Offiziersflieger begonnen. Und Fluglehrer Brunnhuber, so geheim war die ganze Angelegenheit, schulte dort als erster deutscher Militärfluglehrer nicht unter seinem Namen, sondern unter dem Decknamen «Dr. Brück». Dies war seitens der Militärs kein Entgegenkommen an die aus Konkurrenzgründen erwünschte Geheimniskrämerei der Albatros-Werke, sondern hatte zwei andere wesentliche Gründe. Erstens war es pure Angst vor einer erneuten Blamage, nachdem gerade zwei Monate zuvor der Hoffmannsche Versuch mit einer heereseigenen Flugzeugkonstruktion so schmählich gescheitert war. Daher hatte das Ganze zunächst wirklich den Charakter eines Provisoriums, eines Experiments. Und zweitens war das Militär nicht daran interessiert, an die Öffentlichkeit dringen zu lassen, daß deutsche Offiziere auf einem französischen Flugapparat ausgebildet werden.

Eine befürchtete neuerliche Katastrophe blieb aus. Der Farman-Apparat erwies sich als zuverlässig. Brunnhuber alias Dr. Brück verstand sein in Frankreich erlerntes Handwerk. Die Ausbildung begann ohne Zwischenfälle. Die Grundlage war ein Vertrag, den die Versuchs-Abteilung der Verkehrstruppen am 31. März 1910 vorgeschlagen hatte und der nach langwierigen Verhandlungen am 8. Juli 1910 zwischen dem Kriegsministerium und den Albatros-Werken zustande kam. Der Anfang war damit gemacht.

Dieser Vertrag enthielt folgende Festlegungen:

1. Der Versuchs-Abteilung wird von Dr. Huth bis auf Widerruf ein Farman-Apparat kostenlos zur Verfügung gestellt.
2. Der Flugzeugeigentümer läßt auf diesem Apparat durch einen seiner Ingenieure Offiziere ausbilden.
3. Bei Beschädigung oder vollständiger Zertrümmerung übernimmt die Versuchs-Abteilung die Reparatur- oder Ersatzbeschaffungskosten bis zu einer Höhe von 75 Prozent des Anschaffungspreises des Flugapparates.
4. Der Flugzeugeigentümer übernimmt keinerlei Haftpflicht gegenüber dem Vertragspartner oder gegenüber Dritten. -
5. Der eingesetzte Fluglehrer erhält für Lehr-

209
Prinzenehepaar Friedrich Leopold im Gespräch mit dem Flieger Otto Stiefvatter (links)

flüge eine tägliche finanzielle Zuwendung. (Brunnhuber blieb vorläufig in der Gehaltsliste der Albatros-Werke. Später wurde er als Oberingenieur von der Heeresverwaltung eingestellt.)

6. Die Versuchs-Abteilung übernimmt durch die Annahme des Anerbietens Dr. Huths keinerlei Verbindlichkeit für den Ankauf des Apparates. (Hierüber hatte es die monatelangen Vertragsverhandlungen gegeben, denn der Albatros-Miteigentümer wollte, daß sich das Militär zum Ankauf von Nachbauten des Farman-Apparates gegenüber den Albatros-Werken verpflichtet, wenn sich das kostenlos bereitgestellte Flugzeug bewährt. Dazu fand sich aber das Militär nicht bereit.)
7. Die Versuchs-Abteilung verpflichtet sich, den Apparat unterzubringen und zu bewachen.

In Döberitz schlossen bis zum 30. November 1910 acht Offiziere ihre Ausbildung ab. Die Heeresverwaltung zeigte sich erkenntlich, denn es hatte bei dieser Ausbildung keinen Unfall gegeben. Am 18. Dezember 1910 kaufte sie den bis dahin unentgeltlich benutzten Farman-Apparat als erstes deutsches Militärflugzeug an. Es erhielt die Heeresbezeichnung «B 1». Am 23. Januar 1911 übernahm die Heeresverwaltung den ersten deutschen Nachbau des Farman-Doppeldeckers von den Albatros-Werken, dem noch im selben Jahr sechs weitere Albatros-Flugzeuge (sämtlich Nachbauten französischer Konstruktionen) folgten. Auf diese Weise ging die Rechnung Dr. Huths doch noch auf: Die Albatros-Werke wurden der erste deutsche Heeresflugzeuglieferant, die Flugzeuge mit den Heeresbezeichnungen «B 2» bis «B 8» wurden bei Albatros in Johannisthal hergestellt. Sechs der gelieferten Albatros-Flugzeuge waren auch die ersten, die im Jahre 1911, gesteuert von den in Döberitz ausgebildeten Piloten, am Kaisermanöver teilnahmen. Gegen Ende des Jahres 1911 erhielten die Albatros-Werke einen weiteren Militärauftrag für sieben Doppeldecker, während bei den Werken «Rumpler» in Johannisthal und «Aviatik» in Mülhausen nur je vier Flugzeuge in Auftrag gegeben wurden. (Letzere Aufträge waren von den Ergebnissen des «Deutschen Rundfluges» im Jahre 1911 beeinflußt worden. Hinter einem Albatros-Zweidecker hatten eine Rumpler-Taube und ein Aviatik-Zweidecker den zweiten und den dritten Platz belegt.)

Rumpler, der mit allen Mitteln versuchte, den in seinem Werk produzierten Tauben-Eindecker in Militärkreisen ins Gespräch zu bringen, schien beim Rennen um Militäraufträge den Anschluß verloren zu haben. Bei den Militärfliegern in Döberitz schwor man auf Albatros-Flugzeuge. Dafür hatte Brunnhuber an Ort und Stelle hinreichend gesorgt. Also mußte Rumpler einen anderen Weg

211
Spendenkarte für die «Nationalflugspende». Mit dem kampfbereiten Ritter war der Rüstungszweck der großangelegten Geldsammlung bereits symbolisch dargestellt

210
Rumpler-Taube im Herbst 1911 auf dem inzwischen ausgebauten Döberitzer Militärflugplatz

gehen. Er richtete seinen Blick nach oben, hofierte den Großadel und die Generalität. Der König Ludwig von Bayern und der Prinz Sigismund von Preußen folgten seinen Einladungen zu Flugzeugvorführungen und Werkbesichtigungen ebenso gern wie die Generale Hoffmann und von Hoeppner (der spätere Kommandierende General der Luftstreitkräfte). Und Hellmuth Hirth tat mit seinen überragenden Flugleistungen das übrige für das Ansehen der Rumpler-Taube, jedenfalls, bevor er sich von Rumpler abwandte und ein Albatros-Angebot annahm. Im Jahre 1912 begannen sich auch Rumplers Bemühungen auszuzahlen. Er erhielt seinen ersten Militärauftrag.

Auf Drängen des Generalstabes entschied das Kriegsministerium am 10. Januar 1912 den beschleunigten Ausbau der Fliegertruppe und die getrennte Ausbildung von Piloten und Beobachtern. Bis zum 1. Oktober 1912 sollte in folgenden Abstufungen eine Heeresfliegertruppe aufgestellt werden:

- Bereitstellung eines eigenen Etats für die «Lehr- und Versuchsanstalt für Militärflugwesen» in Döberitz, die bereits im April 1911 aus der dortigen «Provisorischen Fliegerschule» hervorgegangen war,
- Aufstellung je einer Fliegerstation in Metz und Straßburg bis zum 1. April 1912,
- Einrichtung von fünf Feldflieger-Abteilungen mit je vier Flugzeugen, und zwar in Köln (Feldflieger-Abteilung Nr. 1), in Trier (Nr. 2), in Neu-Breisach (Nr. 3), in Saarburg (Nr. 4), in Metz (Nr. 5) in der Zeit von April bis Juni 1912,
- Aufstellung einer dritten Fliegerstation in Darmstadt bis zum 1. Oktober 1912.

Zunächst sollte die Fliegertruppe 328 Offiziere und Mannschaftsdienstgrade umfassen. Bis zum 31. März 1913 sollte die Anzahl der Feldflieger-Abteilungen auf elf und die Anzahl ihrer Flugzeuge auf je sechs erhöht werden. Die nachfolgend dritte Ausbaustufe sah die Aufstellung weiterer Fliegerstationen im Bereich der an der deutschen Westgrenze stehenden Armeekorps sowie die Aufstellung neuer Feldflieger-Abteilungen im Osten vor.

Das war der Durchbruch, den die Flugzeugfabrikanten herbeigesehnt hatten. Die Forderung des Preußischen Kriegsministeriums lautete jetzt: Mehr Flugplätze, mehr Flugzeuge, mehr Personal!

Als erste Maßnahme, die dem Plan zur Aufstellung einer deutschen Fliegertruppe folgte, wurde ein Auftrag zum Bau von 51 Heeresflugzeugen und zur Lieferung entsprechender Ersatzteilmengen erteilt. Dieser Auftrag in einer Höhe von mehr als zwei Millionen Mark ging größtenteils nach Johannisthal, denn allein 49 der bestellten Flugzeuge sollten in Werken hergestellt werden, die dort ihren Hauptsitz hatten oder Zweigwerke unterhielten, davon 17 Albatros-Doppeldecker, 16 Rumpler-Tauben, 11 Aviatik-Flugzeuge, 2 LVG-Flugzeuge, 2 Harlan-Flugzeuge und 1 Dorner-Flugzeug (nur zwei Flugzeuge wurden außerhalb Johannisthals, bei den «Euler-Flugmaschinen-Werken», Frankfurt am Main, bestellt).

Die Serienproduktion von Flugzeugen lief an. Johannisthal begann, sich zum deutschen Luftrüstungszentrum zu entwickeln.

Aber – es wurden jetzt nicht nur viel mehr Flugzeuge gebraucht. Auch Militärflugzeugführer mußten in bedeutend größerer Anzahl ausgebildet werden. Dazu wurde die Ausbildungskapazität der großen privaten Fliegerschulen genutzt. Das alles kostete bedeutend mehr Geld, als dem Kriegsministerium zu diesem Zeitpunkt zur Verfügung stand. Im Jahre 1911 waren für Zwecke der Flugzeugrüstung und die Anfänge des Militärflugwesens 450 000 Mark und kurz darauf noch einmal vom Reichstag 1,3 Millionen Mark als Nachtragskredit bereitgestellt worden. Aber der Flugzeugbauauftrag des Jahres 1912 hatte weitere 2 Millionen Mark verschlungen, und noch einmal mindestens 5 Millionen Mark, so hatte man gerechnet, würden gebraucht werden, um die Luftrüstungspläne zügig zu verwirklichen.

Wer aber sollte diese Kosten übernehmen?

Da erinnerte man sich einer Geldquelle, die im Jahre 1908 nach der Zeppelin-Katastrophe von Echterdingen schon einmal mit überraschendem Erfolg angezapft worden war: das patriotische Volksgefühl!

Was war in Echterdingen geschehen?

Wie bereits erwähnt, hatte Graf Zeppelin durch eine Vereinbarung mit dem Kriegsministerium gesichert, daß es aus dem Militärbudget seine sämtlichen Luftschiffe kaufen würde. Allerdings sah die Vereinbarung vor, daß der Ankauf der gesamten Luftschiffproduktion erst dann beginnen würde, sobald eines der Zeppelin-Luftschiffe eine 24stündige Dauerfahrt vollbracht hätte.

Diese letzte Hürde wollte Zeppelin mit dem Luftschiff «LZ 4» nehmen. Am 4. August 1908 startete er zu diesem verlangten Dauerflug, aber schon nach ein paar Stunden mußte er wegen eines Motordefekts auf dem Rhein notlanden. Am Abend stieg «LZ 4» zum Weiterflug auf, doch am nächsten Morgen fand bei Echterdingen eine weitere Notlandung statt. Hier wurde das Luftschiff von einem Gewittersturm gepackt und von seiner Verankerung gerissen. Ein Feuer flammte auf und «LZ 4» brannte vollständig aus.

213
Melli Beese und Charles Boutard sowie einige ihrer Flugschüler in Berlin bei der Geldsammlung für die «Nationalflugspende»

212
Inserat aus dem Jahre 1912

Hatten viele Zeitungen den Dauerflugversuch schon als einzigartige Pioniertat gefeiert (was er, technisch gesehen, zu dieser Zeit auch war), die nur deutschem Erfindergeist möglich sei (was eine maßlose Übertreibung war und nationalistische Gefühle hochpeitschen sollte), so begann nach der Katastrophe von Echterdingen der ganze deutsche Propagandaapparat auf Hochtouren zu laufen. Von deutscher Größe war die Rede und vom heroischen Kampf eines deutschen Mannes, der dem deutschen Ansehen zur Weltgeltung verhelfen könnte, wenn – ja, wenn die Deutschen durch Geldspenden die deutsche Luftschiffahrt vor dem schicksalhaften Untergang und dem haßvollen Hohngelächter des Auslandes schützten.
Das Volk wurde also zur Kasse gebeten – und es zahlte. Viele Deutsche spendeten, weil sie dem technischen Fortschritt in ihrem Lande zum Durchbruch verhelfen und einem vom Pech verfolgten Erfinder aus der Not helfen wollten. Jedenfalls erbrachte die „Volksspende“ fast sieben Millionen Mark. Der Graf Zeppelin hatte Grund zur Freude, denn er war auf diese Weise früher Multimillionär geworden, als er nach dem Mißerfolg von Echterdingen hoffen durfte. Finanzielle Sorgen gab es für ihn nun nicht mehr.
Warum sollte das, so fragten sich die deutschen Luftrüstungsplaner, was im Jahre 1908 möglich war, vier Jahre später nicht noch einmal gelingen? Also wurde unter dem Protektorat des Prinzen Heinrich von Preußen ein Reichskomitee gebildet, dem vor allem Industrielle und Militärs angehörten. Sodann wurde in einem doppelten Sinne zum Sammeln geblasen.
Zunächst gab es gleichfalls unter dem Protektorat des Prinzen Heinrich von Preußen am Zoo in Berlin eine «Allgemeine Luftfahrzeug-Ausstellung» (ALA). Der Sinn war die Bestandsaufnahme des derzeitigen Leistungsvermögens der sich entwickelnden Flugzeugindustrie, zugleich aber auch Vorbereitung der Öffentlichkeit auf eine großangelegte Spendenaktion. In der ALA hatten alle bedeutenden deutschen Flugzeugproduzenten ausgestellt. Erstmals traten bedeutende Firmen mit Militärflugzeugen an die Öffentlichkeit.
Einem Pressebericht aus jenen Tagen entnehmen wir: «Von größtem Interesse für die Heeresverwaltung ... sind die Mars-Doppeldecker, gepanzerte Ungetüme, die das feindliche Lager umkreisen sollen, um im gegebenen Augenblicke durch Bomben Tod und Verderben zu bringen; diese Raubvögel ruhen selbst in der Nacht nicht einmal, sondern durchdringen mit ... scharfen Scheinwerferaugen die Dunkelheit. Die deutsche Armeeverwaltung hat erst kürzlich größere Bestellungen auf den Mars-Doppeldecker gegeben.» Letzteres stimmt zwar nicht, denn von diesem gepanzerten Ausstellungsmuster der «Deutschen Flugzeug-Werke» (DFW) in Leipzig-Lindenthal wurde nur ein Versuchsmuster gebaut, aber der Bericht offenbart die Zielsetzung der öffentlichen Meinungs- und Stimmungsbildung, die zunehmend seit dem Jahre 1912 in Einklang mit der beginnenden Flugzeugrüstung für die deutsche Fliegertruppe verfolgt wurde.
Einen gepanzerten Flugzeugrumpf, der Flieger und Beobachter vor Infanteriegeschossen schützen sollte, hatten auch die zu jener Zeit noch in Johannisthal existierenden «Flugwerke Haefelin & Co.» ausgestellt. Die «Albatros-Flugzeugwerke GmbH.» zeigten ihren Militär-Doppeldecker, der bereits in Döberitz verwendet wurde, und sie versuchten mit Aufrechnungen wie «30 Albatros-Flugzeuge kosten so viel wie ein Zeppelin» und «2 500 Albatros-Flugzeuge kosten so viel wie ein Dreadnought» (ein Kriegsschiff der Klasse der Großkampfschiffe; d. Verf.) die wirtschaftlichen Vorzüge des Militärflugzeugbaus zu belegen.
In seiner Rede zur Eröffnung der ALA hatte der Prinz mit Ausrufen wie «Luftfahrt tut not!» und «Ein starkes deutsches Fliegerwesen tut not!» nicht gespart. Eine Woche nach der Schließung der ALA wurde der Sinn dieser Notrufe deutlich offenbar, denn am 21. April 1912 erging – wiederum unter Förderung des Prinzen – ein «Not»-Aufruf an das

deutsche Volk zu einer «Nationalflugspende», in dem unter anderem erklärt wurde: «Vor allem ... soll die ‹Nationalflugspende› die Mittel bieten, unaufhaltsam weiterzuarbeiten an der Vervollkommnung der Flugapparate, an der Ausbildung der Flieger ..., soll auch die Entwicklung einer Technik gefördert werden, die immer neue Erwerbsfelder erschließen wird.» Das klang, im Gegensatz zur wirklichen Absicht, sehr friedlich und fortschrittlich. Wieder, wie nach Echterdingen, glaubte das Volk einem mit großem Werbeaufwand vorgetäuschten Sachverhalt. Selbst Johannisthaler Flieger und kleine Konstrukteure glaubten daran. Melli Beese, Charles Boutard und viele andere bekannte Flugzeugführer verhalfen der «Nationalflugspende» durch persönliche Sammeleinsätze auf Berliner Straßen und Plätzen zum Erfolg.

Innerhalb von sechs Monaten wurden 7647950 Mark und 48 Pfennige aufgebracht. Davon wurden – einem Bericht des «Kuratoriums der Nationalflugspende» zufolge, das über die Verwendung der Mittel zu entscheiden hatte – rund 500000 Mark als Beihilfen und Prämien für Rekordflüge festgelegt, 180000 Mark wurden für die Versicherung von Militärflugschülern an privaten Fliegerschulen und für Hinterbliebenenfürsorge bereitgestellt, 100000 Mark erhielt das Reichskolonialamt zum Ausbau von Flugplätzen in deutschen Kolonien. Es verblieben fast sieben Millionen Mark, die für die *direkte* Förderung der Luftrüstung verausgabt wurden, und zwar für

– den Ausbau von Heeresflugplätzen und Marineflugstützpunkten in Deutschland (350000 Mark),
– Aufträge zum Bau von weiteren 102 Flugzeugen für die Feldflieger-Abteilungen des Heeres, die noch im Jahre 1912 erteilt wurden,
– Entwicklungsaufträge an bekannte Flugzeugfabriken zum Bau von Marineflugzeugen,
– Entwicklungsaufträge an Motorenbaubetriebe zur Schaffung von Flugmotoren (zusätzlich zum 50000 Mark-Kaiserpreis-Wettbewerb für Flugmotoren),
– die Ausbildung künftiger Militärflugzeugführer an privaten Fliegerschulen, die eigens dafür ausgewählt wurden.

Die wachsende Nachfrage nach Heeres- und Marineflugzeugen führte zur Bildung weiterer Flugzeugbaubetriebe, die an dem Rüstungsgeschäft teilhaben wollten. Bereits bestehende Flugzeugfabriken erweiterten ihre Anlagen und damit ihre Produktionskapazität. Beispielsweise entstanden im Jahre 1912 – speziell zum Bau von Marineflugzeugen – sofort die «Ago-Fluggesellschaft mbH.» (ab dem Jahre 1913: «Ago-Flugzeugwerke GmbH») in Johannisthal, als Tochtergesellschaft der «Otto-Flugzeugwerke und Maschinenfabrik GmbH.», München, sowie die «Flugzeugbau-Friedrichshafen GbmH.» in Manzell am Bodensee, an der unter anderem der Luftschiff-Industrielle Graf Zeppelin mit Kapital beteiligt war.

Weitere Gründungsabsichten veranlaßten das Kriegsministerium zu einer öffentlichen Warnung, in der es hieß: «Für die nächste Zukunft muß damit gerechnet werden, daß die Heeresverwaltung fast die einzige Abnehmerin auf dem Flugzeugmarkte sein wird ... Deshalb erscheint es dem Kriegsministerium als im Interesse der vaterländischen Industrie liegend, daß eine weitere Bildung von Flugzeugfabriken nur dann eintritt, wenn es sich etwa um ganz besonders kapitalkräftige und großzügige Unternehmen handelt, und nur durchaus erfolgsichere Typen gebaut werden.»

Dies glich einem Urteil, das das Schicksal vieler kleiner Handwerksbetriebe im Flugzeugbau besiegelte, deren Besitzer und Mitarbeiter opferfreudig zur Entwicklung des Motorfluges beigetragen hatten. Innerhalb weniger Monate, bis zum Ende des Frühjahrs 1913, schlossen allein in Johannisthal folgende Werkstätten ihre Schuppentore für immer: «Prof. Dr. Reißner, Konstrukteur»; «Dorner Flugzeug GmbH.»; «Kühlstein-Wagenbau, Fabrik und Fliegerschule», «Oscar Roempler, Fliegerschule», «B. Mrozinski, Konstrukteur», «Bruno Scholz, Konstrukteur» sowie die «Flugschule Aero».

Noch im Herbst 1912 hatte die mutige Johannisthaler Fliegerin Melli Beese in einem «Notruf aus der deutschen Aviatik», der in der «Vossischen Zeitung» vom 1. September 1912 veröffentlicht wurde, vor den Folgen dieser Entwicklung gewarnt und vorausgesagt, daß viele kleine experimentierende Bastler und Erfinder untergehen und damit so manche wertvolle Anregung der Flugtechnik verloren gehen werde. Sie gab ihrer Befürchtung Ausdruck, daß nur wenige große Flugzeugfabriken übrigbleiben werden, die mit dem Nachbau erprobter ausländischer Flugzeuge ihre Geschäfte machen (direkt gemeint waren damit offenbar die Rumpler- und die Albatros-Werke). «Es sind Lebensretterdienste, die hier nottun», schrieb sie, noch immer darauf hoffend, daß die Mittel der «Nationalflugspende» in dem breiten Sinne verwendet werden, wie es in dem großangelegten Werbefeldzug zur Geldsammlung unentwegt verkündet worden war: Zur Förderung der deutschen Luftfahrt.

Der «Notruf» Melli Beeses änderte nichts. Der Einfluß der Militä

Schon im Spätherbst 1911 waren in größerer Anzahl Offiziere des Heeres zur freiwilligen Ausbildung für die künftige Fliegertruppe erfaßt und wenige Monate später zur Ausbildung in privaten Fliegerschulen «einberufen» worden, wie einer von ihnen, Hans Joachim Siber, in seinen Erinnerungen schilderte. Er gehörte zu einer Gruppe von 60 Offizieren, die am 1. Februar 1912 in der Generalinspektion des Militärverkehrswesen in Berlin versammelt und in «Ausbildungskommandos» aufgeteilt wurden. Das Kommando, dem er angehörte, bestand aus acht Offizieren und wurde zur Ausbildung bei Rumpler befohlen. Ihre dortigen Fluglehrer waren Willy Rosenstein, Josef Suvelack und Hellmuth Hirth. Nach dem Abschluß ihrer fliegerischen Ausbildung hatten sie sich in Döberitz zur weiteren Verwendung zu melden. Dieser Sachverhalt vermag manches zu erklären. Erstens wird damit verständlich, auf welche Weise der Anteil der Militärpersonen

214
Militärflugzeugführerabzeichen

an der Gesamtzahl der Flugschüler, die die Flugzeugführerberechtigung erwarben, bis Ende 1912 bzw. Anfang 1913 ständig zunahm. Zweitens kann vermutet werden, daß die Zuführung von Militärpersonen für die fliegerische Ausbildung an privaten Fliegerschulen schon vor dem Jahre 1912 begann. Drittens wird klar, daß die Ausbildung der Militärpersonen an privaten Fliegerschulen – zumindest der meisten von ihnen – aus dem Haushalt des Militäretats bezahlt wurde. Viertens wird damit belegt, daß die «Provisorische Fliegerschule», die im Jahre 1910 ihre Tätigkeit in Döberitz aufnahm, zwar die erste deutsche Heeresfliegerschule, aber keineswegs die einzige Ausbildungsstätte für deutsche Flugzeugführeroffiziere war. Und fünftens ist die Zuweisung von Militärpersonen an private Fliegerschulen offenbar einer der Gründe, weshalb Zivilflugschüler auf die Beendigung ihrer Ausbildung so ungewöhnlich lange warten mußten, denn allem An-

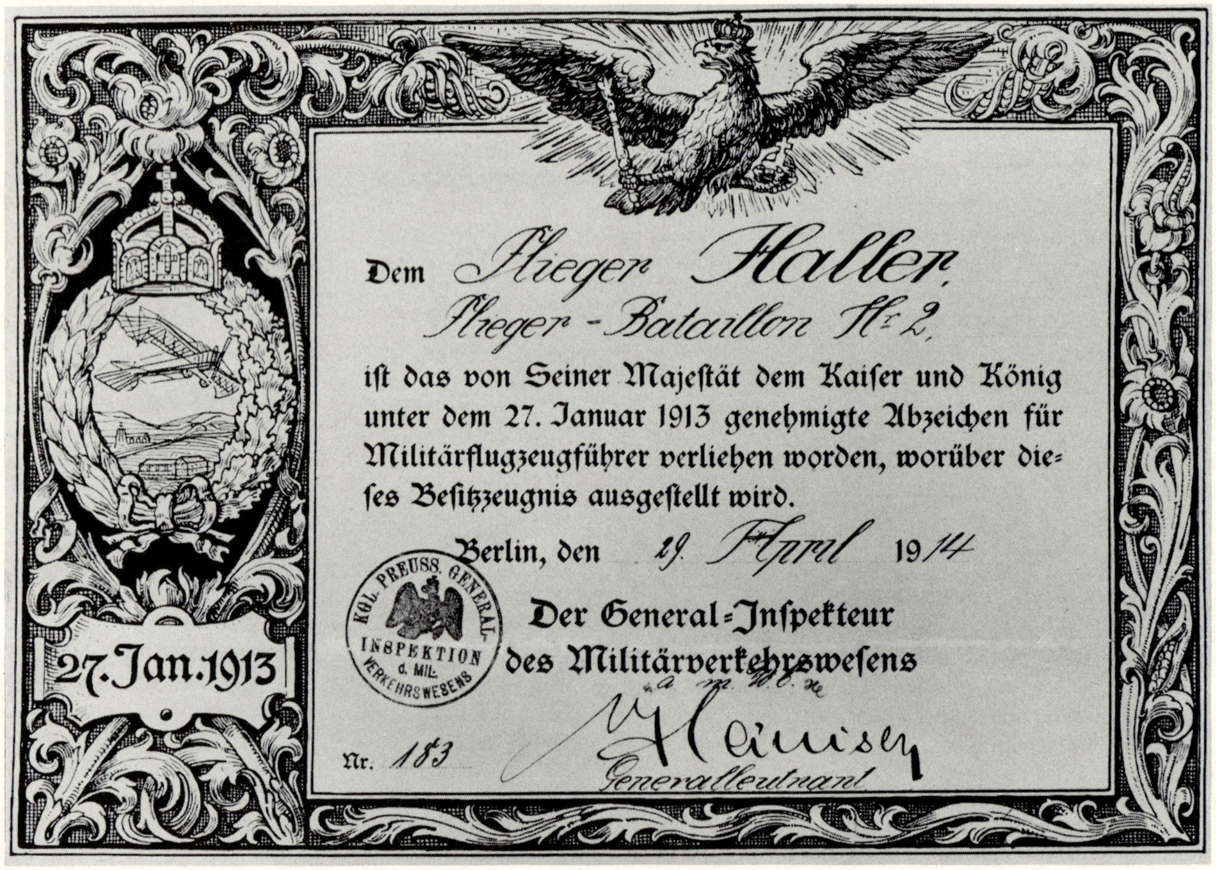

Dem Flieger Haller,
Flieger-Bataillon Nr. 2,
ist das von Seiner Majestät dem Kaiser und König unter dem 27. Januar 1913 genehmigte Abzeichen für Militärflugzeugführer verliehen worden, worüber dieses Besitzzeugnis ausgestellt wird.

Berlin, den 29. April 1914

KGL. PREUSS. GENERAL-INSPEKTION d. MIL. VERKEHRSWESENS

Der General-Inspekteur des Militärverkehrswesens

27. Jan. 1913

Nr. 183

Generalleutnant

215
Verleihungsurkunde
zum Militärflugzeugführerabzeichen

schein nach wurden die Militärs bevorzugt ausgebildet. Der Grund ist einleuchtend. Sobald ein «Ausbildungskommando» die Fliegerschule verließ, stand das nächste vor der Tür. Das bedeutete fortlaufend gesicherte Einnahmen. Daher waren mitunter Mitteilungen in der Presse zu finden, daß Offiziere schon nach drei- oder viertägiger Schulung ihre Pilotenprüfung bestanden haben.

Ab dem Jahre 1913 ging das Militär noch einen Schritt weiter. Am 1. März 1913 wurden die Fliegerschulen von 19 deutschen Flugzeugfabriken faktisch der militärischen Aufsicht unterstellt. Wenig später wurde das «Befähigungszeugnis als Militärflugzeugführer» eingeführt, das für die bestandene Feldpilotenprüfung erteilt wurde. Von nun an wurde der Anteil von Zivilflugschülern, die auf eigene Kosten die Flugzeugführererlaubnis erlangen wollten, immer weiter zurückgedrängt. Das Militär beanspruchte zunehmend die Ausbildungskapazität der Fabrikfliegerschulen für die Vorbereitung des Personalbestandes der Fliegertruppe. So teilte beispielsweise Rumpler den Flugzeugführern seines Werkes am 7. Februar 1914 folgendes schriftlich mit:

«An die Herren Piloten der Firma Rumpler, Johannisthal.
Herr Werner Wieting wird als Chef-Pilot der Flugschule mit der Aufsicht über den Flugbetrieb beauftragt und ist daher befugt, im Einverständnis mit Herrn Hauptmann Eich alle diesbezüglichen Anordnungen zu treffen.

Die Direktion.
Rumpler»

Die ausgewählten 19 Fliegerschulen, die zu Fabriken gehörten, von denen acht in Johannisthal den Hauptsitz hatten oder ein Zweigwerk unterhielten, hatten Flugschüler für die Fliegertruppe auszubilden. Diese Flugschüler mußten militärtauglich sein, eine abgeschlossene «Bürger- oder Mittelschulbildung» nachweisen und ein Führungszeugnis beibringen. Sie brauchten sich unter Vorlage der geforderten Unterlagen nur bei einer der dafür zugelassenen Fliegerschulen zu melden. Dort wurde ihre Militärtauglichkeit von einem eigens dafür eingesetzten Militärarzt festgestellt. Die Flugausbildung durfte begonnen werden, wenn sich der Flugschüler schriftlich verpflichtete, «in die Fliegertruppe zur Ableistung der Dienstpflicht einzutreten» und seine Bereitschaft erklärte, «sich zum nächsten Einstellungstermin der Fliegertruppe zur Verfügung zu stellen.»

Für jeden dieser Flugschüler, der die Feldpilotenprüfung bestanden hatte, erhielt der Fabrikbesitzer, in dessen Fliegerschule die Ausbildung erfolgt war, unverzüglich 8000 Mark überwiesen – aus Mitteln der «Nationalflugspende». Darüber hinaus bildeten einzelne Fliegerschulen, ebenfalls auf Kosten der «Nationalflugspende», nur noch Militärangehörige bis zur Feldpilotenprüfung aus. Dies wird in einem Zeitschriftenbericht vom August 1913 über die «Fokker Aeroplanbau mbH.» belegt, in dem es hieß, es war «das Betreten der Hallen und Arbeitsräume Zivilpersonen untersagt, da die gesamte Anlage größtenteils in den Händen der Heeresverwaltung lag und fast ausschließlich Offiziere ausgebildet wurden».

Zu den Fliegerschulen, die für diese einträgliche Ausbildung aus Mitteln der «Nationalflugspende» ausgewählt und zugelassen wurden, gehörten die folgenden in Johannisthal:

- «Ago Flugzeugwerke GmbH.»
- «Albatros-Werke GmbH.»
- «Automobil & Aviatik A.G.» (Zweigwerk bis Frühsommer 1913 in Johannisthal, Hauptwerk in Mülhausen)
- «Flugmaschine Wright GmbH.»
- «Fokker Aeroplanbau mbH.» (Betriebsverlegung Ende 1913 nach Görries bei Schwerin und Umbenennung in «Fokker-Flugzeugwerke»)
- «Harlan-Flugzeugwerke GmbH.»
- «Luft-Verkehrs-Gesellschaft A.G.»
- «Rumpler Luftfahrzeugbau GmbH.» (ab Mitte 1914: «Rumpler-Werke GmbH.»)

Weitere deutsche Fliegerschulen, die dafür ausgewählt wurden, waren:

- «Deutsche Bristol-Werke, Fluggesellschaft mbH.», Halberstadt
- «Deutsche Flugzeug-Werke», Leipzig-Lindenthal
- «Euler Flugmaschinen-Werke», Frankfurt (Main)-Niederrad

216
Das vom Fabrikanten Rumpler initiierte und «Seiner Majestät dem Deutschen Kaiser» zugedachte Flugzeuggeschenk der Waffen- und Munitionsfabrikanten

- «Flugzeugbau-Friedrichshafen GmbH.», Friedrichshafen am Bodensee
- «Flugzeugwerke Deutschland GmbH.», München-Milbertshofen
- «Flugzeugwerke Gustav Schulze», Burg bei Magdeburg
- «Flugzeugwerke G. Goedecker», Mainz-Gonsenheim
- «Grade Fliegerwerke», Bork bei Brück in der Mark
- «Otto-Flugzeugwerke und Maschinenfabrik GmbH.», München, Schleißheimer

- «Otto Schwade & Co., Flugzeug- und Motorenbau», Erfurt
- «Zentrale für Aviatik», Hamburg, Große Bleichen 31.

Aber nicht nur über die für die verpflichtungsbereiten Flugschüler kostenlose Ausbildung wurde der wachsende Personalbedarf der Fliegertruppe befriedigt, sondern auch über die Vergabe von Prämien und zeitweiligen Renten aus den Geldern der «Nationalflugspende», denn die dafür geltenden Bestimmungen lauteten unter anderem: «Die Annahme einer Prämie verpflichtet den Empfänger, sich für den Kriegsfall unbeschränkt, im Frieden während des folgenden, mit dem Empfang der Prämie beginnenden Jahres für eine besondere dreiwöchige Übung der Heeresverwaltung zur Verfügung zu stellen.»

Jeder also, der sich auf die eine oder andere Weise den Militärs verschrieb, konnte an der «Nationalflugspende» teilhaben. Melli Beese hingegen wurde von vornherein mit der Begründung ausgeschlossen, daß sie mit einem Ausländer verheiratet sei. Dieser Ausländer, der Franzose Charles Boutard, war gemeinsam mit seiner Frau unermüdlich in Berlin herumgefahren, und sie hatten zum Sammelerfolg der «Nationalflugspende» beigetragen.

Über die «Nationalflugspende» wurde der deutsche Motorflug auf die Bedürfnisse eines Krieges ausgerichtet. Die Motorflugzeugproduktion wurde kriegsvorbereitende Waffenproduktion. Als Danksagung für die bisherigen und in Erwartung künftiger Rüstungsaufträge organisierte Rumpler im Jahre 1913 mit großem Reklameaufwand ein bezeichnendes Flugzeuggeschenk ganz besonderer Art. Das Flugzeug trug am Rumpf die Aufschrift: «RUMPLER-TAUBE, gestiftet Seiner Majestät dem Deutschen Kaiser von den deutschen Waffen- und Munitionsfabriken». Besonders bemerkenswert an dieser Geschenkaufschrift ist, daß sich die Johannisthaler Flugzeugfabriken nunmehr als Waffenfabriken verstanden.

Zu dieser Zeit, als die Millionen der «Nationalflugspende» die Flugzeugaufrüstung sichtbar förderten, wurde das Flugzeug als Waffe immer unverhüllter in die ideologische Kriegsvorbereitung einbezogen. Kennzeichnend dafür war ein offener Brief eines wohl überschäumend Kriegsbesessenen, der im Jahre 1912 publiziert wurde und an den Vorsitzenden des «Deutschen Luftfahrer-Verbandes», dem Dachverband der deutschen Flugsport- und Luftfahrervereine, gerichtet war, deren Anzahl im Jahre 1912 schon 64 betrug und in denen zu dieser Zeit knapp 57000 Mitglieder vereinigt waren. Bereits im Jahre 1913 betrug die Anzahl der Vereine im DLV 89 und die Mitgliederzahl rund 83000.

Der Verfasser des offenen Briefes visierte England als Kriegsgegner an und deutete bereits zu jener Zeit ein Drittes Reich an, unter dessen Vorherrschaft Europa stehen müsse, und zwar mit Hilfe der Luftherrschaft. So forderte der Verfasser in dem offenen Brief an «den Vorsitzenden des Deutschen Luftfahrer-Verbandes, Seine Exzellenz den Kgl. preuß. Generalleutnant z. D. Herrn Stephan von Nieber, Ritter höchster Orden», die «ungehemmte Entfaltung für die Eroberung des ... Luftozeans!». Und er meinte, «das sind Antworten, die wir auf die betörenden Friedens-Schalmeien von jenseits des Kanals zu erteilen haben!! ... Wie die germanischen Götter in grandioser Erfüllung ihres Schicksals ... den Wolken entgegenschritten .., so werden und *müssen* die Völker Europas unter Wotans wieder *erwarteter* Führung einziehen in das Reich der dritten Dimension. So ... werden sich sammeln ... die Streiter, auf daß

Tabelle 21
Luftrüstungskosten in Mark
Gesamte direkte Luftrüstungskosten bis in die ersten Kriegsmonate
und Anteil der Flugzeugrüstung (blau)

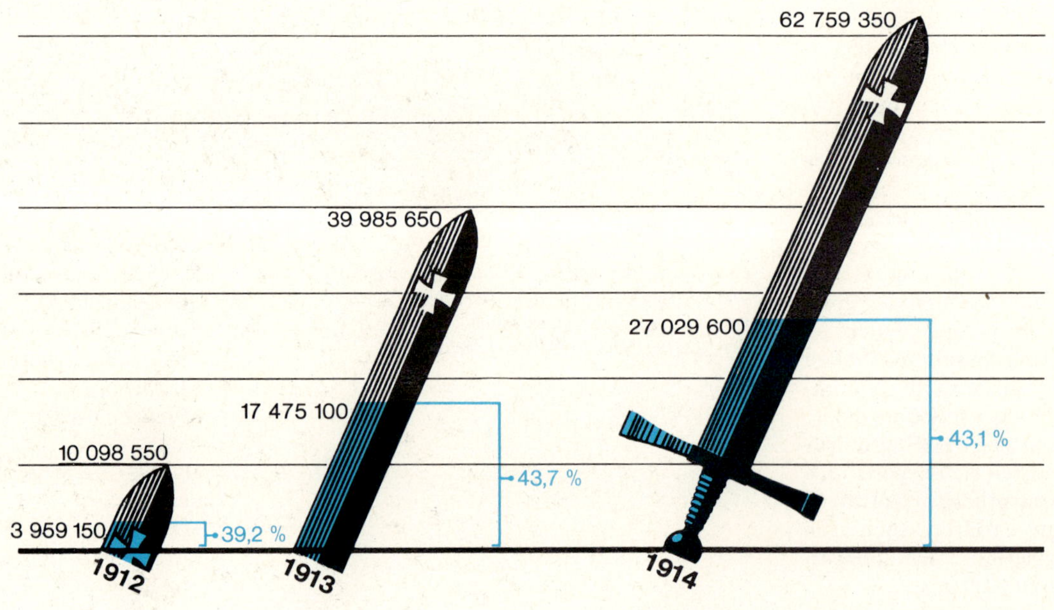

sie bereit sind, wenn da kommt der große Weltenbrand.» (Hervorh. im Original; d. Verf.) Das war, trotz schwülstiger Verbrämung mit germanischer Göttersage, doch recht deutlich.
Und es war auch keineswegs ein Zufall, daß Stephan von Nieber so direkt in aller Öffentlichkeit angesprochen wurde, denn dieser beeinflußte kraft seiner Funktion die Entwicklungsrichtung des Motorfluges und war mit Johannisthal, dem größten Motorflug- und Flugzeugbauzentrum, auf vielerlei Weise direkt verbunden. Gemeinsam mit anderen hohen Militärs, dem Chef des Generalstabes der Armee von Moltke und dem Admiral von Hollmann, gehörte er dem «Kaiserlichen Aero-Club» an, (dessen Klubhaus auf dem Flugplatz Johannisthal stand), und er war seit 1910 Vorsitzender des DLV sowie zugleich – was seinem Einfluß auf den Motorflug und den Kurs seiner Entwicklung besonderes Gewicht gab – Mitglied der «Motor-Flugsport-Kommission» des DLV. Über ihn liefen die entscheidenden Fäden, die den Einfluß der Militärs auf den Motorflug sicherten. In einer späteren Rückbetrachtung deutscher Militärs wurde ausdrücklich hervorgehoben, daß der DLV seit dem Jahre 1912 «Hand in Hand mit den Heeres- und Marinebehörden die... Fortentwicklung der Luftfahrt» vorangetrieben habe. Dies ist auch in einer im April 1912 (dem Monat der ALA und des Aufrufs zur «Nationalflugspende») veröffentlichten Denkschrift des DLV zum Ausdruck gekommen, in der unter anderem gefordert worden war, ganz Deutschland planmäßig mit einem System von Flugplätzen zu überziehen, den freien Wettbewerb der Flugzeugfabriken zu fördern, die Motorenindustrie zu stimulieren und die Zivilpiloten in einem freiwilligen Fliegerkorps zu sammeln.
Festzuhalten bleibt, daß bis zum Ende des Jahres 1912 die deutsche Flugzeugindustrie bereits zu 90 Prozent im Auftrage des Heeres arbeitete. Der Direktor der Albatros-Werke kennzeichnete diesen Sachverhalt mit den Worten, daß sich die Militärverwaltung von einem geduldigen Abnehmer in einen gebieterischen Auftraggeber gewandelt habe.
Die zunehmende Flugzeugrüstung führte zu einem starken Anstieg der Summen, die bereits vor dem ersten Weltkrieg in die Flugzeugfabriken hineinflossen. Eine Statistik des Berliner Militärluftfahrthistorikers Olaf Groehler liegt dem in Tabelle 21 fixierten aufschlußreichen Vergleich der wachsenden Luftrüstungsausgaben Deutschlands in den Jahren 1912 bis 1914 zugrunde.
Diese bedeutende Erhöhung des Stellenwerts des militärischen Flugzeugbaus führte zur Ausweitung der Produktionsstätten der großen Flugzeugfabriken auch in Johannisthal, zur Intensivierung der Produktion, zur verschärften Ausbeutung der Flugzeugarbeiter (in diese Zeit fiel der Streik der Metallarbeiter in den Rumpler-Werken) und zum steigenden Profit der Flugzeugfabrikanten sowie der daran beteiligten Finanzgruppen.
Dr. Huth bekannte in seinen späteren Aufzeichnungen über die Entwicklung der Albatros-Werke: «Ende 1912 war meine persönliche Aufbauarbeit mehr oder weniger getan. Als Initiator hatte ich das Ziel, das ich mir gesteckt hatte, ... mit gutem Erfolg erreicht.» Dieses Ziel war, Militäraufträge zu erlangen und damit die Serienproduktion von Flugzeugen beginnen zu können. Die Albatros-Produktion für Heer und Marine stieg von 20 Flugzeugen im Jahr 1911 (Einnahme dafür 400000 Mark) über 49 im Jahre 1912 (rd. 980000 M) auf 86 Flugzeuge im Jahre 1913 (ca. 1,72 Millionen Mark).
Bereits im Jahre 1912 standen die Albatros-Werke an der Spitze der Militär-Doppeldekker-Lieferanten. Gegen Jahresende 1912 übergab Dr. Huth die Leitung der Fabrik an den Teilhaber Otto Wiener. «Ich führte», so schrieb er, «nur noch den Vorsitz im Aufsichtsrat der Gesellschaft» (der «Albatros-Flugzeugwerke GmbH.»; d. Verf.).
Nicht minder blähte sich das Rumpler-Unternehmen auf, das zunächst den Tauben-Eindecker an die Militärverwaltung lieferte. Hatte die Flugzeugproduktion der Rumpler-Werke im Jahre 1910 noch fünf Flugzeuge betragen, so waren es 1911 bereits 20, 1912 schon 56 und 1913 waren es 67 Flugzeuge (zur Rumpler-Werkstatistik siehe Tabelle 7).
In den Jahren vor dem ersten Weltkrieg war und blieb der Flugplatz Johannisthal zwar das Zentrum der bedeutendsten Leistungen des deutschen Motorfluges und Austragungsort vieler aufsehenerregender Motorflugveranstaltungen, in denen die Flieger um den Sieg und um Preise rangen. Aber im Hintergrund dieser Entwicklung, besonders auffällig seit dem Jahre 1912, formierte sich auf dem Flugplatz Johannisthal die Flugzeugrüstung. Wegen seiner besonders günstigen Voraussetzungen wurde die Flugzeugindustrie auf dem Flugplatz Johannisthal zum bedeutendsten Ballungsraum der Flugzeugrüstung im ersten Weltkrieg. Er galt ab Kriegsbeginn als «militärischer Zentralflugplatz».

Vom Gesamtbetrag der gesammelten Beiträge für die «Nationalflugspende» wurden rund 500000 Mark (weniger als 7 Prozent) für verschiedene Beihilfen und Prämien zur Förderung motorfliegerischer Leistungen verwendet, und zwar gezielt zur Stimulierung von Flugleistungen, die aus militärischer Sicht von besonderem Interesse waren. Parallel dazu wurden namhaften Flugzeug- und Motorenfabriken bedeutende Summen zugesteckt, mit denen die Entwicklung möglichst leistungsfähiger Militärflugzeuge forciert werden sollte. Kriterien für die Leistungsmessung waren Mehrstundenflüge, Dauerflüge, Fernflüge und Höhenflüge mit und ohne Passagieren.
In Übereinstimmung mit den festgelegten Bedingungen stiegen beispielsweise im Jahre 1913 die Leistungen
– im Mehrstundenflug ohne Passagier von «mindestens vier Stunden» (vollbracht von fünf Fliegern) auf «mindestens neun Stunden» (erreicht von drei Fliegern);
– im Mehrstundenflug mit einem Passagier von «mindestens vier Stunden» (von 18 Fliegern erreicht) auf «mindestens sieben Stunden» (von drei Fliegern bewältigt);
– im Dauerflug ohne Passagier auf 9 Stunden, 23 Minuten;
– im Fernflug mit einem Passagier auf 2079 Kilometer;
– im Höhenflug ohne Passagier auf 4180 Meter.
Bis zur Jahresmitte 1914 stiegen erreichte Motorflugleistungen beispielsweise
– im Dauerflug ohne Passagier auf 24 Stunden, 10 Minuten;
– im Höhenflug ohne Passagier auf 8150 Meter.

Der Flugplatz im ersten Weltkrieg

Am 1. August 1914 erklärte Deutschland gegenüber Rußland den Krieg, am 3. August folgte die Kriegserklärung an Frankreich, am 4. August wurde Belgien von deutschen Truppen angegriffen. Daraufhin trat England in den Krieg ein. Die Kriegsziele waren auf deutscher Seite von vornherein klar. Der damalige Reichskanzler von Bethmann Hollweg formulierte sie noch einmal eindeutig am 11. Oktober 1914 in einem Brief an Generaloberst von Kessel: «Das Ziel dieses Krieges ist nicht die Wiederherstellung des europäischen Gleichgewichts, sondern gerade die endgültige Beseitigung dessen, was bisher als europäisches Gleichgewicht bezeichnet wurde, und die Fundierung einer deutschen Vormachtstellung in Europa.» Diesem Ziel diente auch die Flugzeugrüstung, für deren Ausweitung es nunmehr keinerlei Grenzen mehr zu geben schien.
Sofort am ersten Kriegstag wurde der gesamte Flugplatz zwischen Johannisthal und Adlershof unter militärische Bewachung gestellt. Mehrere kleine Werkstätten und Fliegerschulen, die noch verblieben waren, wurden geschlossen, darunter die der ersten Johannisthaler Motorfliegerin Melli Beese. Die Befugnisse der Flugplatzgesellschaft wurden aufgehoben. Georg von Tschudi hörte auf, Flugplatzdirektor zu sein und ging in den Truppendienst; an Flugwettbewerbe war in Johannisthal vorläufig ohnehin nicht zu denken. Jetzt beherrschten die Flugzeugfabriken vollends das Feld.
Neue Werkhallen wurden errichtet, vorhandene ausgebaut. Die Flugzeugproduktionszahlen kletterten weiter in die Höhe. Die Anzahl der Flugzeugtypen, die gebaut wurden, nahm rasch zu. Schließlich begann die Rüstungsproduktion sogar die Flugplatzgrenzen zu sprengen und drang in den Ort ein. Rumpler beispielsweise richtete – trotz ständiger Ausweitung seiner Werkhallen auf dem Flugplatz – im Kriegsverlauf in den Vergnügungssälen des «Parkrestaurants» und des

217
Seit Kriegsbeginn erhöhte sich in Johannisthal beträchtlich die Anzahl der Flugunfälle

218
***Belastungserprobung von Militärflugzeugen mit Menschenlast:** Am 23. März 1915 startete ein Rumpler-Großkampfflugzeug in Johannisthal mit 16 (!) Personen an Bord, die sich während des Fluges an Streben und Verspannungen festklammern mußten, um nicht herabzufallen. Die Erprobung gelang, in knapp 20 Minuten erreichte das Flugzeug mit seiner Last eine Höhe von 1000 Metern*

Tabelle 22
Flugzeug-Klassifizierung
im ersten Weltkrieg

Flugzeugklasse	Bauart	Verwendungszweck	im Fronteinsatz
A	Eindecker, Tauben	Schul- und Beobachtungsflugzeug	1914/15
B	Doppeldecker	Schul- und Beobachtungsflugzeug	1914/15
C	Ein- und Doppeldecker	Aufklärer und Artilleriebeobachter	1915-18
CL	Ein- und Doppeldecker	Einsatz zur Infanteriebekämpfung, als Aufklärer und Artilleriebeobachter	1917/18
CLS	Ein- und Doppeldecker	leichtes Schlachtflugzeug für den Erdkampf	1918
D	Ein- und Doppeldecker	Jagdeinsitzer	1916-18
DJ	Ein- und Doppeldecker	gepanzertes Erdkampfflugzeug	1916-18
Dr	Dreidecker	Jagdeinsitzer	1917/18
E	Eindecker	Jagdeinsitzer	1915/16
J	Doppeldecker	gepanzertes Erdkampfflugzeug	1917/18
N,CN	Doppeldecker	Nachtbomber	1917/18
G	Doppel- und Dreidecker	Bomber (2-motorig)	1915-18
GL	Doppel- und Dreidecker	leichter Bomber	1915-18
L	Doppeldecker	Bomber (3-motorig)	1915-18
R	Doppeldecker	Fernbomber (3-6-motorig)	1915-18

219
Der Flugplatz im Juli 1916

Seit dem Beginn des ersten Weltkrieges stand der Flugplatz unter militärischer Bewachung, er wurde vom Militärflugzeugbau beherrscht. Die kleinen Konstrukteure mit ihren Werkstätten und Fliegerschulen, die das Bild des Motorflugsportplatzes geprägt hatten, waren verschwunden. Die großen Flugzeugfabriken hatten sich weiter ausgebreitet, neue waren hinzugekommen. Aus der DVL in der Adlershofer Ecke war die «Prüfanstalt und Werft der Fliegertruppe» (PWF) hervorgegangen, daneben hatte eine Flieger-Ersatz-Abteilung des Heeres ihren Standort. (Beide wurden im Jahre 1917/18 zur «Flugzeugmeisterei Adlershof» vereinigt.)

1) Marinefliegerkorps **2)** Flugzeughalle des Johannisthaler Marinefliegerkorps **3)** Stabsgebäude und Werkstätten des Marinefliegerkorps **4)** «Luft-Verkehrs-Gesellschaft» (LVG) **5)** Parseval-Luftschiffhalle der LVG, am 10. Oktober 1915 durch einen Großbrand total zerstört **6)** Direktionsgebäude der «AMBI-Werke» **7)** Flieger-Ersatz-Abteilung

«Bürgergartens» (heute: «Astra»-Kino am Sterndamm) zusätzliche Produktionsabteilungen ein.
Die steigende Flugzeugproduktion führte zunächst zu einigen Schwierigkeiten auf dem Flugplatz, denn die fertiggestellten Flugzeuge wurden auf Pferdefuhrwerke verladen und am Bahnhof Niederschöneweide-Johannisthal in Eisenbahnwaggons umgeladen. Das führte zunehmend zu Lieferstauungen und hatte zur Folge, daß einige Kommandeure von Fliegereinheiten selbst nach Johannisthal reisten und ihren Nachschub energisch auf eigene Faust organisierten.
Damit war ein weiteres Problem verbunden. Die wachsende Anzahl von produzierten Flugzeugen, die eingeflogen werden mußten, verdichteten den ohnehin schon starken Flugverkehr auf dem Fluggelände. Soviel Flugzeuge wie vor allem in der Kriegszeit 1914 bis 1916 waren in Johannisthal nie zuvor in der Luft. An der Nordseite des Flugplatzes fand die fliegerische Ausbildung des dort stationierten Marinefliegerkorps statt, an der Südostseite hingegen schulte ein Heeresfliegerkorps. An der Westseite starteten und landeten die Einflieger der Albatros-Werke und der LVG. An der Nordostseite fanden die diversen Flüge mit Rumpler-Maschinen statt. In der Ostecke unterhielt die DVL ihren Versuchs- und Prüfbetrieb. Dazwischen kurvten Maschinen der anderen Flugzeugwerke, einiger Militärfliegerschulen sowie Ausbildungsluftschiffe.
Mit der Zunahme und Verdichtung des Flugbetriebes, der außerdem chaotisch unorganisiert war, weil die vom ehemaligen Flugplatzdirektor von Tschudi eingeführte und überwachte Flugplatzordnung nicht mehr galt,

220
Flugzeugtransport in Johannisthal im ersten Weltkrieg; der Transport zur Bahn begann zunächst mit Pferdefuhrwerken (rechts oben)

221
Bald darauf wurden die Flugzeuge in Kolonnen durch die Straßen zur Bahn geschoben

222
Schließlich wurde auf dem Flugplatz eine Werkbahnanlage mit Stichbahnen in die Werkgelände verlegt

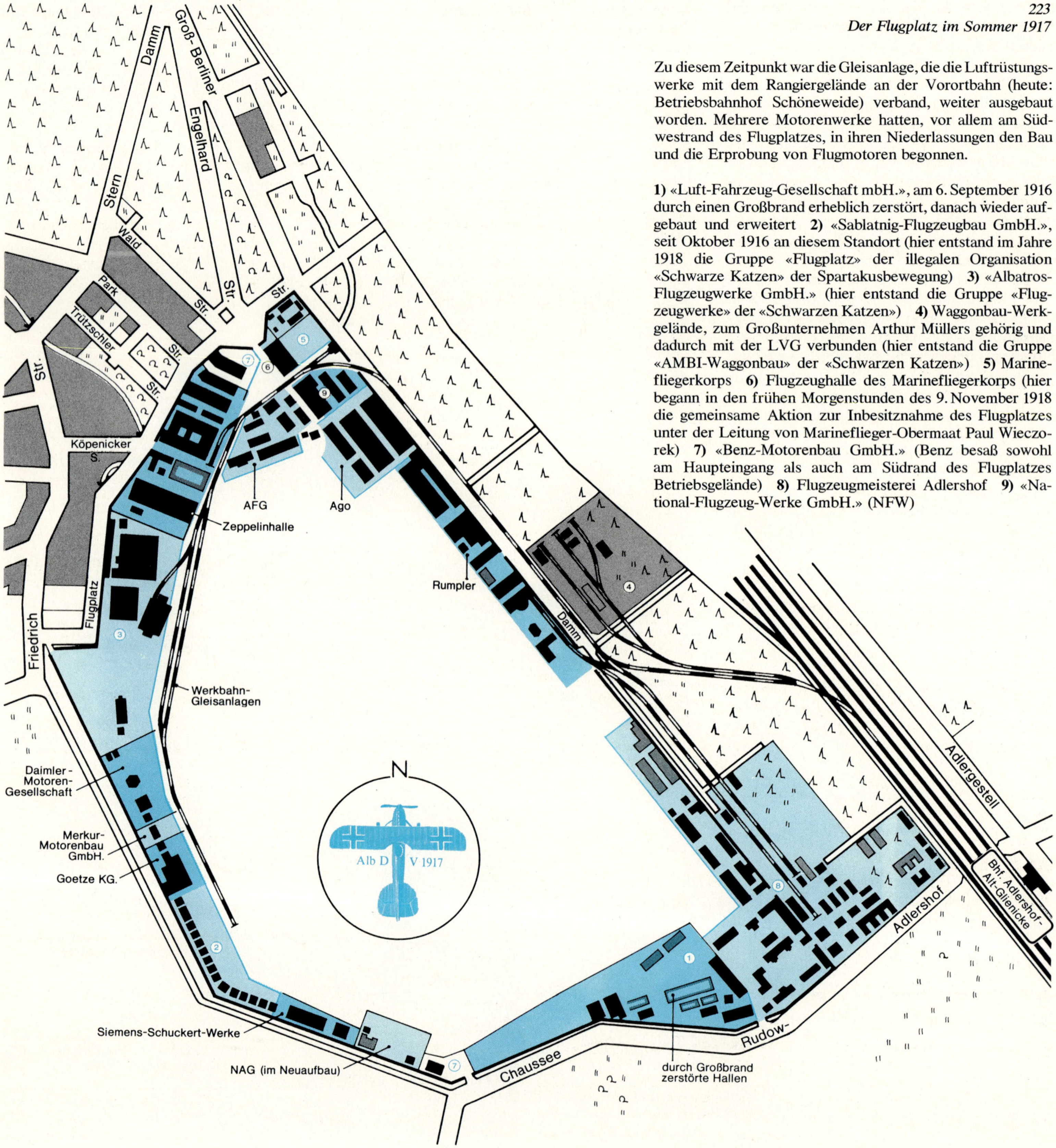

223
Der Flugplatz im Sommer 1917

Zu diesem Zeitpunkt war die Gleisanlage, die die Luftrüstungswerke mit dem Rangiergelände an der Vorortbahn (heute: Betriebsbahnhof Schöneweide) verband, weiter ausgebaut worden. Mehrere Motorenwerke hatten, vor allem am Südwestrand des Flugplatzes, in ihren Niederlassungen den Bau und die Erprobung von Flugmotoren begonnen.

1) «Luft-Fahrzeug-Gesellschaft mbH.», am 6. September 1916 durch einen Großbrand erheblich zerstört, danach wieder aufgebaut und erweitert **2)** «Sablatnig-Flugzeugbau GmbH.», seit Oktober 1916 an diesem Standort (hier entstand im Jahre 1918 die Gruppe «Flugplatz» der illegalen Organisation «Schwarze Katzen» der Spartakusbewegung) **3)** «Albatros-Flugzeugwerke GmbH.» (hier entstand die Gruppe «Flugzeugwerke» der «Schwarzen Katzen») **4)** Waggonbau-Werkgelände, zum Großunternehmen Arthur Müllers gehörig und dadurch mit der LVG verbunden (hier entstand die Gruppe «AMBI-Waggonbau» der «Schwarzen Katzen») **5)** Marinefliegerkorps **6)** Flugzeughalle des Marinefliegerkorps (hier begann in den frühen Morgenstunden des 9. November 1918 die gemeinsame Aktion zur Inbesitznahme des Flugplatzes unter der Leitung von Marineflieger-Obermaat Paul Wieczorek) **7)** «Benz-Motorenbau GmbH.» (Benz besaß sowohl am Haupteingang als auch am Südrand des Flugplatzes Betriebsgelände) **8)** Flugzeugmeisterei Adlershof **9)** «National-Flugzeug-Werke GmbH.» (NFW)

erhöhte sich die Anzahl der Havarien und tödlichen Abstürze gegenüber den Vorkriegsjahren erheblich. Aus der «Verlustliste der deutschen Luftstreitkräfte im Weltkriege» ist zu entnehmen, daß in der Kriegszeit durch Abstürze auf diesem Flugplatz oder seiner Umgebung 74 Angehörige des fliegenden Personals sofort zu Tode kamen und mindestens 218 weitere in Berliner Krankenhäusern bzw. Lazaretten starben. (Zum Vergleich: In Gotha, einem weiteren damaligen Schwerpunkt des Flugzeugbaues und der Flugzeugführerausbildung, kamen in den Kriegsjahren 69 Flieger ums Leben.)
Beide Probleme – Transportschwierigkeiten und Flugzeugkatastrophen – wurden teilweise durch den Bau einer Gleisanlage gelöst. Sie führte zwischen den Bahnhöfen Niederschöneweide-Johannisthal und Adlershof von einem Rangiergelände (heute: Betriebsbahnhof Schöneweide) über den Groß-Berliner Damm hinweg auf den Flugplatz und von dort bis zum Jahre 1916 an der Westseite des Platzes bis zu den Albatros-Werken, bis zum Jahre 1917/18 als Ringbahngleis an sämtlichen Flugzeugfabriken vorbei. Von dieser Ringbahn führten Stichbahngleise direkt in die Fabrikgelände hinein, wodurch die Waggons zwischen den Werkhallen beladen, von dort über die Ringbahnanlage zum Rangierbahnhof gezogen und zu Flugzeugtransportzügen zusammengestellt werden konnten. Damit wurde das Einfliegen von Serienflugzeugen in Johannisthal nach und nach eingestellt. Erst auf den Bestimmungsflugplätzen des Heeres oder der Marine wurden die Flugzeuge aufgerüstet und von Militärpiloten eingeflogen. Das entlastete teilweise den Flugbetrieb in Johannisthal.
Auch auf die Bau- und Abnahmeorganisation in den Flugzeugfabriken nahm die Militärverwaltung immer stärkeren Einfluß. Zur Überwachung der Produktion und Lieferung waren seit dem Kriegsbeginn Kontrolloffiziere eingesetzt worden, mit denen sämtliche Entscheidungen abzustimmen waren. Ab Ende des Jahres 1916 wurden diese Offiziere offiziell als «Bauaufsichten» bezeichnet.

Tabelle 23
Flugzeugkennzeichnung

vor dem Kriege	im Kriege	Flugzeughalter bzw. -hersteller
A. (auch: Ago)	Ago.	"Ago Flugzeugwerke GmbH."
A.L.B.	Alb.	"Albatros-Flugzeugwerke GmbH."
A.F.G.	Afg.	"Allgemeine Flug-Gesellschaft mbH."
A.K.		"Automobil & Aviatik A.G."
B.		"Bussard-Flugzeug-Werke GmbH."
C.		"Court-Flugzeugwerke" und "M. Conrad, Konstrukteur"
C.A.		"Centrale für Aviatik"
M.B.		"Flugschule Melli Beese"
F.		"Fokker-Flugzeugwerke"
Geest (auch: GEEST)		"Dr. Geest, Konstrukteur"
H. (auch: Hu.)		"Bruno Hanuschke, Fliegerschule"
Harlan		"Harlan-Flugzeugwerke GmbH."
H.H.		"Hellmuth Hirth, Konstrukteur
J.		"Emil Jeannin Flugzeugbau GmbH."
L.F.G. (auch: L.)	Rol.	"Luft-Fahrzeug-Gesellschaft mbH."
L.V.G.	Lvg.	"Luft-Verkehrs-Gesellschaft A.G."
	Torp.	"Luft-Torpedo-Gesellschaft"
	Nfw.	"National-Flugzeug-Werke GmbH."
R.	Ru.	"Rumpler-Luftfahrzeugbau GmbH."
R.V.		"Hans Röver, Fliegerschule"
	Sab.	"Sablatnig-Flugzeugbau GmbH."
ST.		"Paul Schwandt, Fliegerschule"
ETR. (auch: Etrich)		"Sport-Flieger GmbH."
WES.		"Paul Westphal, Konstrukteur"
W.		"Flugmaschine Wright GmbH."
	Ssw.	"Siemens-Schuckert-Werke, Abteilung Flugzeugbau"

Tabelle 24
Flugzeugproduktion der Albatros-Werke im ersten Weltkrieg

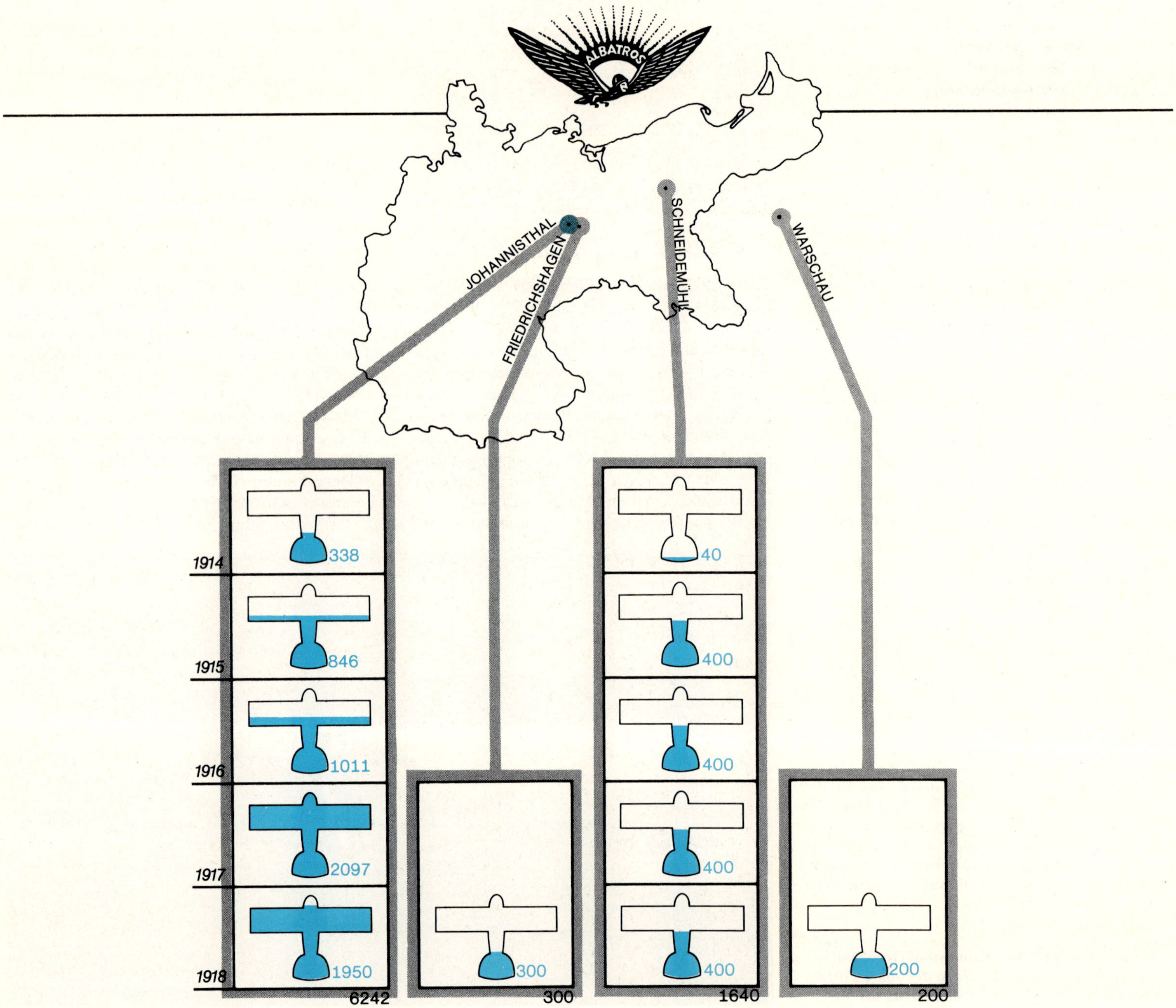

erhöhte sich die Anzahl der Havarien und tödlichen Abstürze gegenüber den Vorkriegsjahren erheblich. Aus der «Verlustliste der deutschen Luftstreitkräfte im Weltkriege» ist zu entnehmen, daß in der Kriegszeit durch Abstürze auf diesem Flugplatz oder seiner Umgebung 74 Angehörige des fliegenden Personals sofort zu Tode kamen und mindestens 218 weitere in Berliner Krankenhäusern bzw. Lazaretten starben. (Zum Vergleich: In Gotha, einem weiteren damaligen Schwerpunkt des Flugzeugbaues und der Flugzeugführerausbildung, kamen in den Kriegsjahren 69 Flieger ums Leben.)

Beide Probleme – Transportschwierigkeiten und Flugzeugkatastrophen – wurden teilweise durch den Bau einer Gleisanlage gelöst. Sie führte zwischen den Bahnhöfen Niederschöneweide-Johannisthal und Adlershof von einem Rangiergelände (heute: Betriebsbahnhof Schöneweide) über den Groß-Berliner Damm hinweg auf den Flugplatz und von dort bis zum Jahre 1916 an der Westseite des Platzes bis zu den Albatros-Werken, bis zum Jahre 1917/18 als Ringbahngleis an sämtlichen Flugzeugfabriken vorbei. Von dieser Ringbahn führten Stichbahngleise direkt in die Fabrikgelände hinein, wodurch die Waggons zwischen den Werkhallen beladen, von dort über die Ringbahnanlage zum Rangierbahnhof gezogen und zu Flugzeugtransportzügen zusammengestellt werden konnten. Damit wurde das Einfliegen von Serienflugzeugen in Johannisthal nach und nach eingestellt. Erst auf den Bestimmungsflugplätzen des Heeres oder der Marine wurden die Flugzeuge aufgerüstet und von Militärpiloten eingeflogen. Das entlastete teilweise den Flugbetrieb in Johannisthal.

Auch auf die Bau- und Abnahmeorganisation in den Flugzeugfabriken nahm die Militärverwaltung immer stärkeren Einfluß. Zur Überwachung der Produktion und Lieferung waren seit dem Kriegsbeginn Kontrolloffiziere eingesetzt worden, mit denen sämtliche Entscheidungen abzustimmen waren. Ab Ende des Jahres 1916 wurden diese Offiziere offiziell als «Bauaufsichten» bezeichnet.

Tabelle 23
Flugzeugkennzeichnung

vor dem Kriege	im Kriege	Flugzeughalter bzw. -hersteller
A. (auch: Ago)	Ago.	"Ago Flugzeugwerke GmbH."
A.L.B.	Alb.	"Albatros-Flugzeugwerke GmbH."
A.F.G.	Afg.	"Allgemeine Flug-Gesellschaft mbH."
A.K.		"Automobil & Aviatik A.G."
B.		"Bussard-Flugzeug-Werke GmbH."
C.		"Court-Flugzeugwerke" und "M. Conrad, Konstrukteur"
C.A.		"Centrale für Aviatik"
M.B.		"Flugschule Melli Beese"
F.		"Fokker-Flugzeugwerke"
Geest (auch: GEEST)		"Dr. Geest, Konstrukteur"
H. (auch: Hu.)		"Bruno Hanuschke, Fliegerschule"
Harlan		"Harlan-Flugzeugwerke GmbH."
H.H. [illegible]		"Hellmuth Hirth, Konstrukteur [illegible]

vor dem Kriege	im Kriege	Flugzeughalter bzw. -hersteller
J.		"Emil Jeannin Flugzeugbau GmbH."
L.F.G. (auch: L.)	Rol.	"Luft-Fahrzeug-Gesellschaft mbH."
L.V.G.	Lvg.	"Luft-Verkehrs-Gesellschaft A.G."
	Torp.	"Luft-Torpedo-Gesellschaft"
	Nfw.	"National-Flugzeug-Werke GmbH."
R.	Ru.	"Rumpler-Luftfahrzeugbau GmbH."
R.V.		"Hans Röver, Fliegerschule"
	Sab.	"Sablatnig-Flugzeugbau GmbH."
ST.		"Paul Schwandt, Fliegerschule"
ETR. (auch: Etrich)		"Sport-Flieger GmbH."
WES.		"Paul Westphal, Konstrukteur"
W.		"Flugmaschine Wright GmbH."
	[illegible]	"Siemens-Schuckert-Werke, [illegible]

Tabelle 24
Flugzeugproduktion der Albatros-Werke im ersten Weltkrieg

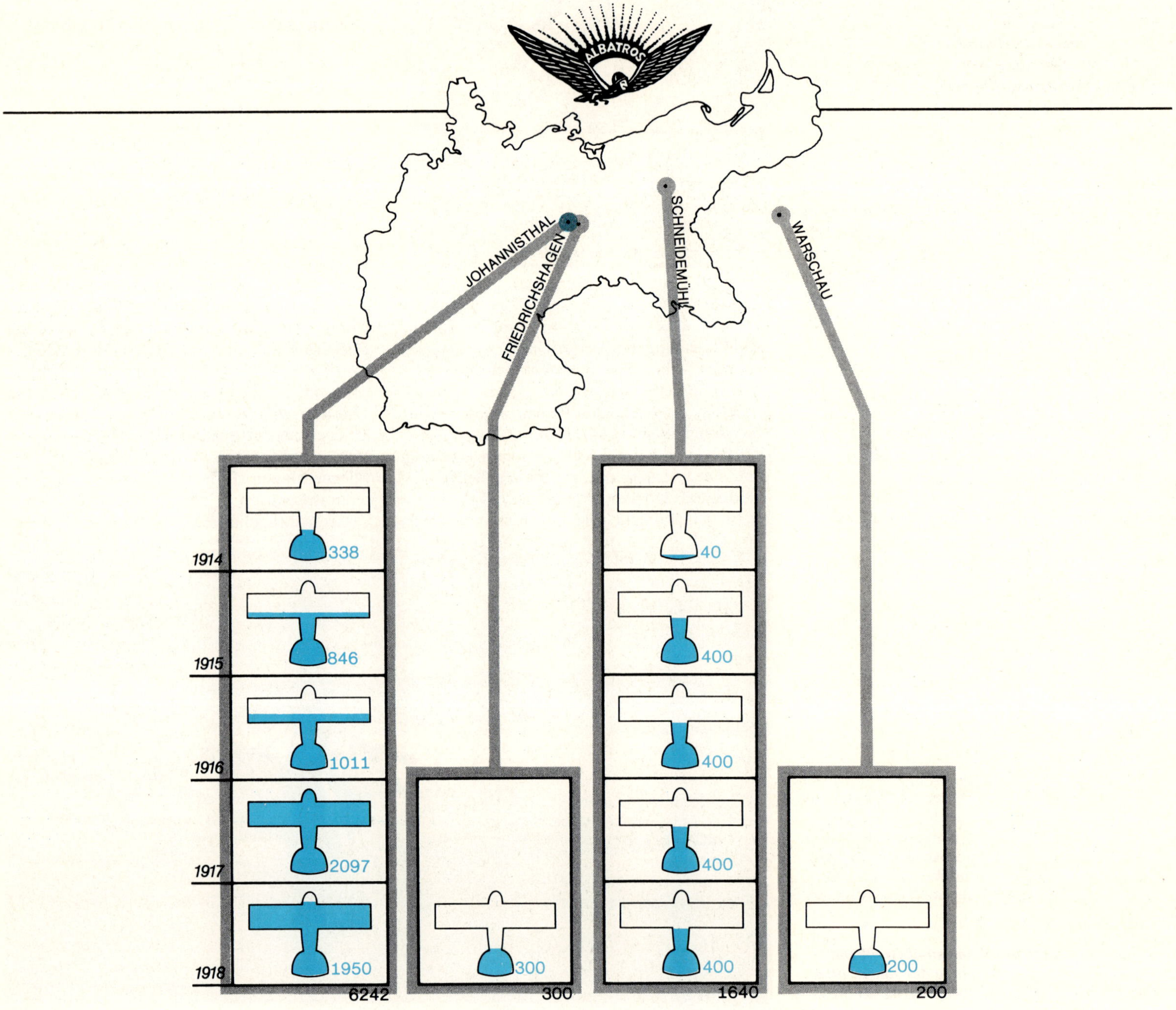

erhöhte sich die Anzahl der Havarien und tödlichen Abstürze gegenüber den Vorkriegsjahren erheblich. Aus der «Verlustliste der deutschen Luftstreitkräfte im Weltkriege» ist zu entnehmen, daß in der Kriegszeit durch Abstürze auf diesem Flugplatz oder seiner Umgebung 74 Angehörige des fliegenden Personals sofort zu Tode kamen und mindestens 218 weitere in Berliner Krankenhäusern bzw. Lazaretten starben. (Zum Vergleich: In Gotha, einem weiteren damaligen Schwerpunkt des Flugzeugbaues und der Flugzeugführerausbildung, kamen in den Kriegsjahren 69 Flieger ums Leben.)
Beide Probleme – Transportschwierigkeiten und Flugzeugkatastrophen – wurden teilweise durch den Bau einer Gleisanlage gelöst. Sie führte zwischen den Bahnhöfen Niederschöneweide-Johannisthal und Adlershof von einem Rangiergelände (heute: Betriebsbahnhof Schöneweide) über den Groß-Berliner Damm hinweg auf den Flugplatz und von dort bis zum Jahre 1916 an der Westseite des Platzes bis zu den Albatros-Werken, bis zum Jahre 1917/18 als Ringbahngleis an sämtlichen Flugzeugfabriken vorbei. Von dieser Ringbahn führten Stichbahngleise direkt in die Fabrikgelände hinein, wodurch die Waggons zwischen den Werkhallen beladen, von dort über die Ringbahnanlage zum Rangierbahnhof gezogen und zu Flugzeugtransportzügen zusammengestellt werden konnten. Damit wurde das Einfliegen von Serienflugzeugen in Johannisthal nach und nach eingestellt. Erst auf den Bestimmungsflugplätzen des Heeres oder der Marine wurden die Flugzeuge aufgerüstet und von Militärpiloten eingeflogen. Das entlastete teilweise den Flugbetrieb in Johannisthal.
Auch auf die Bau- und Abnahmeorganisation in den Flugzeugfabriken nahm die Militärverwaltung immer stärkeren Einfluß. Zur Überwachung der Produktion und Lieferung waren seit dem Kriegsbeginn Kontrolloffiziere eingesetzt worden, mit denen sämtliche Entscheidungen abzustimmen waren. Ab Ende des Jahres 1916 wurden diese Offiziere offiziell als «Bauaufsichten» bezeichnet.

Tabelle 23
Flugzeugkennzeichnung

vor dem Kriege	im Kriege	Flugzeughalter bzw. -hersteller
A. (auch: Ago)	Ago.	"Ago Flugzeugwerke GmbH."
A.L.B.	Alb.	"Albatros-Flugzeugwerke GmbH."
A.F.G.	Afg.	"Allgemeine Flug-Gesellschaft mbH."
A.K.		"Automobil & Aviatik A.G."
B.		"Bussard-Flugzeug-Werke GmbH."
C.		"Court-Flugzeugwerke" und "M. Conrad, Konstrukteur"
C.A.		"Centrale für Aviatik"
M.B.		"Flugschule Melli Beese"
F.		"Fokker-Flugzeugwerke"
Geest (auch: GEEST)		"Dr. Geest, Konstrukteur"
H. (auch: Hu.)		"Bruno Hanuschke, Fliegerschule"
Harlan		"Harlan-Flugzeugwerke GmbH."
H.H.		"Hellmuth Hirth, Konstrukteur"
J.		"Emil Jeannin Flugzeugbau GmbH."
L.F.G. (auch: L.)	Rol.	"Luft-Fahrzeug-Gesellschaft mbH."
L.V.G.	Lvg.	"Luft-Verkehrs-Gesellschaft A.G."
	Torp.	"Luft-Torpedo-Gesellschaft"
	Nfw.	"National-Flugzeug-Werke GmbH."
R.	Ru.	"Rumpler-Luftfahrzeugbau GmbH."
R.V.		"Hans Röver, Fliegerschule"
	Sab.	"Sablatnig-Flugzeugbau GmbH."
ST.		"Paul Schwandt, Fliegerschule"
ETR. (auch: Etrich)		"Sport-Flieger GmbH."
WES.		"Paul Westphal, Konstrukteur"
W.		"Flugmaschine Wright GmbH."
	Ssw.	"Siemens-Schuckert-Werke, Abteilung Flugzeugbau"

Die Arbeit in den Johannisthaler Fabrikhallen wurde unter militärischem Einfluß zur Fließbandproduktion.
Die Flugzeuge erhielten Bezeichnungsaufschriften, aus denen die Flugzeugklasse, die Bauauftragsnummer des Flugzeuges, das Baujahr sowie (in der Regel) der Herstellerbetrieb zu ersehen waren. So bedeutete beispielsweise die Werksaufschrift «D 1015/17(Alb.)»: Jagdeinsitzer; militärischer Bauauftrag Nr. 1015; Baujahr 1917; hergestellt in den Albatros-Werken. Die Heeresflugzeuge wurden nach der in Tabelle 22 dargelegten Art klassifiziert.
Den Johannisthaler Flugzeugfabriken waren militärische Kurzbezeichnungen zugeordnet, die zu verwenden waren. Dies geht auf eine Initiative des DLV zurück, der am 1. Januar 1914 (mit Ergänzungen vom 7. Februar 1914) eine «Luftverkehrsordnung» erließ, nach der Flugzeuge im Luftverkehr ein Kennzeichen zu führen hatten. Diese Zeichen wurden nach Kriegsbeginn durch militärische Kurzbezeichnungen der Herstellerwerke ersetzt. Auf Johannisthal entfielen die in Tabelle 23 genannten Kennzeichen. (Die Vorkriegskennzeichnungen von Flugzeugen der Johannisthaler Kleinbetriebe «Karl Krieger, Konstrukteur» und «Fliegerschule Direktor Rathjen» konnten nicht ermittelt werden. Obwohl es unwahrscheinlich erscheint, daß die Court- und die Conrad-Flugzeuge die gleiche Kennzeichnung trugen, wurde sie in Tabelle 23 gleichlautend angegeben, weil sie sich in allen verfügbaren Unterlagen in dieser Weise fand.)
Insgesamt waren von den vielen Unternehmungen auf dem Flugplatz Johannisthal bis zum Ausbruch des ersten Weltkrieges nur 22 übriggeblieben (nicht eingerechnet die «Deutsche Versuchsanstalt für Luftfahrt» und die «Luftfahrerschule Adlershof», die keine eigenen Flugzeuge herstellten).
Während des Krieges existierten auf dem Flugplatz noch rund ein Dutzend Unternehmungen. Ihre Entwicklung soll nachfolgend dargestellt werden. (Dabei werden Zulieferbetriebe, die sich außerhalb des Flugplat-

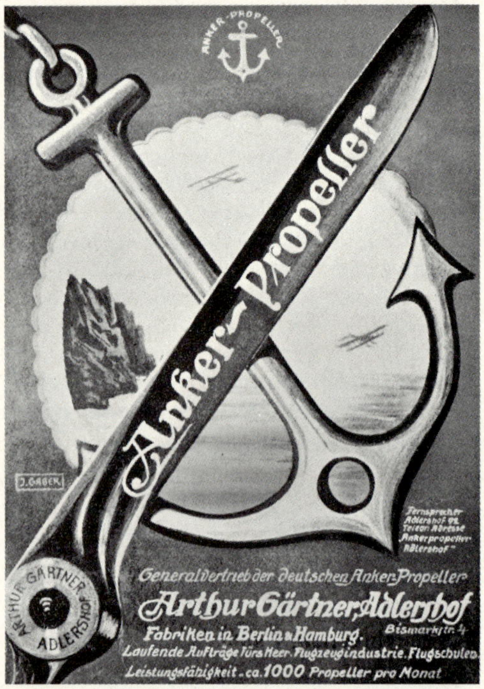

224
Inserat eines der vielen Zulieferbetriebe für den militärischen Flugzeugbau in der Umgebung des Flugplatzes (oben Mitte)

225
Serienbau von Militärflugzeugen in den Ago-Werken

226
Dieses C-Kampfflugzeug der «Ago-Flugzeugwerke GmbH.» entstand im Jahre 1915 und war das erste Doppelrumpfflugzeug, das zum Fronteinsatz gelangte. Motor und Luftschraube (Druckpropeller) befanden sich hinter dem Pilotensitz

Vielfalt der im ersten Weltkrieg in Johannisthaler Fabriken gebauten Militärflugzeugmuster (am Beispiel der Albatros-Werke)

Verwendung	*Anzahl der gelieferten Baumuster (Typen)*	*Anzahl der Versuchsmuster*
Schuldoppeldecker	*9*	*1*
Aufklärer	*5*	*1*
Kampfzweisitzer	*10*	*5*
Nachtbomber	*1*	
Jagdeinsitzer	*7*	*14*
Bomber	*1*	*3*
Infanterieflugzeug	*2*	*1*
Seeaufklärer	*3*	
Torpedoflugzeug	*2*	
Seejagdflugzeug	*4*	
	44	*25*

Außerdem wurden in Lizenz gebaut: Fokker D VII; Zeppelin-Staaken R VI

zes in seiner Umgebung ansiedelten, wie beispielsweise die Firma «Anker-Propeller» in Adlershof, nicht berücksichtigt.)

Ago-Flugzeugwerke GmbH.

Allgemeine Elektrizitäts-Gesellschaft (AEG), Abteilung Flugzeugbau

Das Johannisthaler Ago-Werk – welches im Jahre 1912 als Zweigwerk der «Otto-Flugzeugwerke und Maschinenfabrik» (München) entstand, deren Besitzer im Jahre 1913 auch die «Pfalz-Flugzeugwerke GmbH.» (Speyer) gründete – lieferte im ersten Weltkrieg insgesamt 617 Flugzeuge der C-Klasse und 3 Seeflugzeuge eigener Konstruktion sowie eine nicht bekannte Anzahl von C-Flugzeugen der Johannisthaler LVG als Lizenzproduktion. Die Anzahl der in diesem Werk beschäftigten Arbeiter erreichte 180. Die militärische Bauaufsicht, die bei Ago eingesetzt wurde, um zu inspizieren, trug die Nr. 3. Die Ago-Werke wurden zum Beginn des Jahres 1918 von der «Allgemeinen Elektrizitäts-Gesellschaft (AEG), Abteilung Flugzeugbau» aufgekauft (mit Stammwerk in Berlin–Hennigsdorf gelegen) und in den Bau von Großbombern eingegliedert. Zur gleichen Zeit eröffnete die AEG ein weiteres Zweigwerk in Stettin (heute: Szczecin).

Albatros-Flugzeugwerke GmbH.

Ostdeutsche Albatros-Werke GmbH. (OAW)

Albatros-Flugzeugwerft

Militär-Reparatur-Werk

Albatros-Gesellschaft für Flugzeugunternehmungen mbH.

Die Albatros-Werke, die zu den ersten bedeutenden Unternehmungen am Flugplatz Johannisthal gehörten, entwickelten sich von vornherein durch Militäraufträge. Die Profite waren so bedeutend, daß im April 1914 das Zweigwerk «Ostdeutsche Albatros-Werke GmbH.» (OAW) mit einer angeschlossenen Fliegerschule in Schneidemühl eröffnet werden konnte. Im September 1916 wurde außerdem für den Bau von Seeflugzeugen die «Albatros-Flugzeugwerft» in der Nähe des Müggelsees bei Berlin in Betrieb genommen. Mit Unterstützung der Inspektion der Fliegertruppen (Idflieg), die einen Flugzeugreparaturbetrieb in der Nähe der deutschen Ostfront brauchte, errichteten die Albatros-

227
Die AEG baute in Johannisthal Großbomber seit Anfang des Jahres 1918. Das Foto zeigt ein G-Bombenflugzeug der AEG

Tabelle 24
Flugzeugproduktion der Albatros-Werke im ersten Weltkrieg

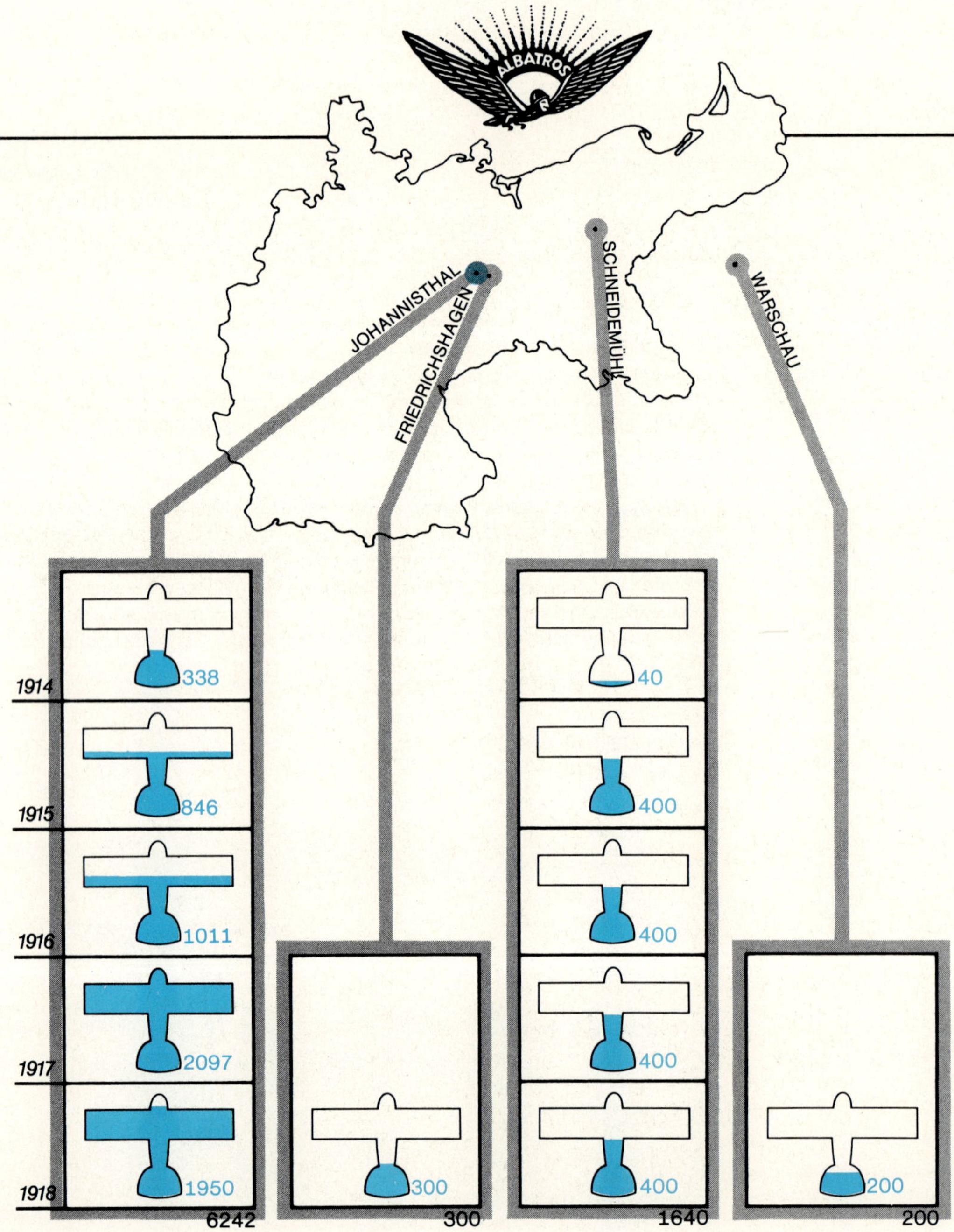

228
Erprobung des neuentwickelten Albatros-Jagdeinsitzers im Jahre 1917 in Johannisthal

229
Der Albatros-See-Jagdeinsitzer «W 4» wurde in den Jahren 1916/17 in großen Serien gebaut (rechts oben)

230
«Roland-Walfisch», das erfolgreichste LFG-Militärflugzeug (rechts)

Werke im Jahre 1916 das «Militär-Reparatur-Werk» in Warschau, in dem später auch Beobachtungsflugzeuge hergestellt wurden. Alle Albatros-Unternehmungen wurden während des Krieges zur einheitlichen Verwaltung in einem Großunternehmen mit der Bezeichnung «Albatros-Gesellschaft für Flugzeugunternehmungen mbH.» zusammengefaßt.
Diese sehr starke Expansion der Albatros-Werke hat ihre Ursache im sprunghaften Ansteigen der Heeresaufträge seit dem Jahre 1914 und dem damit verbundenen Geldstrom, der in das Johannisthaler Stammwerk floß. Die Entwicklung ist in Tabelle 24 dargelegt.
Im Jahre 1918 betrug die Belegschaftsstärke in den Albatros-Unternehmen mehr als 5700 Personen, davon allein in Johannisthal etwa 2600. Es wurden Flugzeuge der Klassen B, C, D und G gebaut. Darüber hinaus gehörten Lizenzfertigungen der D-Klasse (von Mustern der «Fokker-Aeroplanbau») und der R-Klasse (von Mustern der «Zeppelin-Werke Staaken GmbH.») zum Produktionsprogramm. Die Johannisthaler Fabrik stand unter der militärischen Bauaufsicht der Nr. 1, die in Schneidemühl (heute: Pixa) trug die Nr. 12, die in Warschau die Nr. 17. Die Seeflugzeugwerft wurde von Johannisthal aus beaufsichtigt.

Allgemeine Flug-Gesellschaft mbH. (AFG)

Die «Allgemeine Flug-Gesellschaft mbH.», mitfinanziert von den «Deutschen Flugzeug-Werken» (DFW) in Leipzig-Lindenthal, war von vornherein keine Produktionsstätte, sondern eine Fliegerschule. Sie behielt ihre Tätigkeit im ersten Weltkrieg bei und bildete Militärflieger aus.

Emil Jeannin Flugzeugbau GmbH.

National-Flugzeug-Werke GmbH. (NFW)

Jeannin hatte in seiner Werkstatt am «neuen Startplatz» vor Kriegsausbruch eine Stahl-Taube in verschiedenen Ausführungen bauen lassen und den Flugzeugbau im Jahre 1915 eingestellt. Im gleichen Jahr hatten die «Deutschen Flugzeug-Werke» (DFW) in Leipzig–Groß-Zschocher die «National-Flugzeug-Werke» (NWF) errichtet, die Einzelteile für den DFW-Flugzeugbau produzierten. Für diesen Zweck übernahmen die NFW im Jahre 1915 auch die Jeannin-Werkstatt. Über die Zulieferproduktion hinaus entstanden hier einzelne Flugzeugbauten, vor allem als Versuchsmuster. Eine größere Flugzeugproduktion kam nicht zustande.

Luft-Fahrzeug-Gesellschaft mbH. (LFG)

Bei Kriegsbeginn löste die LFG die Fliegerschule ihres Zweigunternehmens «Flugmaschine Wright GmbH.» auf und errichtete an dieser Stelle größere Werkhallen zur Entwicklung ihrer Flugzeugproduktion auf der Adlershofer Seite des Flugplatzes

Johannisthal. Schon zum Jahresende 1915 hatten die Werkhallen eine Grundfläche von 6000 m^2, bis Mitte September 1916 bereits 20000 m^2. Die Fliegerschule der LFG wurde als Militärfliegerschule weitergeführt.
Bis zum Herbst 1916 wurden rund 400 Flugzeuge der B- und C-Klasse an die Heeresverwaltung geliefert. Am 6. September 1916 brannte die LFG-Fabrik bei einem Großfeuer. Darauf wurden Teile der Flugzeugproduktion in eine große Ausstellungshalle am Kaiserdamm in Charlottenburg verlegt. Während dort die Flugzeugfertigung auf vollen Touren lief, wurde der Wiederaufbau der Adlershofer Fabrik vorangetrieben und diese schrittweise wieder in die Produktion eingegliedert.
Im Februar 1917 lieferte die LFG ihr 500. Flugzeug, im Oktober 1917 bereits das 1000. Flugzeug an die Fliegertruppe ab. Am Kriegsende erreichte die Produktionsleistung bereits 4 bis 5 Flugzeuge pro Tag. Insgesamt hat die LFG etwa 2000 Kriegsflugzeuge geliefert, und zwar in Typen verschiedener Klassen. Darüber hinaus lieferte sie Lizenzbauten der «Flugzeugbau-Friedrichshafen GmbH.» und der «Sablatnig-Flugzeugbau GmbH.». Die Fabrik unterstand der militärischen Bauaufsicht Nr. 5.
Die Belegschaftsstärke im Flugzeugbau hatte bei Kriegsbeginn zehn Arbeiter betragen und erreichte bis zum Kriegsende 1250 Personen, davon etwa 550 in Johannisthal.

Luft-Verkehrs-Gesellschaft A.G. (LVG)

Arthur Müller, der wichtigste Initiator der Gründung des Flugplatzes Johannisthal und erster Flugplatzdirektor (bis zum Jahresende 1909) beherrschte zum Beginn des ersten Weltkrieges zumindest die drei folgenden Unternehmen:
«Arthur Müller Land- und Industriebauten A.G.» (Hauptaktionär und Direktor),
«Terrain-Aktiengesellschaft am Flugplatz Johannisthal-Adlershof» (Hauptaktionär und Direktor),
«Luft-Verkehrs-Gesellschaft A.G.» (Hauptaktionär und Direktor).
Das hatte ihm spätestens seit jenen Wochen des Jahres 1909, als die Terrain-Aktiengesellschaft gegründet wurde, die entscheidende Monopolstellung auf dem Flugplatz Johannisthal gesichert.

Die «Flug- und Sportplatz GmbH. Berlin-Johannisthal» und die «Terrain-Aktiengesellschaft» waren im Ergebnis umfangreicher Kapitalmanipulationen, die als «toller Betrug und ... streng nach Gesetz» (Lenin) abgewickelt wurden, aus der zuvor von Arthur Müller geleiteten «Deutschen Flugplatzgesellschaft» hervorgegangen. Zwischen beiden Gesellschaften bestand eine klar abgegrenzte Marktaufteilung.
Die Flugplatzgesellschaft errichtete auf dem Flugplatz diverse Schuppen, vermietete sie an interessierte Gründer von Konstruktionsbüros, Werkstätten und Fliegerschulen und kassierte dafür Mieten. Außerdem organisierte sie Flugveranstaltungen verschiedener Art und kassierte Eintrittsgelder.
Die Terrain-Aktiengesellschaft hingegen schöpfte ihre Gewinne hauptsächlich aus folgenden Positionen:
- Grundstückpacht für die Errichtung von Mietschuppen auf dem Flugplatz (von der Flugplatzgesellschaft),
- Grundstückpacht für die Errichtung von Flugplatzeinrichtungen (Zuschauertribünen, Restaurant, Verwaltungsgebäude u. a.), Benzinlagern und Signalanlagen (von der Flugplatzgesellschaft),
- Grundstückpacht für die Errichtung von Klubgebäuden (vom «Kaiserlichen Aero-Club»),
- Benutzungspauschale für die Benutzung

231
Der erste bewaffnete Kampfeinsitzer mit einem starren und einem beweglichen Maschinengewehr, ab 1915 geliefert von der LVG (oben)

232
Dieses C-Kampfflugzeug (links) des Erfolgskonstrukteurs Franz Schneider lieferte die LVG ab 1916

des Flugfeldes zu Flugveranstaltungen (von der Flugplatzgesellschaft),

- Grundstückverkauf an Flugzeugfabriken (von den Flugzeugfabrikanten),
- Benutzungspauschale für die Benutzung des Flugfeldes zur Erprobung von Flugzeugen (war als gesonderte Position in den Verkauf von Grundstücken an Flugzeugfabrikanten eingeschlossen).

Das ermöglichte es dem Terrain-Aktiengesellschaft-Direktor Müller, die Verpachtung oder den Verkauf von Grundstücken auf dem Flugplatz mit der Vertragsforderung zu verbinden, daß der Bau von Gebäuden, die auf diesen Parzellen errichtet werden sollen, nur von der Terrain-Aktiengesellschaft vermittelt wird. Damit sicherte sich Direktor Müller von der Terrain-Aktiengesellschaft die Bauaufträge für die «Arthur Müller Land- und Industriebauten A.G.». Auf diese Weise zog Müller hohe Gewinne aus der Errichtung und Ausweitung sämtlicher Flugplatzunternehmen auf dem Flugplatzgelände. Und er war sogar imstande, kraft seiner Monopolstellung die Preise zu diktieren. So wird auch verständlich, daß die meisten mittleren und kleinen Handwerksbetriebe und Fliegerschulen ihre Büros außerhalb des Flugplatzes in Mieträumen einrichteten, bis auf die großen und die ganz kleinen. Die Büros der Großunternehmer befanden sich auf ihrem Fabrikgelände. Für die ganz kleinen Betriebe (die Ein-Mann-Unternehmen) war der gemietete Schuppen zugleich das Büro, meist nur aus einer Kiste bestehend, in der Geschäftspapiere aufbewahrt wurden.

Arthur Müller hatte es also nicht nötig, wie die Albatros-Werke oder Rumpler am Wettrennen um Militäraufträge teilzunehmen, denn für ihn waren bedeutende Gewinne allein aus der Existenz, Nutzung und Bebauung des Flugplatzes gesichert. Während sich die Gesellschaften Albatros und Rumpler darum stritten, wer der bedeutendste Flugzeugfabrikant in Johannisthal sei, blieb Müller bescheiden im Hintergrund, denn der größte Unternehmer in Johannisthal war *er*. Trotzdem behielt Müller die ständige Fühlung zum Geschäft mit dem Flugzeug. Nachdem Albatros mit Erfolg den französischen Farman-Doppeldecker kopiert und als Flugzeug

233
Blick in die Schlosserei der LVG

234
Klempnerei der LVG

235
Fertigmontage in der LVG

236
Versandbereite Doppeldecker der Rumpler-Werke

deutscher Fabrikation an die Militärverwaltung zu liefern begann, ließ Müller das Farman-Albatros-Flugzeug kopieren. Größere Aktivitäten zur Entwicklung des Flugzeugbaus entwickelte er erst seit dem Frühjahr 1912, als das gesicherte Vorkriegsgeschäft mit dem Militärflugzeugbau begann. Er suchte einen erfolgreichen Flugzeugkonstrukteur und fand ihn in dem Schweizer Ingenieur Franz Schneider, der im gleichen Jahr als Chefkonstrukteur der LVG seine Tätigkeit aufnahm. Damit hatte Müller – wie er voraussehen konnte – einen guten Griff getan, denn Franz Schneider hatte zuvor einige Zeit in den französischen Nieuport-Werken gearbeitet und dort Flugzeuge konstruiert, die beim ersten Startversuch tatsächlich flogen und von denen einige sogar Rekordflüge ermöglichten. In einer Werkspublikation der LVG hieß es dazu: «Der neue Chefkonstrukteur setzte die Gesellschaft denn auch bald in die Lage, ein vortreffliches Flugzeug herauszubringen. Ende 1912 bereits war der Rumpfdoppeldecker, Bauart Schneider, geschaffen, der alsbald in allen Fachkreisen berühmt und bestaunt wurde. Bei zahlreichen Wettflügen war er, gesteuert von hervorragenden Fliegern, siegreich. Und die Grundsätze dieser Konstruktion haben von da an den deutschen Flugzeugbau in weitem Maße beeinflußt.»

Für dieses Flugzeug begannen Militäraufträge auch in die LVG zu fließen. Bald weitete sich auch der LVG-Flugzeugbau territorial aus. In Köslin wurde ein Zweigwerk eingerichtet, das im Kriege nicht nur Flugzeuge herstellte, sondern auch Flugzeugreparaturen ausführte. Während des Krieges produzierte die LVG 29 Militärflugzeugtypen der Klassen B, C, D, N und G. Außerdem wurden Lizenzfertigungen der «Albatros-Flugzeugwerke GmbH.», der «Automobil & Aviatik A.G.», der «Deutschen Flugzeug-Werke» (DFW) und der «Gothaer Waggonfabrik A.G., Abteilung Flugzeugbau» produziert. Die Kriegsproduktion der LVG stieg von 600 Flugzeugen im Jahr 1914 (400 Arbeitskräfte) auf 1 800 Flugzeuge im Jahr 1918 (3 800 Arbeitskräfte).

Die Fabrik in Johannisthal unterstand der militärischen Bauaufsicht Nr. 2, die in Köslin der Nr. 34.

Einnahmen aus Werbe- und Passagierfahrten mit dem Parseval-Luftschiff «P.L.VI», die noch in der Vorkriegszeit für die LVG eine Rolle gespielt hatten, gab es nach dem Kriegsausbruch nicht mehr. Ein Luftschiff wurde zunächst für militärische Ausbildungszwecke verwendet, bis die Parseval-Halle im Jahre 1915 abbrannte, wobei nur mit großer Mühe verhindert werden konnte, daß auch die Zeppelin-Halle den Flammen zum Opfer fiel.

Noch während des Krieges faßte der Grundstücks-, Bau- und Rüstungsunternehmer Arthur Müller die von ihm beherrschten Gesellschaften zu einem riesigen Unternehmen zusammen und gab ihm den Namen «AMBI-Werke». Das war die Abkürzung für «Arthur Müller Bauten und Industriewerke». Die «Luft-Verkehrs-Gesellschaft» (LVG) wurden beispielsweise der Betrieb VIII der «AMBI-Werke», die «Terrain-Aktiengesellschaft am Flugplatz Johannisthal-Adlershof» wurde Betrieb IX, ein Waggonbau-Werk, das in Johannisthal mit der Produktion begann, wurde Betrieb X.

Luft-Torpedo-Gesellschaft (LTG)

Max Schüler, der bereits im Jahre 1909 in Johannisthal eine kleine Flugzeugbauwerkstatt unter dem Namen «Max Schüler Aeroplan-Fabrik» eingerichtet hatte, die das erste Unternehmen in Johannisthal war, das wegen Geldmangels aufgeben mußte, kehrte während des ersten Weltkrieges nach Johannisthal zurück – als Direktor der dort gegründeten «Luft-Torpedo-Gesellschaft» (LTG). Die Gründung muß nach den aufgefundenen Unterlagen zwischen dem Herbst 1916 und dem Frühjahr 1917 erfolgt sein. Schüler brachte in das Unternehmen ein Gleittorpedo-Patent ein. Zur Verwertung dieses Patents wurden in den Jahren 1917/18 sechs See-Kampfeinsitzer gebaut. Hauptsächlich aber war die LTG ein Zulieferbetrieb für Flugzeugfabriken, es wurden Tragflächen, Ruder, Flossen und Spanntürme produziert. Das Werk unterstand der militärischen Bauaufsicht Nr. 41, die für die Berliner «Unterfabrikanten» des Flugzeugbaus zuständig war.

Rumpler-Werke GmbH.
Rumpler Militär-Fliegerschule
Bayerische Rumpler-Werke A.G.

Der erste Weltkrieg brachte für die Rumpler-Werke, die bereits vor dem Kriege zum Großunternehmen ausgewachsen waren, einen riesigen Geschäftszuwachs. Bereits im Jahre 1913 war zur Erprobung von Marineflugzeugen eine Wasserflugstation am Berliner Müggelsee eingerichtet worden. Während des Krieges wuchsen die Rumpler-Werke zur ausgedehntesten Flugzeugfabrik Johannisthals. Einige Produktionsabteilungen mußten, wie bereits erwähnt, sogar in Großgaststätten des Ortes eingerichtet werden. Außerdem verlagerte Rumpler im Jahre 1915 die Fabrikfliegerschule von Johannisthal nach Müncheberg als «Rumpler Militär-Fliegerschule». Im Jahre 1916 kam ein riesiges Zweigwerk in Augsburg hinzu, die «Bayerische Rumpler-Werke A.G.».
In Johannisthal wurde bald nach dem Kriegsbeginn die Tauben-Produktion eingestellt, weil dieses Flugzeug mit den Konstruktionen der anderen Johannisthaler Fabriken nicht mehr konkurrieren konnte. Die Produktion wurde auf Doppeldecker umgestellt. Insgesamt lieferte die Fabrik in Johannisthal im ersten Weltkrieg 2806 Militärflugzeuge in 46 Typen, vor allem Flugzeuge der Klassen B, C und G. An einem brauchbaren Flugzeugmuster der D-Klasse wurde zwar intensiv gearbeitet, aber ohne überragenden Erfolg. In das Jagdflugzeugbaugeschäft konnte Rumpler deshalb nur schwer eindringen.
Für den reibungslosen Abtransport der Flugzeuge sowie für die Anlieferung von Fertigungsmaterial entstand ein werkseigener Verladebahnhof, der gleichzeitig 20 Eisenbahnwaggons aufnehmen konnte.
Um mit der im ersten Weltkrieg immer stärkeren Konkurrenz im Flugzeugbau mithalten zu können, die sich allein aus ständig neuen konstruktiven Fortschritten der verschiedenen Fabriken ergab (im Kriege wurden mehrere hundert verschiedene deutsche Flugzeugtypen gebaut), beschäftigte Rumpler mehrere Versuchsingenieure. Dabei hielt er, trotz der Millionen-Kriegsgewinne, an den Geschäftspraktiken eines Kleinkrämers fest, die ihn schon in den Vorkriegsjahren charakterisiert hatten. Aus einer Veröffentlichung geht hervor, daß Friedrich Budig, einer dieser Versuchsingenieure, einen Arbeitsvertrag hatte, der stündliche Kündigung vorsah (!) und es ihm untersagte, «außerhalb des Werkes mit irgendjemandem über Luftfahrttechnik zu sprechen.»
Rumplers Johannisthaler Hauptwerk entwickelte sich im ersten Weltkrieg wie in Tabelle 25 angegeben. Die Fabrik unterstand der militärischen Bauaufsicht Nr. 4.

Die Verlagerung der Fabrikfliegerschule ergab sich aus der Ballung der Flugzeugproduktion und des Flugbetriebes in Johannisthal. Aus der Rumpler-Chronik geht hervor: «Schon im Jahre 1914 zeigte es sich, daß der Flugplatz Johannisthal durch das Einfliegen der in immer größerer Zahl zur Ablieferung an die Heeresverwaltung kommenden Flugzeuge voll besetzt war. Mehr und mehr wurde es unmöglich, auch die Schüler, deren Anzahl sich ebenfalls rasch steigerte, an dieser Stelle auszubilden. Die Rumpler-Werke beschlossen daher, eine besondere Militär-Fliegerschule

Tabelle 25
Entwicklung der Rumpler-Werke während des ersten Weltkrieges

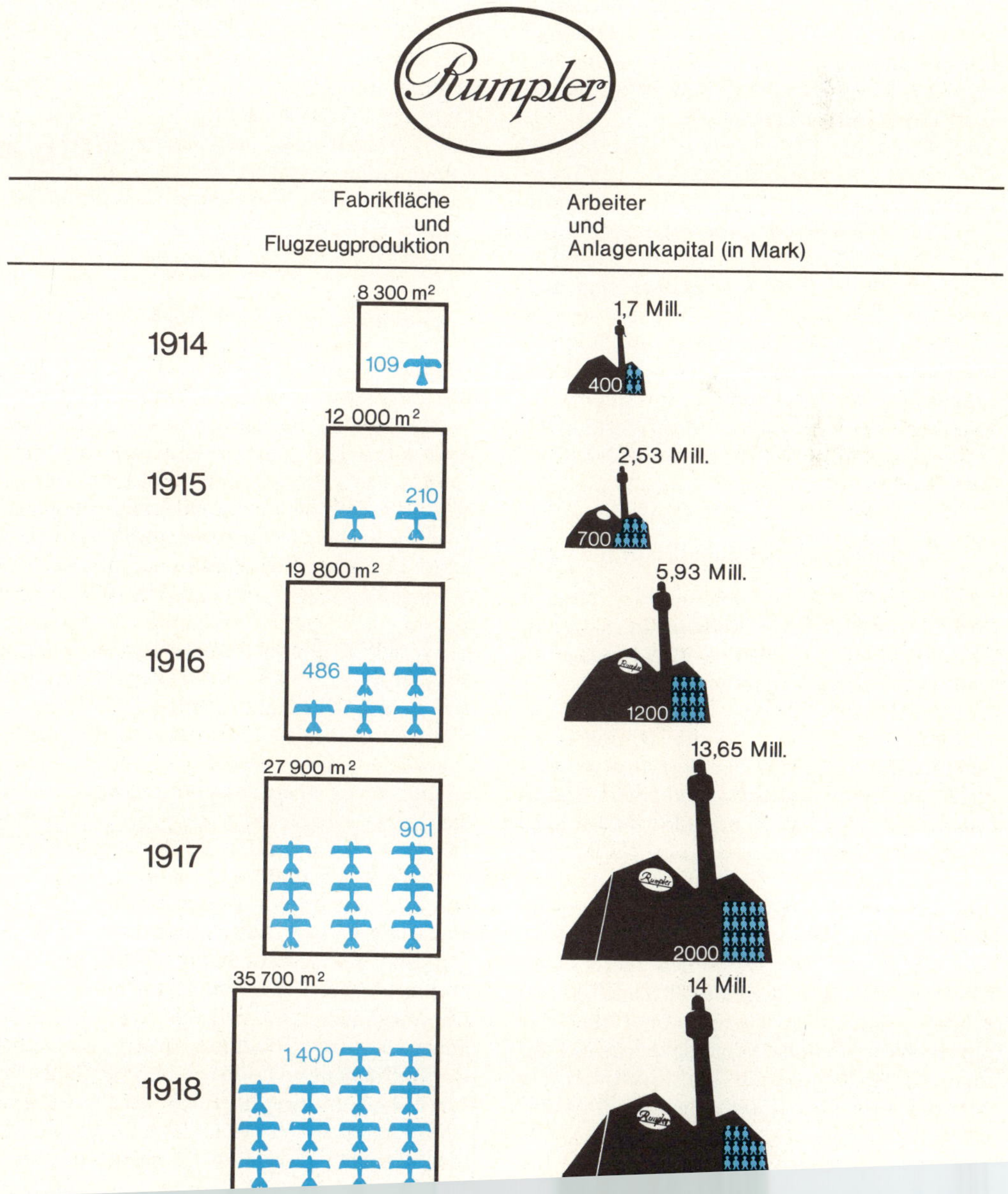

mit eigenem Flugplatz einzurichten.» Als Standort wurde Müncheberg ausgewählt, «45 Kilometer von der Hauptstadt entfernt, nahe der Ostbahn Berlin-Küstrin».
Die Militärflugschüler stauten sich in Müncheberg, während dort noch das Flugfeld eingeebnet wurde; sie mußten vorläufig in Privatquartieren untergebracht werden. Die Heeresverwaltung trieb zur Eile. Am 1. Mai 1915 begann der Flugbetrieb. Bis zum Kriegsende wurden dort nahezu 500 Militärflieger ausgebildet. Die Größe dieser Ausbildungsstätte und der Umfang des Flugbetriebes werden daran erkennbar, daß dort 101 448 Flüge ausgeführt wurden und im Jahre 1918 für die fliegerische Ausbildung 24 Flugzeuge zur Verfügung standen. Die Schulmaschinen kamen auf dem Luftwege aus Johannisthal. Für Instandsetzungen (es gab insgesamt 492 «Brüche») verfügte die Schule über eine eigene Reparaturwerkstatt.
Am 24. Oktober 1916 wurde in Augsburg die «Bayerische Rumpler-Werke A.G.» als Tochterunternehmen der Johannisthaler Fabrik gegründet. Die Produktion begann im Juli 1917, es wurden ausschließlich Rumpler-Flugzeuge der C-Klasse gebaut und nur Rumpler-Maschinen repariert. Das Werk in Bayern lieferte 323 Flugzeuge, die höchste Monatslieferung betrug 57 Flugzeuge. Dort hergestellte Maschinen trugen die militärische Kurzbezeichnung «Bayru». Das Werk unterstand der militärischen Bauaufsicht Nr. 37.

Sablatnig-Flugzeugbau GmbH.

Der Gründer der «Sablatnig-Flugzeugbau GmbH.» war Josef Sablatnig. Er hatte im Jahre 1910 in Johannisthal seine Flugzeugführerausbildung begonnen und später in Österreich abgeschlossen. Im Jahre 1913 übernahm er die Leitung der «Union-Flugzeugwerke» in Teltow bei Berlin (gegründet 1912). Im Jahre 1915 ließ er bei einem Bootsbauer in Friedrichshagen bei Berlin ein eigenes Seeflugzeug bauen, das von der Marine übernommen wurde. Zugleich erhielt er einen Auftrag über 16 Flugzeuge dieser Bauart, die er von der «Flugzeugwerke Richard Goetze KG.» in Johannisthal bauen ließ. Als er einen weiteren Marineauftrag über 30 Seeflugzeuge erhielt, gründete er am 5. Oktober 1916 das eigene Werk und übernahm dazu von Goetze mehrere Werkstätten am «alten Startplatz», in denen fortan auch Flugzeugteile hergestellt wurden.
Im Jahre 1918 waren im Sablatnig-Werk 1 100 Arbeiter und Angestellte beschäftigt. Der Betrieb unterstand der militärischen Bauaufsicht Nr. 39 b (abgezweigt vom Goetze-Werk).

Flugzeugwerke Richard Goetze KG.

Die Goetze-Flugzeugwerke wurden am 1. April 1913 in Treptow gegründet. Nach Kriegsausbruch, als sämtliche Kleinunternehmen am Johannisthaler «alten Startplatz» geschlossen wurden, richtete Goetze dort einen Zweigbetrieb ein. Hauptsächlich wurden Flugzeugteile hergestellt, Flugzeuge repariert oder nach vorgelegten Plänen gebaut (darunter Seeflugzeuge für Sablatnig). Ein Teil des Johannisthaler Betriebes wurde am 5. Oktober 1916 von der «Sablatnig-Flugzeugbau GmbH.» übernommen. Die Werke von Goetze und Sablatnig lagen im ersten Weltkrieg am «alten Startplatz».
Die Personalstärke des Goetze-Werkes in Johannisthal erreichte bis zum Jahre 1918 nahezu 700. Das Werk unterstand der militärischen Bauaufsicht Nr. 39 a.

Siemens-Schuckert-Werke (SSW), Abteilung Flugzeugbau

Die Siemens-Schuckert-Werke befleißigten sich in der Fertigung für die Luftfahrt seit dem Jahre 1907, als sie den Bau des halbstarren Luftschiffes nach Entwürfen begannen, die Major Groß, Kommandeur des Preußischen Luftschifferbataillons, vorgelegt hatte. Der Flugzeugbau begann im Jahre 1909 in einer Werkstatt auf dem Bornstedter Feld bei Potsdam. Die Entwicklung von Flugzeugen wurde abgebrochen, als am 15. November 1911 in Johannisthal Alfred Pietschker – ein Enkel des Großindustriellen Werner von Siemens – tödlich abstürzte. Nach Kriegsausbruch wurde jedoch der Flugzeugbau energisch vorangetrieben, und zwar vor allem die Entwicklung von R-Flugzeugen. In den Jahren 1914/15 wurden an der Südseite des Flugplatzes (östlich vom «alten Startplatz») Werkanlagen errichtet und in die Produktion sowie Erprobung von Flugzeugen einbezogen. Später wurde auch ein Nürnberger Werk in den Flugzeugbau einbezogen.
Die Abteilung Flugzeugbau des Siemens-Schuckert-Konzerns hatte ihren Stammsitz in Berlin-Siemensstadt. Sie beschäftigte im Jahre 1918 – einschließlich Zweigwerke – 1 200 Personen. Wie viele davon in Johannisthal arbeiteten, war nicht zu ermitteln.
Gebaut wurden 38 Militärflugzeugtypen, darunter C- und D-Flugzeuge, vor allem aber R-Bomber. Außerdem wurden C-Flugzeuge der «Albatros-Flugzeugwerke GmbH.» und G-Flugzeuge der «Gothaer Waggonfabrik A. G., Abteilung Flugzeugbau» in Lizenz gebaut.

Mercur-Motorenbau GmbH.
Benz-Motorenbau GmbH.
Daimler-Motoren-Gesellschaft

In vorausgegangenen Abschnitten wurde darauf hingewiesen, daß die Anfänge des deutschen Motorfluges mit der Übernahme und dem Nachbau französischer Flugzeugkonstruktionen verbunden waren. An dieser Stelle muß vermerkt werden, daß dies auch für Flugmotoren galt, denn die ersten brauchbaren leichten Motoren für Flugzeuge waren in Frankreich entstanden. Dazu gehörten der im Jahre 1907 von Levavasseur entwickelte Antoinette-Motor und der im Jahre 1909 von Séguin geschaffene Gnôme-Umlaufmotor. Deshalb kauften deutsche Konstrukteure oft französische Motoren oder benutzten sie als Studienobjekte, denen sie konstruktive Hinweise für eigene Entwicklungen entnahmen. Zwar gab es deutscherseits viele Bemühungen, leichte und leistungsstarke Flugmotoren zu entwickeln. Auch der im Jahre 1912 erstmals ausgeschriebene Kaiserpreis-Flugmotorenwettbewerb (dotiert mit insgesamt 50 000 Mark) sowie die Erteilung von umfangreichen Entwicklungsaufträgen aus Mitteln der «Nationalflugspende» führten zu deutlichen Fortschritten – aber die deutsche Flugmotorenindustrie blieb dennoch hinter der französischen zurück. Das änderte sich auch im ersten Weltkrieg nicht. Daher sah sich die Inspektion der Fliegertruppen (Idflieg) im Jahre 1916 gezwungen, einigen Motorenwerken dringend zu empfehlen, erbeutete französische Flugmotoren nachzubauen (im März 1916 wurde beispielsweise der Nachbau des Le Rhône-Umlaufmotors verlangt), zugleich aber die eigenen Entwicklungsanstrengungen zu verstärken. Außerdem sollte die Motorenproduktion steigen.
Das hatte auch Auswirkungen auf den Flugplatz Johannisthal, denn einige bedeutende Motorenbaugesellschaften richteten hier in großer Eile ihre Zweigwerke in der Nähe der Flugzeugfabriken ein. So nahmen bis zum Sommer 1917 auf dem Flugplatz die «Mercur-Motorenbau GmbH.», die «Benz-Motorenbau GmbH.» und die «Daimler-Motoren-Gesellschaft» die Produktion bzw. die Flugerprobung von Motoren auf.

Gründung von Werkstätten oder Fabriken zum Bau von Motorflugzeugen im damaligen Deutschland

	Anzahl der Gründungen	
1903	*1*	*(A. Wolfmüller)*
1906	*2*	*(Otto Fritzsche, J. Hofmann)*
1907	*1*	*(Hans Grade)*
1908	*17*	*(u. a. Rumpler-Werke, Berlin)*
1909	*54*	*(u. a. Albatros-Werke, Johannisthal)*
1910	*86*	*(u. a. Emil Jeannin, Flugzeugbau, Johannisthal)*
1911	*58*	*(u. a. Melli Beese, Flugzeugbau und Fliegerschule, Johannisthal)*
1912	*41*	*(u. a. Ago-Flugzeugwerke, Johannisthal)*
1913	*16*	*(u. a. Abteilung Flugzeugbau der «Gothaer Waggonfabrik A. G.»)*
1914	*10*	*(u. a. Abteilung Flugzeugbau der «Luftfahrzeugbau Schütte-Lanz», Zeesen bei Königs Wusterhausen)*
1915	*8*	*(u. a. Abteilung Flugzeugbau der «Daimler-Motoren-Gesellschaft», Sindelfingen)*
1916	*6*	*(u. a. Abteilung Flugzeugbau der «Linke-Hofmann-Werke», Breslau)*
1917	*6*	*(u. a. Abteilung Flugzeugbau der «Mannesmann-Werke»)*
1918	*2*	*(u. a. Abteilung Flugzeugbau der «Naglo-Werft», Zeuthen)*
	308	

Von diesen 308 Werkstätten und Fabriken wurden 286 bis zum Beginn des ersten Weltkrieges gegründet. Davon existierten bis zum Ende des Jahres 1914 noch 48. Ihre Anzahl erhöhte sich bis Kriegsende auf 70.

Deutsche Versuchsanstalt für Luftfahrt (DVL)

Prüfanstalt und Werft der Fliegertruppe

Flugzeugmeisterei Adlershof

Die «Deutsche Versuchsanstalt für Luftfahrt» (DVL) hatte seit dem Beginn des ersten Weltkrieges ausschließlich noch die Eignungsprüfung von Militärflugzeugmustern, von Flugmotoren und Flugzeugausrüstungen vorzunehmen. Um sie direkt der militärischen Aufsicht und Leitung zu unterstellen, wurde die DVL im Kriegsverlauf in die «Prüfanstalt und Werft der Fliegertruppe» und schließlich ab dem Jahre 1917 in die «Flugzeugmeisterei Adlershof» umgewandelt. Das DVL-Gelände in der Ostecke des Flugplatzes wurde zu einem militärischen Versuchs- und Baugelände. Die bedeutendste Aufgabe, die dort während des Krieges verwirklicht werden mußte, waren die Vergleichsflüge von Jagdflugzeugprototypen im letzen Kriegsjahr.

Gegen Ende des Jahres 1917 war die deutsche Oberste Heeresleitung gezwungen, ein Sofortprogramm für den Bau leistungsfähiger Jagdflugzeuge einzuleiten. Erstens waren die gegnerischen Jäger an der Westfront immer klarer überlegen, und zweitens konnten gegnerische Bomberverbände bei ihren konzentrierten Angriffen auf deutsche Nachschubverbindungen von den deutschen Jagdfliegern kaum noch gestört werden. Also wurden neue Leistungsanforderungen an die Flugzeugindustrie gerichtet und auf der Adlershofer Seite des Johannisthaler Flugplatzes in aller Eile sogenannte D-Flugzeug-Wettbewerbe vorbereitet (D = Jagdeinsitzer, und zwar als Ein- und Doppeldecker). In diesen Wettbewerben sollten die Flugzeugrüstungsbetriebe ihre neuen Muster vorführen. Die besten Flugzeuge sollten beschleunigt in die Serienproduktion gehen.

Insgesamt fanden über dem Flugplatz Johannisthal drei dieser vergleichenden Wettbewerbe statt, und zwar von Januar bis Februar 1918, von Mai bis Juli 1918 sowie im Oktober 1918. Alle Flugzeuge wurden mit gleichem Kraftstoffinhalt der Tanks und mit gleicher Zuladung geflogen. Zunächst wurden die Prototypen von dem jeweiligen Werkpiloten vorgeflogen, sodann von erfahrenen Frontfliegern nachgeflogen, die eigens für diese Aufgabe zum Flugplatz Johannisthal kommandiert worden waren. Deren Beurteilung und die bei den Flügen ermittelten Leistungsdaten bildeten die Grundl[illegible] Entscheidung über Serienbauaufträge an Flugzeugfabriken. Den Schwerpunkt der Flugleistungsprüfung bildeten Höhenflüge.

Am ersten Vergleichsfliegen (Januar bis Februar 1918) nahmen 21 Prototypen teil, darunter aus den Rüstungswerken Fokker, Pfalz, Aviatik, Schütte-Lanz, Albatros, Rumpler, LFG (Luft-Fahrzeug-Gesellschaft) und SSW (Siemens-Schuckert-Werke). Dabei geschah etwas Merkwürdiges.

Zu diesem Vergleichsfliegen erscheint unter anderem die Junkers J 7, der welterste Ganzmetall-Kampfeinsitzer aus Dessau (er trägt die militärische Bezeichnung: Junkers D I). Aber den für das Einfliegen abkommandierten Frontfliegern flößt diese gänzlich ungewöhnliche freitragende Tiefdeckerkonstruktion so viel Unbehagen ein, daß kaum jemand damit fliegen will. Nur Junkers-Werkpilot Krohn natürlich. Da mischt sich der Rüstungsindustrielle Anthony Fokker ein, der begabte Flieger, der aus diesem Wettbewerb einen Großauftrag für eines seiner Flugzeugmuster mitnehmen möchte. Er bietet sich als «unparteiischer Pilot» an. Dann prüft er das Flugzeug in der Luft, vollführt ein brillantes Flugprogramm und weiß schließlich, daß er in der fortschrittlichsten Konstruktion dieses Wettbewerbes sitzt. Er landet – und rollt die Maschine derart «unglücklich» und heftig in einen Graben, daß sie dabei erheblich demoliert wird und aus der Konkurrenz ausscheidet. Und welches Flugzeug gewinnt danach den Wettbewerb und einen Großserienauftrag? Das Flugzeugmuster Fokker D VII, ein Doppeldecker mit 160-PS-Mercedes Motor.

Zweitbestes Flugzeug wurde der Pfalz-Doppeldecker D VII, also erhielten auch die «Pfalz-Flugzeugwerke GmbH.» einen größeren Auftrag. Je 50 Flugzeuge wurden an den Dritten, Vierten und Fünften des Wettbewerbs in Auftrag gegeben. Das waren die «Rumpler-Luftfahrzeugbau GmbH.», die «Luft-Fahrzeug-Gesellschaft» (LFG) und die «Siemens-Schuckert-Werke (SSW), Abteilung Flugzeugbau».

Zum zweiten Vergleichsfliegen (Mai bis Juli 1918) erschienen 38 verschiedene Jagdflugzeugmuster zur Prüfung. Inzwischen war das Prüfverfahren vervollständigt worden. Die eingesetzten Frontflieger prüften die Wendigkeit, das Steigvermögen, die ausreichende Sicht für einen Luftkampf, das Verhalten des Flugzeuges im steilen Kurvenflug. Waren beim ersten Vergleichsfliegen mindestens 4000 Meter Höhe gefordert worden, wurde nunmehr verlangt, daß die Flugzeuge auf 5000 [illegible]

Auch bei diesem zweiten Vergleichsfliegen geschah etwas Merkwürdiges.

Am 18. Juni 1918 wird Hauptmann Reinhard zur Teilnahme am Vergleichsfliegen nach Adlershof kommandiert. Seit dem 21. April 1918, als der deutsche Jäger Manfred von Richthofen von dem englischen Kampfflieger Captain A. Roy Brown im Luftkampf besiegt und dabei tödlich getroffen worden war, hat Reinhard die Nachfolge Richthofens als Geschwaderkommandeur angetreten. Zuvor befehligte er in dessen Geschwader I die Jagdstaffel 6. Diese Nachfolge war Richthofens letzter Wille gewesen, von ihm zu Papier gebracht und nach dessen Tode auf einem Zettel in einem versiegelten Kuvert aufgefunden. Aber es verging fast eine Woche, bis Reinhard von übergeordneten Stellen mit der Führung des Geschwaders beauftragt wurde. Sechs Wochen später nun wird Reinhard überraschend nach Adlershof kommandiert. Dort stürzt er am 3. Juli 1918 tödlich ab, und zwar mit einem Flugzeug, aus dem gerade zuvor ein gewisser Oberleutnant Hermann Göring ausgestiegen ist. Fünf Tage danach, am 8. Juli 1918, trifft ein Telegramm im Jagdgeschwader I mit dem Namen des neuen Geschwaderkommandeurs ein: Oberleutnant Göring.

Das dritte Vergleichsfliegen (Oktober 1918) war ursprünglich ebenfalls für den Zeitraum von zwei Monaten geplant und sollte bis etwa Ende November stattfinden. Aber es wurde schon nach kurzer Zeit abgebrochen, denn überall in den deutschen Rüstungswerken häuften sich im Gefolge der revolutionären Ereignisse in Rußland die Kampfaktionen der Arbeiter. Auch in den Johannisthaler Rüstungsfabriken. Davon wird im nächsten Abschnitt die Rede sein.

Tabelle 26
Betriebe und Einrichtungen auf dem Flugplatz Johannisthal, die im ersten Weltkrieg der Luftrüstung dienten
(Fragezeichen bedeutet: Anzahl nicht bekannt)

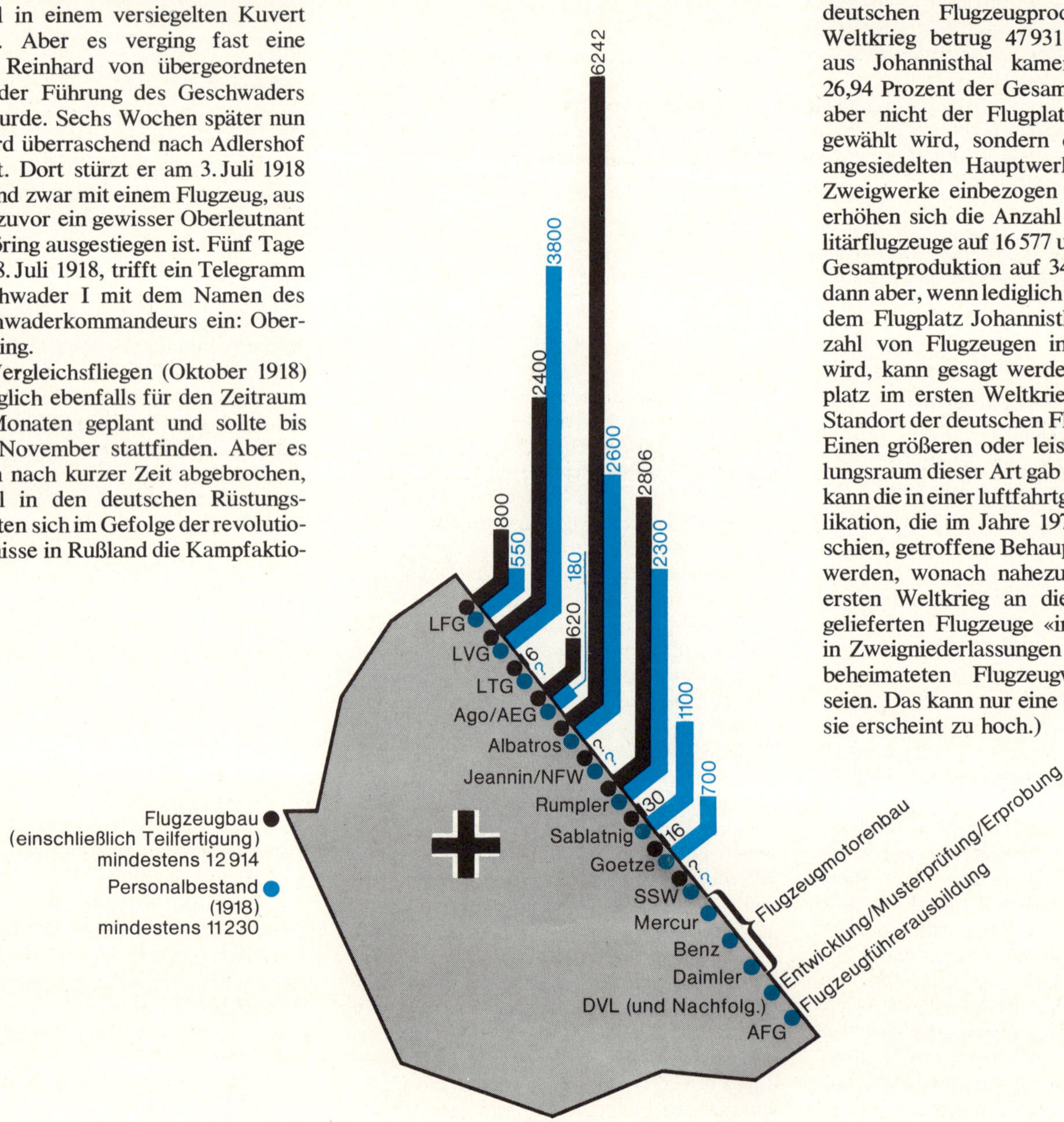

*

Die Analyse der Werkpublikationen von Flugzeugfabriken sowie der Vergleich statistischer Angaben macht die in Tabelle 26 gebotene Übersicht über die Anzahl der in Johannisthal (*ohne* Zweigwerke in anderen Orten) im Kriege produzierten Flugzeuge und die Anzahl der im Flugzeugbau Beschäftigten möglich. Daraus lassen sich folgende Feststellungen ableiten: Der Gesamtumfang der deutschen Flugzeugproduktion im ersten Weltkrieg betrug 47 931 Flugzeuge. Allein aus Johannisthal kamen also mindestens 26,94 Prozent der Gesamtlieferungen. Wenn aber nicht der Flugplatz als Bezugspunkt gewählt wird, sondern die in Johannisthal angesiedelten Hauptwerke, wodurch deren Zweigwerke einbezogen werden müßten, so erhöhen sich die Anzahl der gelieferten Militärflugzeuge auf 16 577 und der Anteil an der Gesamtproduktion auf 34,58 Prozent. Selbst dann aber, wenn lediglich die nachweisbar auf dem Flugplatz Johannisthal produzierte Anzahl von Flugzeugen in Betracht gezogen wird, kann gesagt werden, daß dieser Flugplatz im ersten Weltkrieg der bedeutendste Standort der deutschen Flugzeugrüstung war. Einen größeren oder leistungsfähigeren Ballungsraum dieser Art gab es nicht. (Allerdings kann die in einer luftfahrtgeschichtlichen Publikation, die im Jahre 1974 in Westberlin erschien, getroffene Behauptung *nicht* bestätigt werden, wonach nahezu 45 Prozent der im ersten Weltkrieg an die Militärverwaltung gelieferten Flugzeuge «in Johannisthal oder in Zweigniederlassungen der in Johannisthal beheimateten Flugzeugwerke» entstanden seien. Das kann nur eine Schätzung sein, und sie erscheint zu hoch.)

Revolutionäre Aktivitäten und Ereignisse der Novemberrevolution

Die Konzentration der Produktion und des Kapitals auf dem Flugplatz Johannisthal führte zwangsläufig zur Konzentration von Tausenden von Flugzeugarbeitern und zunehmend zu ihrer Organisiertheit.
Die steigenden militärischen Forderungen an den Flugzeugbau bewirkten eine ständige Steigerung des Arbeitstempos. Die militärischen Bauaufsichten wurden zu Hilfsantreibern der Flugzeugindustriellen gegenüber den Arbeitern. Im Jahre 1917 wurden von Heer und Marine monatlich 1000 Flugzeuge gebraucht, bis Januar 1918 erhöhten sich die militärischen Forderungen an die Flugzeugindustrie auf monatlich 2000 Flugzeuge. Angesichts des steigenden Frontbedarfs wurden der Flugzeugindustrie ständig zusätzliche Arbeitskräfte zugeführt, und die dort noch vorhandenen Facharbeiter wurden ab Ende 1917, auch wenn sie «kriegsverwendungsfähig» waren, wie es im offiziellen militärischen Sprachgebrauch hieß, den Flugzeugfabriken belassen.
Es war schon in den ersten Kriegsjahren nicht zu übersehen, daß sich die Spanne zwischen Flugzeugverlusten und Flugzeugneuproduktion ständig vergrößerte und die deutsche Flugzeugindustrie nicht imstande war, die Forderungen zu erfüllen, die an sie gestellt wurden. Die Situation wurde nicht nur dadurch erschwert, daß die Produktion stieg, aber die Anzahl der Arbeitskräfte relativ (bezogen auf die geforderte Steigungsrate im Flugzeugbau), die Fachkenntnis der Arbeitskräfte absolut zurückging (durch ungelernte Arbeitskräfte, Frauen und Jugendliche anstelle von eingezogenen Facharbeitern), sondern auch durch die zunehmende Materialverknappung. Sie führte dazu, daß im Jahre 1917 die Bausicherheit der Flugzeuge vermindert werden mußte, vom Viereinhalbfachen auf das Zweieinhalbfache. Das verringerte aber wiederum die Belastbarkeit der Flugzeuge im Luftkampf und bei Landungen. Hinzu kamen durch den Mangel an Fachkräften und das hohe Arbeitstempo bedingte Verarbeitungsfehler. Daher kam es wiederholt vor, daß ein fabrikneues Flugzeug beim Erprobungsflug in der Luft auseinanderbrach. (Beispielsweise geschah es im Jahre 1918 in mehreren Fällen, als auf der Adlershofer Seite des Flugplatzes Johannisthal Vergleichsflug-Wettbewerbe von Jagdflugzeugmustern stattfanden, um die leistungsfähigsten zu ermitteln und in Großserien produzieren zu lassen, daß Flugzeugteile abbrachen und das Flugzeug mit seinem Piloten abstürzte.)
Infolge der hohen Dauerbelastung sank rapide die Arbeitsmoral der entkräfteten und überanstrengten Menschen in den Fabriken. In den meisten deutschen Flugzeugwerken, auch in Johannisthal, kam es zu Streiks. Der erste Johannisthaler Streik im Kriege, der belegt werden kann, wurde von Flugzeugarbeitern der «Luft-Verkehrs-Gesellschaft» (LVG) organisiert – im Januar/Februar 1916. Einer der Streikorganisatoren war der Berliner Schlosser Otto Giese. Er wurde im Jahre 1902 SPD-Mitglied, im Jahre 1915 eingezogen, im Januar 1916 für die Arbeit als Flugzeugschlosser in der LVG wieder aus dem Armeedienst entlassen. Otto Giese schloß sich sogleich einer revolutionären Arbeitergruppe an und beteiligte sich an den Streikvorbereitungen. Der Streik endete mit der Bewilligung höherer Löhne durch den Großindustriellen Arthur Müller. Am 1. Mai 1916 nahm Otto Giese gemeinsam mit anderen Johannisthaler Arbeitern an der von Spartakus organisierten Demonstration auf dem Potsdamer Platz in Berlin teil. Gemeinsam hörten sie die Rede Karl Liebknechts, seinen flammenden Protest gegen den imperialistischen Krieg und seinen Ruf: «Nieder mit dem Krieg, nieder mit der Regierung!» Gemeinsam erlebten sie auch Karl Liebknechts Verhaftung während dieser Demonstration. Nach dieser Demonstration setzte Otto Giese seine politische Arbeit unter

237
Marineflieger-Obermaat Paul Wieczorek in Johannisthal; er leitete am 9. November 1918 die Inbesitznahme des Flugplatzes und wurde der erste Kommandeur der Berliner «Volksmarinedivision»

wurde er im September 1916 erneut eingezogen.
Auch in den Albatros-Werken wuchs der Widerstand der Arbeiter gegen den imperialistischen Krieg und seine Auswirkungen auf die Lebenslage der Werktätigen. Der Arbeiter Max Rahn wurde dort im Jahre 1916 wegen «Aufwiegelei» entlassen und fand bei der «Luft-Verkehr-Gesellschaft» (LVG) Arbeit. Dort setzte er seine politische Tätigkeit gemeinsam mit anderen Kollegen fort, nahm an illegalen Versammlungen teil und beteiligte sich an der Verbreitung von Flugblättern. Aus Protest gegen die Stillhaltepolitik der Rechten in der Führung der deutschen Sozialdemokratie trat er gemeinsam mit anderen Arbeitern, mit denen er in Verbindung stand, geschlossen aus der SPD aus. Die meisten wandten sich nunmehr der USDP zu.
Zu größeren Streiks in deutschen Rüstungswerken kam es im Frühjahr 1917, darunter in den «Flugzeugwerken Richard Goetze KG.» am Johannisthaler «alten Startplatz». Diesen Streiks versuchte man zu begegnen, indem bestreikte Werke kurzerhand unter militärisches Kommando gestellt wurden. Trotzdem standen sowohl die Direktoren als auch die Militärs den Aktionen der Arbeiter hilflos gegenüber. Streikbrechern stellten sich an den Werktoren Streikposten entgegen. Unter dem Druck der Heeresforderungen wurden Lohnansprüche von Arbeitern meist umgehend erfüllt, weil die Flugzeuglieferungen sonst weiter zurückgegangen wären. Trotz einiger Teilerfolge verliefen die Kampfaktionen im Jahre 1917 nicht einheitlich, auch nicht in den Betrieben. So wuchs, trotz der Streikerfolge, die Unzufriedenheit, denn höhere Löhne nutzten nichts, weil die Werktätigen dafür kaum etwas kaufen konnten. Zudem waren seit dem Jahre 1916 infolge Unterernährung, Mangel an Heizkohle und wegen dürftiger hygienischer Verhältnisse in den Arbeiterbezirken die Erkrankungen an Tuberkulose sowie die Kinder- und Frauensterblichkeit in erschreckendem Maße angestiegen. Immer deutlicher wurde den Arbeitern bewußt, daß eine Veränderung der Verhältnisse allein durch Lohnstreiks nicht zu erreichen war. Daher kam es «nach der Oktoberrevolution in Rußland ... in den Betrieben zu lebhaften Diskussionen», wie der LVG-Arbeiter Max Rahn über die damalige Situation auf dem Flugplatz Johannisthal schrieb. Viele Arbeiter in den Rüstungsbetrieben erkannten, daß die russischen Arbeiter und Soldaten auch ihnen einen Ausweg gezeigt hatten.
Etwa seit Jahresende 1917 bestand eine stabile Verbindung zwischen einer der geheimen Zentralen der Spartakusbewegung, die sich im Atelier des Kunstmalers Alfred Stiller, Blücherplatz 2, in Berlin befand, und der Spartakusgruppe «Flugzeugbau» in Johannisthal. Verbindungsmann war Conrad Blenkle (1923 Mitglied des Zentralkomitees der KPD, 1924 Vorsitzender des Kommunistischen Jugendverbandes Deutschlands). Die Spartakusgruppe «Flugzeugbau» gewann ganze Belegschaften für die Teilnahme am Januarstreik 1918.
Am Sonntag, dem 27. Januar 1918, war nach einer Branchenkonferenz der Metallarbeiter von Groß-Berlin der Aufruf zur Massenaktion erfolgt. Ein Flugblatt der Spartakusgruppe mit der Überschrift «Am Montag, den 28. Januar beginnt der Massenstreik!» kursierte unter den Arbeitern und stieß auf eine nie zuvor dagewesene Bereitschaft. In einer Dokumentation (Lange, A.) über dieses Ereignis heißt es: «Am Montag früh (dem 28. Januar) rührte sich in den Rüstungsbetrieben kaum noch eine Hand. Alles war auf das äußerste gespannt. Plötzlich, Punkt 9 Uhr, zu Beginn der Frühstückspause, ging ein Lärmen durch die Hallen: wuchtige Hammerschläge gegen Eisenschienen, Schweißgeräte, leere Sauerstoff-Flaschen gaben das Signal. Die Arbeiter strömten auf die Straße, bald lagen auch kleine Metallbuden still, von denen man es kaum erwartet hatte, und Arbeiter auch

Was die Flugzeuge kosteten
(Verkaufspreise ausgewählter Flugzeugmuster bis zum Jahre 1918)

1895	*Lilienthal-Gleiter*	*500 Mark*
1909	*Antoinette-Eindecker (einsitzig/Originalbauart)*	*25000 Mark*
	Antoinette-Zweidecker (zweisitzig/Originalbauart)	*28000 Mark*
1910	*Santos-Dumont-Apparat (Originalbauart)*	*7500 Mark*
	Grade-Eindecker	*12000 Mark*
	Euler-Zweidecker (Voisin-Kopie)	*20000 Mark*
	Albatros-Zweidecker (Farman-Kopie)	*20000 Mark*
	Farman-Zweidecker (Originalbauart)	*24000 Mark*
	Albatros-Eindecker (Antoinette-Kopie)	*30000 Mark*
	Wright-Zweidecker (deutsche Bauart)	*30000 Mark*
1911	*Grade-Eindecker (einsitzig)*	*10000 Mark*
	Grade-Eindecker (zweisitzig)	*16000 Mark*
	Dorner-Eindecker (zweisitzig)	*16000 Mark*
	Aviatik-Eindecker	*20000 Mark*
1912	*Melli-Beese-Eindecker (Taube)*	*12000 Mark*
	Rumpler-Eindecker (Taube)	*20000 Mark*
1914	*Rumpler-Eindecker (Taube)*	*25000 Mark*
1918	*Fokker-Jagdflugzeug D VII (im Serienbau von 400 Stück)*	*25000 Mark*
	Linke-Hofmann-Riesenbomber R II, viermotorig (Baukosten 450000 Mark)	*500000 Mark*
	Siemens-Schuckert-Riesenbomber R VIII, sechsmotorig	*750000 Mark*

anderer Branchen schlossen sich an. 300 000 Berliner Arbeiterinnen und Arbeiter standen im Streik ... Weitere Betriebe kamen hinzu; am 29. Januar wurden rund 400 000 Streikende geschätzt. Auch die Königlichen Artilleriewerkstätten Spandau schlossen sich an. Die Presse durfte keine Zahlen bringen: der ‹Vorwärts›, der es tat, wurde mit drei Tagen Verbot bestraft. Über die Hälfte aller Berliner Metallarbeiter stand im Streik, das war ein Sechstel aller Werktätigen Berlins.»

Zu den Arbeitern aus Johannisthal, die sich an diesem politischen Massenstreik beteiligten, gehörte die gesamte Belegschaft der LVG.

Nach dem Januarstreik wurde die kleine geheime Kampforganisation des Spartakus, die aus besonders erfahrenen und zuverlässigen Genossen bestand, erheblich verstärkt. In der bereits zitierten Dokumentation wird diese geheime Organisation näher gekennzeichnet: «Die Mitglieder dieses Kampftrupps nannten sich die ‹Schwarzen Katzen» – im Unterschied zu den ‹Weißen Katzen›, den Kurieren. In allen wichtigen Betrieben wurden jetzt Stoßtrupps gebildet, die mit Waffen ausgerüstet werden mußten.»

Zur Bildung dieser illegalen Organisation war es bereits nach einer Zusammenkunft gekommen, die im Oktober 1917 in Berlin-Neukölln, Boddinstraße, stattgefunden hatte, und zwar unter dem Einfluß des Metallarbeiters Otto Franke. Er gehörte seit dem Jahre 1892 der SPD an und hatte im Jahre 1907 am Internationalen Sozialistenkongreß teilgenommen, war einer der engsten Kampfgefährten Karl Liebknechts und hatte maßgeblich die Spartakusdemonstration am 1. Mai 1916 auf dem Potsdamer Platz organisiert. Wie Karl Liebknecht, war auch Otto Franke während dieser Kundgebung festgenommen worden. Nach fünfmonatiger Haft wurde er zwangsweise an die Ostfront geschickt. Im Herbst 1917 verließ er illegal die kaiserliche Armee, tauchte, unterstützt von seinen Genossen, als Werkzeugmacher in den Johannisthaler Albatros-Werken unter und nahm sogleich seine politische Tätigkeit unter den Arbeitern wieder auf. Seinem Bericht zufolge nahmen an der illegalen Neuköllner Zusammenkunft unter anderem teil: Paul Eckert (Schwartzkopf A.G.), Otto Franke und Max Freidank (Albatros-Werke Johannisthal), Fritz Koch und Richard Nowakowski (Sablatnig-Flugzeugbau, Johannisthal), Max Zirkel (LVG, Johannisthal), Oskar Söhnel (Werkzeugmaschinenfabrik Stock, Mariendorf), Fritz Wingut (Gewehrfabrik Spandau). Die Teilnehmer dieser Beratung, sämtlich Angehörige von Spartakusgruppen, faßten den Beschluß, in den Berliner Rüstungsbetrieben eine illegale Organisation zu schaffen, deren Aufgabe es war, unter Beachtung aller gebotenen Vorsichtsmaßnahmen für die schnelle Beendigung des Krieges zu arbeiten.

Die Männer hatten Genossen Otto Franke mit der Ausarbeitung eines illegalen Organisationsplanes beauftragt, der in einer zweiten Sitzung erörtert wurde, die in der Gastwirtschaft Philipp Hummel in Berlin-Mitte, Sophienstraße 5, stattfand. Der Plan wurde wie folgt fixiert: Groß-Berlin wurde in Industriebezirke aufgeteilt, für jeden Bezirk wurde aus der Mitte der Beratungsteilnehmer ein Genosse eingesetzt, dessen Aufgabe darin bestand, in seinem Bezirk planmäßig mit Partei- oder Gewerkschaftsfunktionären in den Rüstungsbetrieben Verbindung aufzunehmen, die als entschiedene Gegner der imperialistischen Kriegspolitik der Regierung bekannt waren. Sie sollten als illegale Funktionäre nunmehr die Aufgabe übernehmen, in allen Werksabteilungen entschlossene Mitkämpfer zu gewinnen und einzusetzen.

Zunächst entstanden illegale Gruppen «Schwarze Katzen» in den Fabriken, in denen diese Spartakusmänner arbeiteten. In Johannisthal bildeten Otto Franke und Max Freidank einen illegalen Kampftrupp in den «Albatros-Flugzeugwerken GmbH.», und zwar die Gruppe «Flugzeugwerke». Max Zirkel schuf im Unternehmen Müllers die Gruppe «AMBI-Waggonbau». Fritz Koch und Richard Nowakowski formierten in der «Sablatnig-Flugzeugbau GmbH.» die Gruppe «Flugplatz». Weitere Gruppen der «Schwarzen Katzen» entstanden bald in territorialer Nähe des Flugplatzes, und zwar die Gruppen «Kabelwerk Oberspree», «AEG Transformatorenwerk», «NAG Messingwerke» und «Waffenwerk Oberspree». Gemeinsam mit anderen revolutionären Obleuten leitete Otto Franke die Beschaffung von Waffen und Munition. Unbemerkt wurden aus den «Deutschen Waffen- und Munitionsfabriken» Pistolen besorgt, Gewehre aus dem Waffenwerk in Oberspree, Maschinengewehrteile aus der Gewehrfabrik Spandau. Sie wurden auf die illegalen Gruppen verteilt. Insgesamt entstanden im Jahre 1918 in Berliner Rüstungsbetrieben 32 derartige illegale Gruppen.

Einer der Teilnehmer an der Tätigkeit der revolutionären Gruppen in Rüstungsbetrieben der Berliner Vororte Johannisthal, Adlershof, Niederschöneweide und Oberschöneweide war Karl Müller, Arbeiter in einer Waffenfabrik. Er war von den Kollegen als Vertrauensmann gewählt worden und nach dem Januarstreik 1918 der USPD beigetreten. Er nahm an geheimen Zusammen-

238
Wie hier, in der Schweißerei der Rumpler-Werke, mußten Frauen und Jugendliche in vielen Abteilungen Johannisthaler Flugzeugfabriken die zum Frontdienst eingezogenen Facharbeiter ersetzen

künften teil, die in den Wäldern der damals noch weit ausgedehnten Königsheide stattfanden. Hier wurden konkrete Aufgaben festgelegt, auch für die Gruppen, mit denen Karl Müller in Verbindung stand. Er schrieb über diese illegale Arbeit: «Wir sollten die Postämter und Telefonzentralen besetzen sowie den Flugplatz in Johannisthal überwachen.»

Spartakusanhänger formierten sich aber nicht nur in Johannisthaler Flugzeugfabriken, sondern auch unter Militäreinheiten auf dem Flugplatz. Das waren vor allem das in Johannisthal stationierte Marinefliegerkorps und die während des Krieges entstandene «Flugzeugmeisterei Adlershof» mit mehreren hundert Heeresangehörigen. (Nach dem Kriegsbeginn war aus den Anlagen der «Deutschen Versuchsanstalt für Luftfahrt» die «Prüfanstalt und Werft der Fliegertruppe» hervorgegangen, die dann ab 1917 zur «Flugzeugmeisterei Adlershof» umgebildet wurde.) Das Johannisthaler Marinefliegerkorps umfaßte mehrere Kompanien und war während des Krieges mehrmals verstärkt worden, weshalb einige Einheiten in Sälen außerhalb des Flugplatzes einquartiert werden mußten. Unter anderem war der ehemalige Tanzsaal des Gartenrestaurants Gustav Rohs (heute Gemeindesaal des Kirchengrundstücks am Sterndamm) zuerst mit 60 Heeresflugschülern, ab 1917 mit bis zu 100 Marinefliegern belegt.

Zwischen den Soldaten und den Arbeitern der Adlershofer Flugzeugmeisterei sowie zwischen Angehörigen des Marinefliegerkorps und den Arbeitern der Johannisthaler Flugzeugfabriken war die Verbindung sehr eng, denn die Heeresangehörigen und Marineflieger in Johannisthal waren im Zivilberuf selbst qualifizierte Facharbeiter – unter ihnen viele Metallarbeiter. Da sie der Arbeiterklasse angehörten, waren viele von ihnen politisch organisiert und verhielten sich zu den politischen Zielen ihrer Klasse aufgeschlossen und aktionsbereit. Die Anzahl der Spartakusanhänger wuchs.

Zu den Spartakusgenossen unter den Johannisthaler Marinefliegern gehörten Obermaat Paul Wieczorek und Matrose Fritz Radtke. Paul Wieczorek hatte sich bereits im Jahre 1916 an den ersten Antikriegsaktionen in der kaiserlichen Flotte beteiligt und wurde in der Folgezeit wiederholt mit militärischen Strafen belegt. Er besaß das besondere Vertrauen seiner Kameraden, denn er war ein unerschrockener und opfermutiger Kämpfer der Matrosenbewegung zur Beendigung des imperialistischen Krieges im Sinne von Reichpietsch und Köbis. Da er in einer Seeflugstation der Kaiserlichen Marine eine fliegerische Ausbildung abgeschlossen hatte, wurde er, um ihn von der Flotte zu isolieren, ins Landesinnere versetzt – zum Marinefliegerkorps in Johannisthal. Doch auch hier hatte er, da die politische Aktivität der Arbeiterklasse und der Kriegsgegner überall im Lande wuchs, viele widerstandsbereite Kameraden angetroffen. Fritz Radtke, den er seit langem kannte, war sein engster Kampfgefährte.

Als der November 1918 begann, wußten Paul Wieczorek und Fritz Radtke längst, daß Karl Liebknecht einige Tage zuvor, am 23. Oktober, aus dem Zuchthaus Luckau entlassen werden mußte und sich wieder in Berlin befand. Die beiden Spartakusanhänger waren jetzt immer öfter in der Funkstube des Ma-

239
Inserat aus dem Jahre 1917

240
Tragflächenbau der LVG

241
Tausende von Arbeitern waren in den Fabrikhallen auf dem Flugplatz Johannisthal konzentriert. Zu den Teilnehmern am Januarstreik 1918 gehörte auch die Belegschaft der LVG (im unteren Bild: Abteilung Steuerungsbau der LVG-Schlosserei)

rinekorps zu finden. Die Nachrichten, die sie dort aufnahmen, verbreiteten sie sofort auf dem Flugplatz. Das Wort «Kiel» wurde rasch zum Signalwort.

In Kiel hatte sich am 1. November 1918 ein Matrosenrat gebildet. Am 3. November hatte in der Stadt eine Demonstration für die Freilassung eingekerkerter Matrosen stattgefunden. Reaktionäre Offiziere hatten in diese Demonstration hineingeschossen. Aber – diese Schüsse vermochten die Demonstranten nicht einzuschüchtern, sondern sie lösten den bewaffneten Aufstand der Kieler Matrosen aus. Schon am 4. November hatte die Revolution in Kiel gesiegt. Auf den Schiffen, im Hafen und in der Stadt flatterten rote Fahnen. Die Schiffs- und Landfunkstationen der Roten Matrosen gaben die Meldungen darüber in offenen Funksprüchen weiter. Sie wurden auch in Johannisthal empfangen und machten auf dem Flugplatz die Runde.

Am 5. November wehten rote Fahnen auch über Lübeck, am 6. November über Hamburg, Altona, Bremen, Rendsburg, Cuxhaven – die Blaujacken mit den roten Armbinden gaben ein Beispiel revolutionären Kampfesmutes. Am 7. November wurde in Wilhelmshaven, Schwerin, Hannover, Braunschweig, Köln und München gekämpft, am 8. November in Rostock, Magdeburg, Halle, Leipzig, Dresden, Chemnitz (heute: Karl-Marx-Stadt), in Düsseldorf, Stuttgart ...

An diesem 8. November tagen im Parteibüro der USPD in der Berliner Schicklerstraße die revolutionären Obleute der Berliner Metallbetriebe. Sie beschließen für den kommenden Tag den Generalstreik und eine Massendemonstration. Das Flugblatt des Vollzugsausschusses der revolutionären Obleute, das die Werktätigen aufruft, zum entscheidenden Kampf die Betriebe zu verlassen und auf die Straßen zu gehen, trägt neben der Unterschrift von Wilhelm Pieck auch die von Otto Franke, der auch während der Novemberrevolution als Verbindungsmann zwischen dem Spartakusbund und den Arbeitern in den Berliner Betrieben wirkte.

Daraufhin treten auch die Arbeiter, Marineflieger und Soldaten auf dem Flugplatz Johannisthal in Aktion, allen voran die Genossen des Spartakus.

Am 9. November, früh um 3 Uhr, versammelt Obermaat Wieczorek die Vertrauensleute der Kompanien des Marinefliegerkorps, eine Gruppe Kieler und Wilhelmshavener Matrosen (die inzwischen in Johannisthal eingetroffen waren) sowie Mitglieder illegaler Spartakusgruppen aus Betrieben.

sofort nach dieser letzten kurzen Kampfberatung beginnt: Noch in der Nacht werden in gemeinsamer Aktion von Arbeitern und Marinefliegern die Flugplatzwachen des Infanterie-Regiments Nr. 8 entwaffnet und der Stab des Marinefliegerkorps besetzt. Obermaat Wieczorek erteilt den Trupps der Marineflieger die Order, unverzüglich die Waffenkammern zu öffnen und die Waffen an Revolutionäre auszugeben, jeden Aufstieg eines Flugzeuges oder Luftschiffes mit Offiziersbesatzung zu verhindern und etwaigen Widerstand von Offizieren entschlossen niederzukämpfen. Die Marineflieger stellen bewaffnete Posten an den Eingängen auf; Offiziere dürfen den Flugplatz nicht mehr betreten, auch nicht die Offiziere der Bauaufsichten der Flugzeugfabriken. Bis 7 Uhr früh besetzen die revolutionären Arbeiter sämtliche Telefonzentralen in den Flugzeugfabriken. Bevor der Morgen dämmert, befindet sich der Flugplatz Johannisthal vollständig unter der Kontrolle der revolutionären Arbeiter und Soldaten, ohne daß ein Schuß gefallen war.

Während die Marineflieger ihre Offiziere, die zum Dienst erschienen, wieder nach Hause schickten, konstituierten sich Arbeiter-und-Soldaten-Räte in der Adlershofer Flugzeugmeisterei auf der Ostseite des Flugplatzes und in Fabriken. Am folgenden Tag, am 10. November, wird ein Arbeiter-und-Soldaten-Rat für den Flugplatz Johannisthal gebildet, dem Mitglieder der USPD und der SPD angehören. Auch um die Zweigwerke der Johannisthaler Betriebe, einschließlich der nach außerhalb verlagerten Fliegerschulen, machten die revolutionären Ereignisse keinen Bogen. Beispielsweise sah sich der Leiter der Militär-Fliegerschule, die zu den «Ostdeutschen Albatros-Werken GmbH.» (OAW) in Schneidemühl gehörte, einige Zeit später zu einer schriftlichen Mitteilung veranlaßt, in der es hieß: «Durch die durch den A.- & S.Rat infolge der Revolution verfügte vollständige Auflösung der Schule sahen wir uns leider gezwungen», alle «Beamten ... zu ... kündigen ...»

Doch kehren wir zum Morgen des 9. November 1918 auf dem Flugplatz Johannisthal zurück. Während noch der Aufruf zum Generalstreik verbreitet und die Vorbereitungen für die Teilnahme an der Berliner Massendemonstration getroffen werden, ist seit früher Stunde bereits ein Marinefliegertrupp mit einer speziellen Aufgabe nach Berlin unterwegs, geführt von Paul Wieczorek und Fritz Radtke. Ins Stadtzentrum wollen sie, zu Karl Liebknecht, wissen wollen sie, wie die Marineflieger ihn unterstützen können, denn sie haben Waffen, Flugzeuge, sogar einen Flugplatz. Doch in Niederschöneweide gibt es den ersten Aufenthalt. Eine Offizierspatrouille versperrt den Weg, sie wird überwältigt und entwaffnet. Die Marineflieger erbeuten ein Pferdegespann mit einem Maschinengewehr und Munitionskisten. Auf dem Gespann geht es weiter, an der Spitze eines Demonstrationszuges von Arbeitern, der in die Stadt zieht. In Treptow gibt es erneut einen Aufenthalt, denn die Spreebrücke wird aus der dortigen Kaserne beschosssen. Im Feuerschutz des erbeuteten MGs überwinden die Männer die Brücke und eilen weiter.

Lange suchen die Marineflieger Karl Liebknecht, und nur mühsam kommen sie dabei voran, denn ganze Straßenzüge sind mit Menschen buchstäblich vollgestopft. Arbeiter, Matrosen und Soldaten bilden eine festgefügte und frohgestimmte Volksmenge. Am Berliner Schloß helfen die Marineflieger, die Schloßwachen niederzuringen. Dann ziehen sie weiter. Wohin sie aber kommen, erfahren sie, Karl Liebknecht sei soeben noch hiergewesen, meist umringt von einem Trupp Matrosen. Selbst im USPD-Büro in der Schicklerstraße weiß man nicht, wo er sich befindet. Also – weitersuchen! Dann erfahren sie, daß Karl Liebknecht vor einer unübersehbaren Menschenmenge auf dem Platz vor dem Schloß gesprochen und die sozialistische deutsche Republik ausgerufen hat, für die es jetzt zu kämpfen gelte. Doch auch zum Schloßplatz kommen die Johannisthaler Männer zu spät. Schließlich, am Abend, finden sie Karl Liebknecht in der Redaktion des «Berliner Lokal-Anzeigers» in der Zimmerstraße, mitten in den Arbeiten für eine Ausgabe der Zeitung «Die rote Fahne». Sie informieren ihn über die Lage in Johannisthal und schlagen ihm vor, eine revolutionäre Truppe zu bilden, um das Erreichte zu schützen. Karl Liebknecht greift die Unterstützung der Marineflieger sofort auf und verweist sie an Genossen Heinrich Dorrenbach. Dieser, seit dem Jahre 1910 Mitglied der SPD, im Jahre 1916 vor ein Kriegsgericht gestellt und an den Januarstreiks 1918 in Berlin beteiligt, hatte bereits begonnen, die bewaffneten Kräfte der Revolution zu organisieren. Mit ihm gemeinsam gehen sie daran, die schwierige Aufgabe zu lösen.

In dieser komplizierten Lage bewies der revolutionäre Marineflieger Paul Wieczorek seine Fähigkeiten, die Übersicht zu behalten und die übernommene Aufgabe konsequent zu Ende zu führen. Für den 11. November, mittags, berief er zum Admiralstab in der Bendlerstraße, der sich in der Hand der Revolutionäre befand, eine Matrosenversammlung ein. Gemeinsam mit Fritz Radtke und Heinrich Dorrenbach, die mit einer größeren Gruppe von Matrosen zu dieser Versammlung marschiert kamen, gestaltete er diese Versammlung zu einer Kampfberatung, an deren Ende der Wille stand, eine Matrosentruppe zu gründen. Unverzüglich wurden in der Druckerei des Admiralstabes Handzettel gedruckt, die Anwesenden schwärmten aus, um sie zu verteilen und damit zu einer weiteren Matrosenversammlung einzuladen: am gleichen Tag um 15 Uhr im Marstall. Diese Versammlung endete damit, daß sich die ersten Gruppen zu einer revolutionären Matrosenwehr zusammenschlossen, der anfangs etwa 600 Matrosen angehörten. Unter ihnen Mannschaften des Marinefliegerkorps Johannisthal, der zu jener Zeit noch ein Berliner Vorort war. Auch die im Tanzsaal des Johannisthaler Gartenrestaurants Gustav Rohs einquartierte Marinefliegereinheit nahm an der revolutionären Bewegung teil.

Die Matrosenwehr wählte einen fünfzehnköpfigen Matrosenrat, der sich die Bezeichnung «Volksmarinerat Groß-Berlin und Vororte» gab, und der Matrosenwehr den Namen «Volksmarinedivision». Als erster Kommandeur der Volksmarinedivision wurde noch am gleichen Tage, am 11. November 1918, Paul Wieczorek gewählt – der rote Marineflieger aus Johannisthal. Heinrich Dorrenbach wurde die Funktion des Schriftführers übertragen. Der Divisionsstab quartierte sich im Marstall ein.

Intensiv arbeitete der Divisionsstab unter der Leitung von Paul Wieczorek weiter daran, die Matrosen in Berlin zu sammeln. Handzettel, Plakataufrufe und ausgesandte Gruppen der Volksmarinedivision bewirkten, daß schon am folgenden Tag in großer Anzahl Matrosen zum Marstall kamen und der Volksmarinedivision beitraten. Bereits zwei Tage nach ihrer Gründung, am 13. November, zählte die Division etwa 1500 Mann, und sie wuchs von Tag zu Tag.

Die große Bedeutung der Gründung und des schnellen Anwachsens der Volksmarinedivision wurde rasch erkannt. Unter den revolutionären Kräften wuchs die Begeisterung. Unter den Konterrevolutionären wuchs die Unruhe.

Am 13. November mobilisierte der revolutionäre Arbeiter-und-Soldaten-Rat in Cuxhaven 600 zuverlässige Matrosen, stellte sie zu einer Einheit zur Stärkung der Berliner Volksmarinedivision zusammen und schickte sie

242
Johannisthaler Marineflieger
patrouillierten während der Novemberrevolution
in den stillgelegten Werkhallen der Rüstungsfabriken

mit einem Zug, der aus Hamburg kam, nach Berlin.
Doch zur selben Zeit, als sich die Cuxhavener Matrosen zur Fahrt vorbereiteten, traf, von Helgoland kommend, ein Kapitänleutnant Brettschneider in Cuxhaven ein. In dem Zug der Matrosen fuhr auch er nach Berlin. Am Mittag des 14. November erschien Brettschneider im Marstall. Dort ging er zum Kommandeur Wieczorek, um ihm seine Dienste anzubieten. Er beteuerte, daß er die sozialistische Republik anerkenne und sich gänzlich auf ihren Boden stelle. Aber Paul Wieczorek zögerte. Da es sich um einen Offizier handelte und er ihm deshalb nicht von vornherein traute, wollte er nicht ohne die Matrosen entscheiden. Er versammelte die im Gebäude anwesenden Matrosen im Hof des Marstalls und informierte sie über die Absicht Brettschneiders. Auf Verlangen der Matrosen wiederholte Brettschneider sein Bekenntnis zur sozialistischen Republik. Danach erklärten sich die Matrosen einverstanden, machten sich jederzeit dem von ihnen gewählten Kommandeur unterzuordnen habe.
Brettschneider wurde also in die Volksmarinedivision aufgenommen. Die Ereignisse der folgenden Stunden an diesem Tage hat der Historiker Kurt Wrobel, der die Entwicklung der Volksmarinedivision untersuchte, geschildert: «Am Abend dieses Tages kamen sechzig Cuxhavener Matrosen verspätet in Berlin an. Ohne einen entsprechenden Auftrag empfing Brettschneider sie am Lehrter Bahnhof und stellte sich ihnen als Befehlshaber aller in Berlin weilenden Matrosen vor. Er führte sie durch das nächtliche Berlin zum Marstall.» Unterwegs redete Brettschneider den Matrosen ein, in die Volksmarinedivision hätten sich Verräter eingenistet, die unschädlich gemacht werden müßten. «Im Marstall angekommen, überrumpelte er die Wache, ließ sie entwaffnen, das Wachlokal besetzen, und erklärte, daß er das Kommando übernehme. Die herbeieilenden Mitglieder des Volksmarinerates Wieczorek und Dorren-

Revolver im Wachlokal an. Wieczorek forderte ihn entrüstet auf, die Waffe einzustecken. Da schoß Brettschneider auf Wieczorek und tötete ihn mit dem zweiten Schuß. Dann richtete er die Waffe auf Dorrenbach, verfehlte diesen, erschoß aber einen zweiten Matrosen. Dann traf ihn der tödliche Kolbenhieb eines Matrosen auf den Kopf.»
So fiel Paul Wieczorek, der Spartakusgenosse im Johannisthaler Marinefliegerkorps, der unerschrockene und treue Kampfgefährte Karl Liebknechts, der Mitbegründer und erste Kommandeur der Volksmarinedivision.
Noch am selben Abend, nach dem heimtükkischen Mord an Paul Wieczorek, wurde Otto Tost zum neuen Kommandeur gewählt. Er, ein Berliner Metallarbeiter, seit dem Jahre 1907 Mitglied der SPD, im Oktober 1918 Mitglied des Arbeiter-und-Soldaten-Rates in Cuxhaven, hatte mehrere Stunden zuvor die revolutionären Matrosen aus Cuxhaven herangeführt und dem Kommando Paul Wieczoreks unterstellt. Unter seiner Leitung wuchs die Volksmarinedivision bis Ende November auf 3200 Kämpfer an.
Mit diesen revolutionären Ereignissen endete der bedeutendste Abschnitt der Entwicklung des Flugplatzes Johannisthal. Dieser Geschichtsabschnitt schließt hervorragende, kühne sowie opferreiche Leistungen der Pioniere des Motorfluges ein. Er bewahrt den zunehmend organisierten Zusammenschluß der bewußtesten Motorflieger zur Durchsetzung und Verteidigung ihrer sozialen und Lebensinteressen in direkter Konfrontation mit der Flugplatzgesellschaft und den Kapitalgesellschaften der Flugzeugindustrie. Er belegt den revolutionären Kampfgeist der Arbeiter, der sich unter den komplizierten Bedingungen der militärisch überwachten Flugzeugrüstung entwickelte, an den antiimperialistischen und gesellschaftsfortschrittlichen Zielen der Spartakusbewegung orientierte, kampfbereite Arbeiter und Soldaten zusammenführte und beispielhafte Aktivitäten hervorbrachte, die bis zur Bildung und zielbewußten Leitung der Volksmarinedivision reichen.
Diese neun Jahre Flugplatzgeschichte sind mit den Namen vieler herausragender Persönlichkeiten verbunden, die als Konstrukteure, als Flieger oder als revolutionäre Kämpfer gegen den imperialistischen Krieg und für den gesellschaftlichen Fortschritt die Geschehnisse prägten, die weit über die Flugplatzgrenzen hinausreichten und hinauswirkten. Eine der bedeutendsten dieser Persönlichkeiten war Marineflieger-Obermaat Paul

Die letzten Flugplatzjahre

Die Unterzeichnung des Waffenstillstandes durch die deutsche Delegation am 11. November 1918 hatte den ersten Weltkrieg beendet und die militärische Niederlage Deutschlands besiegelt. Am 22. Juni 1919 bestätigte die deutsche Nationalversammlung mit Vorbehalt den Versailler Vertrag, der am 28. Juni unterzeichnet wurde. Dieser Vertrag bestimmte unter anderem neben der Auflösung der deutschen Luftstreitkräfte und dem Verbot bewaffneter Flugzeuge, daß sämtliches militärisches Luftfahrtgerät innerhalb von drei Monaten an die Siegerstaaten abzuliefern war. Außerdem wurde die Fabrikation und Einfuhr von Luftfahrtgerät während der ersten sechs Monate nach Vertragsabschluß verboten. Der Artikel 198 besagte: «Deutschland darf Luftstreitkräfte weder zu Lande noch zu Wasser als Teil seines Heereswesens unterhalten.»

Die meisten Johannisthaler Flugzeugwerke glichen nach der militärischen Niederlage einem Flugzeugfriedhof. Fertiggestellte und zur Lieferung bereite oder halbfertige Flugmaschinen sowie Flugzeugteile standen und lagen in wirren Haufen herum. Ein Ausverkauf setzte ein. Flugmotoren wurden als Schiffs- und Bootsmotoren verkauft, Werkzeugmaschinen wechselten ihre Besitzer, ein Händler kaufte zum Spottpreis etliche tausend Luftschrauben auf und verkaufte sie als Brennholz an die Bevölkerung. Komplette Flugzeugteile wurden fortgetragen, und gar säuberlich in Scheunen oder Lagerräumen der Umgebung untergestellt (daher tauchten Jahre später einzelne Flugzeuge wieder auf – aus diesen Teilen sachkundig montiert). Teils stellten sich Flugzeugfabriken auf die Verkehrsluftfahrt um, teils wurde die Produktion umgestellt, in vielen Fällen wurde die Flugzeugproduktion deutscher Fabriken ins Ausland verlagert, um die für Deutschland geltenden Verbote zu umgehen.
Was wurde aus den Johannisthaler Flugzeugfabriken und Einrichtungen?
Die «Ago Flugzeugwerke GmbH.» stellten im Jahre 1918 ihre Flugzeugproduktion ein. Im Jahre 1934 wurde ein Flugzeugwerk unter dem gleichen Namen in Oschersleben gegründet, das mit dem Lizenzbau deutscher Flugzeugkonstruktionen begann.
Die «Albatros-Flugzeugwerke GmbH.» verblieb mit ihrem Stammwerk in Johannisthal und baute Sport- und Verkehrsflugzeuge. Im Jahre 1932 wurden die Johannisthaler Albatros-Werke von der «Focke-Wulf Flugzeugbau A.G.», die im Januar 1924 in Bremen gegründet worden war, als Zweigwerk übernommen.
Die «Allgemeine Flug-Gesellschaft» (AFG) verschwand aus Johannisthal, tauchte aber im Jahre 1925 in Litauen wieder auf und baute dort Militärdoppeldecker, die von der «Deutschen Verkehrsfliegerschule» für die Pilotenausbildung, aber auch insgeheim von der Reichswehr verwendet wurden.
Die «Deutsche Versuchsanstalt für Luft-

243
Flugzeugfriedhof Johannisthal im Jahre 1919.
Artikel 198 des Versailler Vertrages bestimmte: «Deutschland darf Luftstreitkräfte weder zu Lande noch zu Wasser als Teil seines Heereswesens unterhalten.»

fahrt» (DVL) nahm im Sommer 1919 ihre Tätigkeit wieder auf, die von ihren Mitbegründerfirmen Daimler, Benz und Bosch weiterhin finanziert wurde und Zuschüsse aus diversen anderen Quellen erhielt. Am 1. April 1933 wurde die Prüfabteilung der DVL, die von Diplomingenieur Robert Thelen geleitet wurde (einem der einstigen Johannisthaler Motorflugpioniere), dem neugebildeten «Reichsamt für Flugsicherung» unterstellt, und zwar als «Prüfstelle für Luftfahrzeuge». Seit dem Jahre 1937 betrug die Belegschaftsstärke der DVL rund 1600 Personen. Die DVL verfügte seit dieser Zeit über umfangreiche Versuchsanlagen, unter anderem über einen modernen Hochgeschwindigkeitskanal für die aerodynamische Prüfung von Schnellflugzeugprojekten der faschistischen Luftwaffe. (Robert Thelen war auch in den ersten Jahren des zweiten Weltkrieges in der DVL tätig. Sein letzter Dienstgrad war der eines Obersten des ingenieurtechnischen Flugwesens. Er quittierte den Dienst während der Kriegsjahre, weil er sich standhaft weigerte, Mitglied der Nazipartei zu werden.)

Die Werkstatt «Hellmuth Hirth, Konstrukteur», die kurz vor dem ersten Weltkrieg entstand und bei Kriegsausbruch wieder geschlossen wurde, tauchte im Jahre 1920 in Stuttgart-Feuerbach unter dem Namen «Hellmuth Hirth-Versuchsbau GmbH.» wieder auf und begann mit dem Versuchsbau kleiner Flugmotoren und von Leichtflugzeugen.

Die «Luft-Fahrzeug-Gesellschaft» (LFG) stellte vorläufig ihre Flugzeugproduktion ein und verließ Johannisthal. Später wurde der Flugzeugbau in Stralsund und Seddin erneut aufgenommen.

Die «Luft-Verkehrs-Gesellschaft» (LVG) wurde nicht, wie es in einzelnen luftfahrtgeschichtlichen Rückblicken behauptet wird, im Jahre 1919 liquidiert, sondern als Abteilung VIII. des Arthur-Müller-Großunternehmens «AMBI-Werke» zunächst weitergeführt. Die LVG bot beispielsweise noch mehrere Jahre lang in Großinseraten Reiseflugzeuge an. Der geschäftstüchtige Arthur Müller verfügte nach dem Kriege unter der Dachbezeichnung «AMBI-Werke» über folgende Unternehmen, wie aus Geschäftspapieren jener Zeit erkennbar wurde:

I. Bauausführungen (Büro: Johannisthal)
II. Vertrieb von Baumaschinen, Landmaschinen und Sanitäreinrichtungen (Büro: Kochstr. 18 in Berlin) sowie von Eisenerzeugnissen (Büro: Friedrichstr. 209 in Berlin)
III. Landmaschinenbau (Werk: Johannis-

244
Luftschrauben werden zu Brennholz zerkleinert

245
Inserat vom Mai 1925

IV. Sägewerke und Holzhandel (Werke: Köslin und Puppen)
V. Gießerei und Maschinenfabrik (Werke: Adlershof und Merseburg)
VI. Einkaufsabteilung
VII. Maschinenfabrik (Werk: Kassel)
VIII. LVG-Flugzeugbau (Werk: Johannisthal)
IX. Flugplatz Johannisthal (Grundstücksgeschäft der Terrain-Aktiengesellschaft)
X. Waggonbau (Werke: Johannisthal, Köslin, Kassel)
XI. Bahnbetrieb (Johannisthal)
XII. Versuchsanstalt-Laboratorium (Johannisthal)

(Beispielsweise wurden von seinem Bauunternehmen nach der «AMBI-Massivbauweise» die Serienhäuser auf der Nordseite der Johannisthaler Waldstraße gebaut, die bis heute erhalten geblieben sind.)

246
Inserat vom Mai 1919

Der Passagier-Flugzeugverkehr beginnt

Drei der einstigen Johannisthaler Rüstungsfabrikanten gingen einen anderen Weg, um den Flugzeugbau weiterführen zu können: die AEG, Rumpler und Sablatnig.
Dies hat eine kleine Vorgeschichte. Bereits im Sommer 1917 hatten offenbar die Direktoren des AEG-Konzerns den Ausgang des Krieges vorausgesehen, denn zu dieser Zeit beschäftigten sie sich mit einer Denkschrift über «Die voraussichtliche Entwicklung des Luftverkehrs nach dem Kriege». Zu einer Zeit, da jegliche Flugzeugbau- und Flugkapazität in Deutschland auf die Kriegsanforderungen ausgerichtet war, begannen also bedeutende Luftrüstungsunternehmen bereits mit der Überleitung ihres im Luftfahrzeugbau investierten Kapitals auf Nachkriegsbedürfnisse. So kam es am 13. Dezember 1917 auf dem Flugplatz Johannisthal unter finanzieller Beteiligung der AEG und des Zeppelinkonzerns zur Gründung der «Deutschen Luftreederei GmbH.» (DLR) mit einem Kapitaleinsatz von zweieinhalb Millionen Mark.
Mit Datum vom 5. Januar 1919 erhielt die DLR vom neugeschaffenen Reichsluftamt die befristete «Zulassungs-Bescheinigung zum Luftverkehr Nr. 1», erteilt von August Euler, Inhaber der ersten deutschen Flugzeugführerberechtigung, zu jener Zeit Unterstaatssekretär und Leiter des Reichsluftamtes. Die DLR baute Militärflugzeuge der AEG und der LVG zu Passagierflugzeugen um und eröffnete den Flugzeugpassagierverkehr am

247
Unterstaatssekretär und Leiter des Reichsluftamtes August Euler, 1919

249
Von der LVG wurde das Militärflugzeugmuster C VI eigener Produktion durch die Erweiterung des Beobachtersitzes für zwei Personen eingerichtet und unter der Typenbezeichnung «LVG PI» als Passagierflugzeug angeboten

248
Die «Zulassungs-Bescheinigung zum Luftverkehr Nr. 1», erteilt von August Euler (Inhaber der Flugzeugführererlaubnis Nr. 1)

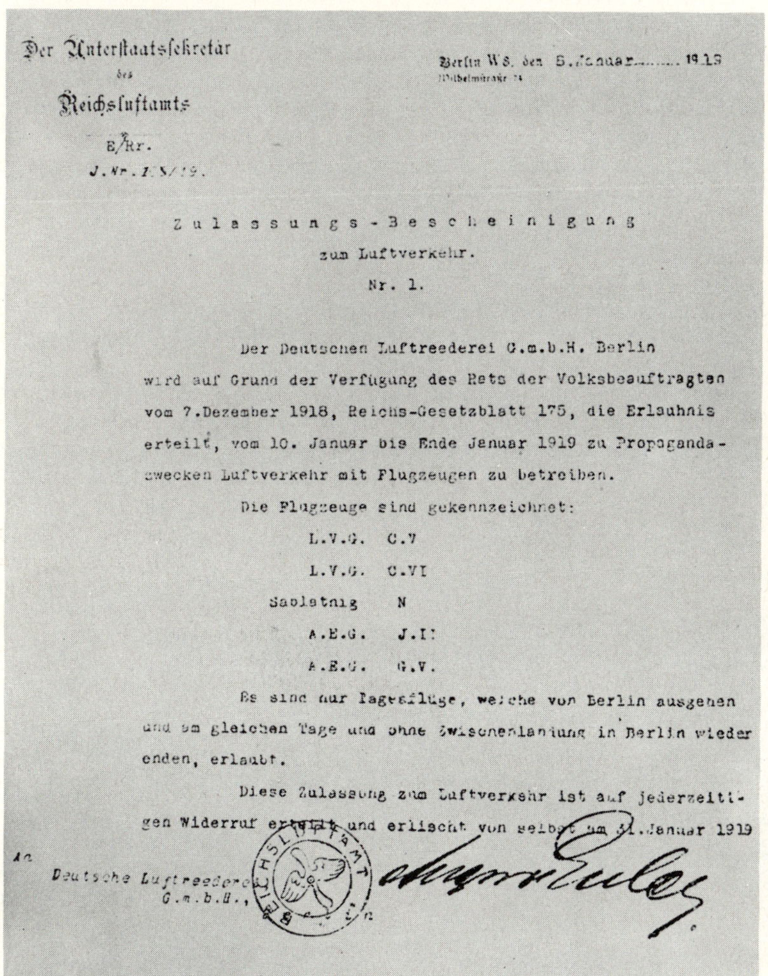

Der Unterstaatssekretär
des
Reichsluftamts

Berlin W 8, den 5. Januar 1919
Wilhelmstraße 74

E/Kr.
J.Nr. [illegible]/19.

Z u l a s s u n g s - B e s c h e i n i g u n g
zum Luftverkehr.
Nr. 1.

Der Deutschen Luftreederei G.m.b.H. Berlin wird auf Grund der Verfügung des Rats der Volksbeauftragten vom 7.Dezember 1918, Reichs-Gesetzblatt 175, die Erlaubnis erteilt, vom 10. Januar bis Ende Januar 1919 zu Propaganda-zwecken Luftverkehr mit Flugzeugen zu betreiben.

Die Flugzeuge sind gekennzeichnet:

L.V.G. C.V
L.V.G. C.VI
Sablatnig N
A.E.G. J.II
A.E.G. G.V.

Es sind nur Tagesflüge, welche von Berlin ausgehen und am gleichen Tage und ohne Zwischenlandung in Berlin wieder enden, erlaubt.

Diese Zulassung zum Luftverkehr ist auf jederzeitigen Widerruf erteilt und erlischt von selbst am 31.Januar 1919

An
Deutsche Luftreederei
G.m.b.H.,

August Euler

250
Inserat vom Juli 1919

Unter dem Deckmantel der «Deutschen Luftreederei GmbH.»

Die «Deutsche Luftreederei GmbH.» (DLR) galt für Außenstehende als Linienflugverkehrsunternehmen für die Beförderung von Passagieren und Luftfracht auf den Strecken, für die vom Reichsluftamt eine Genehmigung erteilt worden war. Im Hintergrund wurden aber eine Reihe von Aktivitäten entwickelt, die das Licht der Öffentlichkeit zu scheuen hatten, daher von den Aktionären und ihren Helfern geheimgehalten wurden und erst später aufgehellt werden konnten.

Der ehemalige Militärflieger im Bombengeschwader I, Willy Polte, war in den Tagen der Novemberrevolution 1918 vom Arbeiter-und-Soldaten-Rat nach Hause geschickt worden. Aber schon im Frühjahr 1919 erhielt er von seinem ehemaligen Geschwaderkommandeur Alfred Keller, inzwischen in der DLR als Leiter des Landesflugdienstes tätig, einen Brief, der ihn nach Johannisthal beorderte, weil dort «einige alte Kriegsflieger im Verein mit weitblickenden Männern der Wirtschaft eine Luftverkehrsgesellschaft ins Leben gerufen hatten, die Deutsche Luftreederei». Polte folgte der Aufforderung sofort, überflog fortan AEG-Flugzeuge vom Werkflugplatz Hennigsdorf nach Johannisthal; flog Vertreter verschiedener Parteien nach Weimar, dem Tagungsort der Nationalversammlung, und zurück; hatte gemeinsam mit den Aktionären der DLR Angst vor den Vertretern der Alliierten Kontrollkommission, weil mit Militärflugzeugen geflogen wurde, von denen lediglich Bordwaffen, Abwurfvorrichtungen und Kriegskennzeichen entfernt worden waren; freute sich (nach seinem späteren Eingeständnis) darüber, daß viele Militärflugzeuge, manches Geschütz, etliche Minenwerfer, viele Maschinengewehre und noch mehr Gewehre «von braven Piloten» versteckt worden waren, «um sie im gegebenen Augenblick (!) zur Hand zu haben».

So war er für die Herren der DLR auch geeignet, an einem illegalen Nachkriegsgeschäft mitzuwirken. Gemeinsam mit anderen «braven Piloten» überflog er von April bis Juni 1919 mehrere Großbomberflugzeuge von Johannisthal nach Schweden. Für diese heimlichen Überführungsflüge wurde die offiziell zugelassene Seebäderflugverbindung nach Warnemünde ausgenutzt – und von dort ging es bei Nacht und Nebel nach Schweden weiter. Damit hatten sich Polte und andere für weitere «Sondereinsätze» empfohlen.

Im Juni 1919, als sich der junge Sowjetstaat in erbitterten Kämpfen gegen die ausländischen militärischen Interventen und die mit ihnen gemeinsam operierenden Kräfte der Konterrevolution verteidigen mußte, wurde in aller Stille in Johannisthal mit DLR-Flugzeugen (ohne DLR-Kennzeichen) ein neues Sonderunternehmen gestartet. Der in der Ukraine gegen die Sowjetmacht wütende Ataman Petljura hatte in Deutschland in großen Mengen ukrainische Geldscheine drucken und Goldmünzen prägen lassen – in einer Höhe von dreieinhalb Milliarden Rubeln! Diese sollten nun in Transportkisten auf dem Luftwege mit Riesenflugzeugen des Typs «Staaken», die als Fernbomber oft erst nach dem Kriege fertiggestellt waren, in die Ukraine eingeschleust werden. Einer der Piloten war wieder Polte. Doch waren die ersten heimlichen Transportflüge gegen den Sowjetstaat von Katastrophen begleitet. Der erste Transporter stürzte brennend über einem Waldgebiet ab. Das zweite Flugzeug erreichte sein Ziel, ging aber der DLR verloren, weil es auf dem Rückflug bei einer Zwischenlandung in Wien beschlagnahmt wurde. Das dritte Flugzeug mußte schon vor dem Ziel in Rumänien notlanden und wurde mitsamt den Geldkisten beschlagnahmt. Nunmehr setzte die DLR zweimotorige Flugzeuge (ehemalige Landbomber) der «Flugzeugbau-Friedrichshafen GmbH.» ein. Zwei dieser Flugzeuge erreichten den Bestimmungsort, beim Rückflug aber wurden die Besatzungen von polnischen Jagdfliegern zur Landung gezwungen und gefangengesetzt. Zwei weitere Flugzeuge fielen durch Beschädigungen aus, das fünfte zerschellte in den Bergen der Karpaten. Doch die Aktionäre der DLR ließen die Flüge fortsetzen, jetzt auf großen Umwegstrecken über die Tschechoslowakei, Ungarn und Rumänien. Ab August 1919 wurden aber die Geldkisten nicht mehr in Johannisthal verladen, sondern im damaligen Breslau, und zwar unter militärischer Bewachung durch die Reichswehr, vermittelt und gedeckt durch den konterrevolutionären Reichswehrminister Gustav Noske in Berlin.

Am ukrainischen Zielgelände, in Kameniec-Podolsk, war ein von der DLR eingesetzter deutscher Flugleiter zur Abwicklung von Starts und Landungen sowie als Verbindungsmann zum Stab Petljuras tätig: Klickermann, einstiger Bomberflieger gegen England in der Riesenflugzeugabteilung 503 in Düsseldorf. Er sorgte auch dafür, daß beim Rückflug irgendwelche Leute mitgenommen wurden, die Petljura ihm zum Ausfliegen nach Deutschland zuwies.

Aber im September 1919 war die Existenz dieser Flugverbindung beendet, denn von da an befand sich der Feldflugplatz Kameniec-Podolsk in den Händen der Roten Armee.

251
Mit diesem Flugzeug und mit Werner Wieting am Steuer wurde am 13. März 1919 der Rumpler-Luftverkehr eröffnet

252
Das Ein- und Aussteigen war damals für die Passagiere mit mancherlei Unbequemlichkeiten verbunden, zumal sie in den offenen Sitzen besonders dicke Kleidung tragen mußten (rechts oben)

253
Die Bewirtung der Fluggäste bestand aus einem Glas heißen Tees auf den Zwischenlandeplätzen

5. Februar 1919 von Johannisthal nach Weimar, um die Verbindung zwischen Berlin und dem Tagungsort der nach Weimar einberufenen Nationalversammlung sicherzustellen. Bald folgten Flugverbindungen nach Hamburg (ab 1. März 1919), nach Hannover und Gelsenkirchen (ab 15. April 1919) und eine Warnemünde sowie nach Swinemünde. Der Flugplatz Johannisthal wurde im Jahre 1919 zum ersten deutschen Verkehrsflughafen. Er blieb ein Luftfahrtzentrum.

Der Beginn des deutschen Linienpassagierflugverkehrs durch die DLR wird bis in die Gegenwart von einigen bürgerlichen Luftfahrtpublizisten als «Anfang des ersten Linienluftverkehrs der Welt» bezeichnet. Das ist eine Übertreibung. Der erste stabile Linienpassagierflugverkehr wurde bereits Mitte November 1910 in Frankreich als «Aerobus-Linie» aufgenommen, und zwar von Henry Farman, der ein Jahr zuvor an der Johannisthaler Eröffnungsflugwoche teilgenommen hatte. Er betrieb den Passagierflugverkehr von Buc, einem Standort seiner Werkstätten, nach Etampes, einem werkseigenen Fluggelände. Die Flugstrecke betrug 40 Kilometer, der Flugpreis 20 Francs pro Kilometer, also 800 Francs für die Gesamtstrecke.

Die Gründung der DLR in Johannisthal war der Modellfall für Rumpler. Er gründete die «Rumpler-Luftverkehrs A.G.», ließ ebenfalls einige Militärflugzeuge seiner Produktion eilig für den Passagiertransport umrüsten, stellte fest, daß die «Deutsche Luftreederei» (DLR) eine ganze Reihe von gefragten Flugstrecken bereits belegt hatte – und entschloß sich, eine südliche Flugroute zu beherrschen. Es gelang ihm, vom Reichsluftamt die Zulassungsbescheinigung Nr. 4 zu erwirken. Am 13. März 1919 um 8.15 Uhr startete das Rumpler-Luftverkehrsflugzeug mit dem Kennzeichen D 72 und dem ehemaligen Chef-

am Steuer zum Erstflug mit Passagieren und Luftpost und zur Eröffnung der Flugstrecke Berlin (Johannisthal)–Gotha–Augsburg–München. Um 10.20 Uhr erfolgte die Zwischenlandung in Gotha, um 12.15 Uhr der Weiterstart, um 15.20 Uhr wurde Augsburg erreicht – der Sitz der «Bayerischen Rumpler-Werke A.G.». Der Weiterflug nach München erfolgte am folgenden Tag.
Die Flugkosten für einen Rumpler-Passagierflug betrugen pro Person und Flugkilometer 2,50 Mark, der Flug von Johannisthal nach Augsburg kostete pro Passagier 1 350 Mark, der Flug von Augsburg zum nahegelegenen München 150 Mark. Für diese luxuriösen Preise wurde aber keinerlei Luxus geboten. Die Passagiere saßen in offenen Kabinen

255
Postverladung in Johannisthal in das Rumpler-Flugzeug D-72

254
Das erste Muster eines Rumpler-Flugzeuges mit geschlossener Kabine für die Passagiere

in dicke Pelze gehüllt – und froren trotzdem, weil sie sich auf ihren engen Sitzen kaum bewegen konnten. Das Ein- und Aussteigen erfolgte über Stehleitern und verlief nicht immer glimpflich. Die Bewirtung der Fluggäste bestand aus einem Glas heißen Tees aus der Thermosflasche, die am Zwischenlandeplatz zum Flugzeug gebracht wurde.
Nach dem Beispiel der DLR, die den planmäßigen Seebäderverkehr in ihr Flugprogramm aufgenommen hatte, erschloß sich Rumpler eine weitere Einnahmequelle durch die Inbetriebnahme der Alpenlinie, für die als «Erholungs- und Aussichtsflüge zu unserem einzig schönen oberbayerischen Seenkreis, in die Idyllen grüner Bergesmatten und in die Einsamkeit der wildzerklüfteten Gebirgswelt» geworben wurde.
Die DLR verlegte ihren Flugbetrieb im Jahre 1920 von Johannisthal nach Staaken, dafür entwickelte der Gründer und Inhaber der «Sablatnig-Flugzeugbau GmbH.» Luftver-

256
Inserat
vom April 1919
(links)

257
Werbeflugblätter, abgeworfen
aus Rumpler-Verkehrsflugzeugen
(rechts und unten)

kehrsaktivitäten in Johannisthal. Im Jahre 1919 hatte er bereits einige Passagierflüge nach Warnemünde und Kopenhagen unternommen, im Jahre 1920 gründete er die «Lloyd-Luftverkehr-Sablatnig-Gesellschaft». Auch die Albatroswerke nahmen zeitweilig am Passagierflugverkehr teil.

Bis zum Jahre 1923 aber verlor Johannisthal immer mehr an Bedeutung für den Passagier- und Postflugverkehr. Am 6. Februar 1923 wurden die meisten der bis dahin entstandenen etwa 30 deutschen Luftverkehrsgesellschaften unter der Leitung der AEG und der

258
Eine der in Johannisthal gegründeten
Luftverkehrsgesellschaften war
die «Deutsche Luft-Lloyd»,
deren Flugzeuge gelegentlich

vorgesehen. Da entschloß sich die Berliner Stadtverwaltung am 20. Juni 1929 zum Ankauf des Geländes. Arthur Müller machte sein letztes Grundstücksgeschäft mit dem Flugplatz, die Stadtverwaltung zahlte ihm einen Quadratmeterpreis von ca. 2 Reichsmark, «Kaufpreis im Ganzen: 4400000 RM.» In der Begründung hieß es: «Der Flugplatz Johannisthal wurde erworben, weil die Stadt diesen Platz vor der drohenden Bebauung als Reserveflugplatz für die Zukunft freihalten wollte.»
Der Flugplatz war gerettet, meinten die Anhänger des Motorflugsports. Sie schöpften neue Hoffnung, gründeten eine «Arbeitsgemeinschaft zur Förderung des Flugplatzes Johannisthal», richteten mit eigenen Mitteln und großem persönlichen Engagement das verwahrloste Fluggelände wieder notdürftig her, schafften es sogar, daß im August 1930 wieder ein Großflugtag in Johannisthal stattfinden konnte. Aber die Initiatoren schafften es nicht, neues Fliegerleben entstehen zu lassen. Der Erfolg der Flugveranstaltung war entmutigend gering. Die Aktionäre des Tempelhofer Flugplatzes ließen Johannisthal keine Chance. Am selben Tag, als sich der Flugplatz Johannisthal wieder der Öffentlichkeit präsentieren wollte, veranstaltete Tempelhof eine mit reichlicher Werbung vorbereitete Flugschau. Sie wurde ein Erfolg. Es waren die leuchtenden Tage vorbei...
Dies war der letzte Johannisthaler Flugtag, denn zu dem Mißerfolg kam eine Verfügung. Der Berliner Magistrat verbot der Johannisthaler Arbeitsgemeinschaft jedwede weitere Aktivität für öffentliche Flugveranstaltungen. In diesem August des Jahres 1930 wurde der Motorflugsport in Johannisthal endgültig zu Grabe getragen. Johannisthal hatte aufgehört, Heimstätte der fliegenden Oldtimer zu sein.
Der letzte Konstrukteur der «alten Garde» in Johannisthal war Gustav Lilienthal, der Bruder des weltbekannten Luftfahrtpioniers Otto Lilienthal, der bis an die Schwelle des Motorfluges gelangt war.
Gustav Lilienthal beschäftigte sich nach dem ersten Weltkrieg mit dem Bau eines Schwingenflugzeuges und nahm damit frühere Versuche seines Bruders wieder auf. Als im Jahre 1924 die «Otto-Lilienthal-Gesellschaft» gegründet wurde, erhielt Gustav Lilienthal fortan eine bescheidene Rente und in einer Halle des Flugplatzes Tempelhof eine kleine Bastlerwerkstatt. Hier baute er ein

Schwingenflugzeug mit 15 Metern Spannweite und einem 3,5-PS-DKW-Motorradmotor – das nicht flog. Als der Ausbau Tempelhofs zum Flughafen begann, wurde Gustav Lilienthal dort verdrängt, deshalb zog er in eine Werkstatt auf der Adlershofer Seite des Flugplatzes Johannisthal und baute weiter an seinem Vogelflugapparat, bis er am 1. Februar 1933 im Alter von 83 Jahren starb.

Letztmalig Kriegsrüstung

Bereits im Zusammenhang mit dem zweiten «Deutschen Rundflug» im Jahre 1925 war zur publizistischen Vorbereitung der Öffentlichkeit ins Bewußtsein gerückt worden, daß eine deutsche Luftrüstung dringend gebraucht werde. Der Ullstein-Verlag, der für diesen Rundflug erneut einen «B.Z.-Preis der Lüfte» in Höhe von 100000 Mark gestiftet und in seine Werbung investiert hatte, verbreitete zu dieser Zeit in Massenauflage einen Aufsatz, in dem es hieß: «Man kann auf der ganzen Welt – allein natürlich mit Ausnahme von Deutschland – eine mächtige Luftwaffenrüstung feststellen, die fast phantastische Formen annimmt . . . Macht es den *Franzosen* Spaß, so können morgen 26 Bombengeschwader ... vom Rhein zur Reichshauptstadt kommen, weit über 800 Gasbomben abwerfen und bald darauf lägen die vier Millionen Berliner und alles was sonst noch hier kreucht und fleucht, erstickt am Boden, denn diesem Gas widersteht nichts. Die *Engländer* wenden ihre Hauptaufmerksamkeit zur Zeit einem Truppentransportflugzeug zu ... Mit nur vierhundert solcher Maschinen kann die gesamte Infanterie einer Division mit vollständiger Ausrüstung befördert werden. Innerhalb weniger Stunden könnte also die englische Truppenführung zwanzig- bis dreißigtausend Mann in unsere Industriezentren schaffen, ohne daß wir es verhindern könnten.»
Erneute Kriegsrüstung wurde also wieder angestrebt, dazu das Schreckgespenst einer

256
Inserat vom April 1919 (links)

257
Werbeflugblätter, abgeworfen aus Rumpler-Verkehrsflugzeugen (rechts und unten)

kehrsaktivitäten in Johannisthal. Im Jahre 1919 hatte er bereits einige Passagierflüge nach Warnemünde und Kopenhagen unternommen, im Jahre 1920 gründete er die «Lloyd-Luftverkehr-Sablatnig-Gesellschaft». Auch die Albatroswerke nahmen zeitweilig am Passagierflugverkehr teil.
Bis zum Jahre 1923 aber verlor Johannisthal immer mehr an Bedeutung für den Passagier- und Postflugverkehr. Am 6. Februar 1923 wurden die meisten der bis dahin entstandenen etwa 30 deutschen Luftverkehrsgesellschaften unter der Leitung der AEG und der

258
Eine der in Johannisthal gegründeten Luftverkehrsgesellschaften war die «Deutsche Luft-Lloyd», deren Flugzeuge gelegentlich für Fallschirmsprungvorführungen vermietet wurden

259
Der Flugplatz Tempelhof bei seiner Inbetriebnahme im Oktober 1923; von hier aus wurde fortan der Linienflugverkehr abgewickelt

260
Der Flughafen Tempelhof im Jahre 1934

«Deutschen Bank» zur «Deutschen Aero-Lloyd A.G.» (DAL) mit Sitz in Berlin vereinigt, und am 8. Oktober 1923 wurde vom Verkehrsministerium eine vorläufige Konzession für die Inbetriebnahme des Flugplatzes Tempelhof erteilt. Fortan fand der regelmäßige Linienflugverkehr zunehmend von dort aus statt. Im Jahre 1925 starteten und landeten in Tempelhof täglich bereits 30 Flugzeuge. Es war das Jahr, in dem, anknüpfend an das überragende Motorflugsportereignis des Jahres 1911, der zweite «Deutsche Rundflug» um den «B.Z.-Preis der Lüfte» gestartet wurde. Aber nicht mehr in Johannisthal, sondern eben in Tempelhof.
Rumpler, der seine Position in Johannisthal nicht aufgeben wollte, unterlag schon kurze Zeit später der kapitalgewaltigen Tempelhofer Konkurrenz und verkaufte seine Fabrikanlagen in Johannisthal.

Wiederbelebungsversuche

Von Flugbetrieb in Johannisthal konnte zu jener Zeit nicht mehr gesprochen werden, denn der Flugplatz bot im Jahre 1925 folgendes Bild:
Die «Luft-Verkehrs-Gesellschaft» (LVG) war inzwischen aufgelöst worden, auf ihrem ehemaligen Gelände an der Westseite des Flugplatzes (an der Köpenicker Straße) befand sich noch die «AMBI-Maschinenbau A.G.». Andere Teile dieses Geländes (bis zur Waldstraße) befanden sich im Besitz der «Chrysler Company mbH.» (Automobilbau) und der «Ambi-Budd Presswerk GmbH.». Der Amerikaner Budd hatte diesem Unternehmen auch die ehemaligen Ago-Werke und die Rumpler-Werke angegliedert. In der Nordecke, dem ehemaligen «neuen Startplatz», im ersten Weltkrieg der Platz des Marinefliegerkorps, befand sich die Firma «Graham-Paige». Zwischen den ehemaligen Rumpler-Werken und dem Gleis zwischen den Bahnhöfen Schöneweide und Adlershof lag der Holzbauplatz der «AMBI-Werke». In der Ostecke des Flugplatzes befand sich weiterhin die «Deutsche Versuchsanstalt für Luftfahrt» (DVL). Im südöstlichen Teil befand sich das einstige Gelände der «Luft-Fahrzeug-Gesellschaft mbH.» (LFG) im Besitz der «Willys Overland Crossley GmbH.». Zwischen der Köpenicker Straße – an der Westseite – und dem einstigen «alten Startplatz» lagen weiterhin die Albatros-Werke, ein Teil des Geländes (am ehemaligen Eingang 6)

261
Willi Gabriel flog in Johannisthal bis Juni 1932 diesen Eigenbau-Doppeldecker (links)

262
Erster Versuchsbau eines einsitzigen Tragschraubers mit Bugmotor und zwei kleinen Rotorblättern in der Johannisthaler Rieseler-Halle (unten)

263
Von «Walter Rieseler, Konstrukteur», in Johannisthal gebaut: Einsitziges Sportflugzeug in Gemischtbauweise, abgestrebter Hochdecker (ganz unten)

befand sich im Besitz der dort am 21. Mai 1920 gegründeten «Johannisthaler Filmanstalten GmbH.» (Jofa). Daneben befanden sich die «Temmler-Werke». Die erste Johannisthaler Flugzeugbaufabrik, Albatros, blieb auch die letzte. Auf dem Industriegelände des Flugplatzes dominierten ausländische Kapitalgesellschaften.

Einige kleine Flugzeugkonstrukteure arbeiteten in diesen Jahren ungestört in Johannisthal. Dazu gehörten «Willi Gabriel Aeroplanbau» (1912 in Bromberg gegründet, ab 1928 in Johannisthal), dort wurden sechs Sportflugzeugtypen gebaut; «F. H. Hentzen und Walter Blume» (sie bauten zwei Leichtflugzeuge in den Jahren 1923/24); «Walter Rieseler, Konstrukteur» (er baute und erprobte mit Erfolg einen Kleintragschrauber und zwei Kleinhubschrauber); «Sportflugzeugbau Karl Stübing» (etwa im Jahre 1921 enstand ein Sportdoppeldecker); «Vagel-Grip-Flugzeugbau» (existierte auf dem Flugplatz von 1924 bis 1931). Ansonsten boten in aufgerichteten Holzbuden etliche Konstrukteure ihre Dienste zur Konstruktion und zum Bau von Flugmodellen und kleinen Segelflugzeugen an. In einem Schuppen hatte «Papa» Raschke, wie man ihn in Johannisthal nannte (Gustav Raschke, der in der Pionierzeit des Flugplatzes einen Eigenbaueindecker angefertigt und damit seine Flugzeugführerprüfung bestanden hatte), einen zusammengebauten LVG-Doppeldecker untergestellt. Gelegentlich flog er damit in der Nähe des Flugplatzes umher, mitunter erhielt er auch einen Auftrag von der Jofa für Fliegerszenen in Spielfilmen.

Der einstige Flugplatz existierte nicht mehr. Vergeblich bemühten sich die Anhänger der «alten Zeiten» um Wiederbelebungsversuche. Am 27. Mai 1927 veröffentlichte der Her-

264
Der Flugplatz im Jahre 1925

In diesem Jahre waren von den einstigen Flugzeugfabriken lediglich noch die Albatros-Werke auf dem Gelände verblieben. Der ehemalige Luftrüstungsindustrielle Arthur Müller (LVG) blieb mit dem AMBI-Maschinenbau vertreten. Die DVL beschäftigte sich wiederum mit der Prüfung und Erprobung von Luftfahrtgeräten und forcierte neue luftrüstungsvorbereitende Forschungen. Die Gleise waren zur Ringbahnanlage ausgebaut worden und verbanden die Fabriken mit dem Schienen- und Schiffahrttransportweg.

1) «AMBI-Maschinenbau A.G.» **2)** «Ambi-Budd-Preßwerk GmbH.» **3)** «Chrysler Company mbH.» **4)** «Graham-Paige» **5)** «AMBI-Waggonbau», Montageplatz **6)** AMBI-Siedlung **7)** «Deutsche Versuchsanstalt für Luftfahrt» (DVL) **8)** Übergabebahnhof und Rangieranlage

265
In Johannisthal gebaut und eingeflogen: Der Vagel-Grip-Dreidecker S.P.5. (1925), Kennung: D-664

266
Der Flugplatz im Jahre 1927 (einer Luftaufnahme zufolge)

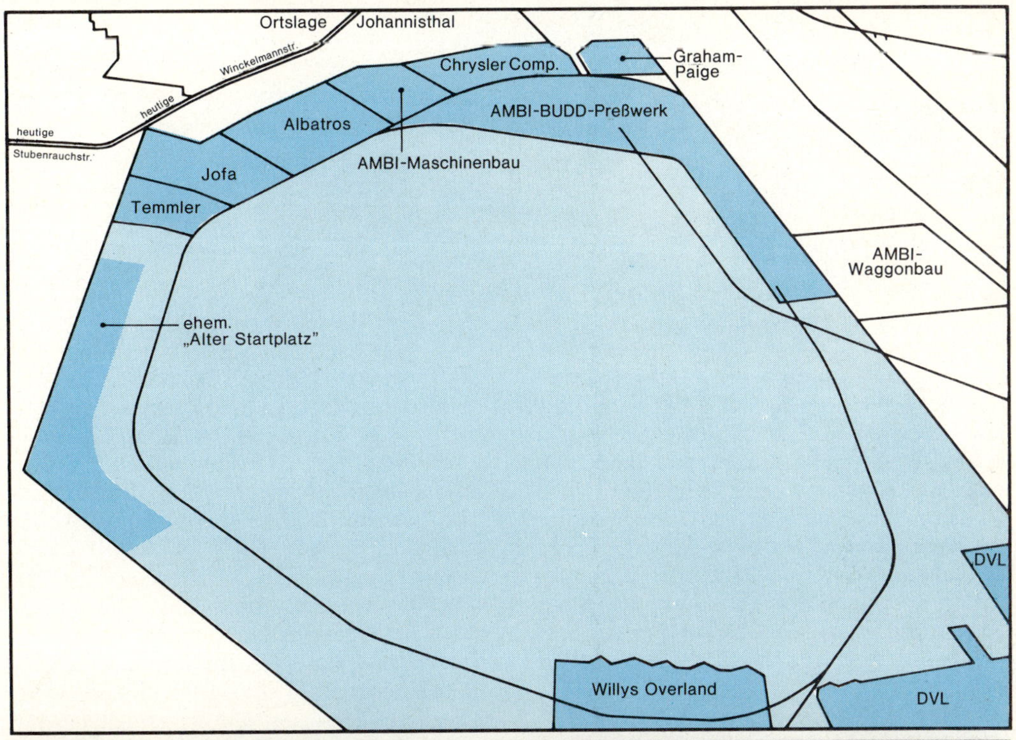

ausgeber der «Flugsportlichen Rundschau» einen zündenden Aufruf, in dem er der Berliner Stadtverwaltung (seit 1920 gehörte Johannisthal zu Berlin) vorwarf, daß sie die einstige Hochburg des Motorfluges völlig vernachlässige, und forderte: «Stadtväter, die Ihr den Luftbahnhof Tempelhof Jahr für Jahr durch Millionen-Aufwendungen vervollkommnet, wendet auch mal eine Million für Euern Flugsportplatz Johannisthal-Adlershof an.» Und weiter hieß es dort: «Die in Johannisthal, Nieder- und Oberschöneweide, Adlershof beheimateten Kräfte haben den Ehrgeiz, den Ruf Johannisthals in der Luftfahrt zu erhalten und möglichst noch zu heben. Ist Tempelhof der Luftbahnhof der Reichshauptstadt, so muß Johannisthal ***der Flugsportplatz*** Berlins, Deutschlands sein.» (Hervorh. im Original; d. Verf.) «Johannisthal erwartet von Großberlins Selbstbesinnung, daß es ... alle notwendigen Schritte sofort tut.»

Angesichts der aussichtslos erscheinenden Lage strebte die Terrain-Aktiengesellschaft Arthur Müllers, die Eigentümerin des Flugplatzgeländes, nach «Vermarktung» des Grund und Bodens. Sie wollte aus dem Flugplatz eine Wohnbausiedlung machen. Das stand aber anderen Interessen entgegen, denn das hätte das Ende der «Deutschen Versuchsanstalt für Luftfahrt» (DVL) bedeutet, der aber wichtige Aufgaben für erneute Flugzeugrüstungsvorhaben zugedacht waren und die das Fluggelände deshalb brauchte. Für den weiteren Ausbau der DVL waren Investitionen in Höhe von 12 bis 14 Millionen Mark

vorgesehen. Da entschloß sich die Berliner Stadtverwaltung am 20. Juni 1929 zum Ankauf des Geländes. Arthur Müller machte sein letztes Grundstücksgeschäft mit dem Flugplatz, die Stadtverwaltung zahlte ihm einen Quadratmeterpreis von ca. 2 Reichsmark, «Kaufpreis im Ganzen: 4400000 RM.» In der Begründung hieß es: «Der Flugplatz Johannisthal wurde erworben, weil die Stadt diesen Platz vor der drohenden Bebauung als Reserveflugplatz für die Zukunft freihalten wollte.»

Der Flugplatz war gerettet, meinten die Anhänger des Motorflugsports. Sie schöpften neue Hoffnung, gründeten eine «Arbeitsgemeinschaft zur Förderung des Flugplatzes Johannisthal», richteten mit eigenen Mitteln und großem persönlichen Engagement das verwahrloste Fluggelände wieder notdürftig her, schafften es sogar, daß im August 1930 wieder ein Großflugtag in Johannisthal stattfinden konnte. Aber die Initiatoren schafften es nicht, neues Fliegerleben entstehen zu lassen. Der Erfolg der Flugveranstaltung war entmutigend gering. Die Aktionäre des Tempelhofer Flugplatzes ließen Johannisthal keine Chance. Am selben Tag, als sich der Flugplatz Johannisthal wieder der Öffentlichkeit präsentieren wollte, veranstaltete Tempelhof eine mit reichlicher Werbung vorbereitete Flugschau. Sie wurde ein Erfolg. Es waren die leuchtenden Tage vorbei...

Dies war der letzte Johannisthaler Flugtag, denn zu dem Mißerfolg kam eine Verfügung. Der Berliner Magistrat verbot der Johannisthaler Arbeitsgemeinschaft jedwede weitere Aktivität für öffentliche Flugveranstaltungen. In diesem August des Jahres 1930 wurde der Motorflugsport in Johannisthal endgültig zu Grabe getragen. Johannisthal hatte aufgehört, Heimstätte der fliegenden Oldtimer zu sein.

Der letzte Konstrukteur der «alten Garde» in Johannisthal war Gustav Lilienthal, der Bruder des weltbekannten Luftfahrtpioniers Otto Lilienthal, der bis an die Schwelle des Motorfluges gelangt war.

Gustav Lilienthal beschäftigte sich nach dem ersten Weltkrieg mit dem Bau eines Schwingenflugzeuges und nahm damit frühere Versuche seines Bruders wieder auf. Als im Jahre 1924 die «Otto-Lilienthal-Gesellschaft» gegründet wurde, erhielt Gustav Lilienthal fortan eine bescheidene Rente und in einer Halle des Flugplatzes Tempelhof eine kleine Bastlerwerkstatt. Hier baute er ein

Schwingenflugzeug mit 15 Metern Spannweite und einem 3,5-PS-DKW-Motorradmotor – das nicht flog. Als der Ausbau Tempelhofs zum Flughafen begann, wurde Gustav Lilienthal dort verdrängt, deshalb zog er in eine Werkstatt auf der Adlershofer Seite des Flugplatzes Johannisthal und baute weiter an seinem Vogelflugapparat, bis er am 1. Februar 1933 im Alter von 83 Jahren starb.

Letztmalig Kriegsrüstung

Bereits im Zusammenhang mit dem zweiten «Deutschen Rundflug» im Jahre 1925 war zur publizistischen Vorbereitung der Öffentlichkeit ins Bewußtsein gerückt worden, daß eine deutsche Luftrüstung dringend gebraucht werde. Der Ullstein-Verlag, der für diesen Rundflug erneut einen «B.Z.-Preis der Lüfte» in Höhe von 100000 Mark gestiftet und in seine Werbung investiert hatte, verbreitete zu dieser Zeit in Massenauflage einen Aufsatz, in dem es hieß: «Man kann auf der ganzen Welt – allein natürlich mit Ausnahme von Deutschland – eine mächtige Luftwaffenrüstung feststellen, die fast phantastische Formen annimmt ... Macht es den *Franzosen* Spaß, so können morgen 26 Bombengeschwader ... vom Rhein zur Reichshauptstadt kommen, weit über 800 Gasbomben abwerfen und bald darauf lägen die vier Millionen Berliner und alles was sonst noch hier kreucht und fleucht, erstickt am Boden, denn diesem Gas widersteht nichts. Die *Engländer* wenden ihre Hauptaufmerksamkeit zur Zeit einem Truppentransportflugzeug zu ... Mit nur vierhundert solcher Maschinen kann die gesamte Infanterie einer Division mit vollständiger Ausrüstung befördert werden. Innerhalb weniger Stunden könnte also die englische Truppenführung zwanzig- bis dreißigtausend Mann in unsere Industriezentren schaffen, ohne daß wir es verhindern könnten.»

Erneute Kriegsrüstung wurde also wieder angestrebt, dazu das Schreckgespenst einer

267
Rieseler-Tragschrauber mit gewöhnlichem Flugzeugrumpf und Motor im Bug sowie großem Vierblattrotor, gebaut 1927 (links außen)

268
Rieseler-Versuchshubschrauber «R I» (1935), ein Stahlrohrrahmen auf vier Rädern mit eingebautem Motor und Sitz sowie Steuerflächen vorn und hinten (links)

269
Inserat, etwa aus dem Jahre 1925, einer Werkstatt für Flieger-Ausrüstungen (links unten)

Antonius Raab

Der Sportflieger und Flugzeugbauer Antonius Raab war in der Berliner Öffentlichkeit bekannt geworden, als er am 8. Juli 1923 Unter den Linden vor der Humboldt-Universität zu Berlin landete, und zwar mit einem kleinen Hochdecker. Im Jahre 1932 gründete er den «Raab Flugzeugbau» und unterhielt erst in Krefeld, danach in Johannisthal eine Flugzeugbauwerkstatt. Entschieden trat er für die friedliche Luftfahrt ein. Wegen seiner öffentlichen Enthüllungen über die geheime deutsche Luftrüstung wurde er etwa seit April 1933 unter dem Vorwand des Landesverrats verfolgt und floh ins Ausland. Sein Johannisthaler Betrieb ist beschlagnahmt und von einer Nazi-Fliegerstaffel besetzt worden. Im Jahre 1938 wurde er als «Reichsfeind» ausgebürgert, und ihm wurde von der Gestapo auch im Ausland nachgestellt.

Carl Clemens Bücker

Der Flugzeugkonstrukteur Carl Clemens Bükker war einer der wenigen in Deutschland, die sich an der Entwicklung von Kampfflugzeugen für die Nazi-Luftwaffe nicht beteiligten. Er gründete auf dem Flugplatz Johannisthal im Oktober 1933 die «Bücker-Flugzeugbau GmbH.» und verlagerte seinen Betrieb im Herbst 1935 nach Rangsdorf bei Berlin. International bekannt wurde Bücker durch die Konstruktion von leistungsfähigen kleinen Schul- und Reiseflugzeugen sowie Sportflugzeugen für den Motorkunstflug. Bereits sein erstes Flugzeug, die Bü 131 «Jungmann», Erstflug am 27. April 1934 in Johannisthal, wurde ein weltweiter Erfolg. Lizenzen wurden in mehrere Länder vergeben. Weitere Erfolgsflugzeuge folgten. Ab dem Jahre 1939, dem Beginn des zweiten Weltkrieges, stellte Bücker die Neukonstruktion von Flugzeugen ein.

angeblichen ausländischen Bedrohung anschaulich an die Wand gemalt.
Am 12. März 1929 erschien in der «Weltbüne» ein Artikel des Schriftstellers Walter Kreiser unter dem Pseudonym Heinz Jäger. In dem Beitrag wurde die unter dem Deckmantel der Zivilluftfahrt geförderte Flugzeugrüstung einer sachkundigen Kritik unterzogen. Insbesondere wies der Autor darauf hin, daß sich hinter der sogenannten «Abteilung M.» der DVL in Adlershof eine militärische Erprobungsabteilung verberge. Daraufhin strengte das Reichswehrministerium ein Verfahren gegen die Zeitschrift wegen des «Verrats militärischer Geheimnisse» an.
In jenen Jahren beschäftigte sich die «Deutsche Versuchsanstalt für Luftfahrt» (DVL) mit umfangreichen wissenschaftlich-technischen Untersuchungen für die Entwicklung des Flugzeug- und Flugmotorenbaus. Dazu stellte die interessierte Industrie ihre Konstruktionen zur Verfügung. Beispielsweise testete und beurteilte die «Flug-Abteilung» der DVL im Rahmen von Musterprüfungen die Flugeigenschaften der verschiedensten Baumuster. Allein im Jahre 1931 wurden zu diesem Zweck auf dem Flugplatz Johannisthal 1659 Flüge mit insgesamt 890 Flugstunden ausgeführt. Dazu verfügte die DVL nach ihrem eigenen Jahresbericht ständig über 31 Flugzeuge.
Die im Jahre 1925 von den Verfechtern erneuter deutscher Luftrüstung angewandte Methode der publizistischen Heraufbeschwörung der Gefahr eines französischen oder englischen Luftüberfalls griff im Jahre 1933 das Goebbelssche Propagandaministerium erneut auf, um nun mit dem Schreckgespenst einer angeblichen Gefahr aus dem Osten die Luftrüstungsbestrebungen zu begründen. Am 24. Juni 1933 wurde in deutschen Zeitungen behauptet, daß am Nachmittag des 23. Juni 1933 «ausländische Flugzeuge von einem in Deutschland unbekannten Typ» erschienen seien und «über dem Regierungsviertel und im Osten Flugblätter mit einem die Reichsregierung beschimpfenden Text» abgeworfen hätten. «Da die benachrichtigte Luftpolizei eigene Apparate nicht zur Verfügung hatte und die sonstigen auf dem Flughafen vorhandenen Sportflugzeuge die Schnelligkeit der aufgetauchten ausländischen Flugzeuge nicht erreichten, konnten diese unerkannt entkommen... Jeder Vogel darf sich wehren, wenn sein Nest angegriffen wird. Nur Deutschland muß mit gestutzten Schwingen und stumpfen Krallen zuschauen, wenn sein Nest beschmutzt und demnächst vielleicht sogar zerstört wird.» Und über diesen Meldungen vom Erscheinen der Geisterflugzeuge «von einem... unbekannten Typ», die «unerkannt entkommen» konnten, prangten Schlagzeilen wie: «Rote Fliegerpest über Berlin.» «Das schutzlose Deutschland.» «Morgen können es schon Gas- oder Brandbomben sein.» Die Absicht war eindeutig.
Es war dies die Zeit, da die Aktivitäten deutscher Konzerne auch auf dem Gebiet der Luftrüstung wieder deutlicher als zuvor sichtbar wurden. Auch in Johannisthal. Der Henschel-Konzern hatte im Jahre 1928 unter dem unverfänglichen Namen «Kasseler Studiengesellschaft A.G.» mit den Rüstungsvorarbeiten begonnen. Am 31. März 1933 übernahm der Konzern in Johannisthal die Hallen der vormaligen «AMBI-Maschinenbau A.G.» (zuvor ein Betriebsteil der LVG) und wandelte dort die Studiengesellschaft in die «Henschel-Flugzeugwerke A. G.» um. Schon ein Jahr später nahmen die Henschel-Werke in Schönefeld bei Berlin ein neues großes Werk in Betrieb. Das Henschel-Unternehmen wurde ein gewichtiger Kampfflugzeughersteller. Eine andere Aktiengesellschaft, die «Focke-Wulf-Flugzeugbau A.G.», hatte im Jahre 1932 die Johannisthaler Albatros-Werke übernommen und entwickelte sich fortan zu einem der bedeutendsten Flugzeugrüstungsunternehmen des zweiten Weltkrieges. Auf diese Weise realisierte sich erneut eine Erfahrung des Mitbegründers der Albatros-Werke, Dr. Walter Huth, der den «lukrativen Bau von Kriegsflugzeugen» als den wichtigsten Zweig der deutschen Flugzeugindustrie bezeichnet hatte. Schließlich soll an dieser Stelle noch die Firma «Flettner-Flugzeugbau» erwähnt werden. Sie wurde in Johannisthal im Jahre 1935 gegründet und baute dort im zweiten Weltkrieg im Auftrage des Reichsluftfahrtministeriums 34 verschiedene Hub- und Tragschraubermuster.
Zu dieser Zeit, im Jahre 1935, war Hitlers Luftflotte bereits startbereit. Im April 1935

wurde Hitler auf dem Flugplatz Staaken ein Jagdgeschwader zum Geburtstagsgeschenk gemacht. Zur selben Zeit stand eine Jagdstaffel auf dem Flugplatz Döberitz bei Spandau bereit. In Veröffentlichungen über den Stand der deutschen Luftrüstung, die im selben Jahr in Paris erschienen, wurde nachgewiesen, daß die Gebiete Warnemünde–Rostock, Berlin, Dessau–Gotha–Augsburg sowie Friedrichshafen die «Hauptzentren der deutschen Flugzeugindustrie» geworden sind, in denen die Arbeiter unterschriftlich zum strengsten Stillschweigen über ihre Fabrikation verpflichtet wurden und die Betriebe, wie die «Henschel-Werke in Berlin-Johannisthal ... militärisch bewacht» werden. Ab 1933 war Johannisthal faktisch wieder Militärflugplatz, denn jegliche andere fliegerische Betätigung war untersagt.

Ein Augenzeuge deutscher Luftrüstungsaktivitäten und der militärischen Verwendung des Flugplatzes Johannisthal war der bekannte sowjetische Flugzeugkonstrukteur Alexander Jakowlew. Als Mitglied der Luftflottenkommission einer sowjetischen Handelsdelegation weilte er im Oktober–November 1939 in Deutschland. Die Delegation wurde an einem der ersten Tage ihres Aufenthaltes in Berlin von Generaloberst Udet empfangen, der damals die Ämter des Generalluftfahrzeugmeisters, des Chefs des technischen Amtes im Reichsluftfahrtministerium und des Stellvertreters des Reichsministers für Luftfahrt auf sich vereinigte. Er unterhielt daher enge Verbindungen zur deutschen Flugzeugindustrie, die am Auslandsgeschäft mit Flugzeugen interessiert war. (Udet soll später, den Memoiren Heinkels zufolge, ein Opfer der Intrigen im Reichsluftfahrtministerium geworden sein und am 17. November 1941 Selbstmord verübt haben. Auf Anweisung Görings wurde der Selbstmord verschwiegen und ein tödlicher Flugzeugunfall vorgetäuscht.)

Alexander Jakowlew schrieb über seine Eindrücke im Jahre 1939: Udet «schlug vor, die deutsche Flugzeugtechnik auf dem Boden und im Flug auf dem Flugplatz Johannisthal bei Berlin vorzuführen ... Wir stimmten zu, und einen Tag später fand in Johannisthal die Vorführung statt. Auf dem Flugplatz waren wie zu einer Parade viele Kampfflugzeuge aufgestellt: die zweimotorigen Bomber Junkers 88 und Dornier 215, die einmotorigen Jäger Heinkel 100 und Messerschmitt 109, die Aufklärer Focke-Wulf 187 und Henschel, der zweimotorige Jäger Messerschmitt 110, das Sturzkampfflugzeug Junkers 87 u. a. An jeder Maschine stand die Besatzung stramm. Wir wurden von zahlreichen hohen Beamten des Luftfahrtministeriums mit Udet an der Spitze empfangen ... Dann besichtigten wir die ausgestellten Flugzeuge, die Bewaffnung und Ausrüstung. Nach der Besichtigung starteten die Flugzeuge in Abständen von einer bis zwei Minuten, flogen im Tiefflug über uns und landeten in derselben Reihenfolge. Alles lief wie am Schnürchen. Offenbar hatte man solche Schauen nicht nur für unsere Delegation veranstaltet.»

Wie im ersten Weltkrieg, so war der Flugplatz Johannisthal auch im zweiten Weltkrieg wieder ein Standort der deutschen Rüstungsindustrie und stand erneut unter militärischer Bewachung. Wie im ersten Weltkrieg wurden diesem Industriegelände auch im zweiten Weltkrieg zusätzliche Arbeitskräfte in großer Zahl zugeführt – nur waren es diesmal sogenannte Fremdarbeiter, zwangsverpflichtet aus besetzten Gebieten und in Baracken in der Nähe des Flugplatzes hausend. Hauptsächlich wurden Flugzeuge und Flugmotoren hergestellt, und bei Ambi-Budd mit amerikanischem Kapital verschiedene Formteile in großen Mengen für die Flugzeugproduktion sowie für V-1-Flügelgeschosse und V-2-Raketen. Bis zum Jahre 1945, als der Krieg zu seinem Ausgangspunkt zurückkehrte.

Im April 1945 aber stand die 1. sowjetische Gardepanzerarmee, die an der Kursker Schlacht teilgenommen und in schweren Kämpfen bis nach Berlin vorgedrungen war, nur noch vier Kilometer vor Johannisthal. Da kam der Befehl Marschall Shukows, des Oberbefehlshabers der 1. Belorussischen Front, im Verlaufe der Nacht den Flugplatz Johannisthal zu besetzen und weiter zum

Straßennamen, die noch heute an den Flugplatz Johannisthal erinnern:

In Johannisthal:
- *Straße am Flugplatz*
- *Pilotenstraße*
- *Landfliegerstraße*
- *Segelfliegerdamm*
- *Engelhardstraße*
  (benannt nach dem tödlich abgestürzten Piloten Paul Engelhard, Flugzeugführerausweis Nr. 3)
- *Pietschkerstraße*
  (benannt nach dem tödlich abgestürzten Piloten Alfred Pietschker, Flugzeugführerausweis Nr. 116)

In Adlershof:
- *Thelenstraße*
  (benannt nach Robert Thelen, weil er als erster Flugzeugführer die damalige Landgemeinde Adlershof überflog)

In Oberschöneweide:
- *Zeppelinstraße*
  (benannt nach den auf dem Flugplatz startenden und landenden Zeppelinluftschiffen)
- *Parsevalstraße*
  (benannt nach dem Parsevalluftschiff, das vom Flugplatz aus Reklame- und Passagierfahrten unternahm)

Flugplatz Tempelhof vorzustoßen, denn die Frontaufklärung vermutete dort neben Bombenfliegerkräften auch startbereite persönliche Flugzeuge Hitlers und anderer leitender Funktionäre der NSDAP. Den Befehl, den Sturm zu eröffnen, erhielt die erste Panzerbrigade. Eine Vorausabteilung überwand in der Nacht zum 23. April 1945 die Spree, kämpfend, abgeschirmt durch starkes Artilleriefeuer. Ein Brückenkopf wurde gebildet, in dessen Schutz eine Behelfsbrücke über den Fluß geschlagen wurde. Gegen zwei Uhr nachts kam die erste Erfolgsmeldung über Funk: «Flughafen Adlershof besetzt. Siebzig Flugzeuge zerstört.» Nach weiteren Gefechten wurden die deutschen Einheiten in die Königsheide in Johannisthal abgedrängt.

Während der Kampf um den Flugplatz seinem Ende zuging, erreichten am Morgen des 23. April, gegen 6.30 Uhr, Einheiten des 39. Schützenkorps als Vorausabteilung des Südflügels der 1. Belorussischen Front aus Richtung Hirschgarten–Köpenick–Spindlersfeld den Ortsrand von Adlershof. Am Abend des 23. April hatten die Verbände der 8. Gardearmee die Ortsteile Karlshorst und Oberschöneweide fest in der Hand. Von Oberschöneweide aus zogen sie in Johannisthal ein. General Tschuikow ließ in kürzester Frist auf dem Flugplatz Johannisthal 2000 Geschütze auffahren und verlegte in den Morgenstunden des 24. April seinen Armeestab von Schöneiche nach Johannisthal. «Am Morgen», schrieb er in seinen Erinnerungen, «begebe ich mich auf meinen Beobachtungsstand. Er war in einem großen vierstöckigen Haus in der Nähe des Flugplatzes Johannisthal eingerichtet. Aus einem Eckzimmer hatte man durch einen schartigen Mauerdurchbruch einen guten Überblick über den Süd- und Südostteil Berlins».

Vierzig Minuten lang legten an diesem Morgen die Geschützbatterien vom Flugplatz aus einen dichten Feuerschlag auf die deutschen Stellungen. Das Fluggelände bebte, denn jedes der 2000 Geschütze entwickelte eine Feuergeschwindigkeit von 8 bis 12 Granaten pro Minute. Also rund 800000 Granaten bahnten den sowjetischen Truppen den weiteren Weg.

Am 2. Mai um 6 Uhr früh gab sich der Befehlshaber des Verteidigunsbereiches Berlin, General Weidling, mit seinem Stab in der Tempelhofer Befehlsstelle General Tschuikows gefangen. Er formulierte dort den Befehl an die ihm unterstellten Truppen zur Kampfeinstellung. Der Befehl wurde von Weidlings Offizieren über Lautsprecheranlagen den abgeschnittenen Einheiten in Berlin zur Kenntnis gegeben. Währenddessen wurde Weidling mit einigen seiner Stabsoffiziere nach Johannisthal gebracht, zum Stab der 8. Gardearmee, um seinen Befehl auf eine Schallplatte aufzunehmen. Ein Kriegskorrespondent der Sowjetarmee, der anwesend war, schrieb darüber: «General Weidling ... sitzt an einem viereckigen Tisch mitten in dem kleinen Zimmer der bescheidenen Wohnung eines kleinen Angestellten. Das Zimmer ist halbdunkel, denn die Fenster sind mit Brettern vernagelt... Dann liest er seinen Befehl mit monotoner, ruhiger Stimme vor, exakt jedes Wort aussprechend. Nachdem Spasskij» (ein sowjetischer Rundfunkreporter) «die Aufnahme mit Kopfhörern verfolgt hat, bittet er, nochmals anzufangen, und schaltet das Gerät ein. Die Deutschen sind auf ihren Plätzen erstarrt. Im Zimmer erschallt nur die trockene Stimme Weidlings.»

Seit dem Jahre 1945 wurde der Flugplatz Johannisthal noch einige Zeit von der sowjetischen Armee für die Sicherstellung von Flugverbindungen von und nach Berlin benutzt. Danach hörte das Gelände endgültig auf, ein Flugplatz zu sein.

270
Erneutes Resultat imperialistischer Kriegspolitik: Flugzeugfriedhof Johannisthal im April 1945

Liste der Flugzeugführer vor dem ersten Weltkrieg

Die Aufstellung enthält die Namen der Flugzeugführer, die vor dem ersten Weltkrieg eine Flugzeugführererlaubnis des «Deutschen Luftschiffer-Verbandes» (gegründet am 28. November 1902, im Verlaufe des Jahres 1910 umgewandelt in «Deutscher Luftfahrer-Verband») erhalten haben. Die vorangestellte Ziffer ist die Nummer der Flugzeugführererlaubnis. Das nachgestellte Datum gibt an, wann die Erlaubnis erworben wurde.

1910

1	*Euler, August*	*1. Februar*
2	*Grade, Hans*	*1. Februar*
3	*Engelhard, Paul*	*15. März*
4	*v. Gorrissen, Ellery*	*21. April*
5	*Keidel, Fridolin*	*27. April*
6	*Jeannin, Emil*	*27. April*
7	*Behrend, Adolf («Salerno»)*	*3. Mai*
8	*Wienczіers, Eugen*	*7. Mai*
9	*Thelen, Robert*	*11. Mai*
10	*Lindpaintner, Otto E.*	*14. Juni*
11	*Schauenburg, Theodor*	*22. Juni*
12	*Krastel, Hans-Reimar*	*22. Juni*
13	*Thiele, Erich*	*6. Juli*
14	*Poulain, Gabriel*	*15. Juli*
15	*Lochner, Erich*	*15. Juli*
16	*Plochmann, Ernst*	*21. Juli*
17	*v. Tiedemann, Richard*	*23. Juli*
18	*Dorner, Hermann*	*25. Juli*
19	*Laitsch, Felix*	*5. August*
20	*Brunnhuber, Simon («Dr. Brück»)*	*6. August*
21	*Heim, Oskar*	*6. August*
22	*Lissauer, Walter*	*7. September*
23	*v. Mossner, Robert*	*7. September*
24	*Haas, Heinrich*	*12. September*
25	*Müller, B. C. Oskar*	*12. September*
26	*Wilberg, Helmuth*	*15. September*
27	*Arntzen, Orla*	*21. September*
28	*Heidenreich, Fritz*	*23. September*
29	*Grade, Wilhelm*	*28. September*
30	*Jablonski, Bruno*	*28. September*
31	*Kahnt, Oswald*	*28. September*
32	*Mente, Willy*	*28. September*
33	*Rode, Franz*	*28. September*
34	*Otto, Gustav*	*4. Oktober*
35	*Hanuschke, Bruno*	*8. Oktober*
36	*Treitschke, Friedrich*	*18. Oktober*
37	*Oelerich, Heinrich*	*21. Oktober*
38	*Heinrich Prinz v. Preußen*	*28. November*
39	*Weinaug, Ernst*	*13. Dezember*
40	*Werntgen, Bruno*	*13. Dezember*
41	*Hoff, Wilhelm*	*13. Dezember*
42	*Eyring, Raymund*	*13. Dezember*
43	*Wildt, Karl*	*13. Dezember*
44	*Müller, Karl*	*29. Dezember*
45	*König, Benno*	*29. Dezember*
46	*Grulich, Karl*	*29. Dezember*

1911

47	*v. Hiddessen, Ferdinand*	*17. Januar*
48	*Hoos, Joseph*	*17. Januar*
49	*v. Hammacher*	*17. Januar*
50	*Dücker, Werner*	*17. Januar*
51	*v. Lichtenfels, Heinrich*	*17. Januar*
52	*Witterstätter, C. W.*	*17. Januar*
53	*Büchner, Bruno*	*3. Februar*
54	*Schlüter, Fritz*	*3. Februar*
55	*Reichardt, Otto*	*3. Februar*
56	*Röver, Hans*	*3. Februar*
57	*Noelle, Max Joachim*	*3. Februar*
58	*Lecomte, Leon*	*17. Februar*
59	*v. Flégier, Theodor*	*17. Februar*
60	*Meybaum, Theodor*	*17. Februar*
61	*Katzian, Artemy*	*17. Februar*
62	*Rupp, Albert*	*17. Februar*
63	*Schendel, Georg*	*17. Februar*
64	*Pueschel, Konrad*	*24. Februar*
65	*Kiepert, Rudolf*	*24. Februar*
66	*Wertheim, Paul*	*24. Februar*
67	*Ladwig, Heinz*	*24. Februar*
68	*Steinbeck, Hans*	*27. Februar*
69	*Lange, Paul*	*28. Februar*
70	*Krieg, Friedrich*	*28. Februar*
71	*Blattmann, Ernst*	*28. Februar*
72	*Mackenthun, Walter*	*7. März*
73	*Loew, Carl*	*10. März*
74	*Grünberg, Arthur*	*20. März*
75	*Schmidt, Erich*	*27. März*
76	*Rentzel, Adolf*	*27. März*
77	*Caspar, Karl*	*27. März*
78	*Niemela, Edmund*	*27. März*
79	*Hirth, Hellmuth*	*27. März*
80	*Jahnow, Reinhold*	*10. April*
81	*Wittenstein, Oskar*	*29. April*
82	*Laemmlin, Charles*	*29. April*
83	*Roser, Hans*	*29. April*
84	*Vollmoeller, Hans*	*15. Mai*
85	*Schwandt, Paul*	*20. Mai*
86	*Hoffmann, Siegfried*	*20. Mai*
87	*Schulze, Gustav*	*29. Mai*
88	*Fokker, Anthony H. G.*	*7. Juni*
89	*Schall, Carl*	*7. Juni*
90	*Reiche, Albert*	*22. Juni*
91	*Lauterbach, Felix*	*6. Juli*
92	*Wirth, Wilhelm*	*6. Juli*
93	*zu Reichenberg, Luitpold Wolfskeel*	*6. Juli*
94	*Oster, Franz*	*31. Juli*
95	*Mudra, Herbert*	*8. August*
96	*Hartmann, Richard*	*8. August*
97	*Witte, Gustav*	*22. August*
98	*Justi, Karl*	*22. August*
99	*Vogt*	*22. August*
100	*Hormel, Walter*	*24. August*
101	*Goltz, Konrad*	*24. August*
102	*Suvelack, Josef*	*30. August*
103	*v. Rottenburg, Otto*	*1. September*
104	*Hoesli, Gordian*	*4. September*
105	*Neumann, Hans*	*5. September*
106	*Schirrmeister, Hans*	*9. September*
107	*Fisch, Willy*	*9. September*
108	*Griebel, Otto*	*9. September*
109	*Weyl, Richard*	*9. September*
110	*Hintner, Cornelius*	*9. September*
111	*Kleinle, Josef*	*9. September*
112	*Häusler, Hugo*	*12. September*
113	*Krieger, Karl*	*12. September*
114	*Ingold, Karl*	*13. September*
115	*Beese, Amélie (Melli)*	*13. September*
116	*Pietschker, Alfred*	*13. September*
117	*Birkmaier, August*	*20. September*
118	*Badowski, Ludwig*	*24. September*

119	*Erhard, Rudolf*	*30. September*
120	*Petri, Friedrich*	*30. September*
121	*Ritter, Karl*	*30. September*
122	*Abramowitsch, Wssewolod*	*9. Oktober*
123	*Bertram, Otto*	*9. Oktober*
124	*Janisch, Robert*	*19. Oktober*
125	*Lagler, Bozéna V.*	*19. Oktober*
126	*Rost, Gottlieb*	*26. Oktober*
127	*Keim, Josef Hermann*	*26. Oktober*
128	*Krüger, Ernst*	*26. Oktober*
129	*Fremery, Hermann*	*30. Oktober*
130	*Reeb, Alfred*	*1. November*
131	*Hansen, Hans Christian*	*2. November*
132	*Kurtscheid, Nicolaus*	*3. November*
133	*Geerdtz, Franz*	*6. November*
134	*Lübbe, Heinrich*	*17. November*
135	*v. Minckwitz, Hans Lothar*	*18. November*
136	*Meyer, Willy*	*18. November*
137	*Langfeld, Walter*	*18. November*
138	*Falderbaum, Heinz A.*	*21. November*
139	*Eckelmann, Frank V.*	*6. Dezember*
140	*Rütgers, August*	*6. Dezember*
141	*Mischewsky, Bernhard*	*6. Dezember*
142	*Francke, Curt*	*6. Dezember*
143	*v. Stoephasius, Curt*	*8. Dezember*
144	*Kammerer, Ludwig*	*16. Dezember*
145	*Erblich, Heinz*	*16. Dezember*
146	*Wecsler, Rubin*	*22. Dezember*

1912

147	*Schüpphaus, Ernst Heinrich*	*9. Januar*
148	*Michaelis, Gustav Adolf*	*11. Januar*
149	*Friedrich, Alfred*	*11. Januar*
150	*Breton, Raimond Artur*	*15. Januar*
151	*Eberhardt, Alfred*	*15. Januar*
152	*Stiefvatter, Otto*	*15. Januar*
153	*Faller, Arthur*	*15. Januar*
154	*Horn, Albin*	*25. Januar*
155	*Braun, Karl*	*25. Januar*
156	*Krumsiek, Wilhelm*	*16. Februar*
157	*Mürau, Georg*	*16. Februar*
158	*Pentz, Hermann*	*20. Februar*
159	*Paul, Alfred*	*20. Februar*
160	*Albers, Wilhelm*	*20. Februar*
161	*Müller, Kurt*	*20. Februar*
162	*Sedlmayr, Gerhard*	*20. Februar*
163	*Abelmann, Carl*	*6. März*
164	*Schäfer, Otto*	*6. März*
165	*Kanitz, Willy*	*6. März*
166	*Curdts, Carl*	*6. März*
167	*v. Buttlar, Waldemar*	*14. März*
168	*Coerper, W.*	*14. März*
169	*v. Scheele, Alexander*	*14. März*
170	*Rosenstein, Willy*	*14. März*
171	*Schmigulski, Hans*	*16. März*
172	*Kaniß, Gustav*	*19. März*
173	*Strack, Karl*	*28. März*
174	*Stoeffler, Victor*	*28. März*
175	*Barends, Erwin*	*1. April*
176	*Boutard, Charles*	*4. April*
177	*Müller, Friedrich*	*6. April*
178	*v. Gorrissen, Karl*	*9. April*
179	*v. Platen, Horst*	*13. April*
180	*Tweer, Gustav*	*18. April*
181	*Toepfer, Otto*	*18. April*
182	*Clauberg, Fritz*	*18. April*
183	*Bosenius, Rudolf*	*18. April*
184	*Schadt, Karl*	*20. April*
185	*Albrecht, Karl*	*26. April*
186	*Karsten, Otto*	*26. April*
187	*Baierlein, Anton*	*7. Mai*
188	*Mohns, Karl*	*7. Mai*
189	*v. Schimpff, Ernst Hellmuth*	*7. Mai*
190	*Evers, Heinrich*	*7. Mai*
191	*Höpker, Adolf*	*10. Mai*
192	*Manhardt, Alfred Willy*	*10. Mai*
193	*v. Wedemeyer, Erich*	*10. Mai*
194	*Weickert, Julius*	*10. Mai*
195	*Dransfeld, Eduard*	*10. Mai*
196	*Sommer, Paul*	*10. Mai*
197	*v. Mirbach, Arthur*	*14. Mai*
198	*v. Bieler, Harald*	*14. Mai*
199	*Dick, Fritz*	*14. Mai*
200	*Wolter, Richard*	*14. Mai*
201	*Alig, Ernst*	*14. Mai*
202	*Gasser, Hermann*	*14. Mai*
203	*Langer, Bruno*	*17. Mai*
204	*Jenetzky, Walter*	*18. Mai*
205	*Lauer, Richard*	*18. Mai*
206	*v. Jagwitz, Friedrich*	*18. Mai*
207	*Zwickau, Kurt*	*18. Mai*
208	*v. Obernitz, Wilhelm*	*18. Mai*
209	*Schlegel, Ernst*	*20. Mai*
210	*Berliner, Rudolf*	*20. Mai*
211	*Berlin, Eckard*	*20. Mai*
212	*Blume, Wilhelm*	*24. Mai*
213	*Pirner, Hans Kurt*	*24. Mai*
214	*Senge, Paul*	*24. Mai*
215	*Braselmann, Karl*	*24. Mai*
216	*Kastner, Hermann*	*24. Mai*
217	*Kober, Theodor*	*24. Mai*
218	*Schlatter, Josef*	*25. Mai*
219	*Stoldt*	*29. Mai*
220	*Wirtz, Reiner*	*29. Mai*
221	*Hartmann, Alfred*	*30. Mai*
222	*v. Falkenhayn, Eugen Felix*	*3. Juni*
223	*Hantelmann, Maximilian*	*4. Juni*
224	*Hirrlinger, Albert*	*5. Juni*
225	*Taeufert, Werner*	*6. Juni*
226	*v. Apell, Karl*	*6. Juni*
227	*Schiedeck, Hermann*	*6. Juni*
228	*Hering, Max*	*12. Juni*
229	*Wulff, Arnold*	*14. Juni*
230	*Busch, Hans*	*14. Juni*
231	*Funck, Werner*	*14. Juni*
232	*Weyer, Gustav*	*14. Juni*
233	*Schulz, Julius*	*14. Juni*
234	*v. Detten, Günther*	*18. Juni*
235	*Joly, August*	*18. Juni*
236	*Siber, Hans*	*18. Juni*
237	*Kühne, Ernst Herbert*	*18. Juni*
238	*Striper, Fritz*	*18. Juni*
239	*Boeder, Odo*	*18. Juni*
240	*Ackermann, Kurt*	*20. Juni*

241	*Reuß, Wilhelm*	*20. Juni*
242	*Donnevert, Willy*	*20. Juni*
243	*v. Trotha*	*20. Juni*
244	*Schroeter, Walter*	*25. Juni*
245	*Hasenkamp, Emil*	*26. Juni*
246	*Heirler, Paul*	*27. Juni*
247	*Lie, Christian*	*6. Juli*
248	*Placzikowski, Udo*	*6. Juli*
249	*Solmitz, Friedrich*	*8. Jull*
250	*Rößler, Fritz*	*8. Juli*
251	*Schwarzkopff, Herbert*	*11. Juli*
252	*Kohnert, Herbert*	*11. Juli*
253	*Schmidt, Richard*	*12. Juli*
254	*Suren, Georg*	*13. Juli*
255	*de Waal, Bernhard*	*15. Juli*
256	*Schneider, Hans*	*15. Juli*
257	*Tybelski, Franz*	*17. Juli*
258	*v. Hammerstein-Gesmold*	*18. Juli*
259	*Koch, Walther*	*18. Juli*
260	*Suren, Hans*	*22. Juli*
261	*Hofer, Willy*	*23. Juli*
262	*Suren, Erich*	*27. Juli*
263	*Bossin, Fritz*	*27. Juli*
264	*Siewert, Lothar*	*30. Juli*
265	*Krüger, Arthur*	*2. August*
266	*Hildebrand, Friedrich*	*2. August*
267	*Schlegel, Otto*	*5. August*
268	*Wiegandt, Willy*	*7. August*
269	*Coulmann, Wilhelm*	*7. August*
270	*Capuzzo, Ercole*	*7. August*
271	*v. Stoephasius, Max*	*8. August*
272	*Brociner, Marco*	*12. August*
273	*Steger, Otto*	*14. August*
274	*Schakowskoy Eugénie*	*16. August*
275	*Goebel, Wilhelm*	*23. August*
276	*Geyer, Hugo*	*23. August*
277	*Cipa, Theophil*	*23. August*
278	*Clerici, Umberto*	*23. August*
279	*Georgi, Johannes*	*23. August*
280	*Kunze, Ernst*	*23. August*
281	*Wendler, Wilhelm*	*23. August*
282	*Ladewig, Herbert*	*23. August*
283	*Hild, Lucien*	*28. August*
284	*Stemmler, Bernhard*	*29. August*
285	*Möhring, Charlotte*	*7. September*
286	*Seydler, Frank*	*9. September*
287	*v. Poser und Groß-Nädlitz, Florian*	*18. September*
288	*Köhr, Robert*	*19. September*
289	*Keller, Georg*	*19. September*
290	*v. Oertzen, Jasper*	*19. September*
291	*v. Beaulieu, Werner*	*19. September*
292	*Altrichter, Kurt*	*19. September*
293	*Oelsner, Wilhelm*	*19. September*
294	*Finck v. Finckenstein, Ludwig*	*19. September*
295	*Strack, Peter*	*23. September*
296	*Reinhardt, Siegfried*	*24. September*
297	*v. Zastrow, Alexander*	*24. September*
298	*Hennig, Alfred*	*1. Oktober*
299	*Munkelt, Kurt*	*1. Oktober*
300	*Schregel*	*9. Oktober*
301	*Serno, Erich*	*9. Oktober*
302	*Schwarz, Erwin*	*9. Oktober*
303	*Pfeifer, Leo*	*9. Oktober*
304	*v. Mirbach, Kurt*	*9. Oktober*
305	*v. Osterroth, Paul-Henning*	*9. Oktober*
306	*Eich*	*9. Oktober*
307	*v. Linsingen, Lothar*	*9. Oktober*
308	*Steffen, Bruno*	*9. Oktober*
309	*De le Roi, Wolfram*	*11. Oktober*
310	*Flügge (Pseudonym)*	*11. Oktober*
311	*Pokristev, Penu*	*11. Oktober*
312	*Wieting, Werner*	*15. Oktober*
313	*Kern, Willy*	*16. Oktober*
314	*Bohlig, Edmund*	*19. Oktober*
315	*Netzow, Georg*	*29. Oktober*
316	*Eckardt, Willy*	*29. Oktober*
317	*Heß, Robert*	*30. Oktober*
318	*Mügge, Wilhelm*	*1. November*
319	*Cremer, Fritz*	*1. November*
320	*Keller, Georg*	*2. November*
321	*Roempler, Oscar*	*4. November*
322	*Rapmund, Max*	*5. November*
323	*Becker, Reinhold*	*5. November*
324	*Vieth, Walter*	*13. November*
325	*Keske, Gerhard*	*13. November*
326	*Kramm, Gustav*	*13. November*
327	*Margraf, Arthur*	*13. November*
328	*Müller, Paul*	*13. November*
329	*v. Rambaldi, Josef Carl*	*13. November*
330	*Reißmann, Walther*	*16. November*
331	*v. Beaulieu, Werner*	*22. November*

(Der Name erscheint in der DLV-Liste bereits unter der Nr. 291. Diese Erlaubnis wurde für das Fliegen von Zweideckern erteilt, die Nr. 331 hingegen für das Fliegen von Eindeckern.)

332	*Linke, Alfred*	*23. November*
333	*Kahl, Hermann*	*23. November*
334	*Schreyer, Friedrich*	*23. November*
335	*Steindorf, Hermann*	*23. November*
336	*Ottenbacher, Ernst*	*23. November*
337	*Geiß, Franz*	*2. Dezember*
338	*Lenk, Willy*	*3. Dezember*
339	*Trautwein, Max*	*9. Dezember*
340	*v. Eickstedt, Vollrad*	*16. Dezember*
341	*Schäfer, Ludwig*	*16. Dezember*
342	*v. Helldorf, Sittig*	*16. Dezember*
343	*v. Hadeln*	*16. Dezember*
344	*Charlett, Willi*	*30. Dezember*
345	*Scherff, Mauricio*	*31. Dezember*

1913

346	*König, Martin*	*7. Januar*
347	*Köhler, Erich*	*10. Januar*
348	*Linnekogel, Otto*	*17. Januar*
349	*Schöner, Georg*	*18. Januar*
350	*Demmel, Martin*	*18. Januar*
351	*Lichte, Carl*	*18. Januar*
352	*Beck, Otto*	*20. Januar*
353	*Stüber, Joachim*	*24. Januar*
354	*Basser, Gustav*	*24. Januar*
355	*v. Freyberg, Egloff*	*24. Januar*
356	*v. Gersdorff, Ernst*	*24. Januar*
357	*Ludewig, Fritz*	*30. Januar*

358	*Stagge, Walter*	*31. Januar*
359	*Stoeffler, Ernst*	*31. Januar*
360	*Bramhoff, Wilhelm*	*12. Februar*
361	*Heller, Otto*	*13. Februar*
362	*Paschen, Wolfram*	*17. Februar*
363	*Diedrichs, Heinrich*	*17. Februar*
364	*Schroeder, Reinhard*	*20. Februar*
365	*v. Borcke, Hans*	*3. März*
366	*Neumann, Peter*	*5. März*
367	*Schulz, Felix*	*8. März*
368	*Milkoff, Radul*	*22. März*
369	*Zahn, Hans*	*27. März*
370	*v. Arnim, Hans Gotthold*	*28. März*
371	*v. Skrbensky, Egon*	*29. März*
372	*Schröter, Bruno Erich*	*31. März*
373	*Hans, Georg*	*31. März*
374	*Kießling, Wilhelm*	*1. April*
375	*Kuntner, Franz*	*11. April*
376	*Bodenburg, Paul*	*11. April*
377	*Jahn, Fritz*	*11. April*
378	*Schroff, Herbert*	*12. April*
379	*v. Livonius, Joachim*	*17. April*
380	*v. Blanc, Heinrich*	*17. April*
381	*Dirks, Leonhard*	*17. April*
382	*Boehm, Reinhold*	*18. April*
383	*v. Ascheberg, Percy*	*22. April*
384	*Scherkamp, Otto*	*22. April*
385	*Freindt, René*	*22. April*
386	*Onigkeit, Otto*	*24. April*
387	*Steffen, Hans*	*26. April*
388	*Reichelt, Hermann*	*26. April*
389	*Roth, Leonhard*	*30. April*
390	*Faber, Walther*	*5. Mai*
391	*Braumüller, Georg*	*5. Mai*
392	*Schiller, Hans*	*5. Mai*
393	*Pollandt, Max*	*5. Mai*
394	*Goebel, Wilhelm*	*5. Mai*
395	*Heppe, Karl*	*5. Mai*
396	*Liske, Albert*	*5. Mai*
397	*Zottmann, Walter*	*5. Mai*
398	*Burggraf, Hugo*	*7. Mai*
399	*Schlüter, Benno*	*7. Mai*
400	*v. Gienanth, Eberhard*	*7. Mai*
401	*Jannsen, Willy*	*10. Mai*
402	*Schäfer, Paul Albert*	*10. Mai*
403	*Ringe, Oskar*	*19. Mai*
404	*Stoll, Siegfried*	*20. Mai*
405	*Hüttig, Bruno*	*20. Mai*
406	*Wentscher, Bruno*	*20. Mai*
407	*Friedensburg*	*20. Mai*
408	*Ballod, Otto*	*20. Mai*
409	*Lölhöffel v. Löwensprung*	*22. Mai*
410	*Müller, Ludwig*	*22. Mai*
411	*Kohnert (für: Niehaus, B.)*	*24. Mai*
412	*v. Stenglin, Ernst*	*26. Mai*
413	*Fahnert, Friedrich*	*27. Mai*
414	*Heintz, Arnold*	*27. Mai*
415	*Grunewald, Karl*	*27. Mai*
416	*Wiebeck, Otto*	*27. Mai*
417	*Viehweger, Johannes*	*27. Mai*
418	*Burckhard, Friedrich Karl*	*27. Mai*
419	*Bonde, Erich*	*27. Mai*
420	*Speer, Hans*	*27. Mai*
421	*Gundel, Ernst*	*29. Mai*
422	*Luther, Georg*	*29. Mai*
423	*Birkner, Hermann*	*31. Mai*
424	*Bongardt, Georg*	*31. Mai*
425	*Salomon, Fritz*	*2. Juni*
426	*Sprenger, Ernst*	*4. Juni*
427	*Behrbohm, Martha*	*4. Juni*
428	*Findt, Hanns*	*6. Juni*
429	*Heyder, Walter*	*9. Juni*
430	*Grosse, Otto*	*10. Juni*
431	*Schilling, Alfred*	*10. Juni*
432	*Lorenz, Hans*	*10. Juni*
433	*Engelmann, Jakob*	*10. Juni*
434	*v. Stoephasius, Waldemar*	*17. Juni*
435	*Clemens, Emil*	*17. Juni*
436	*Schüler, Max*	*17. Juni*
437	*Heldriegel, Friedrich*	*20. Juni*
438	*Brand, Arthur*	*20. Juni*
439	*Rast, Max*	*24. Juni*
440	*Hempel, Claus*	*24. Juni*
441	*Aigner, Wilhelm*	*26. Juni*
442	*Christenn, Armin*	*26. Juni*
443	*Bohne, Bruno*	*26. Juni*
444	*Preußner, Christoph*	*27. Juni*
445	*Haak, Heinrich*	*27. Juni*
446	*Hüser, Konrad*	*28. Juni*
447	*Oehler, Josef*	*30. Juni*
448	*Klein, Hubert Waldemar*	*30. Juni*
449	*Polozek, Johann*	*30. Juni*
450	*Matthies, Wilhelm*	*1. Juli*
451	*Mante, Johannes*	*4. Juli*
452	*Dietze, Paul*	*4. Juli*
453	*Kiesel, Willy*	*4. Juli*
454	*Hermann, Kurt*	*4. Juli*
455	*Parschau, Otto*	*4. Juli*
456	*van der Drift, Willi*	*4. Juli*
457	*Heiter, Julius*	*5. Juli*
458	*Kockrow, Hermann*	*8. Juli*
459	*Arntzen, Georg*	*8. Juli*
460	*Uhlig, Ernst*	*9. Juli*
461	*Denk, Ernst*	*11. Juli*
462	*Behm, Alfred*	*11. Juli*
463	*Arns, Eugen*	*11. Juli*
464	*Weidner, Paul*	*15. Juli*
465	*Wrobel, Hermann*	*21. Juli*
466	*Ehrhardt, Paul*	*22. Juli*
467	*Schröder, Bartholomäus*	*22. Juli*
468	*Siegroth, Arthur*	*22. Juli*
469	*Minster, Friedrich*	*22. Juli*
470	*Schwandner, Heinrich*	*29. Juli*
471	*Roesch, Rudolf*	*29. Juli*
472	*Ziegler, Albert*	*2. August*
473	*Wlodarski, Bruno*	*5. August*
474	*Schreiner, Max*	*6. August*
475	*Fick, Max*	*6. August*
476	*Schlegel, Oswald*	*6. August*
477	*Wuthenow, Kurt*	*6. August*
478	*Künne, Kurt*	*7. August*
479	*Scheiner, Hermann*	*9. August*
480	*Enskat, Fritz*	*9. August*
481	*Rieseler, Walter*	*9. August*
482	*Schachenmayr, Gustav*	*14. August*
483	*Strang, Paul*	*14. August*

484 Huber, Alphons 16. August
485 Weiß, Friedrich 16. August
486 Henkel, Hans 16. August
487 Rheinländer, Franz 20. August
488 Schützenmeister, Otto 20. August
489 Dörfler, Adam 20. August
490 Frankl, Wilhelm 20. August
491 Moerschel, Richard 21. August
492 Küppers, Kurt 22. August
493 Dahm, Heinrich 22. August
494 Thelen, Otto 26. August
495 Schmidt, Adolf 27. August
496 v. Keußler, Otto 28. August
497 Mann, Willy 28. August
498 Strauch, Willy 1. September
499 Hammer, Fritz 2. September
500 Edler v. Mises, Richard 2. September
501 Sedlatzek, Kurt 2. September
502 Lindner, Oskar 3. September
503 Mikulski, Karl 3. September
504 Scheuermann, Erich 6. September
505 Liedloff, Kurt Otto 6. September
506 Nischwitz, August 6. September
507 Röder, Hermann 6. September
508 Kruse, Johannes 6. September
509 Mayweg, Hermann 11. September
510 v. Hahn, Eugen 11. September
511 Theiller, Renatus 12. September
512 Schulz, Heinrich 12. September
513 Engelhorn, Fritz 12. September
514 Ernst, Werner 15. September
515 Oesterreicher, Albert 15. September
516 Behling, Alfred 15. September
517 Sido, Franz 15. September
518 Haase, Gerhard 15. September
519 Reiterer, Franz 16. September
520 Gruner, Gotthard 17. September
521 Hozakowski, Sigismund 17. September
522 Krug, Michael 18. September
523 Remuß, Richard 19. September
524 Hucke, Friedrich 19. September
525 Thomessen, Thomas 19. September
526 Hebart, Karl 20. September
527 Nestler, Gustav 20. September
528 Krause, Walter 22. September
529 v. Ploetz, Günther 22. September
530 Lang, Karl 22. September
531 Muth, Alfred 22. September
532 Stockhausen, Johann 22. September
533 Spachholz, August 25. September
534 Koester 26. September
535 Heß, Ernst 26. September
536 Kuhlmann, Leopold 26. September
537 Schmidt, Karl 26. September
538 Berthold 26. September
539 Ditzuleit, Ernst 27. September
540 Thiele, Wilhelm 27. September
541 Roitsch, Paul 29. September
542 Hammer, Otto 29. September
543 Otte, Reinhold 29. September
544 Nolting, Wilhelm 30. September
545 Bernius, Karl Heinz 30. September
546 Schnell, Heinrich 30. September
547 Patberg, Hermann 30. September
548 Schwahn, Ludwig 30. September
549 Denicke, Karl August 1. Oktober
550 Linke, Bernhard 2. Oktober
551 May, Richard 2. Oktober
552 Mees, Leo 2. Oktober
553 Meißner, Georg 3. Oktober
554 Iwan, Richard 4. Oktober
555 Vollrath, Walter 6. Oktober
556 Gruner, Bruno 6. Oktober
557 Degener, Werna 6. Oktober
558 Wendt, Willy 10. Oktober
559 Hillmann, Wilhelm 10. Oktober
560 Wimmer, Eduard 11. Oktober
561 Meyer, Ludwig 11. Oktober
562 Tille, Walter 11. Oktober
563 Schulte, Norbert 11. Oktober
564 Sonntag, Bruno 14. Oktober
565 Haller, Martin 14. Oktober
566 Anslinger, Leopold 14. Oktober
567 Breitbeil, Otto 14. Oktober
568 Winter, Heinz 17. Oktober
569 Illing, Oskar 20. Oktober
570 Malchow, Hans 20. Oktober
571 Lange, Hans 21. Oktober
572 Grunow, Otto 22. Oktober
573 v. Herff, Erwin 22. Oktober
574 Gollnick, Leo 22. Oktober
575 Boehm, Alfred 28. Oktober
576 Schmidt, August 28. Oktober
577 Rieger, Georg 28. Oktober
578 Culin, Helmut 28. Oktober
579 Hartmann, Kurt 1. November
580 Roosen, Richard 3. November
581 Oppermann, Paul 3. November
582 Höhndorf, Walter 3. November
583 Lübbert, Rudolf 4. November
584 Dietrich, Richard 8. November
585 Hoefig, Walter 8. November
586 Neubauer, Richard 10. November
587 Bruno, Max 11. November
588 Müller, Ernst 12. November
589 Schröder, Friedrich Karl 12. November
590 v. Weiher, Richard 12. November
591 Hellerscheidt, Hans 12. November
592 Anders, Gerhard 12. November
593 Michalowitz, Curt 15. November
594 Ziegler, Günther 15. November
595 Kulisch, Erich 15. November
596 Steffen, Franz 15. November
597 Meiß, Heinrich 15. November
598 Isobe, Onokichi 21. November
599 Glüer, Friedrich Wilhelm 21. November
600 Manger, Kuno 21. November
601 Michailoff, Wilhelm 24. November
602 Reuber, Ernst 24. November
603 Puschmann, Albert 25. November
604 Weiß, Josef 26. November
605 Schweizer, Franz 26. November
606 Schröder, Willy 27. November
607 Reinert, Kurt 27. November
608 v. Prodzynski, Stephan 27. November
609 Rosenfeld, Franz 1. Dezember

610 *Lange, August* 1. *Dezember*
611 *Zentzytzki, Stanislaus* 1. *Dezember*
612 *Hinsen, Hans* 2. *Dezember*
613 *Heyer, Ewald* 3. *Dezember*
614 *Garber, Hugo* 3. *Dezember*
615 *Huth, Fritz* 3. *Dezember*
616 *Schuster, Hermann* 3. *Dezember*
617 *Steyer, Hermann* 3. *Dezember*
618 *Wieland, Lothar* 4. *Dezember*
619 *v. Loessl, Ernst* 4. *Dezember*
620 *Lindner, Curt* 6. *Dezember*
621 *Taubenheim, Otto* 6. *Dezember*
622 *Schleiffer, Michael* 6. *Dezember*
623 *Peckmann, Werner* 6. *Dezember*
624 *Wolgast, Hans* 9. *Dezember*
625 *Schmidt, Georg* 9. *Dezember*
626 *Drege, Arthur* 9. *Dezember*
627 *Stehle, Karl* 11. *Dezember*
628 *v. Arnault, Fritz* 11. *Dezember*
629 *Franke, Arno* 13. *Dezember*
630 *Laugwitz, Theodor* 19. *Dezember*
631 *Moosmaier, Johann* 19. *Dezember*
632 *Weingärtner, Michael* 19. *Dezember*
633 *Ritsert, Eduard* 19. *Dezember*
634 *Schoenfelder, Curt* 27. *Dezember*
635 *Kuntze, Paul* 27. *Dezember*
636 *Griebsch, Wilhelm* 29. *Dezember*
637 *Lang, Oskar* 31. *Dezember*

1914

638 *Lawrenz, Theodor* 2. *Januar*
639 *Becksmann, Karl* 2. *Januar*
640 *Drischler, Alfred* 2. *Januar*
641 *Haase, Ernst* 6. *Januar*
642 *Blank, Boleslaw* 7. *Januar*
643 *Ongsiek, Karl* 15. *Januar*
644 *Brudereck, Hermann* 15. *Januar*
645 *Vorländer, Johannes* 21. *Januar*
646 *Schlossarczyk, Alfred* 21. *Januar*
647 *Wolf, Josef* 28. *Januar*
648 *Donast, Erich* 28. *Januar*
649 *Taufler, Adalbert* 28. *Januar*
650 *Steffens, Erich* 30. *Januar*
651 *Weingärtner, Rudolf* 3. *Februar*
652 *Haas, Johann* 3. *Februar*
653 *Riemann, Albert* 3. *Februar*
654 *Kurowski, Kurt* 5. *Februar*
655 *Geigant, Karl* 5. *Februar*
656 *Roß, Hans Paul* 5. *Februar*
657 *Pollner, Paul* 6. *Februar*
658 *Trück, Willy* 9. *Februar*
659 *Odebrett, Karl* 9. *Februar*
660 *Grohnwald, Hans* 9. *Februar*
661 *Frobenius, Fritz* 9. *Februar*
662 *Teigeler, Paul* 11. *Februar*
663 *Bock, Karl* 11. *Februar*
664 *Donner, Willy* 11. *Februar*
665 *Girod, Kurt* 11. *Februar*
666 *Ponater, August* 11. *Februar*
667 *Heinemann, Rudolf* 11. *Februar*
668 *Sommer, Robert* 14. *Februar*
669 *Petersen, Gerhard* 14. *Februar*
670 *Moeller, Friedrich* 14. *Februar*
671 *Sitto, Friedrich* 18. *Februar*
672 *Troost, Alfred* 18. *Februar*
673 *Kaspar, Joseph* 18. *Februar*
674 *Brock, Waldemar* 18. *Februar*
675 *Klingenberg, Rudolf* 18. *Februar*
676 *Sabersky-Müssigbrodt, Karl* 18. *Februar*
677 *Gaertner, Max* 18. *Februar*
678 *Kreuter, Karl* 18. *Februar*
679 *Liebmann, Ernst* 19. *Februar*
680 *Gailis, Theodor* 19. *Februar*
681 *Kästner, Erich* 23. *Februar*
682 *Müller, Paul* 27. *Februar*
683 *Ungewitter, Curt* 27. *Februar*
684 *Holle, Hans* 28. *Februar*
685 *Herold, Fritz* 28. *Februar*
686 *Kempter, Friedrich* 2. *März*
687 *Dähn, Hermann* 3. *März*
688 *Neumann, Hans* 3. *März*
689 *Krämer, Peter* 5. *März*
690 *Keuch, Albrecht* 5. *März*
691 *Cüppers, Walter* 7. *März*
692 *Adler (für: Wackwitz, Richard)* 7. *März*
693 *Dennewitz, Arthur* 7. *März*
694 *Heidt, Fritz* 11. *März*
695 *Eckardt, Walther* 14. *März*
696 *Senzig, Peter* 14. *März*
697 *Habich, Hermann* 17. *März*
698 *v. Tschirsky-Bögendorf, Bernhard* 17. *März*
699 *Moll, Johannes* 20. *März*
700 *Lichtherz, Kurt* 20. *März*
701 *Vongehr, Carl* 20. *März*
702 *Schuchardt, Hermann* 20. *März*
703 *Bill, Heinrich* 20. *März*
704 *Schütz, Oswald* 24. *März*
705 *Weigel, Otto* 24. *März*
706 *Schumann, Edgard* 26. *März*
707 *Christiansen, Friedrich* 27. *März*
708 *Engelmann, Walter* 27. *März*
709 *Marzall, Hans* 30. *März*
710 *Michel, Wilhelm* 30. *März*
711 *Belohlavek (für: Geßner, Hans)* 30. *März*
712 *Schmelz, Hermann* 30. *März*
713 *Stackler, Egbert* 1. *April*
714 *Joos, Christian* 1. *April*
715 *Freund, Franz* 3. *April*
716 *Lieben, Georg* 3. *April*
717 *Fischer, Richard* 3. *April*
718 *Gutschmidt, Paul* 3. *April*
719 *Truckenbrodt, Wilhelm* 4. *April*
720 *Bauringer, Helmuth* 4. *April*
721 *Kerbs, Franz* 7. *April*
722 *Eversbusch, Walter* 7. *April*
723 *Landmann, Werner* 8. *April*
724 *Ziemens, Karl* 8. *April*
725 *Kreutzer, Martin* 8. *April*
726 *Dopheide, Reinhard* 14. *April*
727 *Knust, Otto* 14. *April*
728 *Wunderlich, Horst* 14. *April*
729 *Voigt, Thomas* 19. *April*
730 *Briesemeister, Hans* 20. *April*

731	*Lange, Albert*	*20. April*
732	*Hörmann, Ludwig*	*24. April*
733	*Hoffmann, Bruno*	*24. April*
734	*Weber, Edmund*	*25. April*
735	*Rehse, Curt*	*25. April*
736	*Sedlmeyr, Hans*	*25. April*
737	*Hanuschke, Willy*	*27. April*
738	*Reimers, Friedrich*	*28. April*
739	*Braun, Karl*	*28. April*
740	*Rieth, Otto*	*28. April*
741	*Ströbel, August*	*28. April*
742	*Bähr, Hans*	*28. April*
743	*Gutermuth, Hans*	*28. April*
744	*Forster, Erwin*	*30. April*
745	*Richard, Hans*	*2. Mai*
746	*Grökel, Hermann*	*2. Mai*
747	*Sarnighausen, Fritz*	*5. Mai*
748	*Lüke, Curt*	*5. Mai*
749	*Wipperfuerth, Carl*	*5. Mai*
750	*Breetsch, Richard*	*5. Mai*
751	*Carl, Peter*	*7. Mai*
752	*Neumann, Wilhelm*	*7. Mai*
753	*Johnson, Bernhard*	*9. Mai*
754	*Hendrichs, Julius*	*9. Mai*
755	*Hitzelberger, Paul*	*9. Mai*
756	*Erlewein, Wilhelm*	*9. Mai*
757	*Schiffers, Friedrich*	*9. Mai*
758	*Nasow, Hans Ulrich*	*14. Mai*
759	*Susebach, Hans*	*14. Mai*
760	*Hamster, Hans*	*15. Mai*
761	*Kochsiek, Ernst*	*17. Mai*
762	*Wolf, Otto*	*18. Mai*
763	*Braune, Adalbert*	*18. Mai*
764	*Nipkow, Oskar*	*18. Mai*
765	*Thiele, Friedrich*	*18. Mai*
766	*Brinker, Fritz*	*18. Mai*
767	*Siegl, Josef*	*18. Mai*
768	*Neufeld, Alfred*	*19. Mai*
769	*Kagelmann, Max*	*20. Mai*
770	*Lange, Hugo*	*20. Mai*
771	*Müller, Paul*	*23. Mai*
772	*Ehrler, Leopold*	*23. Mai*
773	*Esser, Fritz*	*23. Mai*
774	*Schäfer, Friedrich*	*23. Mai*
775	*Purucker, Carl*	*25. Mai*
776	*Kuphal, Fritz*	*25. Mai*
777	*Lütticher, Gerhard*	*25. Mai*
778	*Roeßler, Fritz*	*25. Mai*
779	*Seibert, Georg*	*25. Mai*
780	*Breuer, Theodor*	*25. Mai*
781	*Rupprecht, Hans*	*28. Mai*
782	*Schwinke, Arnold*	*29. Mai*
783	*Beermann, Erich*	*30. Mai*
784	*Kehler, Erich*	*4. Juni*
785	*Haugh, Else*	*6. Juni*
786	*Spitzhoff, Karl*	*6. Juni*
787	*Schirmer, Christian*	*9. Juni*
788	*Nierhoff, Bernhard*	*9. Juni*
789	*Hillerscheid, Walter*	*11. Juni*
790	*Meyer, Bernhard*	*12. Juni*
791	*Becker, Paul*	*15. Juni*
792	*Starke, Alfred*	*17. Juni*
793	*Gerdes, Johannes*	*17. Juni*
794	*Kortylowicz, Damazy*	*18. Juni*
795	*Ehrlich, Karl*	*19. Juni*
796	*Wegener, Kurt*	*22. Juni*
797	*Zachow, Paul*	*22. Juni*
798	*Kohl, Paul*	*23. Juni*
799	*Mosser, Victor*	*25. Juni*
800	*Daus, Otto*	*26. Juni*
801	*Petersen, Hans*	*29. Juni*
802	*Raschke, Gustav*	*29. Juni*
803	*Hasse, Johannes*	*29. Juni*
804	*Gilardoni, Gabriel*	*1. Juli*
805	*Gerbig, Otto*	*3. Juli*
806	*Schnirring, Max*	*3. Juli*
807	*Augst, Otto*	*3. Juli*
808	*Peschkes, Fritz*	*3. Juli*
809	*Donitzky, Richard*	*4. Juli*
810	*Hartmann, Erich*	*4. Juli*
811	*Wenig, Paul*	*7. Juli*
812	*Götte, Karl*	*7. Juli*
813	*Fritze, Hans*	*7. Juli*
814	*Blauth, Ewaldo Petro*	*12. Juli*
815	*Lohmann, Friedrich*	*12. Juli*
816	*Feizi-Bey, Mehmed Schakir*	*15. Juli*
817	*Stein, Hubert*	*15. Juli*

Die Flugzeugführererlaubnis des DLV hatte den Charakter einer Zivilfliegerberechtigung. Daneben existierte das Militärflugzeugführerzeugnis, das die bestandene Feldpilotenprüfung auswies und von der Inspektion der Verkehrstruppen ausgestellt wurde. Obwohl nach dem Beginn des ersten Weltkrieges nur noch Militärflugzeugführer ausgebildet wurden, konnten diese nach den Bedingungen des DLV die Zivilfliegerberechtigung – neben dem Militärflugzeugführerzeugnis – erlangen. Es konnte nicht festgestellt werden, wie viele Flugzeugführererlaubnisse des DLV nach dem 15. Juli 1914 ausgestellt wurden. Lediglich ist belegt, daß sich ihre Anzahl bis zum Jahresende 1916 gegenüber der Vorkriegszeit etwa verdoppelt hat: Am 18. Juli 1916 wurde der DLV-Ausweis Nr. 1 559 für den Flugzeugführer Ernst Bors ausgefertigt, Sohn des damaligen Flugzeugprüfers und späteren Brandmeisters der Johannisthaler «Luft-Verkehrs-Gesellschaft A.G.», Otto Bors.

Vereinigungs-, Unternehmens- und Betriebsregister

Sofern es sich bei den in das Register aufzunehmenden Unternehmen um die von Einzelkonstrukteuren handelt, deren Firmenbezeichnung lediglich aus dem Personennamen und dem Zusatz «Konstrukteur» besteht (zum Beispiel «B. Mrozinski, Konstrukteur» oder «Joachimczyk, Konstrukteur»), wurden sie nicht im Vereinigungs-, Unternehmens- und Betriebsregister aufgeführt, sondern unter dem jeweiligen Namen im Personenregister erfaßt.

Bücher, Broschüren, Manuskripte

AHNER, HANS: *Söhne des Ikarus.* Verlag Neues Leben, Berlin 1963.

BACHMANN, PETER; ZEISLER, KURT: *Der deutsche Militarismus.* Deutscher Militärverlag, Berlin 1971.

Blaublusen voran! Politische Verwaltung der Volksmarine (Hrsg.), o. J.

BLEY, WULF: *Sie waren die Ersten …* Verlag v. Hase & Koehler, Leipzig 1940.

BORSCHEL, RICHARD: *Der Flugplatz Schneverdingen und seine Geschichte 1909–1913.* Wilhelm Carstens OHG, Schneverdingen 1976.

BUSCH, PAUL: *Zeitgemäße Grundstückspolitik der Stadt Berlin,* Berlin 1929.

CONIN, HELMUT: *Gelandet in Berlin.* Berliner Flughafengesellschaft mbH. (Hrsg.), Köln/Berlin (West) 1974.

CRASSIUS, J.: *Der gefahrlose Menschenflug.* Hamburg 1912.

Das Wirken der Luft-Fahrzeug-Gesellschaft Abteilung Flugzeugbau im Weltkriege. Luft-Fahrzeug-Gesellschaft mbH. (Hrsg.), Berlin-Charlottenburg 1918.

Denkschrift der ersten Internationalen Luftschiffahrt-Ausstellung. Frankfurt am Main 1909.

Deutsche Geschichte von den Anfängen bis 1945. VEB Bibliographisches Institut Leipzig, 1965.

Deutscher Rundflug 1911. Veranstaltungsprogramm. Sonderdruck der Nordhäuser Allgemeinen Zeitung.

Die Rumpler-Werke A. G. Ecksteins Biographischer Verlag, Berlin W 62, 1919.

DOERNBERG, STEFAN: *Befreiung 1945.* Ein Augenzeugenbericht. Dietz Verlag, Berlin 1975.

Dreißig Jahre Albatros. Verlag Karl Kaffei, Frankfurt (Main) 1955.

EBERHARDT, WALTER VON: *Die geschichtliche Entwicklung der Luftfahrt und die Bedeutung der Persönlichkeit für dieselbe.* In: Unsere Luftstreitkräfte 1914–18. Vaterländischer Verlag C. A. Weller, Berlin 1930.

FINSTERBUSCH, WALTER: *Der Flugplatz Johannisthal.* Historischer Aufsatz, Unveröff. Manuskr., o. J., Archiv d. Verf.

Flugplatz Johannisthal. Vierteljahreshefte. Flug- und Sportplatz GmbH. Berlin-Johannisthal (Hrsg.), 1912 bis 1914.

Flugtage in Johannisthal. Vortrag zu Bildern. Flug- und Sportplatz GmbH. (Hrsg.), Projektionsserie 43, Berlin 1913.

FÖLZ, GERHARD: *Luftfahrt zwischen Nord- und Ostsee.* Karl Wachholtz Verlag, Neumünster 1975.

FRANKE, GERHARD: *Als sich in Johannisthal zum ersten Mal Propeller drehten.* In: Treptow reich und schön. Deutscher Kulturbund Berlin-Treptow (Hrsg.), 1965.

FREI, BRUNO: *Carl von Ossietzky. Ritter ohne Furcht und Tadel.* Aufbau-Verlag, Berlin und Weimar 1966.

FREYER, PAUL HERBERT: *Sturmvögel.* Militärverlag der DDR, Berlin 1975.

GRAY, PETER; THETFORD, OWEN: *German Airkraft of the first world war.* Putnam & Company Limited, London 1962.

GROEHLER, OLAF: *Geschichte des Luftkriegs 1910 bis 1970.* Militärverlag der DDR, Berlin 1975.

HACKENBERGER, WILLI: *Die alten Adler. Pioniere der deutschen Luftfahrt.* J. F. Lehmanns Verlag, München 1960.

HACKENBERGER, WILLI: *Deutschlands Eroberung der Luft.* Verlag Hermann Montanus, Siegen–Leipzig–Berlin 1915.

HEGENER, HENRI: *Fokker – the Man and the Aircraft.* Harleyford Publications Limited Letchworth Herts 1961.

HEICHEN, WALTER: *Abenteuer der Luft.* Phönix-Verlag, Berlin–Kattowitz–Leipzig 1912.

HERWARTH, HANS-WALDEMAR VON: *Unser Luftreich – unsere Zukunft.* Verlag Continent GmbH., Berlin 1912.

HIRTH, HELLMUTH: *20000 Kilometer im Luftmeer.* Verlag Gustav Braunbeck GmbH., Berlin W35, 1913.

HOERNES, HERMANN: *Buch des Fluges.* Verlag Georg Szelinski, k. k. Universitätsbuchhandlung, Bd. II, Wien 1911; Bd. III, Wien 1912.

HUTH, WALTER. (Hrsg.), *Der Thurmhüther.* Familiengeschichtliche Nachrichten der Huth. Berlin-Dahlem 1940.

JAKOWLEW, ALEXANDER: *Ziel des Lebens. Aufzeichnungen eines Konstrukteurs.* Verlag Progreß, Moskau 1976.

LANGE, ANNEMARIE: *Das Wilhelminische Berlin. Zwischen Jahrhundertwende und Novemberrevolution.* Dietz Verlag, Berlin 1976.

LANGE, BRUNO: *Das Buch der deutschen Luftfahrttechnik.* Verlag Dieter Hoffmann, Mainz 1970.

LVG. DAS FLUGZEUG. Luft-Verkehrs-Gesellschaft (Hrsg.), Berlin-Johannisthal und Köslin 1919.

Nationale Flugwoche Berlin-Johannisthal 7.–13. August 1910. Veranstaltungsprogramm.

Nationale Flugwoche Berlin-Johannisthal 4.–11. Juni 1911. Veranstaltungsprogramm.

NEHER, FRANZ LUDWIG: *Das Wunder des Fliegens.* Curt Pechstein Verlag, München 1936.

NEUMANN, PAUL: *Flugzeuge.* Verlag von Velhagen & Klasing. Bielefeld und Leipzig, o. J.

NORDEN, ADALBERT: *Flügel am Horizont.* Im Deutschen Verlag, Berlin 1939.

NORDEN, ADALBERT: *Weltrekord, Weltrekord.* Drei Masken Verlag A. G., Berlin 1940.

OECKEL, HEINZ: *Die revolutionäre Volkswehr 1918/19.* Deutscher Militärverlag, Berlin 1968.

Offizielles Programm für den Deutschen Rundflug um den B.Z.-Preis der Lüfte. Berlin 1911.

POPJEL, N. K.: *Die Eroberung des Flughafens Tempelhof.* In: Deutscher Fliegerkalender 1970. Deutscher Militärverlag, Berlin 1969.

RAUMER, G. W. VON: *Berlin in den Jahren kurz vor der französischen Revolution von 1786–1792.*
In: Berliner Kalender für 1847. Verlag von Karl Reimarus, Berlin 1847.

ROEINGH, ROLF: *Zwei Generationen Luftwaffe.* Deutscher Archiv-Verlag, Berlin W 15, 1942.

RUPP, ALBERT; ROSENSTEIN, WILLY: *Die Fliegerschule. Ein Lehrbuch für den Flugschüler.* C.J.E. Volckmann Nachf. GmbH., Berlin 1913.

SCHMITT, GÜNTER: *Als in Johannisthal der Motorflug begann...* Rat des Stadtbezirks Berlin-Treptow (Hrsg.), 1979.

SEIFERT, KARL-DIETER: *Geschäft mit dem Flugzeug.* Transpress VEB Verlag für Verkehrswesen, Berlin 1960.

SUPF, PETER: *Das Buch der deutschen Fluggeschichte.* Verlagsanstalt Hermann Klemm A.G., Berlin-Grunewald; Bd. I, o. J.; Bd. II, 1935.

Tätigkeitsbericht 1934 der Deutschen Versuchsanstalt für Luftfahrt E. V. Berlin-Adlershof. DVL (Hrsg.), Berlin 1934.

TSCHUDI, GEORG VON: *Aus 34 Jahren Luftfahrt. Persönliche Erinnerungen.* Verlag von Reimar Hobbing, Berlin SW 61, 1928.

TSCHUIKOW, W. I.: *Das Ende des dritten Reiches.* Militärverlag der DDR, Berlin

TUMA, J.: *Der große Bildatlas des Weltverkehrs.* Artia-Verlag, Praha 1978.

Verlustliste der deutschen Luftstreitkräfte im Weltkriege. In: Unsere Luftstreitkräfte 1914-18. Vaterländischer Verlag C. A. Weller, Berlin 1930.

VOGELSANG, C. WALTHER: *Die deutschen Flugzeuge in Wort und Bild.* C.J.E. Volckmann Nachf. GmbH., Berlin 1913.

WACHTEL, JOACHIM: *Die Aviatiker oder Die tollkühnen Pioniere des Motorfluges.* Mosaik-Verlag, München 1978.

WISSMANN, GERHARD: *Geschichte der Luftfahrt von Ikarus bis zur Gegenwart.* VEB Verlag Technik, Berlin 1966.

WOODMAN, DOROTHY: *Hitlers Luftflotte startbereit.* Editions du Carrefour, Paris 1935.

WROBEL, KURT: *Die Volksmarinedivision.* Verlag des Ministeriums für Nationale Verteidigung, Berlin 1957.

Wunderwelt der Flugzeuge. Neuer Tessloff Verlag, Hamburg 1976.

Zeppelin-Weltfahrten. Dresden 1933.

ZIMMERLING, ZENO: *Wilhelm Pieck. Geschichte und Geschichten eines großen Lebens.* Verlag Neues Leben, Berlin 1976.

Zeitungen, Zeitschriften, Werbeschriften

Aerokurier
Allgemeine Automobil-Zeitung
Augsburger Rundschau
Berliner Lokal-Anzeiger
Berliner Illustrierte Zeitung
Berliner Tageblatt
Berliner Volks-Zeitung
B. Z. am Mittag
Der deutsche Flugwart
Der Deutsche Sportflieger
Der Kritiker
Der Montag
Deutsche Flugillustrierte
Deutscher Hausschatz
Deutscher Postbote

Der Siegeszug der Flugmaschine. Werbeprospekt der Centrale für Aviatik, Johannisthal

Die Bank. Monatshefte für das Finanz- und Bankwesen

Die Luftflotte. Amtliches Blatt des Deutschen Luftflotten-Vereins

Die Woche

FLIEGER-REVUE

Flugsport. Illustrierte technische Zeitschrift und Anzeiger

Flugsportliche Rundschau

Flugtechnische Werkstätten Ernst Romen, Berlin-Johannisthal. Werbekatalog

Tägliche Rundschau

Treptower Rundschau

Vossische Zeitung

Zeitschrift für Luftschiffahrt

Durch Unterlagen, Erinnerungen und Hinweise haben 70 Bürger aus Johannisthal, Adlershof und anderen Orten, darunter Angehörige von Flugzeugführern aus der Pionierzeit des Motorfluges und Arbeiter damaliger Johannisthaler Flugzeugfabriken, beigetragen. Aufmerksame Unterstützung fanden die Forschungen durch Herrn Martin Haller (Flugzeugführerberechtigung Nr. 565 vom 14. Oktober 1913) sowie den Leiter der Orts-Chronik beim Rat des Stadtbezirkes Berlin-Treptow, Herrn Jürgen Krämer.

Fotos, Karten, Zeichnungen

Alle Fotos sind Reproduktionen, die zur Verfügung gestellt wurden von: Rat des Stadtbezirkes Berlin-Treptow, Abteilung Kultur/Orts-Chronik (208); Krämer (2); Rossner (1); Schmitt-Bildsammlung (74). Kartographische Darstellungen von Dieter Noack nach zeitgenössischem Kartenmaterial aus staatlichen Archiven und Flugveranstaltungsprogrammen.
Für die Zeichnungsvorlagen dienten dieselben Quellen.
Die Originale für die Tabellen 1–4, 10, 12 und 13 zeichnete Heiner Linkwitz.